行走在实践与理论之间

——特级教师王富英教育教学研究

王富英 ◎ 著

西南交通大学出版社
·成 都·

图书在版编目（CIP）数据

行走在实践与理论之间：特级教师王富英教育教学研究 / 王富英著. —成都：西南交通大学出版社，2019.5

ISBN 978-7-5643-6833-3

Ⅰ. ①行… Ⅱ. ①王… Ⅲ. ①课堂教学 - 教学研究 - 中学 Ⅳ. ①G632.421

中国版本图书馆 CIP 数据核字（2019）第 075426 号

行走在实践与理论之间
——特级教师王富英教育教学研究

王富英　著

责 任 编 辑	孟秀芝
封 面 设 计	原谋书装
出 版 发 行	西南交通大学出版社 （四川省成都市金牛区二环路北一段 111 号 西南交通大学创新大厦 21 楼）
发行部电话	028-87600564　028-87600533
邮 政 编 码	610031
网　　　址	http://www.xnjdcbs.com
印　　　刷	四川煤田地质制图印刷厂
成 品 尺 寸	170 mm×230 mm
印　　　张	25.75
插　　　页	4
字　　　数	452 千
版　　　次	2019 年 5 月第 1 版
印　　　次	2019 年 5 月第 1 次
书　　　号	ISBN 978-7-5643-6833-3
定　　　价	98.00 元

图书如有印装质量问题　本社负责退换
版权所有　盗版必究　举报电话：028-87600562

2018年在成都市龙泉驿区教育科学研究院院庆50周年时摄影

2016年7月在德国汉堡大学参加第十三届国际数学教育大会时与国际课堂教学研究中心主任、澳大利亚墨尔本大学David Clarke（戴维·克拉克）教授合影

2016年7月在德国汉堡大学参加第十三届国际数学教育大会时与弗赖登塔尔奖获得者、香港大学梁贯成教授合影

2016年7月23-31日第十三届国际数学教育大会在德国汉堡大学举行。从右至左：内江师范学院王新民教授、王富英、天津师范大学博士生导师王光明教授、北京师范大学博士生导师曹一鸣教授、王富英名师工作室成员郑大海老师、黄芳老师

2016年7月参加在德国汉堡召开的第十三届国际数学教育大会的《王富英名师工作室》成员与弗赖登塔尔奖获得者、美国范德堡大学Paul Cobb教授和内江师范学院王新民教授合影。从左至右：谭竹、赵文君、王新民、Paul Cobb、王富英、郑春梅、黄芳、王海阔

课题研究中与双槐中学学生座谈

2010年课题组成员与国家教材审定组成员、北师大版初中数学教材主编马复教授合作录制山东省远程教育课程。从左至右：王富英、马复、王新民

2011年10月与前来考察DJP教学的全国数学教育研究会理事长、国际数学教育心理学会执行委员、教育部基础教育课程教材专家工作委员会会员、北京师范大学数学学院博士生导师曹一鸣教授在龙泉一中校门合影

2015年5月20-21日美国范德堡大学Erin博士、Emily博士前来调研考察DJP教学，香港大学博士生赵文君、北京师范大学博士生李欣莲陪同。从左至右：赵文君、李欣莲、王富英、Erin博士、龙泉教科院周文群院长、Emily博士、龙泉教科院朱远平书记、数学教研员谭竹

2016年10月26-28日第二届华人数学教育大会暨数学教育博士生论坛在西南大学召开，王富英在分论坛三担任会议主持

2014年5月23日，在北京师范大学举办的首届华人数学教育大会分会场作"学生讲数学：一种重要的数学学习方式"的专题报告

2016年7月在德国汉堡大学参加第十三届国际数学教育大会时与原西南大学校长、中国教育学会副会长、教育部西南基础教育研究中心主任、国家基础教育课程教材专家工作委员会副主任、西南大学博士生导师宋乃庆教授合影

1981年8月与夫人马晓容在成都武侯祠留影

1978年在西南师范学院数学系

2016年与夫人马晓容在成都市龙泉驿区艺锦湾留影

前　言

2015年5月，我从从事了38年（上大学前3年小学教学，大学毕业后17年中学数学教学和18年中学数学教育研究）中小学教育教学和研究的岗位退休，退休后，一些朋友和同行建议我把已经发表的研究论文整理出版，以供还在进行教育教学和研究的同行们参考。

我原没有要出版研究文集的思想准备，后来一些学校聘请我为学校课堂教学指导专家，到学校与一线教师交流时，一些老师要求我把一些文章发给他们阅读参考。由于平时的文章散见于近30年来发表的多种期刊之中，老师们需要时往往要从杂志中寻找以致不能及时获得，因此有些老师就建议我把发表的文章整理出版便于查阅。我担任《成都市名师工作室》领衔人时，工作室的一些老师也提出了同样的建议，市、区教育局对名师工作室的要求也明文支持领衔人出版学术著作。俗话说"三十而立"，我已过了花甲之年了，从事教育教学研究也近30年，老师们有需要，教育局文件也支持。这么一想，好像确实到了该"算总账"的时候。把散见的文字集中起来，是对是错，是好是坏，也算是对同行、对后人和对自己的一个交代。于是我与西南交通大学出版社取得联系，得到了出版社编辑的大力支持，更加坚定了我整理出版的决心，于是我便开始动手收集有关文字进行编辑出版的准备。

但对这本书取个什么名字呢？参阅了一些已出版的同类书籍，初步定为"王富英教育教学研究文选"和"王富英教育教学研究随想录"，与学界的一些朋友交流后他们说，"这些都太平淡不能反映你从事教育教学研究工作的真实情况"。回忆多年来自己在教育教学研究中走过的历程，大部分研究都是从课堂教学的实践中发现问题、提出问题和利用教育教学理论去分析解决问题的过程。研究中提出的一些有一定学术价值的思想观点也是在深入分析教学实践案例的基础上总结提炼出来的，在工作中我利用这些总结提炼的思想观点去指导一线的教学实践以检验所建构理论的正确性并修正完善理论。同时我又经常运用教育教学理论去指导教学实践和研究工作。因此，我的整个工作和研究的历程都一直是行走在课堂教学实践与教育教学理论之间的。鉴于自己的工作经历和实际，最后确定书名为《行走在实践与理论之间》，将"特级教师王富英教育教学研究"作为副标题。

  促使我从事教育教学研究工作的是我在西南师范学院（后来改名西南师范大学，现在为西南大学）数学系读书时教我高等代数的恩师严栋开教授。他在我们的毕业典礼上教导我们说："你们毕业后要想快速成长起来，在进行教学的同时就要进行教育教学研究。要把教学的对象作为研究的对象，把教学的过程作为研究的过程，这样你会很快地成长起来。"在恩师这一教导下，我毕业后在教育教学研究的过程中开始尝试进行一些教学研究。

  我刚开始进行研究的内容主要是涉及中学数学中基础数学知识的深化推广研究。后来到了教研部门后专门进行教育教学研究时，主要工作是进行中学数学教育教学和课堂教学改革的研究。

  由于本书篇幅的限制，本书没有将公开发表的 80 余篇文章全部收入，只选出了 46 篇我认为较有代表性的文章。有几篇还没有发表的文章想到对一线教师有所帮助也收入了，纯初等数学研究的文章和其他著述没有收入本书，只在全书后面的附录中列出。

  为了便于读者阅读和查阅，本书分成"教育思想与观点""课堂教学改革研究""钻研教材与教材建设""数学教育研究"和"教育科研与教研"五篇，并且每部分只收入了主要文章，没有收入的文章均在各部分后面以"附录"的形式列出，以便有兴趣的读者查阅。第一篇主要介绍我在长期的教育实践与研究中形成并总结提炼出来的教育思想与观点。第二篇主要介绍"导学讲评式教学的研究"。这部分不是把所有相关研究文章全部收入，而是按照一定的体系进行摘编，再把相关理论研究的文章放在后面。第三篇分成"钻研教材"和"教材建设"两部分。第四篇是本书的主要内容，分成"数学教育理论""中学数学自主探究式学习的研究"和"各类数学知识的学习与教学"三部分。第五篇分成"教育科研"和"有效教研"两部分。值得指出的是，每部分的分类不一定很严密，主要是为了方便查阅。最后，附上我的其他著述的目录，也许与本书有一点相互印证的价值。

  本书收入的文章，有些是与朋友和同行合作的，在此对他们表示衷心的感谢。

王富英
2018 年 9 月 23 日

目 录

第一篇　教育思想与观点

教育观：人的教育要回归自然 …………………………………………………… 003
学生观：学生是具有生命活力、主动性、差异性、
　　　　智慧潜能和整体性的人 …………………………………………………… 014
学习观：学习即生长、学习即生活、学习即经验的改组与扩充，
　　　　知识是在多元对话中生成的 …………………………………………… 021
教学观：教学的实质是对话，教学就是教会学生学 ……………………………… 025
知识观：参与者知识观
　　　　——知识是师生合作的产物 ……………………………………………… 027
评价观：学习评价是促进学生认知与发展的认识性实践活动 ………………… 029

第二篇　课堂教学改革研究

导学讲评式教学概论 …………………………………………………………………… 033
学案及其设计 …………………………………………………………………………… 048
学案中"学习准备"的设计 …………………………………………………………… 058
导学讲评式教学中的"讲解性理解" ………………………………………………… 062
导学讲评式教学中"理解"的诠释学意蕴 …………………………………………… 068
让知识在对话交流中生成
　　——DJP教学中知识生成的过程与理解分析 ……………………………… 075
学习内评价的含义及基本特征 ……………………………………………………… 083
分享教育的内涵及特征 ……………………………………………………………… 089
学生主体性的要素结构及特质 ……………………………………………………… 094
导学讲评式教学的研究 ……………………………………………………………… 101

DJP 教学与传统教学中学生参与情况的比较研究
　　——基于两节初中数学录像课的编码分析 ········· 108

第三篇　钻研教材与教材建设

一　钻研教材

教材分析的几个视角 ·· 119
数学教科书的隐性三维结构分析 ································ 126
数学教科书例题功能的分析 ······································· 135
数学教科书习题功能的分析 ······································· 141
深入钻研教材
　　——高效教学的前提 ··· 148
怎样确定教学的重、难点 ··· 153

二　教材建设

初中数学教材"去括号法则"的实验研究 ··················· 159

第四篇　数学教育研究

一　数学教育理论

数学文化教育及其结构 ·· 167
中学数学学习过程评价 ·· 175
数学教学中学生讲解的内涵与价值 ····························· 183
学生讲数学的含义与特征 ··· 190
对话讲解是培养学生数学核心素养的有效途径
　　——以均值不等式求最值的教学为例 ·················· 196
数学"四基"中"基本活动经验"的认识与思考 ········· 204
高效数学教学构成要素的分析 ···································· 212

二　中学数学自主探究式学习的研究

中学数学自主探究式学习的内涵及其特征 ·················· 223

数学探究式学习的类型……230
中学数学"三线五环节"探究式学习教学模式……236
问题：数学探究式学习的核心
　　——一节探究式学习课的实录与点评……243
数学探究式学习课堂教学评价……250

三　各类数学知识的学习与教学

数学概念学习的过程分析……253
函数概念是怎样被理解的……260
数学公式学习的心理过程及学习设计……268
数学定理学习的心理过程分析……276
数学定理发现学习的类型分析……288
数学定理归纳发现学习的心理过程及教学设计
　　——以平面向量基本定理为例……295
中学数学习题课教学的研究……303
数学复习课的目的任务、功能、特点和教学原则……312
高考数学复习效率的调查与分析……318
让学生在探究、合作与交流中进行数学复习
　　——一节二元一次方程组复习课的实录与点评……324
数学教学中试卷评讲课的探究……332
试论试卷讲评课的"评"……340
"错误重复现象"产生的原因及消除对策……346

第五篇　教育科研与教研

一　教育科研

简论教育科研与教研的关系……357
教育科研成果推广应用中的形态与运行机制……365
试论微型课例分析……371
教育教学研究要充分利用好学生资源……375
中小学教学研究成果及其提炼……378

二 有效教研

中小学有效教研要素结构分析 ……………………………………… 384
研案的基本含义、内容及特质 ……………………………………… 392
教研员在校本研修中的角色与作用 ………………………………… 398

附录：其他主要论著目录 ………………………………………… 405

1 教育思想与观点

"教育思想与观点"是我在长期的教育教学实践与研究中形成并总结提炼出来的,它贯穿在我的整个研究文献中,是全书的思想和灵魂。

教育观：人的教育要回归自然[①]

卢梭在《爱弥儿》中劝告我们"教育要遵循自然"。夸美纽斯指出："要使方法能够激起求知的愿望，它第一就必须来得自然。因为凡是自然的东西就无需强迫。"[1]我们的格言应当是："凡事都要跟随自然的领导，要去观察能力发展的次第，要使我们的方法依据这种顺序的原则"。[2]我在教育实践和研究中，经过长期的观察和实验，总结提出了"人的教育要回归自然"的教育观。

"人的教育要回归自然"的教育观的内涵包括三个方面：教育要回归人的自然本性、教育要回归教育的自然规律、教育要回归学生的自然生活。

一、回归人的自然本性

所谓人的自然本性，是指大自然赋予人的本质特性，这种本质特性是人的生理特性、潜在力量、存在的基本条件和人的生命特质。因此，人的自然本性包括以下几个方面：求知欲与学习、交往与对话、尊重与自我实现的需要等。

1. 求知欲与学习是人的根本属性（生存属性）

求知欲是指人在好奇心的驱使下都有探其究竟的欲望，特别是新奇的事物。虽然好奇心一些动物也有，但动物没有深入探其究竟的欲望，因此求知欲是人的本性。学习是在求知欲的驱动下去进行认识事物规律的活动。人本主义心理学代表人物罗杰斯认为，人类具有天生的学习愿望和潜能，这是一种值得信赖的心理倾向，它们可以在合适的条件下释放出来。这里所说的人的"天生的学习愿望和潜能"就是我们所说的"学习是人的自然本性"，它主要体现在以下几个方面。

首先，学习是大自然赋予人类的生存特质。由于人的生理结构具有"非特定化"和"未完成性"的特征，"人在本能上是匮乏的：自然没有对人规定该做什么，不应做什么"[3]。人不能像其他动物那样经过少量的学习就能很快

[①] 本文录自王富英、朱远平著：《导学讲评式教学的理论与实践——王富英团队DJP教学研究》，北京师范大学出版社2019年版，第97~114页。

在自然环境中生存，这种"非特定化"和"未完成性"成就了人必须要经过后天较长时间的学习来弥补其"未完成性"的不足才能生存。因此，学习是人类自身生存的需要，也就是说，学习是人的生存属性。人要经过长达十多年的学习，才能掌握前人发明和积累的知识经验，人类不仅能够适应自然，而且还可能动地改造自然，这就是人有别于动物的主动性和能动性。其实，人类之所以能在众多生灵中脱颖而出，成为在实践领域具有智慧的、不断扩展自己的独特生灵，就是因为学习。在生物进化和发展的历史长河中，凡是不会学习、不能逃避危难的种群都被弱化，有的甚至被淘汰了，而只有善于学习的人类才越来越强大，走向了统领其他生物的地位。

其次，人的学习是自发和无止境的。人在幼儿时期就表现出顽强的、坚持不懈的学习特质。如幼儿在学习行走时，跌倒了又爬起来继续行走，绝不会因为跌倒而退缩；幼儿在与成人或同伴的交往中学会了母语；当幼儿能够说话时，对世界的一切都充满好奇，有"十万个为什么"。儿童询问的许许多多个"为什么"，这种行为就是儿童的学习行为。儿童带着"十万个为什么"走进学校进行正规学习。有些儿童希望学校中的学习能回答他们心中许多的"为什么"，或者由于课程的设置不能满足其需要，或者由于教师的方法不当，经常的训斥、不给予表达的机会和平台，致使其不能得到想要的答案而逐渐失去学习课程的兴趣，最后他们不得不去寻求自己喜欢学习的东西（如打游戏）而落为"差生"，而往往就是这些学校里的所谓"差生"进入社会后便去学习自己喜欢的东西，从事自己喜爱的事业，其中不少人都取得了成功。

人是精神动物，不只满足于吃饱穿暖，还要追求精神的充实和心理的满足。因此，人在获得生存的物质条件后，还要不断学习文化以满足精神上的需求，如听音乐、读书、看戏、看电视等，即使退休后，很多人还要上老年大学学习新的知识以满足精神生活的需要。因此，人的学习是无止境的，是终生的，也正如马斯洛在谈到认知需要时说的："人类的认知是没有止境的，人们在不断地受到激励。"[4]

我们说学习是人的根本属性，并不是说别人要他学习什么他就学习什么，而是学习者根据自己的兴趣和需要有所选择。但在现实的学校教育中，我们的一些教育工作者没有充分认识到这一点。学校进行的是正规的课程学习，由于教师在教学中没有采用激发学生学习兴趣、发挥学生主动性与积极性的教学方法，只是采取生硬的灌输式教学，致使学生对学习的内容不感兴趣，从而放弃教师讲授的学习内容而去选取自己感兴趣的东西学习，而这些学习内容往往又不是正规课程规定学习的，所以考试时自然就成了"差生"。经常有一些老师对我说："我们班上一些学生根本就不学习，只知道玩。"我问："这些学生智力如何？他们不学习在干什么？"老师说："智力倒很好，干其他事聪明得很！但就是不爱学习，爱干一些与学习无关的事，如上课看小说、看小儿书，下课打游戏、踢足球等。"我说："看小说、看小儿书、打游戏、踢足球也是在学习呀！"老师说："问题是考试不考打游戏、踢足球呀！对这类学生该怎么办呢？"其实，对于这类学生，根据"学习是儿童的自然本性"，他不学习你讲的内容，是因为你没有激发他的学习兴趣，那他就必然会学习他自己感兴趣的东西。你希望他对于课程学习感兴趣，就要从他喜欢的东西开始，在教学中注意引导他对学习的内容感兴趣。如，爱看小说的，你就让他把小说的故事讲给大家听，并要他发表自己的见解；爱打游戏的，你就让他办一个讲座，讲述游戏的种类，打游戏的好处与不足；爱踢足球的，你就让他办一个关于足球知识的讲座，给大家讲解足球赛事的规则、有哪些类型的足球比赛、我国的足球为何上不去，等等。学生意识到老师在关注、关心自己，对老师的意见和建议也就能够听得进去了。"亲其师，信其道"，老师再对学生加以引导，学生自然会慢慢回到课程学习上来。

事实证明，儿童有学习的天性，而学习天性的自由展现，必然带来真正的学习热情和惊人的学习效率。[5]

2. 交往与对话是人的本质属性（社会属性）

马克思在《关于费尔巴哈的提纲》中说："人的本质不是单个人所固有的抽象物，在其现实性上，它是一切社会关系的总和。"这就是说，人的本质不是与生俱来的，而是在后天的生活实践中形成的。人的本质不是单个人的，而是通过各种关系交织在一起的。他们的一切行为不可避免地要与周围所有的人发生各种各样的关系，如生产关系、性爱关系、亲属关系、同事关系等等。生活在现实社会中的人，必然是生活在一定社会关系中的人。

人要与社会发生关系，就必须要与他人交往与对话。人从幼儿起在与父母及同伴的交往中学会语言，在与他人交往与对话中学习知识、学会交流、学会合作、学会做事、学会做人。因此，交往与对话是人的本质属性，也是人的存在方式。巴赫金说："存在就意味着进行对话的交往。单一的声音什么也解决不了。两个声音才是生命的最低条件，生存的最低条件。"[6]对话作为人的生存方式，其意义深扎于人的生存本质之中。换言之，对话是生存意义存在的基本形式，自我与他人的对话关系构成了我们真正的生命存在。人就是一个言说者，即使他不愿意向他人言说，他也必须对自己言说，人正是在与他人的对话中成为人的。因此，交往与对话也是人的社会属性。

在现实的课堂教学中，一些教师独霸话语权，"一讲到底"充斥着整个课堂，没有给予学生交往对话的机会和平台，教学脱离了人交往对话的本质属性。在这样的教学中，对于学生来说，在课堂上没有机会，也就没有了责任和担当，只是作为听众被动地听老师讲解，从而认为教师的讲解只是教师的工作，讲多讲少是教师的事与自己无关。人都会有听觉疲劳，40分钟一个面孔、一个声调，即使再认真的学生也会产生听觉疲劳和分散精力的情况。实际上，我们成人连续听两个小时的报告也会疲劳和分散精力，更何况学生每天要听同样的老师的"报告"。同时，这种缺乏交往对话的课堂教学，使教与学完全分离，教师与学生没有交流，同伴之间缺乏沟通，人与人之间互不理解，教师教学的针对性完全缺失。因此，没有交往对话的课堂教学，效率自然不会高。

"DJP 教学"①主要让学生自学后再与同伴交流和在全班讲解，让每个学生充分地进行交往与对话，使学生真实感到自己的存在。同时，由于要在班上讲解自己的理解与见解，学生会感受到一份责任和担当，自然格外专注和认真。他讲解前会认真准备，全身心投入，从而主体性得到充分体现。在讲解的过程中，同伴就讲解的内容与讲解者进行交流，教师就讲解内容进行点评与引申，师与生、生与生展开了广泛的交往与对话，在对话中相互理解，互助合作，从而促进师生共同发展。

3. 尊重与自我实现的需要是人的生命价值属性

人的生命价值就是一个人的生命对作为主体的自身需要和作为主体的社会需要的满足。人的生命价值体现在两方面：一是生命的自我价值，即生命活动对自身的存在和发展的满足；二是生命的社会价值，即生命存在对社会发展的满足。生命活动对自身的存在和发展的满足就是生命活动要满足自身发展需要，生命存在对社会发展的满足则是指对社会的贡献。

人作为主体的自身需要主要是指人的基本需要。马斯洛把人的基本需要由低级到高级排列成了五个等级[7]：

（1）生理需要：满足体内平衡的需要，如吃饭、喝水、睡眠等；

（2）安全需要：生活有保障而无危险，如安全、稳定、保护、免受恐吓、焦躁和混乱的折磨等；

（3）归属和爱的需要：与他人亲近，受到接纳，有所归依；

---

① DJP 教学的全称是"导学讲评式教学"，具体内容详见本书第二部分。

（4）尊重的需要：胜任工作，得到赞许和认可；

（5）自我实现的需要：实现个人的潜在能力和抱负。

这五种需要可以按生物性和社会性划分为两大类：生物性需要和社会性需要。生物性需要是指保持和维持个体生命和延续种族的那些需要，如生理需要、安全需要。这是人和动物所共有的（当然两者还是有本质区别的）。社会性是指与其他成员生活相联系的那些需要。社会性又可分为基本社会性和高级社会性。需要的基本社会性是指动物性社会性，即人与某些动物都具有的社会属性，如"爱与归属需要"。例如，猴子除了生理需要和安全需要外，也有爱和归属的需要。马斯洛指出："结群、加入集体、要有所归属是动物的本性。"[8]需要的高级社会性则是指与人的社会生活相联系的那些需要，如尊重和自我实现的需要，这两种需要是人所独有的。

马斯洛指出："如果生理需要和安全需要都很好地得到了满足，爱、情感和归属的需要就会产生，并且以此为中心。""爱的需要既包括对别人的爱，也包括接受别人的爱"，因此，"对爱的需要包括感情的付出和接受。如果这个不能得到满足，个人会缺乏朋友、心爱的人、配偶或孩子。这样一个人渴望同他人建立一种关系，渴望在他的团体和家庭中有一个位置，他将为达到这个目的而努力。他希望得到一个位置，胜过希望获得世界上任何其他东西"。如果这种需要没有得到满足，"此时，他强烈感到孤独，感到被抛弃、遭受拒绝，举目无亲，尝到浪迹人间的痛苦"，因此，"对爱的需要的阻挠是造成适应不良情况的根本性所在"[9]。

对于尊重需要，马斯洛指出："社会上所有人都有一种获得对自己稳定的、牢固不变的、通常较高评价的需要和欲望，即自尊、自重和来自他人尊重的需要与欲望。"尊重需要的满足"导致一种自信的情感，使人觉得自己在这个世界上有价值、有力量、有能力、有位置、有用处和必不可少。然而这些需要一旦受到挫折，就会产生自卑、弱小以及无能的感觉。这些感觉又会使人丧失基本的信心，使人要求补偿或产生神经症倾向"[10]。而自我实现的需要指的是"人对于自我发挥和自我完成的欲望，也就是一种使人的潜力得以实现的倾向"[10]。

在五种基本需要中，体现人的生命价值存在的主要是指五种需要中的后三种需要的满足。这三种需要得到满足则体现了人生命的自我价值，即生命活动对自身的存在和发展的满足，而"自我实现需要"的满足既体现了人生命的自我价值也体现了人生命的社会价值，因为它的实现既是生命活动对自身存在和发展的满足又是生命活动对社会存在发展的满足。马斯洛指出："归属与爱、尊重、自我实现等人的基本需要，是一种'类本能'，是由人种遗传先天决定的。"[11]因此，我们说"尊重和自我实现的需要"也是人的一种自然属性，而这种属性体现生命的价值更加明显，故又叫作人的生命价值属性。

人的存在不只是生物性存在，而是不断追求体现其生命价值的存在。在我国社会基本消除贫困和相对稳定的情况下，学校学生的生理需要和安全需要都得到了满足，这时学生追求的就是要得到"爱、尊重"的需要，在这两种需要得到满足的前提下，他们会去追求最高需要——"自我实现需要"的满足。但遗憾的是，在现实的学校教育中，特别是灌输式教学中，学生的这些需要很少得到满足。因为，课堂上教师独霸话语权，把学习内容以直接讲解的方式传授给学生。这实际上就是不信任学生、不爱学生和不尊重学生。由于这种教学没有给学生展示的机会和平台，学生的智慧和才华也就没有机会在同伴面前展示，因而也就得不到他人（同伴和老师）的爱与尊重。比如，在教学中，当学生错误地回答问题时，教师不以宽容之心对待学生，而是大声训斥学生，这就是对学生极大的不尊重。

二、回归教育的自然规律

夸美纽斯说："要使方法能够激起求知的愿望，它第一就必须来得自然。因为凡是自然的东西就无需强迫。水往山下流是用不着强迫的。"[12]因此，人的教育要来得自然，它包括两个方面：一是回归教育的本体，二是遵循教育的自然规律，包括学生的认知规律。

1. 回归教育的本体

何为"本体"？"本体"就是指事物本身，引申为根本。在哲学上，"本体"叫作事物的本质或本源。教育的对象是学生，教育的目的是促进学生的发展，因此，学生的发展是教育的根本，即教育的"本体"是学生，学校的一切教育活动都是为了学生的发展。

2. 遵循教育的自然规律

所谓规律，哲学上又称为法则。在唯物主义哲学中，规律是指客观事物发展过程中的本质联系，具有普遍性的形式。规律和本质是同等程度的概念，都是指事物本身所固有的、深藏于现象背后并决定或支配现象的方面。然而本质是指事物的内部联系，由事物的内部矛盾所构成；规律则是就事物的发展过程而言，指同一类现象的本质关系或本质之间的稳定联系。因此，规律就是关系——本质的关系或本质之间的关系。教育规律就是教育现象与其他社会现象之间本质的必然的联系或关系。当然，并不是任何关系都是规律，只有各种现象间本质的关系才是规律。一个事物有多种属性，只有本质属性间的联系才是规律。教育中这种关系有许多，如生产力发展与教育发展、社会发展需求与教育结构等。

根据唯物主义哲学所阐述的规律的一般原理，我们更加清晰地认识到教育规律。根据规律是现象中固有的东西，教育规律也就是教育现象中固有的、稳定的东西。规律又是现象中同一的东西，那么教育规律也就是众多种类教育现象中同一的东西。教育现象千千万万，教育的类型和形式多种多样。但不管是小学教育、中学教育、大学教育，还是家庭教育、学校教育、社会教育，抑或是课内教育、课外教育、团队教育等，其具体形态虽不同，但蕴含其中同一、普遍的东西只有一个，即它是促进个体身心发展的工具。这种同一的东西，就是教育中规律性的东西。

遵循教育规律就是指教育活动应该遵循教育中巩固的、稳定的普遍法则。如，教育的手段和方法要符合儿童不同发展阶段的认知特点，要满足儿童不同发展阶段的身心需要，教学的方法要符合各科教学的特点，等等。卢梭在《爱弥儿》中指出："儿童有自己的观察、思考和感觉方式。"[13]遵循教育规律就要遵循儿童自己的观察、思考和感觉方式。但在现实的教育中，我们都是在用成人的思维去要求儿童。"总是在寻找儿童期的成人，从不考虑儿童在成人之前是什么。"卢梭进一步指出，"不适合儿童年龄阶段的任何东西对儿童而言既无用处也无好处。""要清楚的是教学的前提是心智的成熟。"[14]因此，教育要遵循学生不同发展阶段的认知规律。皮亚杰提出了儿童认知发展的四个阶段[15]：感知运用阶段（在这一阶段，儿童的智力只限于感知运动。儿童主要是通过感知运动图式与外界发生相互作用）；前运演阶段（在这一阶段，儿童的思维已表现出了符号的特点。他们通过表象、言语以及其他符号形式来表征内心世界和外在世界。但其思维仍是直觉性的，而非逻辑性的，具有明显的自我中心特征）；具体运演阶段（在这一阶段，儿童的思维已经有了明显的符号性和逻辑性）；形式运演阶段（在这一阶段，儿童能够设定和检验假设，能监控和内省自己的思维活动，思维具有抽象性）。每一个阶段儿童的思维水平是不一样的，因此，教育教学中要按照儿童各个阶段的认知能力，有针对性地进行教学，不能超越或者颠倒不同阶段的学习任务。如，形式运演阶段儿童的思维是一种假设性的思维，这种思维是建立在符号的基础之上的，而不是建立在实体的基础之上的。而代数思维就是假设性思维，因此，具体运演阶段的儿童还不能很好地掌握代数运算，只有当儿童发展进入形式运演阶段后，才具有学习代数的认知能力。

教育要遵循其规律，就像学习跳远必须先学习跑步，学习骑马要先学习走路一样。因此，夸美纽斯特别指出："在儿童年龄和智力既不需要也不允许的情况下，什么也不要教授。"[16]否则，教育既毫无效果，还会引发学生产生厌恶情绪而失去将来学习这部分内容的兴趣。奥苏贝尔提出教育的目的、要求，教育的内容、方法、步骤等，都应根据学生发展的不同阶段做出具体安排。[17]杜威提出"教育即生长"，也充分体现了教育要符合人的自然发展规律。杜威说："人的成长是各种能力慢慢地生长的结果。成熟要经过一段时间，揠苗助长没有不反致伤害。"[18]奥苏贝尔提出要在学生的最近发展区设计教与学活动，超越学生的最近发展区设计的学习内容学生会接受不了，教学效果自然就不会好。这都说明了教育要遵循教育本身的自然规律。卢梭的自然教育中提出的"依据自然"生活就是依据天地万物的理性原则生活："谁服从了理性，谁便遵循了自然"。[19]在教育方面，理性就是教育的自然规律，遵循理性就是遵循教育的自然规律，遵循教育的自然规律就是遵循了自然。

但在现实的教学中，违背教学规律的事时常发生。如，我经常看到教师不讲述公式、定理的发现和证明过程，而要求学生机械记住公式，并采用大量的习题进行练习。我曾经到一个学校去听一节高中数学《二项式定理》的新课教学。上课时教师对学生说："这个定理的推导证明比较难我就不讲了，其实大家用不着懂得它的证明，只要记住公式能用它解题就行了。"于是便直接告知结论后就开始讲解例题，然后让学生模仿例题进行大量的练习，目的是让学生经过练习达到对公式的熟记。根据我经常到学校听课的经验，诸如这类直接告知结论，忽略知识的发生、发展和形成过程的现象在教学中还大量存在。其实学生的学习是在自己经验的基础上获得的，这就是杜威主张的"从经验中学习"。而经验是过程与结果的联结。这种直接告知结论的教学，没有使学生经历知识发生、发展和形成的过程而只有结果，从而不能形成学生的经验。这种结果的知识只是一种信息，不是经验。所以，这种教学违背了经验形成的教学规律，自然也就达不到教师需要的效果了。针对这种情况，夸美纽斯在《大教学论》中告诫老师们："凡是没有被悟性彻底领会的事情，都不可用熟记的方法去学习。"[20]

三、回归学生的自然生活

生活，是指人类生存过程中的各项活动的总和，范畴较广，一般指为幸福的意义而存在。生活实际上是对人生的一种诠释。生活包括人类在社会中与自己息息相关的日常活动和心理影射。生活是体现人类所有的日常活动和经历的总和。生活广义上指人的各种活动，包括职业生活、个人生活、家庭生活和社会生活以及玩味生活等。

学生的自然生活是指学生在自然环境中的学习、休闲、社交、娱乐、成功、失败等日常活动和经历的总和。学生是生活在现实生活中的，现实生活中的一切对学生的思想、观念都会产生直接的影响。教育回归学生的自然生活，就是指教育要与学生的自然生活紧密联系起来，教育要在学生的生活中进行。"教育必须从人的现实生活出发，对人的生活世界、生活问题、生活关系、生活意义进行理解，形成对现实的价值透视和意义洞察，探寻教育有效的引导方式，这样才能对学生进行意义引导。"[21]实际上，学生在日常生活中通过与他人的交往、交流和自身成功、失败的经历不断丰富和积累个人的经验并利用经验增强指导自己生活的能力，从而受到了教育，正如杜威指出的："教育并不是强制儿童静坐听讲和闭门读书，教育就是生活、生长和经验的改造"[22]。在杜威看来，生活和经验是教育的灵魂，离开生活和经验就没有生长，也就没有教育。而传统的教育不是在儿童的生活中进行，而是脱离儿童现实生活强制性灌输给学生，强迫其接受。例如，学校里经常教育儿童"现在的刻苦学习，是为了将来的幸福"，而且还要制定一些制度来强迫其执行。这些教育好像是为儿童的未来着想，而且还头头是道让你无法抗拒，但它与儿童的生活较远，脱离儿童的现实需要，因而使儿童不能真正理解、关注和接受。这种硬要天真活泼的儿童依附或屈从各种遥远而渺茫的外加目的，儿童既不理解它，也不喜欢它，这无异于把他们绑在对他们毫无实际意义的链条上去折磨他们。卢梭称这种教育是一种残忍的教育。他在其代表作《爱弥儿》中说："人们所想到的是一种残忍的教育，他以牺牲儿童的现在去追求并不确定的未来。为了准备远至未来的不确定的幸福，儿童在生活之初就身负沉重的束缚前行，可怜兮兮。""那种认为现在让儿童受苦是为了他们将来的幸福的观点，是一种多么浅薄可笑的想法。"[23]其实，儿童关注的是学习的知识是否有用，是否能解释自己在生活中遇到的困惑、观察到的现象，是否是自己感兴趣的东西，正如杜威指出的："真正的目的乃是儿童所能遇见的奋斗目标，它能使他们尽心竭力地观察形势，耐心细致地寻求成功，专心致志地钻研学习。这样，儿童一步一步向前迈进，便一步步获得进步，做到'教育随时都是自己的报酬'。"

教育回归学生的自然生活，可以从以下三个方面进行：

第一，学校正规学习的教育活动要与学生现实生活紧密联系起来，尤其生活中频发的牵动学生心弦的热点事件，更要抓住不放，利用这些事件来进行教育，这样的教育才能真正发挥作用。教育教学中不要脱离学生的现实进行空洞的说教，即使你说得天花乱坠，学生也不会感兴趣。如果在儿童现实生活中进行教育，就会使儿童感到学习的需要而激发学习的兴趣，产生学习的自觉性和积极性。只有他们自愿学习和在生活中真正理解事物的意义，教育才是真实的、生动活泼的，而不是皮相的和残害心智的。

第二，让学生在日常生活中或者参与社会生活实践中进行自我教育。首先，就是在日常生活中进行自我学习和自我教育。如，让儿童时期的学生自行管理自己的生活、学习，培养其独立生活的能力；在与同伴发生矛盾时，成人可以给出判断的标准让孩子自己分析处理，学会与人相处和与他人合作。其次，引导学生主动去参与一些社会实践，让学生自己去经历一些成功与失败，从而积累和丰富社会活动经验。我们经常可以看到这样的现象：一些学生在读书时很不成熟，工作一两年后很快就成熟了，甚至一段时间不见后再看到时感到孩子成熟多了。这就充分说明社会生活是一个最能教育人、成就人的大课堂。但我们现在的一些教育，往往把学生与社会隔离，"两耳不闻窗外事，一心只读教科书"。有些家长为了让孩子专心读书，包揽了孩子生活的一切，使孩子独立生活能力很差，甚至离开父母自己不能生活，于是孩子上大学了母亲还要去陪伴，帮助孩子洗衣、做饭和照顾日常生活。这种家长包揽一切，不让孩子自己在生活中去磨炼，去经历失败与成功的体验，孩子永远也不会成熟。一些孩子大学毕业工作了都不能自理就是很好的例证。所以，人是自己在生活中不断地成长起来，任何人也不能包办代替。

第三，学校本身也是一种社会组织，而教育是一种社会过程。杜威指出："学校便是社会生活的一种形式。"学生在学校中要度过十几年的学习生活，而这又恰巧是人一生中最重要的时期。在这种学校社会生活里，学生通过科学文化知识的学习、与同伴和教师的交往而不断地自我更新，而"生活就是一个不断更新的过程"。而这种"努力使自己继续不断地生存，这是生活的本性，因为生活的延续只能通过经久的更新才能达到"[24]，"教育是生活的过程，而不是将来生活的预备"。因此，学校的教育教学要紧密结合学生在学校内的各项社会生活实际，在各种活动中不断成长和发展。

参考文献

[1] [捷]夸美纽斯. 大教学论[M]. 敷任敢，译. 北京：教育科学出版社，1999：94.

[2] 王天一，夏之莲，朱美玉. 外国教育史（上册）[M]. 北京：北京师范大学出版社，1993：127.

[3] [德]兰德曼. 哲学人类学[M]. 阎嘉，译. 贵阳：贵州人民出版社，1998：195.

[4] [美]亚伯拉罕·马斯洛. 动机与人格[M]. 3版. 许金声，等，译. 北京：中国人民大学出版社，2007：7.

[5] 郭思乐. 教育走向生本[M]. 北京：人民教育出版社，2001：41.

[6] [俄]巴赫金. 诗学与访谈[M]. 白春仁，等，译. 石家庄：河北教育出版社，1998：340.

[7][8][9][10][11] 亚伯拉罕·马斯洛. 动机与人格[M]. 3版. 许金声，等，译. 北京：中国人民大学出版社，2007：16-30，21，28，22-23，140-141。

[12] [捷]夸美纽斯. 大教学论[M]. 敷任敢，译. 北京：教育科学出版社，1999：94.

[13][14] 转引自[英]罗伯特·瑞克，詹姆斯·斯科特兰. 伟大教育家的学说[M]. 朱镜人，单中惠，译. 济南：山东教育出版社，2013：138.

[15] [瑞士]皮亚杰. 发生认识论[M]. 北京：商务印书馆，1981：22-57.

[16] [英]罗伯特·瑞克，詹姆斯·斯科特兰. 伟大教育家的学说[M]. 朱镜人，单中惠，译. 济南：山东教育出版社，2013：84.

[17] 王天一，夏之莲，朱美玉. 外国教育史（上册）[M]. 北京：北京师范大学出版社，1993：59.

[18] 赵祥麟，王承绪. 杜威教育名篇，教育科学出版社，2006：6，105.

[20] [捷]夸美纽斯. 大教学论[M]. 敷任敢，译. 北京：教育科学出版社，1999：100.

[21] 金生鈜. 理解与教育[M]. 北京：教育科学出版社，1997：72.

[22] [美]约翰·杜威. 民主主义与教育[M]. 王承续，译. 北京：人民教育出版社，2001：14.

[19][23] [英]罗伯特·斯克，詹姆斯·斯科特兰. 伟大教育家的学说[M]. 朱镜人，单中惠，译. 济南：山东教育出版社，2013：132，139.

[24] 杜威. 民主主义与教育[M]. 王承绪，译. 北京人民教育出版社，2001：14.

学生观：学生是具有生命活力、主动性、差异性、智慧潜能和整体性的人[①]

这一学生观体现在以下四个方面：

首先，学生是具有生命活力、不断发展的人。

学生虽然是教育的对象，但学生首先是作为人而存在的。教师面对的学生是一个个鲜活的、正在成长的生命体，因此教育是一项面对生命和提高生命价值的事业。鲁洁教授指出"学生是人"，具体表现为：学生是一种能动体，是具有思想和情感的个体，具有独特的创造价值；"学生是发展中的人"，其含义包括"具有与成人不同的身心特点""具有发展的潜在可能""具有获得成人教育关怀的需要""学生是以学习为主要任务的人"[1]。

但在日常教育活动中，经常可以看到教育者（教师或家长）将学生当作非"人"对待的现象：把学生当作"容器"，单向、强制地向其灌输知识，完全没有顾及学生的兴趣、爱好、个性特征、情感体验和是否喜欢；把学生当成"动物"对待，采用驯兽式的简单奖励与惩罚的教育方式教育学生；把学生当成"奴隶"，要求学生绝对服从教育者的意志；把学生当成"机器"，要求一天十几个小时不休息的训练，连课间操也要求学生带上书或者笔记本，队伍进行途中一停留就要求学生拿出书或笔记进行背诵，全然不管学生是否能够承受，等等。在教学中，"使作为生命体存在的学生成长问题在教师心目中淡出，而每天教什么、如何教、教后的考试结果如何，这些做不完、数不清的事，几乎占据了教师的全部心灵。"[2]这种未认识到学生是人、忽略学生生命成长的现象严重摧残了学生的身心健康。因此，叶澜教授指出："今天，是到了大声疾呼教育的生命价值的时代了。在教育中，还有什么东西的价值能比学生生命的成长价值更为重要的呢？教师心目中不仅要有人，而且还要有整体的人，处处从发展、成长的角度去关注人，做好自己的教学教育工作。我们要看到，处于这一阶段的青少年，尽管他们拥有生命最宝贵的时间，但并不全然知晓该时期对于自己发展的价值，他们还缺乏生活经验和对生命的

[①] 本文选录自王富英、朱远平著：《导学讲评式教学的理论与实践——王富英团队DJP教学研究》，北京师范大学出版社2019年版，第85～96页。

体验;尽管他们拥有多方面的需要和发展的可能,但并不全然知道该如何选择,如何学习、如何努力。"[3]

其次,学生是具有主动性和差异性的人。

主动性由人的生命本质构成。作为有机体的人与环境的物质交换是主动的,其体内各种器官功能的协同也是机体自主进行的,这种生物意义上的主动性,已经内化到机体的基质、组织和结构功能上。机体若无这种主动的新陈代谢,生命就一天不能存活。作为具有精神生命特质的人与周围世界的日常信息交流,也是主动的人通过感觉器官接触外界信息,并按自身的需要做出整合与反应(或积极或消极)的过程。但是,人的这种自然素质在社会实践和自身精神世界构建中的主动性诉求,已超出了生命有机体的自然需求,因而需要去激发和培养。[4]若人的主动性不被激发,就会逐渐产生依赖性。例如,学校教学中,解决问题的思路和方法全由教师讲解给出,长此下去学生就会产生依赖心理。当遇到较为困难的问题时也就不去主动地探究解决,"因为,不会做的难题,反正老师要讲",从而完全依赖于教师。所以,在 DJP 教学中,我们强调要把学习的自主权还给学生,目的就是要激发、调动学生的学习积极性,充分发挥学生的主动性,提高学习效益。同时,更主要的原因在于:学生是学习活动不可替代的主体,只有学生亲身经历学习探究的过程,对学习内容产生了感受、领悟、内心反映和体验,学习内容才会真正进入学生的内心世界,在学生的思想深处扎根、繁荣并与主体融合,从而形成真正属于自己的知识经验。而且,学生只有主动地参与才能真正掌握探究的方法,学会学习,才能获得丰富的情感体验,从而树立正确的情感态度和价值观,正如叶澜教授指出的:"若没有学生的主动性,就没有学生在教学中的积极主动地参与,教育就可能变为'驯兽式'的活动。只靠重复强化、外在诱惑或威胁来维持学习活动和产生学习效果,其最终结果不仅是学习质量和效益的降低,更为严重的是压抑了学生作为当代社会人所必须具备的主动性和能动性的发展,影响学生积极、主动人生态度的形成,同时也使得他们不能真正体会到学习生活的愉悦,体会到因主动性发挥而得到的精神的满足和能力的增强。"[5]

在 DJP 教学中,学生的主动性是学生个体性中最活跃、最根本的因素。学生的主动性在教学活动中表现为学生主动积极地去思考、去钻研和探索、去归纳和总结,并充分发挥自身的潜力,利用内外两方面的积极因素,主动积极地向同伴质疑、向老师请教、相互研讨以达到自己预期的学习目标。主动性强的学生具有强烈的求知欲和竞争意识、坚韧不拔的毅力和顽强拼搏的精神,对学习有浓厚的兴趣和较高的奋斗目标,并能在没有外界强制的条件下主动地进行学习。

差异性是由人的先天遗传和后天所处的生存环境、家庭条件和父母提供的发展空间的不同，在生活实践中逐渐形成的，对世界的不同认知方式、态度、兴趣、爱好（特长）、性格等个性品质。因此，差异性是从人与人之间比较意义上做出的人之特性的判断。学校教育主要是以班集体为单位开展活动，教师面对一个班级的学生群体时，往往会忽视学生的个体差异，期待的是用统一的目标、同一的内容、同一的方法，在同一时间内去教会不同个性特征与差异的每一个学生。忽视学生的差异是传统教育在学生观上的具体表现。传统教育关注的是"标准产品"，而不是作为不同生命体之人的发展。在传统教育中，教师的教学设计不是从学生的需要出发，而是从教师的兴趣、爱好和如何"好教"的角度出发，导致部分学生不愿学习，但教师从来不会原谅学得不好的学生，也不从自身的教学找原因，而往往把学得不好的原因全部归于学生自己的不努力。

学生之间的差异性，表现为每个学生不可能都站在同一起跑线上，用同样的速度，沿着唯一的途径，达到相同的终点。在现实的教育教学中，教师对于学生的差异性不是不清楚，导致不尊重学生差异而采取限制学生差异的教学方法，其主要原因是教师没有真正树立正确的学生观，没有真正研究学生的差异并利用差异进行教育。其实，学生之间的差异是学生个性特征的表征，是天然的教育教学资源，利用和发挥好了会产生更好的教育效益。教师若认真研究学生差异，在教育教学中，根据学生的差异，发挥个体的特长，使学生群体呈现出丰富的统一，为各种人才的成长打好基础、提供条件。这样，差异就不会被当作教育中令人头痛的问题，而是一种财富和教育资源。叶澜教授指出："一个真正出色的教师，能教各种类型的学生，并能使他们每一个人都得到可能的发展。"[6]

再次，学生是具有巨大潜能的人。

人的潜能是指人的生命发展的潜在性。人的潜在性是人在进化的过程中大自然赋予的特殊礼物，它具有生物学基础和自激励系统。儿童发展潜能的生物学基础来自人脑的结构。人脑有 140 亿个神经元，形成了许许多多的突触，可以产生数量极为巨大的组合和巨大的能力，一个人如果把他的潜能都能激发出来，就可以读完几十所大学，掌握十多门外语。

"人的巨大发展潜能还在于人是一个可以自激励的系统。如果你有了成功的表现，你又受到了激励，你会走向更大的成功。"[7]这样一直下去，永无止境，这就是人们常说的"人心不足"，即人永远不会满足于现状。

但人的潜能是潜在于人的生命发展之中的，不是一生下来就具有的。这是由人的生理结构的"非特定化"和"未完成性"特征决定的。人类学家兰德曼（M. Landmann）通过对比人与动物的差别，发现人的生理结构具有与动物生理结构不同的特征。

动物的生理结构是由遗传规定好了的，在其母体中即被定型，因此，动物的生理结构自其离开母体后即"已经完成"并且是"特定化"的。如，有些动物刚生下来几分钟就能直立行走；海龟一孵化出来就能爬行并能在水中游动。动物的不同的生理结构，决定了特定的动物只能在特定的自然环境中生存，一旦失去了生存环境，便会导致其灭亡。如，鱼只能在水中生存，一旦离开水就会死亡；猴子只能在陆地上生存，到了水中就会溺水而亡。所以，动物生理结构的特定化使其主要依靠遗传获得的本能来与特定的生存环境相协调。

而人则不同，人的生理器官没有被遗传程序特定化，相反，它具有"非特定化"或"未完成性"的特征。人的先天生理结构的"非特定化"和"未完成性"，构成了人在后天的创造性、自由等属于人特性的生理学前提。"人并不具有在其他生物中所有的典型性的不变的本质，而是处于总要创造他本身的情形之中。"人绝不会固定地存在着，而是处于不断地超越自己的过程中，所以，"人注定是要自由的，他处于总是要自由的需要支配下，自由不是他能够接受或拒绝的赠予……而是他内心不确定性的结果。""人必须靠自己完成自己，必须决定自己要成为某种特定的东西，他不仅可能，而且必须是创造性的。"[8]人的创造性弥补了由于生理结构的"非特定化"和"未完成性"特征而缺失的现成生活本领的"缺陷"。人的先天生理结构的"未完成性"特征，既给人类的生成和发展带来不利影响，也给人带来了生存和发展的优越性。人的生理结构没有限定人只能在特定的环境中生存，相反，根据发达的大脑和制造工具的能力，以及在此基础上形成的文化创造、积累等后天学习获得的能力，人能创造出适宜于自己生存的环境。人因此几乎能在任何环境中生存，包括海洋、陆地、寒带、热带，甚至太空，从而远超越动物。人的生理结构的"非特定化"及其衍生的人性特性，形成了人类学习与发展的巨大潜能和可能性。人虽然没有从遗传学中获得现成的生存本领，但人类发达的大脑却具有一种特殊的、无限的学习能力。"刚生下来的婴儿极易受环境的影响，他具有无限的学习能力和巨大的可塑性。"[9]正如柏拉图指出的："学习能量和能力早已蕴藏于灵魂之中。"[10]夸美纽斯也指出："人心的能量是无限的，它在知觉方面像个无底的深渊。"[11]而且这种巨大的潜能在不同的学生身上具有不同的特征，在学习的过程中体现出不同的解答问题的智慧。在实际的教学中，我们发现，很多时候学生的智慧超过老师，就充分说明了这一点。

人的潜能不是自然展现的,有些是随着生长的成熟而自发展现的。如手拿劳动工具的能力,而大多数则需要参与社会实践和教育的训育。又如人操作机器的技能,正如叶澜指出的:"人的生命发展的潜在可能性,是一种关注人后天生命展开过程中因个人实践经验积淀而形成个体倾向、兴趣、爱好的可能性,以及在实践中因自觉努力而开发出的生命能量与发展的可能性。它是与人的实践和实践中的自觉状态直接相关的后天发展的潜在可能性。"因此,"教育在学生多种潜在发展能力向现实发展确定性转化的过程中可发挥重要的作用"[12]。蒙台梭利把人生命发展中的潜在可能性称为人潜在的"内在力量",他指出:"教育的作用就在于帮助儿童内在力量的发展,而儿童的内在力量是在环境的刺激、帮助下发展起来的,是个体与环境之间相互作用的结果。"[13]

我们说,人的潜能是巨大的,并不是说人的潜能是无限的,因为任何事情有其自身的极限状态。叶澜教授指出:"人的潜在可能性(潜能)是有极限的。但在现实中的开发状态却有极大的弹性。"[14]如果认为人的潜能是无限的,则给一些无限度占用学生休息时间而超过学生的身体极限,过度疲劳而严重伤害学生身体的行为提供借口和依据。

认识和重视学生具有巨大的潜在可能性,就会对学生可能变化和发展到更高水平持有信心,不犯把学生定型化的错误。现实的学校教育却普遍存在以固有刻板印象看待学生的现象。有些学生从小学开始就被戴上"差生"的帽子,最可怕的是一部分学生认同了这顶帽子,并把学习成绩不好的原因归结为自己笨,或别人、家庭成员对自己不好、客观条件差等,自我否认了发展的潜在可能,形成不思进取、破罐子破摔的消极或带有破坏性的人生态度。

认识和重视学生具有巨大的潜在可能性,我们就会努力创造各种条件,为学生实现发展可能提供不同舞台。如,让学生自主学习后在班上发表自己的思想、观点,使学生能充分展示自己的智慧和才华,从而把课堂变成学生展示才华的殿堂。

最后,学生具有能动性与整体性。

前面我们谈到了,主动性是人的生命本质构成。但人作为生命体除了具有主动性的特征外,还有能动性和整体性特征。人的能动性是指主体在对象性活动中即与客观物质世界的关系中,自觉、积极、主动地适应客体、认识客体和改选客体,而不是被动地、消极地认识与实践。能动性是在主体对现实的主动选择、适应的基础上对现实的超越。能动性包括两方面的含义:一是主体对外部世界的适应性;二是创造性。在对象性活动中,人作为主体要具有适应外部世界的能力,即具有承受挫折、承担责任、关心他人和与他人合作等品质。只有在适应了外部世界的前提下，才能有效地认识世界和改善世界，这就要求主体具有探索创新的能力即主体的创造性。创造性是能动性的核心，其发展目标为"扎实的文化知识、坚韧顽强的意志、无私奉献的精神、探索创新的能力、科学的态度和方法"[15]。

学生的能动性表现在他能够根据社会的要求，主动积极地适应学校生活，能够承担责任，关心他人，与人合作；表现在学习活动中，能以自己的知识经验和认知结构去主动同化外部教育的影响，对它们进行加工、改造和吸收，从而使新旧知识建立联系，逐步实现主体认知结构的重组和建构。在教育活动中，教育者不但要使学生掌握扎实的科学文化知识，还要注意培养学生坚韧不拔、百折不挠的坚强意志，勇于承担责任的精神品质，关心他人和与人合作的协作精神。教师在教学中要改变教学观念和方法，变重结果教学为重过程教学，变重知识传授为重能力培养，千方百计创设问题情境，教给学生学习和探索的科学方法，启发、引导、指导学生自己动手、动脑，独立地去尝试、探索，进行"再发现"。通过知识的学习过程，培养学生的创新意识、创新精神和创新能力。

整体性是人作为能动的生命体的又一特征，因为"任何健康、富有活力的生命，其生命结构的诸方面都必定是整体、有机与和谐的"[16]。人，是作为心理与身体、理智与情感、意识与无意识、自我意识与对象意识、责任与权利、理想与现实、普遍性与个性、需要、价值与尊严等多方面的特性的统一体。

学生作为能动的生命体具有自己整体的身心结构，这表现在学生是以一个"整体人"的身份，参与能动的学习活动并展开其学习与发展过程。学生总是以其既有的生活经验和学习经历所造就的现有发展状况进入新的学习与发展过程，这种状况包括：已经形成的身体条件，学习的倾向性（需要、兴趣和价值取向），对自身学习过程的调控意识与能力，加工和处理学习对象的能力（认知结构、思维方式、创造性），等等。

漠视学生生命的整体性是现行教育中的一个突出问题。现行教育的偏颇除了表现在将学生当作被动的教育对象甚至非"人"（容器、动物、奴隶等）看待以外，更常见的是将学生当作"局外人""片面人"看待。例如，将学生看作生理的人，仅仅满足其吃、喝、穿、用等物质需要，而漠视其兴趣爱好、人格尊严、自由个性等精神需要；或者将学生当作"认知体"对待，只关注其知识学习和认知发展，而不管其身体、情感、人际交往、动手操作、个性爱好等其他方面的发展需求，等等。

认识和重视学生生命的整体性，就是要把学生作为一个完整的人看待。学校在教育教学中要具有"全人教育"的思想，通过开展各项活动促进学生德、智、体、美、劳全面发展，而不是只关注某一个方面。福禄贝尔指出：在各种活动中，"学校和教学应把外部世界以及作为外部世界的一部分并与外部世界处于密切关系中的学生自己，作为他的对立物，作为不同于他自己的、他所不熟悉的另一种东西，呈现在学生面前"，而且"学校还要为学生指出各个事物的内部倾向、它们相互之间的关系和联系，从而使他们的认识朝着普遍性和思想性上升"。只有学生在活动中，"越出对事物的外部的、表面的观察而进入对事物内部的观察，因而也是达到对事物认识、洞察和形成意识的观察，以及他脱出家庭秩序而进入更高的世界秩序，这就使他成为学生，而学校则成为真正意义上的学校。使学生获得大量或少量多样性的，因而也是表面的事物现象的机关，绝不是真正的学校，而只有使一切事物具有生气和一切事物得以在其中活动的精神和生命的气息，才是真正的学校应有的本质"[17]。

参考文献

[1] 南京师范大学教育系. 教育学[M]. 北京：人民教育出版社，2005：122-125.

[2][3] 叶澜. "新基础教育"论——关于当前中国学校变革的探究与认识[M]. 北京：教育科学出版社，2006：220.

[4][5][6] 叶澜. "新基础教育"论——关于当前中国学校变革的探究与认识[M]. 北京：教育科学出版社，2006：220，222，224.

[7] 郭思乐. 教育走向生本[M]. 北京：人民教育出版社，2001：49.

[8][9] 陈佑清. 教学论新编[M]. 北京：人民教育出版，2011：98，99.

[10] 转引自[英]罗伯特·瑞克詹姆斯·斯科特兰. 伟大教育家的学说[M]. 朱镜人，单中惠，译. 济南：山东教育出版社，2013：25.

[11] [捷]夸美纽斯. 大教学论[M]. 敷任敢，译. 北京：教育科学出版社，1999：14.

[12][14] 叶澜. "新基础教育"论——关于当前中国学校变革的探究与认识[M]. 北京：教育科学出版社，2006：222.

[13] 田景正，万鑫觥，邓艳华. 蒙台梭利教学法及其在中国的传播[J]. 课程·教材·教法，2014（6）：91-96.

[15] 王富英. 学生主体性要素结构系统及其特质[J]. 教育科学论坛，2008(12).

[16] 陈佑清. 教学论新编[M]. 北京：人民教育出版社，2011：104.

[17] [德]福禄贝尔. 人的教育[M]. 孙祖福，译. 北京：人民教育出版社，2001：92.

学习观：学习即生长、学习即生活、学习即经验的改组与扩充，知识是在多元对话中生成的

一、学习即生长、学习即生活、学习即经验的改组与扩充

"学习即生长、学习即生活、学习即经验的改组与扩充"这一观点的具体含义如下。

1. 学习即生长

"学习即生长"有以下几方面的含义：

第一，未成熟性。杜威指出："生长的首要条件是未成熟状态。"[1]由于青少年学生在生理、心理和知识、技能等方面都还处于未成熟状态，也就处于不断的生长状态。而成熟是在连续不断的学习过程中逐渐形成的，因此学习的过程就是生长的过程。

第二，生长的必需性。学习的自然性是指学生对学习的东西是在满足其自然生长的需要时最有效，即学习是自然生长的必需。杜威指出："儿童在未进学校的前几年的学习进行得快且稳，因为这时的学习是和他们自身的能力所提供的各种动机以及自身处境所促成的各种需要密切关联着的。卢梭差不多是第一个认识到学习是一种必需，它是自我保存和生长过程的一部分。"[2]杜威进一步指出："但一般学校确定的方向总是与这个原理相反。他们不去研究儿童在生长中所需要的究竟是什么，只拿了许多成年人所积累的知识，和生长的需求毫无相关的东西，想把它强加给儿童。"针对这种情况，卢梭指出："成年人应当知道的一切，难道儿童都该学、都能学吗？把做儿童时用得着的东西教给儿童，你可以见到那已经是很够他忙的了。为什么要叫他去求那也许终生用不着的学问，而忽略了那些足以满足他现在应当知道的东西。"因此，"教得太早是不行的，因为我们真正的教师是经验和感情，既是成年人，要不是适合他本身的情况，也绝不会去学他那应该学的东西"[3]。

可是，在教学中，这种不顾学生的生长需要而把成年人知道的东西强行灌输给学生的情况处处可见。如，一个刚送走高三毕业年级的数学教师到高一讲"解一元二次不等式"的新课时，完全不顾学生自身的能力和需要，就把几乎所有解一元二次不等式的内容（带参数的、含绝对值符号的和可转化为一元二次

不等式的）全部强行灌输给学生，因为，教师认为这些内容学生都应该学习和掌握，结果是对于教师讲解的内容95%以上的学生没有真正理解和掌握。

第三，渐进性。儿童的各种能力形成的过程是在不同阶段的自然属性和不同发展要求下渐进的、自然的和连续的生长过程，教育不能跳跃和超越学生的自然发展阶段，不能揠苗助长。这正如杜威指出的："人的成长是各种能力慢慢生长的结果。成熟要经过一定的时间，揠苗助长没有不反致伤害的。儿童时期就是生长和发展的时期。所以，为了成人的生活的造诣而不管儿童的能力和需要，是一种自杀政策。"[4]所以，学习能力也是一个缓慢生长的过程，学习是一个渐进的过程。诠释学循环理论表明，很多知识不是一次就能学会的，需要一定的循环反复过程，即知识有一个自然生长的过程。遗憾的是，我们现在的学校教学中，很多人没有认知到学习知识有一个生长的过程，而是大讲特讲并要求教师的教学要"堂堂清""天天清"，这是违背知识生长规律的，自然也不可能达到希望的效果。当然，若硬要说能够达到"堂堂清""天天清"的话，那也只能是达到较浅层次的理解——工具性理解，而不可达到更深层次的理解——"关系性理解"和"价值性理解"的水平。

2. 学习即生活

"学习即生活"的含义有三个方面：

第一，生存性。学习是生存的需要，不学习无法生存。杜威指出："努力使自己不断地生存，这是生活的本性。"人要生存就要掌握生存需要的知识技能，这就需要不断地学习，因此，学习是生存的需要，也即生活的需要。

第二，更新性。首先，生活是不断地自我更新的过程。杜威指出："生活的延续只能通过不断的经久的更新才能达到，所以生活便是一个自我更新的过程。"[5]这就说明，自我更新的过程也就是生活的过程，即生活的过程就是学习的过程或者说"生活就是学习"。其次，生活包括习惯、制度、信仰、胜利、失败、休闲和工作。生活中有喜悦、有困惑与烦恼，学习中也有这些情绪内容。学生的生命历程基本上都在学校的学习活动中度过，学习就是其工作。在学习过程中，有习惯、制度、信仰、胜利和失败，因此学习是学生生活的主要部分。

第三，社会性。学生是生活在现实世界之中的，在现实生活中学生要不断地与其他社会成员交往与对话交流。这种交往和对话既是学生生活的组成部分，也是其社会学习活动。因此，学生的学习要与生活紧密联系起来，做到学习生活化、生活学习化。

3. 学习即经验的积累、丰富、改组和扩充

人们获得知识的途径一般有两个方面：一是在社会生活实践中通过经验

的积累和丰富而获得；二是通过书本知识的学习而获得。杜威指出："一切学习都来自经验"[6]。学习的过程就是经验的不断积累、丰富、改组和扩充的过程。这个过程主要表现在两个方面：一是在生活中经验的积累和丰富过程；二是在新知识学习中经验的改组和扩充过程。学生在生活中遇到困难时通过自己的努力解决问题后，便获得了对这种问题解决的经验，从而积累了知识；学生在生活中受到挫折，通过反思而获得经验从而获得了知识。这反映的是知识学习的累积性。如，小孩在玩耍的过程中不小心被小刀划伤了手指，手指的疼痛促使小孩反思是小刀划伤所致，从而形成了小刀能划伤手指的经验，进而也就获得了小刀锋利的刀口能划伤物体的知识。在生活中，这种类似的经验积累得越多、越丰富，即学习到的知识也就越多、越丰富。

建构主义学习理论认为，新知识的学习过程是学习者利用已有的经验不断同化和顺应的过程。当学习的知识同化到学习者已有的认知结构中去时，学习者的经验只是得到数量上的增加，得以数量和范围的扩充，没有打破原有的经验体系；当学习者的经验不能同化学习的内容时，学习者就要改造已有的经验结构，将新知顺应到已有的认知结构中去，这时就是对原有的经验结构进行改组。经验的改组和扩充过程充分体现了知识的建构过程。因此，学习是经验的改组和扩充反映的是知识的建构性和生成性。

二、知识是在多元对话中生成的

"知识是在多元对话中生成的"是一种多元对话性学习观。

多元对话性学习是指"学习是同客观世界的相遇和多元对话而引起的行为、能力和心理倾向比较持久的变化。这些变化不是因为生长、疾病或药物而引起的"。

多元对话性学习的意蕴主要在以下两个方面：一是学习的多元对话性；二是多种学习方式的整合性。

第一，学习的多元对话性。多元对话性学习的过程是一种多元对话性实践活动过程。这种对话性学习的实践，在客体、自身与他人的关系之中形成了三种对话实践领域。

多元对话性学习的第一种对话实践是同客体的对话。这种实践是认知客体并对它进行语言表述的文化性、认知性实践。在多元对话性学习中，学生在老师的引导下直面学习内容的概念、原理和结构，从事具体客体的观察、实验和操作，运用概括化的概念和符号，建构客体的意义世界并且构筑结构化的控制关系。

多元对话性学习的第二种对话实践是与他人的沟通、交流。正如日本教育家佐藤学所说的:"一切的学习都内蕴了同他人之间关系的社会性实践。课堂里的学习是在师生关系和伙伴关系之中实现的。即便存在个人的独立学习的场合,在这种学习里也交织着同他人的看不见的关系。"[7]

多元对话性学习的第三种对话实践是跟自己的对话。在多元对话性学习中,学习者在与他人的对话中,通过反省性思维,改造自己所拥有的意义关系,重构自己的内部经验。

第二,多种学习方式的整合性。任何有效的学习都不是单一学习方式完成的,而是多种学习方式的有机整合。多元对话性学习是将自主学习、合作学习、探究式学习和有意义的接受学习有机地融入学习过程之中,并在学习过程中又将这几种学习方式结合构成的新的学习方式的多种学习方式的整合。在多元对话性学习中,学生先在教师的指导下进行自主学习,这时的学习可以是自主探究式学习或自主接受学习,还可以是两者的结合,具体是哪一种就要看具体的内容而定。学生在自主学习遇到困难不能解决时将会寻求他人帮助,在与他人合作中解决问题,或者当个人难以完成学习任务时也需要与他人进行合作,这时的学习就是合作学习与探究式学习,称为合作探究学习;在与同伴合作也不能解决时就需要得到教师的帮助,教师针对学生学习中的难点和困惑进行有针对性的、重点的讲解,这时学生的学习已有内在的学习心向,其逻辑意义已经建立,因此这时听教师讲解的学习就是有意义的接受学习,而且这种接受学习是在合作中的接受学习,称为合作接受学习。"探究式学习"不是完全单独进行的,它是融入自主学习与合作学习之中的。由此可知,在整个多元对话性学习过程中,学生的学习方式就不只是自主学习、合作学习、探究式学习和接受学习这四种学习方式的整合,而是在这四种学习方式下又生成了四种学习方式:自主接受式学习、自主探究式学习、合作接受式学习、合作探究式学习。

参考文献

[1] [美]约翰·杜威. 民主主义与教育[M]. 王承绪,译. 北京:人民教育出版社,2001:49.

[2][3][4][6] 赵祥麟,王承绪. 杜威教育名篇[M]. 北京:教育科学出版社,2006:104,105,6.

[5] [美]约翰·杜威. 民主主义与教育[M].王承绪,译. 北京:人民教育出版社,2001:14.

[7] [日]佐藤学. 学习的快乐——走向对话[M]. 钟启泉,译. 北京:教育科学出版社,2004:39.

教学观：教学的实质是对话，教学就是教会学生学

1. 教学的实质是对话

教学的实质是对话，体现的是对话教学观。对话教学，把教师和学生看作是教学的两个主体，教师是"教"（引导）的主体，学生是"学"的主体，二者构成的是一种双向的、平等的、和谐的"你—我"对话的关系，追求的是师生生命活动的有效性，教学活动的表现形式是"教师和学生一起走"。"教学对话"的说法主要是为了强调教与学之间的关系是一种相互交融的平等对话关系，就如保罗·弗莱雷所说的："通过对话，学生的教师和教师的学生不复存在，代之而起的是新的术语：教师学生、学生教师。"[1]在对话教学中，"教师不仅仅去教，而且通过对话被教，学生在被教的同时，也同时在教"[2]。通常，对话教学在教学中的表现形式是"对话性讲解"。

对话性讲解是指学生在学案的引导和帮助下进行自主学习的基础上，通过师生、生生对话讲解的方式进行视域融合，实现知识意义的生成、生命意义的建构和意义分享的教学活动过程。因此，它由"学生讲解"与"老师讲解"两个相互交融的环节组成。学生的讲解是学生自主学习之后在组内交流的基础上，由各组学生代表面向全班同学展示说明和解释对所学内容的理解，并提出未能解决的疑难问题；教师的讲解则是根据教学的重点、学生讲解中的疑点、难点以及学生忽略的薄弱点进行点拨或补充。对话性讲解具有视域融合性、意义生成性和思维完整性等特点。

"对话教学"的教学观，把教学看作是"师生积极参与、交往互动、共同发展的过程"，并赋予学生充分的话语权与决策权，特别是把"教"看作是一种必要的、有效的学习方式，通过"多重观点、自觉假设和个人主观化的利用"，为学生提供一种能够充分发挥学习的主体性、具有多种可能的发展通道，使他们能够利用自己的智慧学习和创造生存智慧。

2. 教学就是教会学生学

这一教学观反映的是我对教学的价值取向。这与传统的"教学是教师教、学生学的活动"的教学观有着本质的区别。传统教学主要强调的是教师的教，教学的价值取向是如何把学生教懂、教会。我们提出的教学观关注的是教会学生如何学习，即会学。因此，我提出的教学的价值取向是让学生"学会学习"。

在这种教学观下,教师在教学活动中的主要行为活动是"导学"。因此,我们把教员不叫"教师"而称为"导师",他们是儿童发展的"导师"。蒙台梭利认为:"'导师'不是'知识的输出者',而应引导儿童积极主动地探索环境,不是儿童活动时'急不可耐'的讲解,而是让儿童切实成为活动中的'主体'。""导师"最为重要的是尊重儿童和热爱儿童,重视观察儿童、了解儿童和准确把握儿童的内心世界,其首要任务是为儿童创设具有兴趣性和探索性并可供其与之相互作用的活动环境,让学生在该环境中自主、自由地探索。"教育不是成人以教材为本向儿童传递的过程,而是成人通过给儿童提供'有准备的环境'帮助儿童内在潜能主动发展的过程。"[3]

因此,教师在教学活动中的主要任务不是去传授知识,而是为儿童创设具有兴趣性和探索性并可供其与之相互作用的活动环境,是激发调动学生学习的兴趣和积极性,引导学生主动积极参与到学习活动中去自主、合作、探究,在对知识意义探究的过程中学会学习、学会探究、学会合作。所以,教师教学的着力点不应主要放在知识的学习和记忆上,而应放在如何引导学生去探究、学习的方法上。正如杜威指出的:"学校中求知的真正目的,不在于知识本身,而在学得制造知识以应需求的方法。"[4]学生是自己学习的主人,是课堂学习的主体,教师在学生学习的活动中是一个组织者、引导者、参与者与合作者。

参考文献

[1] 保罗·弗莱雷. 被压迫者教育学(30周年纪念版)修订版[D]. 顾建新,等,译. 上海:华东师范大学出版社,2001:44.

[2] 胡典顺,何晓娜,赵军. 数学教学走向对话[J]. 数学教育学报,2008,17(6):11-13.

[3] 田景正,万鑫斛,邓艳华. 蒙台梭利教学法及其在中国的传播[J]. 课程·教材·教法,2014(6):91-96.

[4] 赵祥麟,王承绪. 杜威教育名篇[M]. 北京:教育科学出版社,2006:108.

知识观：参与者知识观
——知识是师生合作的产物[①]

"参与者知识观"是相对于"旁观者知识观"而言的。"参与者知识观"是指知识是认知主体在与外部世界相互作用后的认识，是个体精神的产物。知识产生的过程是一个发明和创造的过程，在这过程中，认知主体与认知对象紧密结合，认知者不再是一个"局外人"和"旁观者"，而是一个实实在在的"参与者""发明者"和"创造者"。

参与者知识观含有以下几层意义：

第一，知识是个体性和逻辑性的统一。在对客观世界的认识过程中，认知者是根据自己的个人经验和情感去进行探究和发现，而由于不同的人基于自己的经验、情感，对事物、事情和事件总会有着不同的理解和解释，这些解释首先体现了个体性，然后才表现为寻求逻辑的推证和依据，知识的客观性在这个意义上也才具有可知的意义。

第二，知识不是固定不变的，而是不确定的、可变的，作为结果的知识是暂时的、相对的。因为，从知识总体来看，问题情境、证据范围、认识方法乃至人的认识能力都在不断地变化，人的知识就需要不断维护和变化，作为结果的知识总是在不断地变化；从知识个体来看，知识总要具体化为个体活动中的经验、体验，因此，即使面对同一事物或现象，人们做出的解释也不同，结果自然也不同。这些都表明知识永远是一个发现、发明的过程，是一个不确定的、可变的过程。

第三，知识是在多元对话中各种视域的融合中生成的，是师生合作的产物。皮亚杰指出："认识既不是起因于一个有自我意识的主体，也不是起因于业已形成的（从主体的角度来看）、会把自己烙印在主体之上的客体；认识起因于主客体之间的相互作用。"[1]因此，知识的获得过程是一个主体与客体互动对话的过程。对于学校学习来说，知识的获得过程是多元对话的过程。这里的多元对话既有认知者与文本（教材、学习用书）的对话，又有与同伴的对话（小组交流、全班对话性讲解和相互质疑评价），还有与教师的对话（教

[①] 本文录自王富英、朱远平著：《导学讲评式教学的理论与实践——王富英团队 DJP 教学研究》，北京师范大学出版社 2019 年版，第 135～136 页。

师的追问、质疑和讲解）和自我对话（师生质疑评析后的自我反思）。在多元对话中，对话各方具有各自的不同视域（视域是指从个体已有背景出发看问题的一个区域）：文本的视域（文本固有的意义）、讲解者的视域、同伴的视域和教师的视域。在学生学习过程中，虽然这几种视域存在差距，但通过交往对话，各种视域相互碰撞、交流，从而不断生成、扩大和丰富，最后融合在一起形成一个共同的意义世界，这个共同的意义世界就是认知者获得的知识。因此，在持有参与者知识观的教学中，学习者不再是知识的"旁观者"，师生均是知识创生的参与者和贡献者，知识是在多种视域的融合中生成的，知识是师生合作工作的产物。

参考文献

[1] [瑞士]皮亚杰. 发生认识论原理[M]. 北京：商务印书馆，1997：21.

评价观：学习评价是促进学生认知与发展的认识性实践活动

传统的学习评价是把评价作为工具，外在于学生的学习行为，注重的是对"学习的评价"（Assessment of Learning），即对学习的成效做出价值判断的活动，其主要作用是为甄别与选拔服务。我们把这种学习评价称为"学习外评价"。"学习外评价"关注学生在学习活动中所获得的学习结果与行为表现，发挥了评价的甄别与部分激励功能，但它忽略了评价的认知与生成功能，造成了学习与评价相分离、学习者与评价者相对立的弊端。而在多元对话性学习的教学过程中，特别是相互对话的学习活动，随着学习活动的开展，会自然生成一种对学习活动的比较与鉴别，学习者根据这种比较与鉴别的情况来改进和调整自己的学习行为，我们称这种学习评价为"学习内评价"。

"学习内评价"是相对"学习外评价"而言的，这种评价不但让学生看到自己成长的历程，而且把评价作为学生学习活动的有机组成部分和重要学习内容。所谓"学习内评价"，是指学习本身所固有的内在于学习活动之中的、能够满足学习者自身需要和促进学生认知与发展的认识性实践活动。[1]它不是镶嵌在学习之中的，而是在学习过程中产生的，是学习的一项基本性质；评价标准不是外加的，而是由学习活动自身提供和生成的。评价是学习活动的有机组成部分。

"学习内评价"具有以下特性：

（1）"学习内评价"是学习活动本身所固有的基本性质。

（2）"学习内评价"的标准不是外加的，而是由学习活动自身提供和生成的。

（3）"学习内评价"是学习活动的有机组成部分。由于学习内评价是学习活动本身固有的评价，是伴随学习活动过程而产生和进行的，因此它是学习活动中的评价。

（4）"学习内评价"本质上是一种认识性的学习实践活动。"学习内评价"的目的是认识学习及其学习对象的价值，不是拿价值去判断，而是通过判断去认识、发现、生成、感悟。

"学习内评价"具有以下四个方面的作用：一是评价使得学生所建立的关于知识的个人意义经受了某种检验而变得更加清晰、明确、合理；二是学生在对他人的讲解进行分析评判时，要用自己的语言说出个人的看法和观点，就需要对知识的个人意义进行加工、改组、归纳、概括，从而促进和丰富了学生对知识的心理表征，提高了知识内化的程度，进而促进了对知识的深入理解；三是通过评价，可使学生认识到所学知识的应用价值和与社会文化的联系，感受和欣赏到学科特有的内在美，提高学科文化修养；四是通过自我评价，不断反思调节自己的学习策略与方法，不断丰富和积累学科活动经验。

由"学习内评价"的功能和作用可知，学习评价是促进学生认知与发展的认识性实践活动，体现的是"促进学生发展"的评价观。

参考文献

[1] 王新民，王富英. 学习内评价的含义及其基本特征[J]. 教育科学论坛，2011（5）：5-7.

2 课堂教学改革研究

KETANG JIAOXUE GAIGE YANJIU

该部分内容是我主持研究的成都市"十一五"教育科研课题、四川省人文社会科学重点基地课题（2011年12月结题）的研究成果。该成果2012年获成都市优秀教学成果一等奖，2014年获2013年度四川省优秀教学成果一等奖，2014年获首届基础教育国家级教学成果二等奖。这里收录的是发表的部分文章，并按一定结构体系进行了整理，原文见附录所列文章。对导学讲评式教学系统的论述有兴趣的读者可以参与以下著作：[1]王富英，朱远平著：《导学讲评式教学的理论与实践——王富英团队DJP教学研究》，北京师范大学出版社2019年版；[2]王富英，王新民，张玉华等著：《数学教学导学讲评式教学论》，科学出版社2019年版。

导学讲评式教学概论

一、问题的提出

在我国，虽然新课改已进行了多年，但新课改倡导的自主、合作、探究等学习方式在教学实践中未得到有效实施。"讲授法"教学范式仍统治着课堂，学生学习方式仍是"教师讲—学生听"的单一学习方式。课堂教学中仍是教师主宰一切，学生仍处于被动学习状态，主体性仍严重缺失。同时，教学实践中的评价关注学生学习结果与行为表现，虽然发挥了评价的甄别与部分激励功能，但忽略了评价的认知与生成功能，造成了学习与评价相分离、学习者与评价者相对立的弊端。为了改变这些现状，一些教育实践者以学案为载体对课堂教与学的方式进行了大胆改进和实验。但学案作为教学实践的产物，充满着经验的成分，缺乏理论指导与引领，出现了学案编写中的随意性、盲目性以及使用上的生搬硬套等问题，有些学校甚至把学案当作应试教育的"新工具"。

针对以上问题，2008年起我们以学生的"学"为出发点，以改善学习方式、激发学习主动性与学会学习为目的，用"参与者知识观"设计学生的学习活动，用体现"学习形态知识"的学案代替体现"教育形态知识"的教案，以学生参与的多种视域融合的"对话性讲解"代替教师独霸话语权的单向度的"独白式讲解"，以内在的凸显认知发展功能的学习内评价代替外在的发挥甄别竞争功能的学业评价设计了"导学讲评式教学方式"（简称DJP教学），在成都市龙泉驿区进行教学改革实验研究，取得了显著的成效。目前，DJP教学已在四川省内外许多学校得到推广，并逐渐成为课堂教学的一种新范式。

"基于课堂—高于课堂—回归课堂"是DJP教学研究的基本原则，"课题研究""课堂教学"和"课改实验"三"课"结合，以科研带动教研，以教研促进科研是该项研究的基本策略；案例研究、行动研究和运用Nvivo视频分析工具和SPSS软件对课堂教学进行录像编码分析的定量研究是研究的基本方法；"有效改善学生的学"是研究的出发点，"三条主线"即学什么、怎样学、学得如何，是研究的基本路径；使学生达到"五个学会"（学会学习、学会合作、学会探究、学会交流、学会评价）是研究的最终目的；注重理论提升并利用理论指导实践是这项研究的鲜明特色，也是这项研究获得成功的内在机制。

二、导学讲评式教学的基本概念

导学讲评式教学是指学生在教师的引导和帮助下，在自主学习、探究学习内容，初步建构知识意义的基础上，通过与同伴的对话讲解和师生的评析过程，获得对知识意义的深入理解、学科思想方法的体验与感悟、学科活动经验的丰富与积累，从而使学生自我增进一般科学素养，提高社会文化修养，形成和发展学科品质，最终达到学会学习、学会合作、学会探究、学会交流、学会评价的教与学活动。[1]

这个定义清楚地表明了教与学的具体操作过程和教学目标。定义中我们可以看到整个教学过程有三个主要环节：引导自学—对话讲解—质疑评价，简称为"导学—讲解—评价"。"引导自学"是指在教师引导和帮助下，自主学习探究学习内容，初步建构知识意义；"对话讲解"是指学生自学后在小组内交流讲解自己的理解和认识，在此基础上，小组派代表在全班讲解小组内的共同理解；"质疑评价"是指在讲解者讲解后，其同伴与老师在认真倾听后对讲解者讲解内容的追问、质疑和评析。教学目标是"获得对知识意义的深入理解、学科思想方法的体验与感悟、学科活动经验的丰富与积累，从而使学生自我增进一般科学素养，提高社会文化修养，形成和发展学科品质"，最终目的是达到"五个学会"。但这个定义的缺点是太长，不够简洁，而且导学讲评式教学的三个主要环节和核心要素凸显不够。因此，我们对以上定义进行修订后给出以下第二定义："导学讲评式教学是指学生在教师的引导下，根据学案自主学习、对话性讲解、学习性评价，以达到深度理解与学会学习、促进师生发展的教与学方式。"[2]

在以上定义中，"教师引导下自主学习"简称为"导学"，"对话性讲解"简称为"讲解"，"学习性评价"简称为"评价"，这样以上定义则清楚地表明了导学讲评式教学的基本环节："导学—讲解—评价"，其核心要素是"导学""讲解""评价""对话""理解"。教学目的是使学生对知识意义达到"深度理解"，最终目的是要学生"学会学习"和促进"师生发展"。这里的关键词是"学案""对话性讲解""学习性评价""深度理解"和"学会学习"。

这两个定义各有长处，第一定义虽然较长，但表述清楚，操作性强，特别指明了学生应达成的学科素养和五个核心素养，清楚地表明了学习理解的过程。该定义没有明确提出学生发展，但明确了学生发展的目标要素：知识意义的理解；学科思想方法的掌握；学科活动经验的积累；科学素养、社会文化修养、学科品质的形成和"五个学会"。第二定义简洁，明确提出了达成目标就是"深度理解""学会学习"和"师生发展"，但操作和理解过程不是很明确，学生发展的内涵也不是清楚，需要再次解读，而且只强调了学会学习，而没有"学会合作""学会探究""学会交流"和"学会评价"，后"四个学会"也是学生未来生活的必备品质和关键能力。所以，一线教师仍然用第一定义的较多，因此我们保留了两个定义，根据需要可以灵活选用。

从第一定义和第二定义中我们看到，"导学""讲解"和"评价"既是核心要素又是主要教学环节。因此，我们取"导""讲""评"汉语拼音的第一个大写字母 D、J、P，简称"导学讲评式教学"为"DJP 教学"。

三、导学讲评式教学的核心要素

1. 导学

导学，是指教师引导和帮助学生的独立自学、探究。导学的方法有示范导学、点拨导学、提纲导学和学案导学。这里我们主要讲利用学案引导和帮助学生学习、探究，即学案导学。传统的教学是教师先讲解将要学习的内容，再由学生进行练习巩固，即"先教后学"，这种教学的优点是知识系统、节省时间、课堂容量大，缺点是学生处于被动接受的地位，不利于学生自主学习能力的培养。DJP 教学的目的是要培养学生自主学习的能力，使学生学会学习，故采取的是"先学后教"的教学方式。由于学生受学力的局限，要使学生的自学能有效进行，就需要每个学生在学习遇到困难时能得到及时的指导与帮助，显然这在我国目前大班级授课的情况下是不可能做到的。"学案，是教师在教学理论与学习理论的指导下，在认真钻研教材与分析学情的基础上，根据教学要求和学生的认知水平与知识经验，并以学生的学为出发点，把学习的内容、目标、要求和学习方法等要素有机地融入学习过程之中而编写的一个引导和帮助学生自主学习、探究的方案。"[3]因此，学案可帮助学生将所学知识与已有的知识经验形成联结，为知识的学习提供适当的附着点，而且它又结合学习内容为学生提供有效的学习方式方法与学习策略，指导学生学习。这样，学生在学案的引导下进行学习、探究，就相当于有一个老师在旁边进行指导和帮助。这样，就把教师对学生的当面指导和帮助通过学案这个"工具"和"桥梁"间接地变为对每个学生"面对面"的指导和帮助，从而提高学生自学、探究的效率。

2. 讲解

讲解是指学生在利用学案自学后用口头语言讲述的方式对他人表达自己对所学知识意义的理解和见解，教师再根据学生讲解的情况和不足，针对教学的重点和难点进行精要的补充性讲解和解释性讲解。所以，DJP教学中的讲解是由师生共同完成的，而且十分注重和强调学生的讲解。以前的教学都是教师一人讲解，学生只是作为听众被要求认真听老师的讲解。这样，一些学生会认为课堂上讲解是教师的事，与自己无关，从而听课的主动性不够。DJP教学中，学生在利用学案自学后，会产生一些自己的见解和想法，也会产生许多的疑点和不能理解的问题，对产生的见解就会产生想要表达的愿望，对不能理解的问题也会产生寻求解答的欲望，这时教师给学生提供发表意见的机会与平台，让其在小组和全班讲解自己对所学内容的理解，并提出还未能解决的疑难问题，以求他人的帮助和解答，既满足了学生的需要，又培养了学生交流表达的能力。而且，由于DJP教学要求学生在全班进行讲解，便促使学生不但要根据学案的启发、引导去认真阅读教材，而且还要对所学内容进行组织整理，从而促进学生主动学习。在DJP教学中，教师作为参与者则是根据教学的重点、学生自学中的疑点和难点以及学生忽略的薄弱点进行重点讲解，从而真正做到了"精讲"。这样的课堂教学改变了教师"独霸讲台、一讲到底"的现状，变教师一人讲解为师生共同讲解，变教师"一言堂"为师生"群言堂"，从而把课堂的话语权交给了学生，使学生真正成为课堂学习的主人，教师只是一个参与者、合作者、组织者和引导者。

3. 评价

评价，就是学生和教师对学生讲解的内容进行比较、鉴别、分析和评判。在DJP教学中，学生的讲解必须得到及时的评价。通过评价固化正确认识、纠正错误认识，从而帮助学生建构知识的正确意义，获得对知识的深度理解。评价的实质是比较、鉴别与选择，这也将是一个公民必备的基本素养。因此，DJP教学中的评价是学生学习的对象和内容，是学生认知活动的有机组成部分，是一个不可或缺的学习环节。

在DJP教学中，评价的方式有学生的自评、互评和教师的点评。学生在倾听他人的讲解时，头脑中便会不断地比较自己的理解与他人理解的差异，不断地纠正自己的错误认识，建构知识意义的正确认识，这是学生内在的自我评价。在师生相互评价的过程中，通过教师的点评、分析，学生自己的正确见解或学习成果受到肯定而感受到成功的喜悦，从而完善和固化已形成知识的个人意义，并使错误认识与疑难得到矫正与消除，从而促进知识的内化。通过相互评价还可以激活思维，将学生的思维引向深入，诱发其创新意识。通过相互评价也可促进师与生、生与生的交流对话，促进对学科问题的讨论和欣赏等活动，使学生充分感受到所学知识的美妙，认识到知识的价值和重要性，从而促进他们学科鉴赏力和欣赏力的发展。同时，学生在亲身经历自主学习、探究后，会自觉地进行自我反思、评价，从而丰富和积累学科活动的经验，改进调节自己的学习行为。所以，DJP 教学中的评价具有以下四个方面的作用：一是通过评价使得学生所建立的关于知识的个人意义经受了某种检验而变得更加清晰、明确、合理；二是学生在对他人的讲解进行分析评判时，要用自己的语言说出个人的看法和观点，就需要对知识的个人意义进行加工、改组、归纳、概括，从而促进和丰富了学生对知识的心理表征，提高了知识内化的程度，进而促进了对知识的深入理解；三是通过评价可使学生认识到所学知识的应用价值和与社会文化的联系，感受和欣赏到学科特有的内在美，提高学科文化修养；四是通过自我评价，不断反思调节自己的学习策略与方法，不断丰富和积累学科活动经验。

在 DJP 教学中，"导学""讲解""评价"既是整个课堂教学的主要环节，又是解决一个个具体问题的教与学环节，从而在课堂教学中就会多次出现"导学→讲解→评价"的循环。

4. 理解

学习的关键在于理解，导学、讲解、评价也是为了理解。DJP 教学中的理解按理解的对象可分为对文本的理解、对他人的理解和自我理解。

（1）对文本的理解。对文本（教材）的理解就是对文本意义的理解和对精神内容的理解。因为没有意义，文字就是僵死的和不可理解的物理符号，没有精神，意义就没有基础和目的。因此，"意义是文本的本质，理解文本的关键在于把握文本的精神内容和意义，而不在于把握教材文本的物理符号和词语本身。"[4]，"所以从根本上说，唯有达至精神层面我们才能认识每一个对象的为什么，从何而来和到何处去"。这正如语言学家阿斯特所说的："唯有对文本精神的理解才是真正的最高理解。"[5]

文本的意义有两个方面的含义：一是文本作者的意图。我们理解文本的意义就是理解作者的意图与作者的思想观点。二是对文本所说事情本身，即作品所表达的知识意义。而知识意义存在于文本的"视域"和读者（解释者）的"视域"相交叉的"视域融合"中。根据诠释学的观点，意义的理解、生成过程是视域融合的过程。

（2）对他人的理解。DJP 教学不但注重对文本意义的理解，更注重人与人之间的相互理解。

DJP 教学中人与人之间的相互理解主要是指对他人的理解，包含师生之间的理解和学生之间的理解。

① 师生之间的理解。师生之间的理解包括教师对学生的理解和师生的相互理解。教师对学生的理解体现在以下两个方面：首先，要把学生看成一个有主体性的人的存在；其次，要把学生看作有自己独特理解的人。师生之间的理解除了教师对学生的理解外，就是师生的相互理解。在 DJP 教学中，师生的相互理解是指师生之间通过相互对话、相互倾听、相互尊重达到彼此理解，从而实现生命意义创生的过程。

② 学生之间的理解。诠释学认为，人的理解存在是在生活世界中相互理解后到达与他者共同拥有。学生之间的理解是在就某一共同话题展开讨论和交流中完成的。

（3）自我理解。"自我理解就是主体消除误解与障碍实现自我发展。"[6] 在 DJP 教学中，通过讲解对话暴露自己的思想观点，在经受他人的质疑、批判后，个体对自身内在经验和外在世界进行反省与感悟，这样既认识到自己的存在，又消除了误解与障碍，进而修正自己的原有认识，完成自我理解，实现自我发展。

5. 对话

DJP 教学中的理解是在对话中完成的。DJP 教学中的对话包括与文本的对话、与他人的对话和自我对话。

（1）与文本的对话。DJP 教学的第一个环节就是在教师引导下的自主学习。自主学习的过程就是与文本对话的过程。在 DJP 教学中，学生根据自己的知识背景、思维习惯、情感态度去理解体验文本的意义，并在此基础上超越文本，建构属于自己的意义，这时文本已经不是一些信息材料，而是一个有思想的生命，一个活生生的"你"。"文本是一种语言，也就是说，它像一个'你'一样自身说话，它不是一个客观对象，而更像对话中的另一个人。""文本与学生之间不再是教训与被教训、灌输与被灌输的关系，而是一种对话，一种感受、理解、欣赏与体验，学生与文本相互走进，是心灵的碰撞活动和灵魂的回答。"[7]

（2）与他人的对话。DJP 教学的第二个环节是学生在与文本对话的基础上开展与他人对话交流。学生在独立的自主学习之后会产生许多自己的思想、观点，还有一些不确定的东西，这时就急于想与他人进行交流：一则想使自己新获得的思想、观点得到他人的承认与确定，二则想使自己还没有理解的问题得到他人的帮助和解答。这时就必须要给学生提供交流对话的机会和平台。DJP 教学中的"学生讲解"就是给予学生这样的与他人对话的机会与平台。

DJP 教学中，学生与他人的对话包括师生对话和生生对话。

（3）自我对话。自我对话是指"现在之'我'与过去之'我'，现实之'我'与理想之'我'的对话，是'此我'与'彼我'的对话"，[7]是学生对自身已有的知识、思想、经验、行为的反思。在 DJP 教学中，由于学生在经历了自主学习、对话性讲解后，特别是在受到同伴和教师的质疑和批判之后，内心会产生一些矛盾和困惑，从而促使学生对自己原有的思想、观点、经验、行为去进行思考、追问、总结，也就是去跟另一个"自我"和先前的"自我"进行对话，在与自我的对话中理清思路、澄清认识、消除困惑、发展自我。

四、导学讲评式教学的基本结构

导学讲评式教学的整体结构由"一个基点""两个目标""三条主线""三个基本环节""五个核心要素"和"五个学会"组成，简称为"DJP 教学 123355"。其结构如图 2-1 所示。

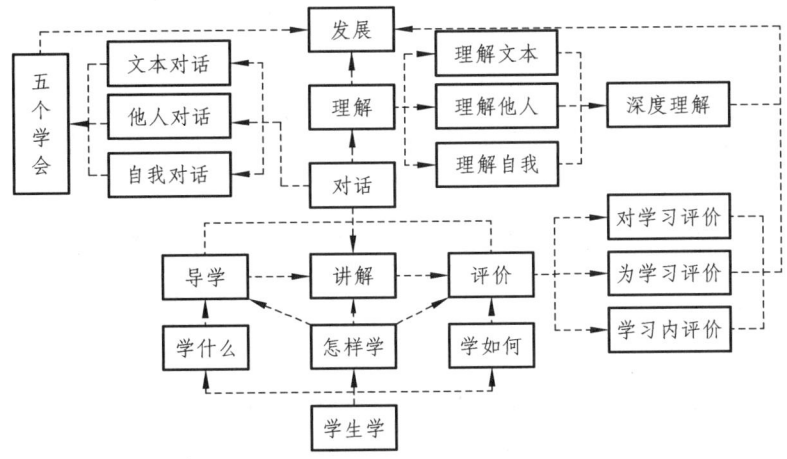

图 2-1 DJP 教学的基本结构

在 DJP 教学的结构中，"学生的学"是整个 DJP 教学的出发点，在此基础上，从"学什么""怎样学"和"学得如何"三条主线进行教与学的活动设计。其中"学什么"对应学习的材料，即引导学生自主学习的学案和教材；"怎样学"渗透在"导学""讲解"和"评价"三个主要环节之中。"对话"是整个 DJP 教学的重要核心要素，它渗透在"导学""讲解"和"评价"之中。通过"对话"和"评价"达到深度理解，又通过"对话"达成"五个学会"，最后通过评价、深度理解和"五个学会"达到促进师生共同发展的目的。

五、导学讲评式教学的基本思想、观点与教学原则[①]

（一）基本思想

1. 教育理念

人的教育要回归自然。人的教育要回归学生的自然本性，回归教育的自然规律，回归学生的自然生活。

2. 教学理念

（1）高度尊重学生，充分信任学生，一切为了学生的发展。

（2）让知识在对话中多元生成，让情感态度价值观在活动中形成，让学生在探究中成功，让学生在互动中成长。

（3）少教多学，以学定教。

（二）基本观点

（1）学生观。学生是具有生命活力、主动性、差异性、智慧潜能和整体性的人。

（2）知识观。知识是在学生参与其发生、发展和形成的过程中师生合作的产物。师生均是知识创生的参与者和贡献者。

（3）学习观。学习是与外界的相遇与对话。学生的知识是其在与文本、师与生、生与生和自我多种对话中、多种视域的融合中生成的。

（4）教学观。教学就是教会学生学，教学的本质是对话，是师生共同发展的过程。

（5）师生观：师生之间是"我—你"型师生关系，是民主、平等、合作的伙伴。

（6）评价观：评价不是为了甄别而是为了改进。学生的学习评价是学习本身所固有的内在于学习活动之中的、能够满足学习者自身需要和促进学生认知与发展的认识性实践活动。评价是促进师生和谐发展的有效途径。

[①] 本部分内容的详细阐述参见王富英、朱远平著：《导学讲评式教学的理论与实践——王富英团队DJP教学研究》，北京师范大学出版社2019年版。

（三）教学原则①

1."四还给"原则

把学习的自主权还给学生；把学习的时间还给学生；把课堂话语权还给学生；把课堂还给学生。

2."三少三多"原则

少教多学，以学定教；少告多启，以启促思；少讲多评，以评促化。

3."三讲三不讲"原则

（1）教师的"三讲三不讲"原则。

三讲：讲学习的重点、难点；讲学生的忽略点和薄弱点；讲知识的内在联系和规律。

三不讲：凡是学生自己能学懂的内容教师不讲；学生自己学不懂但通过查阅资料能学懂的内容教师不讲；学生自己查阅资料也学不懂但与同伴合作交流能学懂的内容教师不讲。

（2）学生的"三讲三不讲"原则。

三讲：讲自己的理解与见解；讲自己的创新与发现；讲自己的体验与感悟。

三不讲：大家已懂的不讲；别人已讲的不讲；与学习内容无关的不讲。

六、导学讲评式教学的基本教学模式

教学模式是在一定教育理论的指导下，为特定教学目标的达成，将教与学诸要素融为一体而形成的、以稳定的教学程序为其外在表现形式的教学活动结构体系。DJP教学基本教学模式是由内涵结构、理论基础、教学目标、操作程序、教学原则、实施条件等要素构成的教学结构体系。

（一）内涵与结构

该教学模式是以"学生的学"为出发点，以形成和发展学生终生发展需要和社会发展需要所必备的品格和关键能力——会学习、会合作、会探究、会交流、会评价——为最终目的，根据DJP教学的基本理念和五个核心要素，

---

① 本节详细论述参见王富美、王新民等著：《数学导学讲评式教学论》，科学出版社2019年版。

将教与学诸要素融为一体而形成的、以稳定的教学程序为其外在表现形式的教学活动结构体系。

该教学模式稳定的教学程序由引导自学、对话讲解、评价反思三个环节组成，每个环节对应学生两个学习步骤（共六个步骤）和教师的指导，而教师的指导渗透到学生的每个学习步骤之中。故称该教学模式为"三环六步"DJP 教学基本模式。其结构如图 2-2 所示。

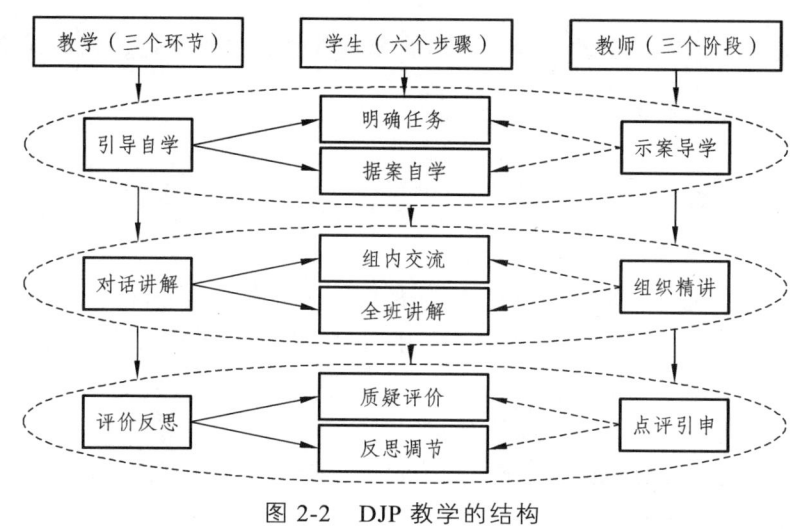

图 2-2　DJP 教学的结构

（二）理论基础

该模式遵循的是 DJP 教学理念：让知识在对话中生成，让情感态度价值观在活动中形成，让学生在引导探究中成功，让学生在自主合作中成长。该模式体现的是 DJP 教学的基本观点：参与者知识观、多元化的学习观、合作式师生观和对话性教学观。该模式的心理学依据是建构主义的学习理论，教育学依据是主体教育理论，哲学依据是哲学诠释学；社会学基础是哈贝马斯的交往行为理论。交往行为是以语言为媒介而实现的一种全面达成的沟通状态。在沟通过程中，言语者和听众同时从他们的生活世界出发，与客观世界、社会世界、自我世界发生联系，以求得进入一种共同的语境。[8]由此可知，交往行为本质上是一种语言沟通模式，交往双方借助于语言媒介实现信息交流，彼此达成理解与共识。

（三）教学目标

学生在教师的引导下，在自主学习探究的基础上，通过师生对话、生生对话和自我对话，理解文本、理解他人、理解自我，从而自我增进一般科学素养，提高学科文化修养，形成和发展学科品质，最后达到"五个学会"，即满足学生自身发展需要和社会需要的必备品格和关键能力。

（四）操作程序

该教学模式的主要操作程序是引导自学、对话讲解、评价反思。

1. 引导自学

引导自学是 DJP 教学的第一个环节。有效的独立自学是 DJP 教学"对话讲解"的基础和前提。为了使学生的自学有效，这里强调的是在教师引导（指导）下的自主学习。因为缺乏教师指导的完全的自主学习是低效的，对于有些难度大的内容甚至是无效的。教师的指导可以渗透到学案中，也可以融入课堂上学生学习的过程之中。DJP 教学的自学也不同于一般的预习。预习是指在学习之前进行自学准备以达到更好的学习效果。但预习学生不承担任何责任，导致其主动性和积极性不高，有的只是简单看一下，主要还是依赖课堂上教师的讲解。而 DJP 教学的自学则不同。自学时学生带着讲解的任务进行，因而承载着一份责任和担当，故自学就不是简单地看一看，而是力求学懂。自学中自己不懂的内容要查阅资料，认真思考，还不能学懂的内容则要记下来便于寻求他人帮助；若遇到他人也感到困难的问题则要互助合作，共同研究；最后还不能解决的问题则请求教师的帮助。因此，引导自学既体现了学生的主体地位，也发挥了教师的主导作用，是教与学的合一。

本环节教师的任务是"示案导学"。这里的"案"既可以是现场指导的"案"（如向学生提出的学习任务要求、受困时的思路启迪等），也可以是编写好的学案。若是编写好的学案，则先将学案发给学生并提出要求，指导学生如何根据学案进行自学。如，要定时检查学生学习的情况，并根据学习的情况进行考核等，从而提高学生自学的质量。

本环节学生的任务是"明确任务，据案自学"。学生在明确了教师的学习要求和任务后，在教师的指导下或者学案的引导下进行独立思考、探索研究。只有在独立自学的基础上，学生才能明白哪些内容已经懂了，哪些内容虽然懂了但理解不够深入，哪些内容不懂需要寻求他人帮助，这样上课听他人讲解或与他人交流时针对性更强，重点更突出，听课和讨论会更加深入。

2. 对话讲解

对话讲解是 DJP 教学的第二个环节，也是 DJP 教学的中心环节。学生据案自学后就需要寻求与他人交流以确认自己的理解是否正确，从而自然进入到讲解对话的环节，正如苏格拉底指出的："谁自己弄明白了一个道理，他就会到处找可以与之交流的人以共同确认。"[9]

这个环节的交流讲解既包括教师的讲解又包括学生的讲解，但我们更注重学生的讲解。这里的讲解是对话性讲解。所谓对话性讲解，是指学生个体或学习小组围绕某个主题，面向全班展示、表达、解释自己或小组讨论的观点、想法与发现等，教师与其他学生通过倾听、提问、质疑、评价等与之交流互动的学习活动[10]。对话性讲解具有四个主要特点：第一，学生在讲解中不但提供了包含自己理解或创造的学习内容或对象，而且展示了学生特有的思维方式与理解过程；第二，课堂上的讲解是全体学生和教师人人都参与其中进行的对话交流，而且讲解也不是单向度的阐述、发送信息，而是在讲解的过程中随时有信息的反馈与新信息的加入；第三，在讲解的过程中，参与者不但理解了知识，而且理解了各种不同的思维方式与表达方式；第四，讲解者在老师与同学的肯定当中感受到了自己的精神状态与生命价值，在思想沟通、感情交流当中也多层面地理解了同伴和老师。

本环节学生的任务是"组内交流，全班讲解"。这时学生的交流讲解有两种形式：一是在组内的交流讲解；二是在全班的交流讲解。组内的交流讲解有以下任务：一是每个成员交流自己自学时的理解和意见，同时提出不懂的问题寻求组内同伴的帮助；二是讨论研究组内都不能解决的问题；三是讨论教师分配给小组将要讲解的内容；四是讨论确定选派代表小组在全班讲解的人选。全班讲解是小组代表面对全班讲述小组集体的意见和自己新的理解与见解。

本环节教师的任务是"组织精讲"。具体任务有以下方面：一是分配各学习小组讲解的任务，以便于小组讨论和准备。二是对学生的讲解给予指导，提出讲解的具体要求。特别是才开始实施 DJP 教学的班级，教师不但要对学生的讲解进行指导，还要对这种教学法的价值和操作规则进行介绍从而使学生的讲解更加有效。正如夸美纽斯指出的："无论什么事情，除非已经把它的性质向孩子们彻底讲清了，又把进行的规则交给了他们，不可叫他们去做那件事情。""假如教师叫学生去工作，却不先向他们彻底加以解释，或指示他们怎样一个做法，当他们初次试做的时候不去帮助他们；假如他让学生去苦干，干不成功便发脾气，这从教师方面说是残酷的"[11]。三是注意倾听学生的讲解，捕捉学生解决问题的智慧和存在的问题。四是针对学生讲解中都不能解决的问题进行精讲。

值得注意的是，在学生自学后教师一定要把话语权还给学生，给学生展示、表达的机会和平台。学生在独立思考、自主学习后会产生很多思考和感受，也有很多困惑和问题，这时教师组织学生先在小组进行交流，再在全班进行讲解，则既可满足学生交流表达的欲望也可以了解学生学习的情况，发现学生的智慧和存在的问题，教师再根据学生存在的问题进行重点的精讲，做到"以学定教"。如果教师不给学生自学后表达的机会还是由教师讲解，则会出现以下三种状况：一是不能满足学生表达的需要，使学生失去自学的动力和需要，学生会认为"反正教师要讲，学不学不重要"；二是不能发现学生学习中存在的问题，教师的讲解失去针对性；三是学生仍然处于被动听讲的状态，主动性和积极性得不到激发和调动。

3. 评价反思

评价反思是 DJP 教学第三个环节。这里的评价，就是学生和教师对学生讲解的内容进行比较、鉴别、分析和评判。在 DJP 教学中，学生讲解后必须得到及时的评价。通过评价固化正确理解、纠正错误认识，从而帮助学生建构知识的正确意义，获得对知识的深度理解。因此，这时的评价是学生学习的对象和内容，是学生认知活动的有机组成部分，是一个不可或缺的学习环节。

本环节学生的任务是"质疑评价，反思调节"。同伴在倾听讲解者的讲解后对不清楚的地方进行质疑、提问和评价；讲解者则在回答同伴和教师的质疑提问后反思、检查、修正自己的认识，并调节自己的学习策略和方法。

本环节教师的任务是"点评引申"。教师组织学生进行质疑评价，引导学生反思本节学习内容与以前学习的哪些知识有联系，从而把新学习的知识纳入学生原有的认知结构，对于学生评析不透彻的地方和内容，教师要及时进行总结性点评；对于一些典型的问题，教师要进一步拓展讲解，从而把学生的思维带到一个更高、更广的领域，使认识得到升华。

本环节中的评价方式有学生的自评、互评和教师的点评。在学生倾听他人的讲解时，头脑中会不断地比较自己的理解与他人理解的差异，不断地纠正自己的错误认识，建构知识意义的正确认识。这是学生在学习过程中自觉进行的内在的自我评价，我们称为"学习内评价"[12]，它是内在于学习活动之中并随着学习活动的开展而自发生成的。在师生相互评价的过程中，通过教师的点评、分析，学生自己的正确见解或学习成果得到肯定而感受到成功的喜悦，从而完善和固化已有理解；错误认识与疑难得到消除，从而促进知识的内化。通过相互评价还可以激活思维，将学生的思维引向深入，诱发创新意识。通过相互评价也可对学习内容和解决问题的智慧和方法进行比较、分析和欣赏等活动，通过比较、分析使学生能充分感受到所学知识与方法的美妙，认识到所学知识的价值和重要性，从而提高了他们的学科鉴赏力和欣赏力。若学生长期进行这种学习、探究后的自我反思、评价，就会养成一种自觉反思的习惯和反省思维能力，而"习惯养成是核心素养形成的行动路径"[13]。故自我反思、评价会使学生不断丰富和积累学科活动经验，改进调节自己的学习行为，逐渐达到学会学习，从而促进学生核心素养的形成和发展。

（五）实施条件

由于 DJP 教学是一种全新的教学方式，因此该教学模式的实施需要专家对教师和学生先进行培训。教师要理解 DJP 教学的基本内涵、特征，理解和掌握 DJP 教学的几个主要环节的含义与价值；要改变教师的知识观、教学观、学生观、评价观等 DJP 教学的基本观念，这样，才会在教学中，高度尊重学生，充分信任学生，才会放手让学生自主探究、合作交流。这对已经习惯了传授式教学的教师来说则要改变传统的教学习惯和方法，这对教师的要求较高。同时，一些课程需要编写学案，而学案的编写对教师有较高的要求，需要专家的指导和培训。学生的培训是要让学生明白这种教学的意义和操作程序，让学生知道如何进行自主学习、小组合作交流和如何进行讲解，这样学生才会积极配合。此外，刚开始实施时，学生还没有较强的讲解能力，如果教师的课堂调控能力不够，教学时间较紧，教学内容一节课较难完成，但学生一旦熟悉了这种教学，这一现象就会消除。因此，教师遇到这种情况时一定要坚持下去。只要坚持下去，学生的综合素养和能力会有很大的提高，教学的效率就会提高，收获也会很大。

（六）教学原则①

该模式遵循的教学原则为："四还给"原则、"三少三多"原则和"三讲三不讲"原则。

（七）评价

该教学模式是将 DJP 教学的五个核心要素有机融合在一起而形成的一种稳定的教学实践活动结构。这就为教师提供了一个具体实施 DJP 教学的稳定

---

① 详细论述见王富英、王新民、张玉华等著：《数学导学讲评式学论》，科学出版社 2019 年版。

的操作结构，从而使 DJP 教学在课堂教学中能够顺利开展。有了这一 DJP 教学的基本教学模式，教师就可以通过 DJP 教学的实施过程对其内涵、特征、基本理念有更加深刻的理解，对 DJP 教学的各个环节也更加明确，课堂教学中实施 DJP 教学时就可以有序进行，从而保证教学的有效性。同时，在教学实践中教师还可以总结和提炼出更多实施 DJP 教学的策略方法，进一步丰富和完善 DJP 教学的理论体系。

参考文献

[1] 王富英，王新民，谭竹. DJP 教学：促进学生主动学习的教学模式[J]. 中国数学教育，2009（7~8）：8-10.

[2] 王富英，王新民，朱远平. 导学讲评式教学的研究[J]. 教育科学论坛，2014（8）：40-42.

[3] 王富英，王新民. 数学学案及其设计[J]. 数学教育学报，2009（1）：71-74.

[4] 靳玉乐. 理解教学[M]. 成都：四川教育出版社，2006：95.

[5] 洪汉鼎. 诠释学——它的历史和当代发展[M]. 北京：人民出版社，2001：65-66.

[6] 熊川武. 论理解性教学[J]. 课程·教材·教法，2002（2）.

[7] 高伟. 课程文本：不断扩展着到"隐喻"[J]. 全球教育展望，2002（2）.

[8] 哈贝马斯. 交往行为理论（第一卷）[M]. 上海：上海人民出版社，2004：95.

[9] [英]罗伯特·R. 拉斯克，詹姆斯·斯科特兰. 伟大教育家的学说[M]. 朱镜人，单中惠，译. 济南：山东教育出版社，2013：12.

[10] 王新民，王富英. 导学讲评式教学中的"讲解性理解"[J]. 教育科学论坛，2014（6）：19-21.

[11] [捷]夸美纽斯. 大教学论[M]. 敷任敢，译. 北京：教育科学出版社，1999：100.

[12] 王新民，王富英. 学习内评价的含义及基本特征[J]. 教育科学论坛，2011（5）：5-7.

[13] 朱永新. 习惯养成是核心素养形成的行动路径——新教育实验推进"每月一事"的理论实践[J]. 课程·教材·教法，2017（1）：4-15.

学案及其设计[①]

DJP 教学中导学的主要工具是学案,本文主要对学案的含义、特点、内容和学案设计的原则进行讨论。

一、学案的含义

什么叫学案?简言之,学案,就是引导和帮助学生自主学习、探究的方案。在以往的教学中,由于学生已习惯了"老师讲,学生听,老师布置,学生练习"的学习方式,使得学生自主学习、探究的意识与能力比较薄弱,即便是进行某种形式的自主学习、探究,也因为缺乏自主学习、探究的经验和方法而往往流于形式,难以使学习进入一个较深的层次。而要使学生进行有效的自主学习、探究,并使这种学习进入更深的层次,就需要一个引导和帮助学生自主学习、探究的具体方案,即学案。因此,我们对学案的含义给出以下界定:学案,是以学生的学为出发点,把学习的内容、目标、方法以及教师指导等要素有机地融入学习过程之中而编写的一种引导和帮助学生自主学习、探究知识、主动发展的方案[1]。

学案的上述定义有以下具体含义[2]:

第一,学案是以学生的"学"为出发点和归宿,其着眼点在于学生"学什么"和"如何学",所追求的是让学生学会学习、主动发展,体现了"以学生发展为本"的教学理念。

第二,学案既是学生的学业与进程的结合,是对学习内容的安排与学习过程的规划;又是学习预设与生成的结合,是各种课程资源的整合。因此,学案具有课程的属性,是一种学的课程。

第三,学案中既有学生自主学习的活动过程,也有教师对学生学习的要求和学法指导,特别是它将教师的指导以"有形的文字"渗透到学生的学习过程之中,因此,学案是学生的学与教师的教相互融合的产物,是引导和帮助学生的有效工具和手段。

[①] 本文系王富英、王新民合作,原文以《数学学案及其设计》载于《数学教育学报》2009 年第 18 卷第 1 期,这里收入时作为一般学案进行了修改。

第四，学案将学生的学习带入一个易于进入、易于探究、易于退想的知识意义与学习意义的建构过程之中，为学生问题意识的形成、创新能力的培养以及主动健康的发展提供了有效通道。

由此可知，学案不是教学内容的复制，也不是教师讲授知识点的简单罗列。它一方面要帮助学生将所学知识与已有的知识经验形成联结，为知识的学习提供适当的附着点，以帮助学生尽快进入"最近发展区"，促进和帮助学生对知识的理解；另一方面又提供和指导学生掌握有效的学习、探究的方式方法与学习策略，帮助学生形成良好的学习、探究的习惯，提高学习、探究的能力。因此，学案实质上是教师用以帮助学生掌握教材内容、沟通学与教的桥梁，也是培养学生自主学习、探究能力和建构知识能力的一种重要工具与媒介，是教师主导趋向的接受式学习和学生自主趋向的探究式学习的取中和平衡，是教与学的最佳结合点。学案具有"导读、导思、导听、导做"的作用。

二、学案的特点

学案在引导与帮助学生进行自主学习方面具有以下鲜明的特点。

1. 学案是学生学习的"认知地图"

根据教材内容的知识结构体系与学生的认知规律，学案将相关知识的复习与组织、概念的形成与理解、结论的发现与证明、方法的探究与概括、知识的反思与评价等学习活动过程，按照学生认知学习进程的自然顺序来呈现，并且在各个学习阶段，学案中均有较为明显的认知性标识与提示，学生可"按图索骥"。如，在学案"同底数幂相乘"的"变式练习"环节中设计了这样的提示语："及时练习了！""底数变复杂了！""负号来捣乱了！""公式反着用了！"，这样既可以提醒学生应该做什么，还可以使学生明确自己学习的进程情况以及所达到的认知水平，从而能够对自己的学习做到心中有数。正如学生所反映的那样："那个学案吧，是一个很好的东西，在以前我们没有学案时，我预习很不透彻，有了学案，我们的学习就有了方向，知道了该如何学习。"

2. 学案是老师的化身

在通常的教学中，教师对学生学习的引导与帮助比较集中地体现在课堂学习当中，几乎所有的问题均要在课堂上予以解决，"大容量、高速度、高难度"使得课堂不堪重负，往往有顾此失彼之感，从而严重地影响了教师引导和帮助的质量和效益。而在学案的设计中，伴随着学习目标、内容、问题的呈现，可以将老师在"动机上的诱导、思维上的疏导、思想上的引导、探究上的辅导以及学法上的指导"等有机地融入学习的各个环节之中，当学生依据学案进行学习时，在各个学习阶段（课前、课中、课后）均能享受到这种"无声胜有声"的引导和启迪。因为这些引导和帮助在启发学生进行认知思考的同时，也传递着教师的激励、期盼、关心等情感和意志信息，使他们更加真切地感受到了老师的"存在"。因此，"学案是教师启发、引导、指导学生学习的工具与方案[3]"。

3. 学案是"人化"的课程资源

学案既不是教材内容的简单复制，也不是知识点的"题单式"罗列，而是教师运用教育智慧，在整合多种教育教学元素的基础上形成的"人化"的课程资源。学案中这种"人化"的资源整合主要体现为两个统一：一是逻辑顺序与心理顺序的统一。学案并没有弱化教材中知识固有的逻辑体系，而是在知识结构中融入"思想的过程"，并且按照学生心理发展的特点对教材内容进行重组、加工与拓展，目的是使"学生易于进入，进入之后易于遐想、易于品味"[5]。二是预设与生成的统一。学案中有明确的学习目标，有核心概念和原理性知识理解与应用所应达到的水平与标准，有学习进程的整体安排，但在内容的呈现形式与学习活动方式上并没有预设固定的程式，而是开放的、动态的。学案中预设了各种形式的认知性"空白"，学生在学习时可以进行猜测与质疑，可以进行多种可能性的操作，可以对知识进行多重解释，由此可生成个性化的知识意义以及相伴随的情感和意志信息。

三、学案与教案的区别

在设计的理念、角度和针对性等方面，学案与教案都有一定的区别。学案是以学生的"学"为出发点和归宿，是从学生如何"好学"的角度思考和设计学生的学习内容与学习活动，其着眼点在于学生"学什么"和"如何学"。学案强调的是学生的"学"，体现的是以学生的学习为中心，反映的主要是学生的学习目标、学习内容、学习环节以及学生的学习、探究活动过程。而教案则是从教师如何"好教"的角度出发进行的教与学的活动设计方案，其着眼点在于教师"讲什么"和"如何讲"。教案主要反映的是教师的教学活动过程与教学环节，体现的是以教师为中心，强调的是教师的"教"。虽然教案中也有学生的学习活动设计，但表现不够突出，体现不够充分，整体仍然是以教师的"教"为主线。此外，学案与教案还有以下不同点：①各自的设计角度与理念不同。教案为学生提供的是一种接受知识的"跑道"，而学案为学生提供的是一种自主发展的"通道"。②针对性不同。学案主要是针对学生的学习而设计的，而教案主要针对教师的教学而设计的。③使用的对象不同。学案的使用对象主要是学生，而教案的使用对象只是教师。④体现的学习环节不同。学案体现了学生学习的完整过程，包括课前、课中及课后三个学习环节，而教案则主要体现了课堂上师生"教"与"学"的学习环节。[1]

四、学案设计的原则

教师对学案的设计，是在二度消化教材与对自己所教学生的认知水平和知识经验进行认真分析的基础上，根据学科《数学标准》的要求与一定教学理论和学习理论并结合所学内容，以引导学生的学习、探究，提高学习效率为出发点进行系统的规划与安排。设计时，教师要认真分析教材和学情，合理地处理教材，并将学法指导有机地融入学习的各个环节中，使学案的运用达到启发和开拓学生思维，提高学生自主学习、探究能力。学案的设计是实施学案教学的前提，学案的质量直接关系到学生学习、探究的质量。为了提高学案的质量，有效发挥学案的作用，学案设计应遵循以下教学原则[1]：

1. 目标性原则

学案设计应紧紧围绕学习目标进行。从教材的理解到练习题的设计和学生的反思小结都应以目标的达成为宗旨。学案，作为引导和帮助学生学习、探究的方案，在学生学习的过程中起着启动、引导和组织的作用。同时，学生在依学案进行学习的过程中也需要有一个评判学习进程与学习质量的指标或标准。因此，目标的设立既要能够激发学生的学习需求、明确学习意向，使其产生一种对学习相关知识内容的期盼，又要能够为学生的自主学习、探究提供一个明确而有效的自我评价（包括过程性评价与结果性评价）的依据或标准。

2. 启发性原则

对教材中学生难以理解的内容，学案设计时应做适当的提示，并配以一定数量的思考题，以引导学生自主学习、探究。学案是学生学习、探究某课时知识的路线或流程，这一过程中的每一个环节都是在学生自我意识的控制下完成的。相关知识的复习与组织、概念的形成与理解、结论的发现与证明、方法的探究与概括、知识的反思与评价等,其中许多内容的学习是学生独立完成的。整体来看,学生依学案进行的学习是一种自主阅读、探究的学习过程。因此,学案要能够为学生的学习提供一个合适的角度或恰当的平台,要有利于激活学生的旧知识,有利于学生开展丰富的联想,构建较为明晰的个人意义(对新知识的一种个人理解或解释);要有利于学生开展对知识的探究,经历抽象概括、归纳猜想、实验验证、演绎证明等思维过程,积累相应的基本活动经验,从而"让每个学生都会用自己内心的体验去主动参与学习"。

3. 渐进性原则

学案中问题的设计应有一定的层次和梯度,应根据学生对问题的认识逐渐加深,做到循序渐进,以引导学生逐渐走向深入。首先,学案体现了学生学习的一个相对完整的过程,完成了一个学案中的内容,就完成了一个学习循环周期:课前—课中—课后。课前的学习主要是一种准备性的学习,对一般学生而言,在这一阶段所获得的知识中有诸多的感性经验成分,所达到的是"最近发展区"的前端水平;在课堂上所进行的学习主要是一种师生互动的学习,所获得的知识中以理性成分居多,所达到的是"最近发展区"的后端水平;在课后的学习中,通过反思、应用、拓展等学习活动,使所学知识更加明晰、准确和稳定,并且具有一定的思辨性和延展性,使学习进入"后发展区"的水平。从思维的角度讲,在学案学习中,学生经历了感性思维—理性思维—辩证思维的过程。其次,"问题是探究学习的核心"。一个好的学科学案应该运用"问题驱动"的教学策略,以问题作为学生学习、探究的导向与学习、探究进程的标志,并注意学生知识和思维的层次性,所提出的问题应既具有铺垫性又具有发展性,使得问题之间环环相扣,步步深入。

4. 挑战性原则

学案设计时,所设计的问题要有一定的挑战性,以引导学生深入地研读教材,开展探究性学习,培养学生的探究发现能力。要使学生意识到,要解决学案中设计的问题,不看书不行,看书不细致也不行,光看书不思考不行,思考不深不透也不行。首先,提出的问题要能够激发学生的好奇心,能够激起学生探究的欲望。在问题的叙述形式上要简明、生动、新颖;在内容上要有价值,要围绕教学的重难点,能够较好地体现学科知识的科学、应用、文化、美学等方面的价值。其次,提出的问题要有一定的开放性,要有利于培养学生的问题意识、探究意识和创新意识。在思维能力上,能够使归纳思维与演绎思维和谐发展。最后,提出的问题难度要适中,相对于学生而言要具有潜在的心理意义，使多数学生在通过一定的思考与探究后能够获得答案或发现结论。

5. 指导性原则

由于学案是"引导"和"帮助"学生自主学习、探究的方案，是连接"教"与"学"的最佳结合点，是教师主导与学生主体的和谐统一。因此，学案在重视和强调学生自主学习、探究的同时，也要充分体现教师的主导作用，这种主导作用主要体现在学案中对学生学习、探究的指导上。一个好的学案应该能够给学生以动机上的诱导、思维上的疏导、思想上的引导、探究上的辅导以及学法上的指导。由于利用学案的目的是要学生真正"学会学习""学会探究"，因此学法的指导就是学案的核心内容。所以，在学案设计时，要把教师对学生的学法指导融入每节课具体的学习内容之中。如，阅读教材时如何手脑并用，如何查阅资料，到哪里去查阅资料，如何归类整理，如何总结提炼等都应在学案中明确指出。有关学习的前期准备也应做出交代。如，学习该部分知识应先复习哪些知识，应准备哪些工具等。

以上几个原则互相联系，互相依存，它们一起构筑成一个和谐的整体。在具体设计学案的过程中，要综合运用这几个原则，才能有效提高学案设计的质量。

五、学案设计的内容

根据学案的含义，学案应含学习内容、目标、要求和学习方法，还应含有利于学生理解学习内容的材料以及引导学生学习的路线与环节。一份完整的学案应包含以下内容与栏目：学习课题、内容分析、学习目标、学习重难点、学法指导、学习过程、学习测评与资源链接等内容。[1]

1. 内容分析

内容分析要求主要分析所学内容在学科中的地位与作用；所学内容与前后知识的内在联系；高考、中考的考试要求与考查方式方法；重点、难点、易混点和易错点等学习注意事项。根据格式塔心理学的观点，人对事物的认识一般总是从整体开始的。当学生对所学内容有了整体性的第一印象后，认知结构中已有的观念就能与这个整体性的介绍发生关系，建立起进一步吸收具体知识的框架[4]。内容分析就是对知识的整体背景、发生时的关联或演绎框架做一概括性说明，让学生对所学部分在大范围中的地位和各部分之间的一些联系有一定程度的初步了解，使他们能基本明了所学的这一部分内容的前因后果和注意事项，这样他们要求掌握知识整体的内在动机就更强烈，更有针对性。

2. 学习目标

以前人们对学习目标的研究很少触及，主要研究的是教学目标。近年来随着学案教学的兴起，人们才注意到学习目标。关于学习目标的明确定义，学术界还不多见。目前所见到的只有赵加琛、张成菊给出的定义："学习目标是指在具体的学习活动中由学生遵循的所要达到的结果或标准。"[5]很明显，这个定义是针对结果性目标而言的，并没有提及过程性目标。我们认为，学习目标是指学生学习活动过程与结果的任务指向。这里的"任务"包含"知识与技能"的任务、"过程与方法"的任务，以及"情感态度和价值观"的任务。"指向"含有"方向"和"归宿"的意思。一个学习目标就是一个学习向量，它既有确定的学习起点和方向，又有明确的学习层次方面的要求。

由此可见，学习目标是下达给学生学习的任务书，是指引学生自主学习的导航仪，是规范自己学习行为、自我检测学习效果的评价的依据与标准。

3. 学习重点

学习重点（简称重点）是指学习过程中需要解决的主要矛盾，是学习的重心所在。它主要包含以下三个方面的内容：一是从学科知识系统而言，重点是指那些与前面知识联系紧密，对后续学习具有重大影响的知识、技能，即在学科知识体系中具有重要地位和作用的学科知识、技能；二是从文化教育功能而言，重点是指那些对学生有深远教育意义和功能的内容，主要是指对学生终身受益的学科思想、精神和方法；三是从学生的学习需要而言，重点是指学生在学习中遇到的、需要及时得到帮助解决的疑难问题[6]。相对于上述三个方面的内容，学习重点可分为三种类型：知识重点、育人重点和问题重点。

4. 学习过程

学案不仅含有学习内容、目标、要求和学习方法，还应含有引导学生学习的线路和环节，这个线路和环节叫作学习过程。学习过程包括学习准备、学习探究、学习反思三部分。教师对学生的学法指导和学生学习过程中的质疑提问不作为一个栏目单独列出，而是结合学习内容有机地融入学习过程之中。如，对学法指导的具体设计可用"提示""建议""注意""要求"等指导语，把教师对学生的学习要求与建议、学法指导融入具体的学习内容之中，以引导学生自主学习。

（1）学习准备。学习的关键在于对知识的理解，而理解的本质是建立新旧知识的内在联系，将新知识纳入原有的认知结构之中[4]。而要使新旧知识相互作用，建立联系，前提就是要有相应的基础图式。学案中的"学习准备"就是为学生在学习新知前建构好一定的心理基础，组建好相应的基础图式，为学习新知做好铺垫。学习准备包括知识准备、工具准备和情感准备。知识准备主要是学习本节内容应具有的知识储备。学案中可以用提问、题组练习和建议等方式指导学生去进行自查、复习，为学习新知扫清知识上的障碍，起到"先行组织者"的作用。情感准备就是创设学习情境，激发学生的学习兴趣，使学生产生学习的欲望和心向，为学习新知做好情绪状态上的准备。学习的欲望和心向属于学习的动力部分，情感准备的作用就是激发学生学习的内驱力，使学生产生学习探究的好奇心和学习欲望。例如，平方公式第一节的学习准备可设计为：① 学习本节内容需要熟悉"多项式乘多项式""幂的乘方"和"积的乘方"的运算法则，学习前可先检查自己是否熟悉这几个法则；② 同学们在利用多项式乘法法则进行多项式乘多项式的运算时，是否感到有些烦琐？是否渴望有一个公式能很快得出运算结果？学完本节内容后你的这一愿望就会如愿以偿了！其中①属于知识准备，②属于情感准备。

（2）学习探究。学习探究是学习过程的核心部分，它有两方面的含义：一是对新知识学习和运用新知识解决问题的探究；二是学习如何探究。学习探究具有三种形式：一是阅读探究，是指学生利用学案的引导去阅读教材和理解教材，属于有意义接受学习的范畴；二是发现探究，是指学生在学案的引导下经历探索发现所学知识的过程，属于探究式学习的范畴；三是两者的结合，指一份学案中既有阅读探究又有发现探究，是有意义的接受学习和探究式学习的整合。同时，根据不同课型和不同内容学案又有不同的要求，如数学学习中"概念的探究""公式的探究""定理的探究""法则的探究""解题规律的探究"等。

（3）学习反思。学习反思是学习的重要环节。学习反思的主要内容可分为三个方面：一是反思自己学习中的得与失，调节自己的学习策略与方法；二是反思所学内容与其他知识和本身的内在联系，建构知识网络，完善认知结构；三是反思某些学科问题解决的过程与方法，积累学科活动经验。同时，在反思的基础上对某些知识进行进一步的引申与拓展，把学习内容和活动从课内延伸到课后。

5. 学习评价

学习评价不但是教师与学生及时了解学习质量的一种反馈手段和重要途径，也是学生学习的一项重要内容和策略，是学习不可或缺的组成部分。因此，在一节内容学习完后，要根据本节内容设计一套检测题，用于学生自学测评和发现问题，也便于教师及时反馈了解学生的学习效果，有利于教师的教学。

6. 学习链接

学习链接是指结合学习内容提供和介绍相关的学习材料，以引导学生课后去查阅和阅读。通过应用案例的评析、学科技术的介绍、网络资源的链接、学生优秀应用成果的展示等，开阔学生应用学科的视野，使学生认识学科的应用价值，激发学生应用学科的兴趣和愿望。这样既可以提高学生的阅读兴趣和养成学科阅读的习惯，还可以培育他们应用学科知识的意识。

以上栏目和内容是学案的一般要求，在进行具体内容的学案设计时，可以做些适当的调整。如，根据解题学习课的特点和要求将以上栏目做适当调整后可得解题学习课的学案栏目：学习课题、学习目标、学习重点、学习过程（学习准备、典型例析、变式练习、反思拓展）、达标测评、课后作业、资源链接；根据复习课的特点和教学要求，将一般学案的栏目做适当调整后可得复习课的学案栏目：学习课题、内容分析（地位作用、相互联系、考试要求等）、学习目标、学习重点、学习过程（学习准备、知识结构（框架结构，做必要的提示）、知识点整理、典型例析、变式练习、反思拓展）、达标测评、资源链接。

设计学案的主要目的是发挥学案的功能，提高教与学的效率，而运用学案进行教学的主要环节是"导学""讲解"和"评价"，这种教学模式称为"导学讲评式教学"。

参考文献

[1] 王富英，王新民. 数学学案及其设计[J]. 数学教育学报，2009（1）：71-74.

[2] 王新民，王富英. 学案：一种新的教学文化脚本[J]. 基础教育课程，2012（5）：34-36.

[3] 王祥. 学案教学：一种有效的课堂教学模式[J]. 教学与管理，2005（12）.

[4] 李士锜. PEM：数学教育心理[M]. 上海：华东师范大学出版社，2005：65.

［5］赵加琛，张成菊. 学案教学设计[M]. 北京：中国轻工业出版社，2009：38.

［6］王富英. 怎样确定教学的重、难点[J]. 中国学科教育，2010（1～2）：17-18.

学案中"学习准备"的设计[①]

学习准备是 DJP 教学中学生"据案自学"的前期准备，也是学生自主学习活动能否顺利进行的前提和保障，因此它是学案的重要内容。但我们发现一些学案的设计中，学习准备的设计出现了各种不同的错误：有的把它与学习过程中的问题情境混淆；有的把学习准备当成学习的内容；有的把学习准备当成课前预习；有的干脆就不要学习准备这一内容，等等。究其原因主要是对学习准备的意义及其在学案中的作用缺乏清晰的认识，对学习准备到底如何设计心中无数，这不同程度地影响了学案的质量，进而也影响了学生自主学习活动的正常进行。为此，本文就学案中学习准备的含义和如何设计进行一些讨论。

一、学习准备的含义

"准备"的英文是"Readiness"，译成中文是"准备状态"，也可译成"准备性"。在教育心理学中，学习准备是指学生在开始新的学习时原有的知识水平或原有的心理发展水平对新学习的适应性/适用性。[1]我们知道，学习的关键在于对知识的理解，而理解的本质是建立新旧知识的内在联系，将新知识纳入原有的认知结构之中。所以，要顺利地进行学习，就必须要使新旧知识相互作用，建立联系，其前提就是要有相应的基础图式。[2]这个基础图式就是学习者原有认知结构中与将要学习的内有密切联系的已有知识结构。它是新知识学习的认知前提，大多数情况下也是新知识的生长点和附着点。只有当学习者头脑中的这个基础图式十分清晰时，学习行为才能顺利和有效地进行。但是，学生在进行自主学习时往往并不知道学习本节内容将要用到哪些知识，或者对这些已学过的知识由于时间过久已经遗忘，或者对这个基础图式由于原先学习未能真正理解而模糊不清，这就需要组织和引导学生进行复习，使学生熟悉和建构起学习新知识前相应的基础图式。当学习者具有了学习新知识的基础图式后，就会使新学习的内容（符号代表的新知识）与学习者原有认知结构中已有的知识建立起非人为的和实质性的联系，为学习新知识做好

[①] 本文原载于《中学数学教学参考》2010 年第 6 期。

认知上的准备，而且也使新学习材料具有的逻辑意义更加明确。要使学生的学习更为有效，除了学习者建立起适当的基础图式外，还要使学习者能怀着更加积极的态度去主动学习。学习者还需要对即将学习的内容产生浓厚的学习兴趣和好奇心，有主动积极地把符号所代表的新知识与学习者认知结构中原有的适当知识建立联系的倾向性，即学习"心向"。学习者在学习"心向"的驱动下，才会积极主动地把具有潜在意义的新知识与其认知结构中有关的旧知识发生相互作用，从而使旧知识得到改造、新知识获得实际意义即心理意义，进而完成新知识的学习。[2]这种学习的"心向"也就是学习者具有的良好的情绪状态或者说情感准备。由于学案是引导和帮助学生自主学习、探究的方案[3]，因此，帮助学生建构良好的基础图式和情绪状态是学案的重要任务与职责，也是学案能否成功引导和帮助学生顺利完成自主学习和探究任务的关键。这个重要的任务与职责就是学案中的学习准备所承载和具有的。

所以，学案中的"学习准备"就是帮助学生建立新旧知识相互联系，为学生学习新知识扫清知识上的障碍，为学生在学习新知识前组建好相应的基础图式，建构好一定的心理基础，做好知识与情绪上的准备和铺垫，从而使学生的自主学习、探究能够顺利进行。

二、学习准备的设计

学习准备是正式学习活动的准备阶段，发生在还没有完全进行正式的学习任务之前。但这个准备阶段是否充分又决定了后续学习的质量和效果，所以，在进行学案设计时，对学习准备的设计应高度重视和认真进行。而要做好学习准备的设计，前提是要认真钻研教材，研究学生，分清学情，弄清学习准备的内容。

学习准备包括知识准备、情绪准备和工具准备。

1. 知识准备

知识准备主要是学习本节内容应具有的知识储备，即学习新知识前相应的基础图式。它为学习新知识做好知识的铺垫，起到"先行组织者"的作用，因此它是学习准备的重点。设计时可以用提问、题组练习和建议等方式指导学生去进行自查、复习，为学习新知识扫清知识上的障碍。知识准备的设计又分为以下三种形式：

（1）提问式。

提问式就是把即将要用到的知识用提问的形式引导学生去复习。如，北师大版初中数学八年级上册第七章"二元一次方程组"第一课时"谁的包裹多"（二元一次方程（组）及解的概念）的学习准备：什么叫方程？什么叫作方程的解？什么叫一元一次方程？一元一次方程有何特点？

（2）指导自查式。

指导自查式是教师设计时用一些指导用语要求学生去复习相关内容。如，北师大版初中数学七年级下册1.7节"平方差公式"第一课时学习准备中的知识准备设计为：学习本节内容需要熟悉"多项式乘多项式""幂的乘方"和"积的乘方"的运算法则，学习前可先检查自己是否熟悉这几个法则。

（3）填空式。

这是学习中将要用到的知识用习题填空的形式进行设计。如，北师大版初中数学八年级上册7.2节"解二元一次方程组"（代入消元法）学习准备设计为：

解一元一次方程组的步骤是：……

把方程 $3x+4y=2$ 写成用含 y 的代数式表示 x 的形式：$x=$ _____；

把方程 $2x+y=1$ 写成用含 x 的代数式表示 y 的形式：$y=$ _____；

把方程 $\frac{x-y}{2}+1=x$ 写成用含 x 的代数式表示 y 的形式：$y=$ _____。

2. 情感准备

情感准备就是创设学习情境，激发学生的学习兴趣，使学生产生学习的欲望和心向，为学习新知识做好情绪状态上的准备。学习的欲望和心向属于学习的动力部分。情感准备的作用就是激发学生学习的内驱力，使学生产生阅读自学的好奇心和学习欲望，使学生尽快进入学习状态。例如，平方公式第一节的学习准备可设计为：①（略）；②同学们在利用多项式乘法法则进行多项式乘多项式的运算时，是否感到有些烦琐？是否渴望有一个公式能很快得出运算结果？学完本节内容后你的这一愿望就会如愿以偿了！其中的第一条为知识准备，主要目的是扫清学习平方差公式的知识障碍；第二条为情感准备，设计者设身处地地为学生着想，并以学生期盼有一个简洁的公式这一心理需求为切入点提出问题，从而激发了学生的学习兴趣与学习欲望。

3. 学习工具准备

学习工具准备主要指学习本节内容将要用到的必需的学习材料、学习用具、复习资料等。虽然教科书和练习本是学习的必需用具，但由于这已成为一般常识，就不必再写在学习准备中了。学习准备中要写入的学习用具主要是学习时必须用到而学生又不一定知道的，这样就可以起到提醒的作用，以防学习需要时手忙脚乱，影响学习效果。如，初中数学实数概念的复习课（第一课）学习准备中的学习工具准备设计为：

关于本节内容的学习，同学们要准备好以下书籍与资料：

（1）北师大版初中数学七年级上册（第二章有理数及其运算）和八年级上册（第二章实数）。

（2）初中数学复习资料：理科爱好者。

进行实数概念的系统复习时，会涉及有理数的有关概念，而这部分内容又出现在七年级上册，学生不易想到。在具体进行实数概念系统的建立过程中，可能会遇到困难，不知如何进行，这时可以参考一些复习资料。所以，学习准备中列出这些书籍和复习资料就可以为学生提供帮助，提高学生学习效率。

在具体的学习准备设计时，不一定这三个方面的内容都齐备，根据具体的学习内容而定，有时可以只有部分项。如，有的内容可能就不需要准备很多学习用具，但多数情况下，学习准备包括知识准备和情绪准备。

参考文献

[1] 邵瑞珍，等. 教育心理学——学与教的原理[M]. 上海：上海教育出版社，1983：158.

[2] 李士锜. PEM：数学教育心理[M]. 上海：华东师范大学出版社，2005：65.

[3] 王富英，王新民. 数学学案及其设计[J]. 数学教育学报，2009，18（1）：71-75.

导学讲评式教学中的"讲解性理解"[①]

一、问题的提出

随着对话教学理念与社会建构主义学习理论在课堂教学中的不断普及，对话、沟通、合作等体现"交往理性"的学习方式开始被大量地应用于数学教学之中，特别是学生在课堂上"讲数学"的学习活动方式受到了广泛的重视。澳大利亚 David Clarke 教授指出："数学课上首要的任务是让学生讲数学，进行交流，教师帮助学生解决问题，因为数学课堂是学生生活的一个部分。"[1] 德国柏林自由大学 Astride Begehr 教授强调："较长时间的讲述表明了学生已发展与规划了自己的思维。"[2]我国在经历了十余年的课改之后，学生讲解已成为一种新型的常规学习活动方式。2011 年，对北京市海淀区、天津市河西区、河南省郑州市金水区等 3 个区 7 所小学 13 位教师的常态课教学录像编码分析发现，学生讲解的时间占课堂时间的比例达到了 18.91%[3]。2008 年起，我们在成都市龙泉驿区组织开展的"导学讲评式教学"（简称 DJP 教学）[4]改革实验中，学生讲解（对话性讲解）作为数学课堂教学的核心教学环节与主要的学习活动，在学生理解数学上发挥了非常独特的作用。

二、对话性讲解的含义

通常，讲解是教学中教师所采用的最常见的教学行为，是指"教师系统地向学生介绍、解释和说明学习内容，帮助学生更好地理解和接受所要学习的内容"[5]的过程，其主要功能是向学生提供适宜的学习内容或对象。然而，如果将讲解的主体由教师转换为学生，那么，讲解的内容、形式及其功能就会发生根本性的转变，讲解将变为学生学习数学的一种有效策略，成为学生全面而深刻理解数学的过程。与教师讲解相比，学生讲解是一种更为丰富、能够充分发挥学生学习主体性的学习活动，它并不是简单地回答老师所提出的问题，而是在自己独立思考和组内讨论的基础上，以一种个性化的方式展示和解释他们的思维过程及其思想观点；同时，老师和其他学生以各自的视

[①] 此文为王新民、王富英合作，原载于《教育科学论坛》2014 年第 6 期。

角和理解参与这一知识意义的建构过程。如果说教师讲解以"传授"为特征，那么学生讲解则以"对话"为特征，它是师生之间进行多元对话的一种有效方式，因此，将学生讲解称为"对话性讲解"能够更为恰当地表明其内涵特征。

对话性讲解是指学生个体或学习小组围绕某个学习主题，面向全班展示、表达、解释自己或小组讨论的观点、想法与发现等，教师与其他学生通过倾听、提问、质疑、评价等与之交流互动的学习活动过程。对话性讲解具有四个主要特点：第一，学生在讲解中不但提供了包含自己理解或创造的学习内容或对象，而且展示了学生特有的思维方式与理解过程；第二，课堂上并不是一个人在讲解，而是全体学生和教师人人都参与其中进行对话交流，而且讲解也不是单向度的阐述、发送信息，而是在讲解的过程中随时有信息的反馈与新信息的加入；第三，在讲解的过程中，参与者不但理解了知识，而且理解了各种不同的思维方式与表达方式；第四，讲解者在老师与同学的肯定当中感受到了自己的精神状态与生命价值，在思想沟通、感情交流当中也多层面地理解了同伴和老师。

三、DJP 教学中讲解性理解的特点

对话性讲解，展示了学生知识意义生成的真实过程，表达了学生的思想与情感；在对话交流之中，促进与深化了对知识的理解，丰富与完善了学生的认知结构；在精神相遇与经验共享的过程中，使学生感受到了自己的生命状态与存在价值。基于这样的认识，我们提出了"讲解性理解"这一新的理解方式，它是指在教学中以学生讲解对话的方式，在多种视域的融合中，实现知识意义的生成、生命意义的建构和意义分享的过程。[6]视域融合是讲解性理解的一个基本属性，视域是指从个体已有背景出发看问题的一个区域，而视域融合是指在理解的过程中，理解者的视域不断与被理解者的视域交流，不断生成、扩大和丰富，以达到不同视域融合的过程。[7]在 DJP 教学中，讲解性理解体现出以下特点。

（一）讲解性理解与知识的形成过程相一致

一项知识的形成总是要经历个体化的发明创造、社会化的验证或修订的过程，最终才能成为人类共享的财富，讲解性理解使学习者有效地经历了人类知识形成的这一过程。在 DJP 教学中，学生通过自主学习、小组讨论和全班讲解三个阶段的学习活动，对知识意义建构经历了个体化、小组化、全班

化的过程；最终所获得的知识既是自己的智力产品，又可以为全班所共享。在讲解性理解中，知识意义的建构经历了三个递进的认知阶段：①"一度消化"阶段。学生通过文本知识的学习，建立新旧知识之间的联系，形成个性化的知识意义，初步生成知识理解中的表征成分、联系成分与认识成分等。②"二度消化"阶段。对"一度消化"中所形成的知识意义进行"讲解性"加工，将理解中所生成的内部语言（思想）转化为外部语言。③"三度消化"阶段。通过讲述、倾听、质疑、评价等对话沟通过程，矫正和改进已形成的理解，并且在各种"视域融合"下扩充、丰富、深化对知识的理解。如，在关于"平方差公式"的 DJP 教学中，学生创造性地提出了"公式中的 a, b 不能等于 0"这一观点，通过和同伴与老师的对话交流、互动协商，最终形成了一项共享性的知识："a, b 等于 0 时公式没有错，但是它没有实际意义"。在讲授式教学中，由于教师单向度的传授式的讲解，学生与知识之间的交流被老师中介或是干扰了，压缩或缩短了与知识相互作用的过程，教师把知识作为一种"外在的"东西迅速地传给了学生；即使学生有思考，也只是一种直观操作层面上的"短思考"[8]，他们不能够真切地经历知识形成的完整过程。

（二）讲解性理解是一个开放的学习活动系统

讲解性理解不是仔细地吸收、内化老师组织好的知识，也不是指接受现成知识或获得的知识的最终状态，而是一个由多种视域（个体视域、同伴视域、教师视域与文本视域）组成的动态的、开放的活动系统。在讲解性理解的过程中，教师不再是唯一的信息发布者，学生也不再是被动的信息接收者，文本、教师、学生以及同伴都是可能的信息发布者，同时也都是可能的信息接收者。这样，学习者视域、文本视域、教师视域与同伴视域在对话性讲解中相遇相融而形成一个意义共享的理解网络；围绕着学生意义世界的构建与生成，在学生、教师、文本与同伴四种视域之间便构建起多向度的理解关系。讲解性理解作为一个开放的学习活动系统，学习者能够随时得到老师与同伴的质疑、补充和帮助，也可随时与他们进行交流、沟通和协商，从而能够不断地与"外界"进行能量（思维、情感、精神等）与信息的交换。在 DJP 教学的课堂上，经常会看到有学生主动去修改先前已板书好的内容（本小组有待讲解的内容），后面讲解的同学常常借用前面学生讲解时所提出的思路、方法以及所使用的表达方式。在讲授式教学中，"教师不知不觉地以权威者的姿态出现向学生作讲解，通常教师的说明具有上帝的权威性而被学生重复"[9]，学生的学习只能孤立地增加知识信息，而不能增进自我成长的意义。在讲解性理解中，学生是知识的建构者与创造者，每个人对知识与学习意义的形成均有所贡献，"权威"可以在对话交流中产生、移动和传递，是多维的、集体的。因此，讲解性理解具有无限的生命活力，它不但可以促进个体内部的认知平衡，也可以促进个体间的认知平衡，可以有效地调整和改进学习者的认知结构。

（三）讲解性理解形成了知识的多重表征

在讲解的过程中，通过学生的口语表述、动作操作、推理阐述、同伴交流等外部表征活动过程，即可表明与反映出其内在的观念表征是什么样的。相应地，各种外部表征的给予将有力支撑学生建立一个丰富的、个体性的、相关的内在表征。[10]其次，在讲解互动的过程中随时有不同视域中信息和能量的加入，使得知识表征的生成具有了一定的"接力"性（讲解中，同伴之间经常相互借鉴其结论、方法、思维、表达等），使得知识的意义表征在不断的转化过程中得到持续性的改造。例如，在关于"平方差公式"的课堂上，在讲解性理解过程中，学生对公式中 a，b 的意义表征进行了多次转化：从"a 代表相同的数，b 代表互为相反的数"，到应用中的"××相当于 a，××相当于 b"，再到"a，b 既可以是常数、字母，也可以是单项式、多项式"，使得平方差公式的运算特征在学生心理上形成了一个稳定的、意义丰满的多重表征系统。

（四）讲解性理解集理解、解释、应用于一体

讲授式教学的课堂上，学生是通过倾听老师的解释来理解知识，继而通过模仿老师的示范来掌握知识的应用，解释、理解与应用常常是相互分离的。而在讲解性理解中，理解、解释与应用融为一体——理解生成了知识的意义，解释为这种意义寻找理由并用恰当的语言表达出来，而应用则是操作实现理解中的意义；反过来，解释与应用促进、丰富、深化了理解中的意义，正如伽达默尔所指出的："理解总是解释，因为解释是理解的表现形式"，"理解总是包含被理解的意义的应用"[11]。在 DJP 教学中，学生在自我解释（为了说服自己）过程中生成了知识的意义，在小组解释或全班讲解（为了说服同伴或老师）中需要以明确的逻辑表征或具体事例将理解中的意义表达出来，而这里的逻辑表征或具体事例正是应用理解中的意义而形成的产物。特别是具体的事例，在列举出来之前，已在学生的脑海中以一种意象的形式经过了多次的"思想实验"，它已是理解的化身——意义化了的理解产品。如，在关于"平方差公式"的教学中，公式中字母 a，b 的含义是什么？利用公式进行运

算时要注意些什么？一位学生代表进行了如下讲解[12]：

我们组从（教材）例1、例2中发现，公式中的 a、b 可以表示常数、单项式和多项式。我们还举了三个例子，第一个例子（2009+1）（2009-1）中的2009和1是常数；第二个例子（$-m+n$）（$-m-n$）中的 $-m$ 和 n 是单项式；第三个例子[（$x-m$）-（$n+c$）][（$x-m$）+（$n+c$）]中的 $x-m$ 和 $n+c$ 是二项式即多项式，而这三个例题都满足平方差公式，因此，a、b 可以表示常数、单项式和多项式。要注意的是，在做题时要观察题中是否含有两数差、两数和，也就是相同项、相反项，就是看它是否满足平方差公式。而运算的结果要把相同项写在前面，相反项写在后面，其依据是平方差公式（$a+b$）（$a-b$）= a^2-b^2。

上述讲解过程中所举的例子，既是学生理解中所生成的公式意义（a，b 可以表示常数、单项式和多项式）的载体，又是解释这种意义的语言工具，同时也体现了这种意义的应用过程；既知道公式中的字母表示什么——知其然（工具性理解），又知道为什么可以这样表示——知其所以然（关系性理解）。因此，讲解性理解将"工具性理解"与"关系性理解"[13]融为一体，可以使学生形成一种集理解、解释和应用于一体的理解图式。

参考文献

[1] 曹一鸣. 数学课堂教学实证研究系列[M]. 南宁：广西教育出版社，2008：164.

[2] DAVID CLARKE, CHRISTINE KEITEL, YOSHINORI SHIMIZU. Mathematics classrooms in twelve counties: The insider's perspective[M]. Melboume: Sense Publishers, 2006: 174.

[3] 王新民，吴立宝. 课改十年小学数学课堂教学变化的研究[J]. 中国电化教育，2012（8）：111-114.

[4] 王富英，王新民，谭竹. DJP 教学：促进学生主动学习的教学模式[J]. 中国数学教育，2009（7-8）.

[5] 陈佑清. 教学论新编[M]. 北京：人民教育出版社，2011：405.

[6] 王新民，王富英. "讲解性理解"的基本含义与教学价值[J]. 内江师范学院学报，2010，25（4）：89-94.

[7] 靳玉乐. 理解教学[M]. 成都：四川教育出版社，2006：17.

[8] 王新民，曹一鸣. "认真听讲"的功能特点分析[J]. 中学数学教学参考（中旬），2012（10）：11-13.

[9] [美]小威廉姆 E. 多尔. 后现代课程观[M]. 王红宇，译. 北京：教育科

学出版社，2000：257.

[10] 吕林海. 错误分析与数学理解：基于心智表征的分析[J]. 全球教育展望，2004，33（11）：66-70.

[11] 季苹. 教什么知识[M]. 北京：教育科学出版社，2006：67.

[12] 王富英，王新民. 让知识在对话中生成——DJP 教学中知识生成的过程与理解分析[J]. 中国数学教育，2013（11）：3-6.

[13] 马复. 试论数学理解的两种类型——从 R. 斯根普的工作谈起[J]. 数学教育学报，2001（3）.

导学讲评式教学中"理解"的诠释学意蕴[①]

导学讲评式教学是以理解为目的的教学，理解是其核心要素。这里的理解既有对知识意义的理解，也有对他人的理解，还有对自我的理解。我们知道，任何一种新的教学方式的建立或新的教学观点的提出，要获得人们广泛的认同，不但要经得起实践的检验，还要有坚实的理论基础。而以"理解"为核心问题研究的是哲学诠释学，因此，本文试图从诠释学的角度阐述 DJP 教学中"理解"的哲学基础。

一、诠释学中"理解"理论概述

诠释学（Hermeneutic）又称解释学，起源于古希腊。最早的诠释学是一门关于理解、翻译和解释的技艺学。[1]这时诠释学的主要功能在于把超出人们理解的东西转化为人们智力可以把握的形式，因此它主要体现为一种对历史文献理解的方法论。后经过施莱尔马赫、狄尔泰和海德格尔等人的工作，诠释学由理解、翻译和解释的技艺学提升为以理解为核心内容的方法论和理解本体论的哲学诠释学。

诠释学中的"理解"理论主要有以下观点。

（一）理解和解释是内在的统一体

人们通常认为，只有理解了的事物才能解释。但在诠释学家施莱尔马赫看来，理解和解释从来就不是两回事，而是一回事。他说："诠释学问题是因为浪漫派认识到理解和解释的内在统一才具有重要意义的。解释不是在理解之后的偶尔附加的行为，正相反，理解总是在解释，因而解释是理解的表现形式。按照这种观点，进行解释的语言和概念同样也要被认为是理解的一种内在构成要素，因而语言的问题一般就从它的偶然的边缘进入到哲学的中心。"[2]

---

① 此文原载于《教育科学论坛》2018 年第 6 期。

（二）理解的过程是视域融合的过程

诠释学中的"视域"是指从个体已有背景出发看问题的一个区域。这个区域囊括和包容了从某个立足点出发所看到的一切[3]，因此理解者和理解对象（文本）都有各自的视域。文本的"原初视域"和理解者的"现在视域"两者之间虽然存在很大的差距，但通过理解可以融合起来。理解之所以能实现，就在于双方视域的不断融合。在理解的过程中，理解者的视域不断与被理解者的视域交流，不断生成、扩大和丰富，以达到不同的视域融合，最后形成理解者的新视界，这种不同视域不断的融合过程就是视域融合。海德格尔认为，"理解其实总是这样一些被误认为是独立存在的视域的融合过程"。

（三）理解是循环的——诠释学循环

诠释学认为：一切理解和认识的基本原则就是在个别中发现整体精神和通过整体精神领悟个别，前者是分析的认识方法，后者是综合的认识方法。[4]例如，理解一个完整的英语句子，整个句子的意义依赖于每个单词的意义，而每个单词的意义众多，其准确意义的确定只有在整个语句的关联或语境中才能完成。因此，"单一概念的意义源自它所处的语境和视域；而此视域正是由它所赋予了意义的这些因素构成。通过整体与部分之间的辩证互动，每一方都赋予了对方以意义；因此，理解是循环的"[5]。这种理解的循环叫作诠释学循环。

（四）理解是人的存在方式

海德格尔认为，理解和解释不是一种研究方法，而是作为人的存在的基本方式和特征。因为只有人关心存在的意义，质问自己为什么存在，应该如何存在。人最基本的特性就是他对存在的理解，这正是人区别于其他一切存在物的地方。

理解是人的存在方式有以下几方面的含义：第一，人理解自己的可能性就是人的存在。海德格尔把人称为"此在"，他指出"此在永远是向着未来，它具有无限的可能性。此在就是根据自己的可能性来决定他的前途，根据可能性来理解自己的存在"[6]。第二，理解"此在"对自己的可能性筹划是人的存在。理解就是人把自己的可能性投向世界，走向现实性，这就是所谓的"筹划"。海德格尔指出："作为领会的此在向着可能性筹划它的存在，由于作为展开的可能性反冲击到此在之中，这种领会着的、向着可能性的存在本身就是一种能在。"[7]因为"此在"是能在，理解对"此在"的可能性筹划，反映了"此在"总是已经理解了自己，总是根据可能性将要理解自己，理解作为筹划，理解就是'此在''在'的方式"。所以，理解对"此在"的可能性筹划就是"此在"的基本存在方式。第三，人在与他者相互理解中而存在。人是存在于现实生活世界中的。生活世界是一个活的、属于人的交往共同体世界，是开放的、主体间共同拥有的世界。伽达默尔认为，生活世界是"最内在的理解、最深层次的共有的，由我们所有人分享的理念、价值、习俗，是构成我们生活体系的一切概念之总和"[8]。生活世界中的人，要与他者共同拥有这个世界就要相互理解。"一方面，理解是获取被理解的过程；另一方面，理解的过程也是自身形成的过程。"[9]因此，相互理解才能有意义的生活，才能理解自身的存在意义，即生活世界中相互理解是人的最基本存在方式。

二、DJP 教学中"理解"的诠释学意蕴

由于理解是诠释学研究的主要内容，而理解是 DJP 教学的核心要素之一，因此 DJP 教学从诞生起就蕴含深厚的诠释学意蕴。DJP 教学中的理解分为教材的理解、知识意义的理解、教学过程中知识的理解过程、讲解性理解和人的理解。①

（一）诠释学为 DJP 教学中教材的理解提供了方法论范式

诠释学认为："意义是文本的本质，理解教材的关键在于把握文本的精神内容和意义，而不在于把握教材文本的物理符号和词语本身。"[10]语言学家阿斯特认为，唯有对文本精神的理解才是真正的最高理解。[10]因此，师生在理解教材（文本）时要根据自己的知识背景、思维习惯、情感去理解体验文本的意义，并在此基础上超越文本意义，建构属于自己的意义。在弄清教材中符号的基本意义后，根据自己已有的经验去感悟和把握文本的精神内容和人文视界，从而进入作者的精神世界。

（二）诠释学为 DJP 教学中知识意义的理解提供了方法论基础

诠释学认为，知识意义存在于文本的"视域"和读者（解释者）的"视域"相交叉的视域融合中。意义的理解、生成过程是视域融合的过程。在 DJP 教学中，知识意义是在对话性讲解中通过多种视域的融合而生成的。DJP 教

---

① 参见王富英、朱远平著：《导学讲评式教学的理论与实践——王富英团队 DJP 教学研究》，北京师范大学出版社 2019 年版。

学的讲解中存在着四种不同的视域：文本视域、教师视域、讲解者视域与同伴视域。讲解者通过板书、解释、说明、补充等形式展示自己的视域；同伴通过对讲解者的提问、质疑和争辩展示自己的视域；老师通过点拨、提炼、修正、评价以及对重难点知识的解释与强调等渗透着自己的视域；而文本视域在这几种视域的交汇中则不断地被深化与丰富。通过师生、生生之间的交流和讨论，各种视域进行大碰撞、大融合，从而构建起多维度的、多层次的、共享的知识意义世界。

（三）诠释学循环为DJP教学过程中知识的理解过程提供了微观机理

诠释学家狄尔泰指出："理解总是在'诠释学循环'中进行的，而不是按照某种有序的进程从简单与自足的部分到整体那样进行的。"[11]也就是说，理解不是一次到位的而是要经过一个循环过程，有的还要经过多次循环才能完成，这就澄清了"堂堂清"和"我讲了你就该懂"等错误观念。在DJP教学中，学生对知识意义的理解也是经过了多次循环。学生第一次自学时个人理解（部分）影响全班（整体）的理解，反之，学生讲解后达成共识的整体理解又促进了个体的部分理解，这是理解的第一级循环。这一次循环完成了由学生原初的工具性理解上升到关系性理解，对知识意义的消化由一级消化上升到二级消化。当学生讲解后通过师生的相互评析和自我评价（我们称这种评价为学习内评价[12]）总结形成较完整的知识结构体系时，学生获得的知识意义又进行了一次部分与整体（知识结构）之间的辩证互动，即进行了理解的第二级循环。这时学生获得的知识不再是单个的知识而是网络化、结构化的知识，从而对知识的相互关系理解更加透彻，对知识的价值认识更加深刻，从而使学生对知识的理解由关系性理解上升到价值性理解[13]，对知识意义的消化也上了一个台阶，达到三级消化。DJP教学中理解循环的结构如图2-3所示。

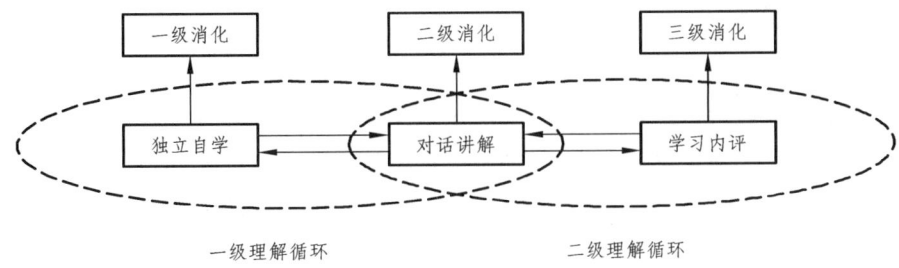

图 2-3　DJP教学中的理解循环

（四）诠释学为 DJP 教学中的讲解性理解奠定了坚实的哲学基础

DJP 教学中的讲解性理解是指在教学中以学生讲解对话的方式，在多种视域的融合中，实现知识意义的生成、生命意义的建构和意义分享的过程的新的理解方式。它是一个开放的学习活动系统，是一种集理解、解释和应用于一体的理解图式。[14]在讲授式教学的课堂上，学生通过倾听老师的解释来理解知识，继而通过模仿老师的示范来应用知识，解释、理解与应用常常是相互分离的。而在 DJP 教学中，学生在自我解释（为了说服自己）过程中生成了知识的意义，在小组解释或全班讲解（为了说服同伴或老师）中需要以明确的逻辑表征或具体事例将理解中的意义表达出来，而这里的逻辑表征或具体事例正是应用理解中的意义而形成的产物。特别是具体的事例，在列举出来之前，已在学生的脑海中以一种意象的形式经过了多次的"思想实验"，它已是理解的化身——意义化了的理解产品。[14]所以，在讲解性理解中，理解、解释与应用融为一体——理解生成了知识的意义，解释为这种意义寻找理由并用恰当的语言表达出来，而应用则是操作实现理解中的意义；反过来，解释与应用促进、丰富、深化了理解中的意义，正如诠释学家伽达默尔所指出的"理解总是解释，因为解释是理解的表现形式"，"理解总是包含被理解的意义的应用"[14]，从而为 DJP 教学中的讲解性理解奠定了坚实的哲学基础。

（五）诠释学为 DJP 教学中人的理解提供了本体论范式

教育是人的教育，教育的目的是成"人"，而"成人"的过程就是相互理解的过程。哲学诠释学指出，理解是人的存在方式，即人以理解的方式存在。因此，教育离不开对人的理解。诠释学从方法论上升到本体论后，主要关注的就是人的理解，这就为 DJP 教学中人的理解提供了深厚的本体论范式。

DJP 教学中人的理解包括自我理解和相互理解。

1. 自我理解

"自我理解就是主体消除误解与障碍实现自我发展。"[15]在 DJP 教学中，通过讲解对话暴露自己的思想观点，在经受他人的质疑、批判后，个体对自身内在经验和外在世界进行反省与感悟，这样既认识到自己的存在，又消除误解与障碍，进而改进自己的筹划，完成自我理解，实现自我发展。

2. 相互理解

相互理解是在交往对话中完成的，它包含师生之间的理解和学生之间的理解。

第一，师生之间的理解。师生之间的理解包括教师对学生的理解和师生的相互理解。

哲学诠释学关注人的"此在"本身，揭示人的存在方式，这对于教师对学生的理解具有根本性意义。教师对学生的理解体现在以下两个方面：首先，教师要把学生看成一个有自己主体性的人的存在。学生是有丰富情感世界、兴趣爱好和自主性与能动性的鲜活的生命体，而不是单纯只会接受知识的容器，因此，学生与教师在人格上是平等的，这就要求教师要尊重学生。我们在 DJP 教学中提出要"高度尊重学生"就充分体现了这一点。其次，要把学生看作有自己独特性理解的人。教师要尊重学生的已有理解，理解学生的特殊背景，这样才能真正保证理解学生，并最终在跟学生的交往对话中与学生的视域融合，实现教学由单纯的对知识的理解进入到学生的精神世界，在理解中实现教育对学生的意义生成。因此，我们提出要"充分信任学生"就是基于对学生的这种理解。

在 DJP 教学中师生的相互理解是指师生之间通过相互对话、相互倾听、相互尊重达到彼此理解，从而实现意义创生的过程。"对话是双方相互理解的过程。"[16]师生理解的实质是师生对话，通过对话，师生之间精神相遇、心灵沟通，在彼此"敞开"和"接纳"的过程中，师生相互理解对方，在理解中创生出新的意义。传统教学缺少对话，缺少师生的相互理解，致使教师的教育教学方法缺乏针对性，教育教学的效果不佳，有的甚至出现严重的师生对立。DJP 教学要求把学生真正当作"人"看待，为此，我们提出"高度尊重学生，充分信任学生"，在理解学生的基础上进行教学，做到"以学定教"，从而使每一个学生尽可能达到发展。

第二，学生之间的理解。哲学诠释学认为，人的理解存在是在生活世界中相互理解后到达与他者共同拥有。在功利性学习中，为了保持竞争优势而保守自己的方式方法以防别人超越自己，学生之间没有实质性的交往与对话，由此造成彼此不能相互理解。在这种状态下，学生之间既不能传播自己的思想，又不能了解他人的想法；既不能展开思维的碰撞和思想的交锋，又不能取长补短，相互学习，共同提高，从而不利于自身的发展。因此，在 DJP 教学中，我们将课堂话语权还给学生，让学生在自主学习的基础上充分表达自己的思想、观点，教师和同伴在认真倾听后，针对有关问题进行提问、质疑和争辩，从而相互走进了对方的心灵，达到了相互理解。这样，"一方面，理解是获取被理解的过程；另一方面，理解的过程也是自身形成的过程"[9]。

综上所述，DJP 教学就是师生在相互理解、理解自我和理解文本的同时不断发展自己，以提高自身素养和生命意义的教学实践活动。DJP 教学的过程是理解的过程，是教师和学生运用想象力来从事知识学习、生命意义创造和意义分享的过程。DJP 教学中人与人的关系，不再是"我—它"的主客二分的对象性关系，而是你中有我，我中有你，两个平等主体的"我—你"关系；DJP 教学中人与知识的关系不再是以知识为中介的单向灌输关系，而是一种视域融合的意义生成关系。

参考文献

[1][5][3][10][11] 洪汉鼎. 诠释学——它的历史和当代发展[M]. 北京：人民出版社，2001：3，67，65，80.

[2][4] [德]汉斯-格奥尔格，加大默尔. 真理与方法（上卷）[M]. 洪汉鼎，译. 上海：上海译文出版社，1999：395.

[6][9] 靳玉乐. 理解教学[M]. 成都：四川教育出版社，2006：7，57.

[7] 海德格尔. 存在与时间[M]. 陈嘉映，王庆节，译. 北京：生活·读书·新知三联书店，1999：388，81.

[8] 贺来. 现实生活世界——乌托邦精神的真实根基[M]. 长春：吉林教育出版社，1988：133.

[12] 王新民，王富英. 学习内评价的含义及其价值[J]. 教育科学论坛，2011（5）：5-7.

[13] 王富英，王新民. 让知识在对话交流中生成——DJP 教学中知识生成与理解过程分析[J]. 中国数学教育，2013（11）：3-6.

[14] 王新民，王富英. 导学讲评式教学中的"讲解性理解"[J]. 教育科学论坛，2014（6）：19-21.

[15] 熊川武. 论理解性教学[J]. 课程·教材·教法，2002（2）：16-20.

[16] 金生鈜. 理解与教育[M]. 北京：科学出版社，1997：131-132.

让知识在对话交流中生成[①]
——DJP 教学中知识生成的过程与理解分析

教学生成论认为，知识的意义是无法通过直接传递而实现的，而是由学习者自己决定和生成的，[1]这种生成起因于主客体间的相互作用。[2]因此，主体与客体间相互作用的方式——教与学方式成为学生知识意义生成的决定性因素。数年的教学实验表明，DJP 教学是一种促进学生生成知识意义的有效方式。[3]在 DJP 教学中，学习者采用自主学习、对话性讲解、学习评价等学习活动方式，通过与自己对话、与文本对话、与同伴对话以及与老师对话，使知识意义的生成经历了由低到高的三个认知阶段：工具性理解、关系性理解与价值性理解。本文结合"平方差公式"的教学案例，对 DJP 教学中知识意义的生成过程进行较为深入的分析。

一、自主学习中的工具性理解

工具性理解是一种语义性理解，如符号 A 所指代的事物是什么，或者是一种程序性理解，如一个规则 R 所指定的每一个步骤是什么及如何操作。[4]即工具性理解是"知其然"和"怎样做"。而 DJP 教学的第一个环节是学生根据学案进行自主学习。在这个环节中，教师引导学生根据学案进行自主学习，使学生与文本展开有效对话。学生在与文本的对话中，知道了学习内容，即知道了"是什么"并能简单模仿例题应用知识解答简单问题，即"怎样操作"，从而完成了对知识的工具性理解。例如，在"平方差公式"的教学中，教师首先进行了如下引导："请同学们拿出刚才发给大家的学案，并按照学案设计的步骤和要求进行读书自学。但要注意读数学书不像读其他文学书籍，要手脑并用，读写结合。读书的过程中需要计算的要计算，重要的部分要划线，关键的字词要圈点，新的认识要注解，不懂的就打个问号，便于寻求他人帮助。现在同学们就开始自学教材。读书的时候，要求先自己独立思考，读完后你觉得有新的体会和不懂的地方再在小组内进行交流讨论。"

---

① 此文为王富英、王新民合作，原载于《中国数学教育》2013 年第 11 期。

教师在课堂巡视中发现，有些学生不是先看书，而是马上就在做学案上的习题；有些学生对前面的知识不熟悉，读书有困难，于是教师进行提示："有些同学拿到学案就开始做学案上的题了，要先看书，根据学案的引导和要求看书后再做学案上的题"；"不熟悉的知识可以根据学案指示进行复习"。在教师的指导下，学生自学十多分钟后，多数自学完教材并完成了学案的大部分内容，少部分学生完成了学案一半的内容。大部分学生都能推导公式，并能根据公式进行简单的计算，但对公式中字母的含义不甚理解，对公式的归纳发现过程漠不关心。

【知识生成分析】根据学案进行自学，是知识意义生成的第一个阶段——操作感知阶段。在这一阶段，学生按照学案的认知线路，通过阅读教材（与文本的对话）直观感知公式的外在形式和结构，通过例题的学习和套用公式进行计算，形成应用公式的操作性技能，从而生成了对平方差公式的工具性理解。

教材中，编者是从学生熟悉的多项式乘多项式法则的基础上，引导学生计算四个具体的二项式乘二项式，然后观察其结构特征，通过归纳猜想而得到平方差公式。但在根据学案阅读教材时，大多数学生并没有认真观察四个具体算式的特征进行归纳猜想得出公式，而是直接看教材中的结论。重点关注的不是怎样获得公式，而是平方差公式是什么，如何运用公式解题，因而对公式的理解只限于工具性理解，学生知识的表征主要以直观操作方式进行。出现这种情况的原因主要有以下三点：一是受数学学习观的影响，学生认为学习数学就是记住数学知识并能运用它解题就行了，于是据案自学时只关注公式是什么和怎样利用它解题；二是受学力的限制，学生在没有与他人对话交流前，对数学知识的理解往往只会停留在经验感知的认知水平上；三是学生缺乏归纳猜想的意识与能力。

二、对话性讲解中的关系性理解

知识意义的真正生成必须由工具性理解上升到关系性理解。关系性理解指对符号的意义和替代物本身结构上的认识，获得符号指代物意义的途径，以及规则本身有效性的逻辑依据等。[3]即关系性理解是"知其所以然"和明白"为什么这样做"。本教学中，据案自学只初步形成了平方差公式的工具性理解——"知其然"和"怎样做"，而对"为什么这样做"并不明白。要获得对平方差公式的关系性理解，还需与他人进行对话交流，通过各种视域的融合才能完成。这就是DJP教学的第二个环节——对话性讲解。

学生根据学案自学十分钟后,各组便自发地在组内进行交流讨论,教师也参与其中,待热烈讨论平息之后,教师再根据学习内容分配各组讲解任务,组织学生在全班进行对话性讲解。对话性讲解是指学生个体或学习小组围绕某个学习主题,面向全班展示、表达、解释自己或小组讨论的观点、想法与发现等,教师与其他学生通过倾听、提问、质疑、评价等与之交流互动的学习活动过程。

【片段1】(公式获得的对话性讲解)

师:现在由第一组讲解"公式是怎样获得的"。

生1:我们认为,利用多项式乘多项式的法则就可以推导得出公式(边讲边在黑板上写出推导的内容:$(a+b)(a-b)=a(a-b)+b(a-b)=a^2-ab+ab-b^2=a^2-b^2$)。

师:你怎么一开始就想到了$(a+b)(a-b)$?

生1:……(感到茫然,不知所措)

师:你们组哪位能够说出公式是怎样获得的?(组内学生都有点束手无策,有的看着黑板在思考,有的看着老师,有的埋头不语)没有关系,你是怎么想到的就怎么说吧!

生:……(仍然没有学生能够讲解,都限于沉默之中,这时班上有些学生在窃窃私语,但全班没人能够回答)

师:请同学们再看教材,书上先给出了四个计算题,再要求观察四个特殊的例子的规律,然后猜想得出一般结论。刚才生1讲的是公式的推证。值得注意的是,公式的证明很重要,而猜想得出公式更重要。数学中很多公式定理都是先猜想再证明而获得的。猜想是科学发现的重要方法,正如著名科学家牛顿所说"没有大胆的猜想,就做不出伟大的发现",同时猜想也是数学学习的重要方法,同学们在数学学习的过程中要多进行观察猜想哦。

【知识生成分析】 在上述对话性讲解中,学生运用的是多项式乘法法则进行公式推演进行公式的表征,而没有公式的获得过程。这是由于当学生翻开教材时,首先映入眼帘的是十分显眼的公式(教材用黑体和背景凸显了公式),于是便失去了计算四个算式并进行观察猜想的需要,没有按教材和学案的设计去经历四个算式的计算并观察其特征,而是直接看书上的公式并进行推演,从而导致了教师问"你怎么一开始就想到了$(a+b)(a-b)$?"时学生无言以对的状况。凡是没有亲历观察和探究的过程,往往也就不会"知其所以然",因而也就不能说明"为什么",因为这时他们既没能形成联结性经验,也没能生成知识的内部语言,使得讲解所需的外部语言的生成缺乏基础。这时,教师根据学生的情况确定讲解的内容，引导学生回到教材，观察四个算式，从特殊到一般，归纳猜想得出公式。在这种对话性讲解中，学生弄清了公式的来龙去脉，感受到了其中的数学思想方法。

【片段2】（公式结构特征认识的对话性讲解）

生2：我们组讲的内容是公式的结构特征。我们认为平方差公式的结构特征就是两数和与两数差的积等于它们的平方差，因为两个数由相同字母的平方减去相反数的平方。

师：（感到学生对结构特征理解不够，进行提示）公式的结构就是公式是由哪些部分组成的？公式的特征就是公式有何特点？

生2：左边是两个字母相加，右边是两个字母相减（说完不敢肯定，马上转向老师，期待老师的评判，这时其他学生也感到有些不对，七嘴八舌议论开来）。

师：把括号看成一个整体，左边是什么形式？

生2：左边是两个多项式相乘，右边是用相同字母的平方减去……（心里明白，说不清楚）

师：还有没有其他同学补充？

生3：右边是利用多项式的法则计算出来的结果（不敢肯定，回头看着老师）。

生4：特点就是有一组是相等的数，如 a 和 a 就是相等的数。另一组必须是互为相反数，b 与 $-b$。

师：（学生只说出了字母的特点，没有说明字母之间的关系，于是提问）而且都必须是什么？

生4：都必须是二项式。左边是两个二项式相乘，右边是差，平方差。

师：哪个的差？随便写一个差行不行？如，能不能这样：$(3x+2y)(3x-3y)=(3x)^2-(2y)^2$ 或者 $(3x)^2-(3y)^2$？

生（众）：不行！七嘴八舌指出错误。

生4：数不相同，一个是 $2y$，一个是 $3y$。

师：哦，$3x$ 和 $3x$ 相同，$2y$ 和 $3y$ 不同，$2y$ 与 $-3y$ 也不是互为相反数（在 $(3x+2y)(3x-3y)$ 相应部分划线），它们不具有公式的特点。还有没有补充的？

生4：必须是相同的数的平方差。

生5：左边是两个数的和与这两个数的差相乘。

师：哦，两个数的和乘以两个数的差（学生容易忽略"这"字的含义，这时教师有意装着听错），我们看 $(x+y)(a-b)$，是不是两个数的和乘以两个数的差，能用公式吗？

生6：不能！应该是两个数的和乘以这两个数的差。这里的"这"指的是前面的两个数,不是另外的两个数。

师:好,现在我们来总结公式的特点。公式的特点是:公式的左边是两个二项式相乘,或者是可以转化为两个二项式相乘的形式,这两个二项式的第一项必须是什么?

众生:相同的数!

师:另一项是什么?右边呢?

生7:另一项必须是"互为相反数",公式的右边是相同项的平方减去互为相反数的平方。

【知识生成分析】在上述的对话性讲解中,学生对平方差公式结构特征意义的生成经历了一个师生视域融合的过程。教师对平方差公式结构特征的视域为"公式的左边是两个二项式相乘,或者是可以转化为两个二项式相乘的形式,这两个二项式有一项相同,另一项互为相反数,公式的右边是相同项的平方与相反数项的平方差"。而学生的"原初视域"是"两数和与两数差的积等于它们的平方差",与教师的视域存在较大的差距。通过师生、生生相互的对话、解释,师生的视域不断交融、扩大和丰富,最后达成了共享的意义世界。在这一对话性讲解的过程中,学生对平方差公式的结构特征由开始模糊的认识逐渐到明确的、清晰的认识,明白了运用公式时"为什么这样做"的道理,从而对公式的理解由工具性理解上升到关系性理解,为正确快速运用公式打下了坚实的基础。

三、学习评价中的价值性理解

对知识意义的深度生成必须是在"知其然"和"知其所以然"后,还需知道知识的价值和作用,也就是说需要进一步上升到对知识的价值性理解。这里知识的价值包含三种意义:知识的科学价值、人文价值和社会价值。科学价值指的是知识本身的科学性和真理性;人文价值指的是知识探究过程中的交互性、探究性和知识中隐含的数学文化元[5]对学习者心灵的熏陶和感染;社会价值是指知识能解决哪些社会生活问题或其他问题,即"知识的使用价值"[6]。价值性理解就是学习者要认识到知识的三种价值。而价值性理解又是在对知识生成过程的反思、回顾、比较、鉴别和欣赏的过程中逐渐完成的。

DJP 教学的第三个环节是学习评价。学习评价是对学习活动满足社会和学习者需要的程度做出价值判断的活动。DJP 教学中的学习评价又分为对学习的评价、为学习的评价和学习内评价。[7]学习内评价是指学习本身所固有的内在于学习活动之中的能够满足学习自身需要的认识性实践活动。学习内评价的目的是认识学习及其学习对象的价值,不是拿价值去判断,而是通过判断去认识、发现、生成、感悟价值。[8]在学生的对话交流过程中,教师要适时地引导学生进行相互质疑评价、自我评价和教师的点评等学习内评价活动。评价时教师不能对学生的思想观点简单地予以肯定或否定,而是要引导学生进行比较、鉴别、协商、欣赏,通过评价评出意义、评出价值、评出自信,从而获得对知识的价值性理解。

【片段3】

生8:我们组从(教材)例1、例2中发现公式中的a,b可以表示常数、单项式和多项式。我们还举了三个例子,第一个例子(2009+1)(2009-1)中的2009和1是常数;第二个例子$(-m+n)(-m-n)$中的$-m$和n是单项式;第三个例子$[(x-m)-(n+c)][(x-m)+(n+c)]$中的$x-m$和$n+c$是二项式即多项式,而这三个题都满足平方差公式,因此,a,b可以表示常数、单项式和多项式。要注意的是,在做题时要观察题中是否含有两数差、两数和,也就是相同项、相反项,就是看它是否满足平方差公式。而运算的结果要把相同项写在前面,相反项写在后面。其依据是平方差公式$(a+b)(a-b)=a^2-b^2$。(全班自发鼓掌)

师:很好!对运用公式的注意事项有没有不同意见?

生9:关键是a,b不能等于零?它等于零,就没有意义了!

师:没有意义吗?(0+0)(0-0)等不等于0^2-0^2?它有没有意义?

生10:但没有实际意义。

师:哦,没有实际意义,但它是不是关键?(这时,有的还在说"是",有的说"不是")请说"不是"的讲出你的理由。

生11:刚才他说a,b不可以等于零,但是通过你(指教师)写的那个(例子)来实证,还是可以的。

师:好!现在我对这个问题做个总结:我认为应用公式的关键就是要看符不符合公式的结构特征,是不是两个二项式相乘或者可以转化为二项式相乘,并且两个二项式中有没有相同的两项,另两项是不是互为相反数。值得注意的是不要把a,b搞混了,不要把符号搞错了!

师:大家通过公式应用几个例子,发现公式有哪些作用?

生12:可以方便地计算一类特殊的多项式乘法问题,还可以计算两个数的乘积,如前面他们组所举的例子:(2009+1)(2009-1)。

师:除此以外,公式还有哪些形式的应用?

生13:根据变式练习的分析,我们发现公式不但可以顺用,还可以逆用、变用和连用。

师：本节课公式的获得过程中，运用了哪些数学思想方法？

生14：运用了"特殊到一般"的思想方法。

【知识生成分析】在学生明确公式的结构特征后对公式的意义有了清晰的认识，但对应用公式的关键和注意事项还不是很明确，对公式的价值也认识不足。要完成对公式价值的认识，就需要对公式应用的各种情况进行分析、比较、鉴别、判断，即引导学生进行学习内评价，充分发挥学习内评价的认知功能。在上述对话性讲解中，学生对公式关键的认识有误，教师通过质疑、追问、列举反例，引导学生进行比较和鉴别，在这种师生、生生的相互质疑的评价过程中，学生不但明确了平方差公式中字母的确切意义，而且认识到公式应用的各种不同方式（顺用、逆用、变用和连用），体会到了公式的价值和作用，从而获得了对公式的价值性理解。

DJP教学的整个过程是一个不断的对话交流的过程。这种对话交流，是师生、生生在民主平等、相互尊重信任的氛围中，把自己的知识、经验、思想和问题提供给对方（同伴或教师），对方把他（她）的理解、感悟和质疑又反馈给自己，自己再针对质疑和反馈进行解释、说明，在这一来一往的对话过程中走进对方的心灵，实现视域的融合与知识意义的生成、生命意义的建构和意义的分享。在这种对话交流的过程中，双方都不把对方看作对象，而是跟对方一起相互承认，共同参与，密切合作，享受着理解、沟通、和谐的对话人生。由此可知，在互动对话、学习评价的过程中，学习者在获得知识的科学价值的同时获得知识的社会价值和人文价值、人生价值与生命价值的理解，进而逐渐形成正确的情感、态度和价值观，这正是知识的价值性理解的本质所在。

参考文献

[1] 李祎. 数学教学生成论[M]. 北京：高等教育出版社，2008：24.

[2] [瑞士]皮亚杰. 发生认识论原理[M]. 王宪钿，等，译. 北京：商务印书馆，1997：16，21.

[3] 王富英，王新民，谭竹. DJP教学：促进学生主动学习的教学模式[J]. 中国数学教育，2009（7/9）：8-10.

[4] 马复. 试论数学理解的两种类型——从R.斯根普的工作谈起[J]. 数学教育学报，2001（3）：50-53.

[5] 王富英，马岷兴. 数学文化教育及其结构[J]. 数学通报，2008（7）.

[6] 季苹. 教什么知识——对教学的知识论基础的认识[M]. 北京：教育科学出版社，2009：25.

[7] 王新民，王富英. 高效数学教学构成要素的分析[J]. 数学教育学报，2013，21（3）：20-25.

[8] 王新民，王富英. 学习内评价的含义及其基本特征[J]. 教育科学论坛，2012（5）：5-7.

学习内评价的含义及基本特征[①]

学习评价是评价者对学习活动满足社会与学习者需要程度做出的价值判断活动。根据评价与学习活动的相互作用方式，可以把学习评价分为学习外评价和学习内评价。

学习外评价就是对学习的成效做出价值判断的一项活动，是脱离于学习者的学习活动而进行的评价。评价的目的主要是甄别与选拔，因此它所关注的是学生在学习活动中所获得的学习结果与行为表现。在学习外评价中，评价过程与学习过程不是同步的，而是相互独立的，即评价是外在于学生的学习。评价只关注学习结果，而不关注学习的过程；只关注学生学习的水平，而不关注学生学习活动中所表现出来的情感态度的变化，尤其忽视了对学生内部变化的评价。

随着新课程改革的不断深入，近年来，我国一些富有成效的教学改革实践（如笔者在四川省成都市龙泉驿区进行的"导学讲评式教学"的实验[1]）运用一种新的评价方式，这种评价不但让学生看到自己成长的历程，而且把评价作为学生学习活动的有机组成部分和重要的学习内容，这种评价就是本文所要讨论的"学习内评价"。

一、学习内评价的基本含义

学习内评价是指学习本身所固有的内在于学习活动之中的能够满足学习自身需要的认识性实践活动。它不是镶嵌在学习之中的，而是在学习过程中产生的，是学习的一项基本性质，也是有效学习的组成部分。首先，学习内评价是学习本身所固有的基本性质。学习本身就具有评价的性质与要求。瑞典学者马顿指出"学习即鉴别"[2]，这里的"鉴别"就是学习内评价。学习内评价的标准不是外摄的，而是由学习自身提供和生成的，即由知识的性质、学生认知发展的特点以及学习本身的特点来决定的，并且是在学习过程中由于学生自身的需要而产生的。其次，学习内评价是学习活动的有机组成部分。

[①] 此文为王新民、王富英合作，原载于《教育科学论坛》2011 年第 5 期。

由于学习内评价是学习活动本身固有的评价，伴随学习活动过程产生和进行，因此它是在学习活动之中的评价。学习内评价不是完成某种任务，而是一种持续的过程，它是学习活动主要的、本质的、综合的组成部分，贯穿于学习活动的每一个环节。再次，学习内评价本质上是一种认识性的学习实践活动。学习内评价的目的是认识学习及其对象的价值，不是拿价值去判断，而是通过判断去认识、发现、生成、感悟价值。就如美国《国家科学教育标准》所指出的那样："评价和学习是一枚硬币的正反两面……当学生参与评价时，他们应能从这些评价中学到新东西。"[3]学习内评价不是为了"证明"与"改进"，而是为了明了和认识，它具有很强的认知功能和生成功能。

二、学习内评价的基本特征

（一）内蕴性

学习内评价的内蕴性是指评价不受外界环境对学习施加的影响，而是学习本身的一种内在性质。学习内评价的内蕴性主要体现在以下几个方面：

第一，评价是学习的构成要素。早在战国时期，我国传统文化典籍《中庸》中就把评价作为学习的重要环节，它所提出的学习环节是"博学之、审问之、慎思之、明辨之、笃行之"，其中"明辨之"就是一种评价活动，而在"审问之"与"慎思之"中也必有评价的参与，否则便难以做到"审"与"慎"。著名心理学家布鲁纳指出："学习包含三种几乎同时发生的过程：习得新信息；转换（改造知识）；评价——检查我们处理信息的方式是否适合于这项任务，如概括是否合适，外推是否恰当，运演是否正确，等等。"[4]在学习过程中，评价以保护、完善与确认的方式参与知识意义的建构。

第二，评价是学习主体与学习客体相互作用的一种内在形式。在学习内评价中，评价的本质就是比较与鉴别。皮亚杰在发生认识论中指出，认识是一种反身抽象（反身抽象是指大脑对心理活动本身的思考，而不是对外部事件的思考，而产生一种前后连贯的信息系统的方式[4]）的内源过程，其中"同化"与"顺应"是两种基本过程。在同化的过程中，学习者的主要活动是对学习信息进行选择，通过比较、筛选、价值判断选择那些"最合意的""最有价值的"的信息作为学习的对象，因而同化具有评价的性质。在顺应的过程中，学习者审视、矫正、重组内部图式以优化自己的认知结构，因而顺应也具有评价的性质。因此，如果说"个体的智慧和认识是通过与环境相互作用而得到生长和发展的"[4]，那么学习内评价就是这种相互作用的一种内在形式。

第三，评价是学习者自组织学习活动。"自组织是指系统在没有任何外部指令或外力干预的情况下，自发地形成一定结构和功能的过程和现象。"[5]学习内评价，使得学习者成为评价的主体，评价不再作为一种手段或环节镶嵌在学习过程之中，而作为一种矫正机制内在于学习活动之中，自发地改进和完善自己的内部知识结构与经验结构。评价变成了学生学习的内在需要，成为学生自觉的学习行为，特别是学生可以根据知识本身的价值与自我发展的愿望来确定评价的标准或价值。

（二）对话性

当代教学理论指出，对话是教学的本质，"没有沟通就不可能有教学"[6]。在学习内评价的过程中，学习者为了使自己的观点和见解获得他人的评析以确立自己的认识是否正确，就要与他人进行对话交流。实际上，评价作为一项学习实践活动，是内隐的，是不能被测量的，评价信息的产生与选择、评价过程的展开以及评价效果的反馈等，均需在对话的过程中进行。特别是评价的标准，除了知识本身所具有的相对确定性外，主要是美国著名教育评价家艾斯纳所提出的"结构的确证性"（证据之间的一致性）和"参照的适切性"（有助于理解教育现象）[7]，而后两者只有在对话与沟通之中才有可能达成或实现。

需要强调的是，学习内评价的对话，并不是传统教学中的"一问一答"式的师生互动活动，而是一个相对完整的学习过程。在导学讲评式教学中，这种对话性的评价一般经历以下四个阶段：一是展示，学习者将自己或小组的学习成果或作品通过语言描述（口头的或书面的）呈现出来；二是解释，利用一定的依据、理由或实例来说明或维护所呈现的内容的意义，使得同伴或老师能够理解；三是评判，通过师生质疑，发表各种观点或看法；四是反思，提炼知识要点、明晰知识意义、分享学习成果，通过反思，明确自己以及他人在完成任务过程中的作用，体会和认识自身的价值、他人的价值、合作的价值、数学的价值等。通过评价的四个对话阶段，学习者经历了与文本的对话、与自我的对话、与同伴的对话和与老师的对话，开展了行为操作的对话、思想认识的对话以及情感态度的对话，从而较好地体现了新课程提出的"三维目标"。

对话性评价使得评价真正走向了民主与平等，它改变了传统教学中那种老师总是测验、评判，而学生总是被测验、被评判的一元化的、单向度的外在评价方式，从而降低了评价的"对抗性"与"风险性"。教师仅作为评价的一极，平等地参与到学生的学习当中，评价成为师生进行双向交流、沟通的学习活动。

（三）生成性

在教学中，"生成"是与"预设"相对的一个概念，是指教学内容与资源不断发展与创造的过程。从本质上看，学习内评价是一个师生共同参与的探究学习活动中，意义、精神、经验、观念、能力的动态生成过程。

首先，评价的标准是动态的、开放的。学习内评价审视的是变动而复杂的学习过程，关注的是学生在知识、经验、能力、思想、情感与精神等方面的发展变化，因此，不可能也没必要事先设置一个明确而具体的评价标准。评价的标准生成于学习过程之中并随着学习的进程而变化，其中包括意义建构的合理性、知识结构的正确性、操作经验的有效性、理解解释的适切性以及生命活动的主动性等。这些标准都是过程性的，其价值和作用只有在评价过程中才能体现出来，也即学习内评价的价值不是预设的而是生成的。

其次，评价的过程和方式是多元的、非线性的。评价的信息是学习过程中所产生的一切有发展价值的学习性信息。对评价信息的选择体现了学习者的独特视域，可以选择认知性的信息，也可以选择情意性的信息；可以针对正确的信息，也可以针对错误的信息。评价的方式是以对话为基础的多种形式，有自评，也有他评；有量化评价，也有质性评价。

最后，学习内评价具有创造性与超越性。在评价中，学习者通过操作自己知识与思想的过程，放大那些重要的、本质的、具有生命价值的而且隐性的东西。一方面，通过评价，学生构建知识的新模式，生成新的解释系统，"把新信息组织进一个牢固的整体，这个整体会弄清楚新信息并使之与他们的经验和知识相一致。"[5]另一方面，评价成为学生发表自己观点、展示自己生命活力的过程，通过评价生成学生生命活动的过程和状态，使学生体验人格的尊严、真理的力量、创新的价值、交往的乐趣与人性的美好，"感受课堂中生命的涌动和成长"。

（四）反思性

苏格拉底说："未经审视的生活是没有价值的生活。"[8]学习作为学生的基本生活方式和生命成长过程更需要审视，需要学习者时时刻刻查问和审视自己的学习过程、学习状态和所接受与产生的各种知识经验，唯有此，学习才是有效的、富有价值的。这里的查问和审视就是所谓的反思。著名美国教育家杜威将反思界定为"所谓的思维或反思，就是识别我们所尝试的事和所发生的结果之间的关系"[9]。在学习内评价中，不但反思是一个重要的对话性环节，而且评价本身就是查问和审视学生学习活动的过程，因此反思是学习内评价的一个内在性质。学习内评价的反思性主要有以下三个特点：

一是反思的自觉性。学习内评价使得反思成为获取知识意义的必要环节而转变为学生学习的一种需要，这种需要主要体现在三个方面：其一，学习者要把自己的理解和观点展示、解释给老师与其他同学，就必须对自己学习的心路历程进行反思；其二，在接受大家的评价时，为了维护或完善自己的理解或观点，需要再次查问和审视自己的学习过程；其三，在对他人进行评价时，需要同时考问自己与他人的学习过程。

二是反思的连续性。学习内评价中的反思不是发生在学习过程结束之后的单独的一项活动，而是融合在学习活动之中，贯穿学习过程始终的一种思维活动，"它是由一系列被思考的事情组成的，其中各个部分联结在一起，持续不断地向着一个共同的目标运动"[10]。

三是反思的层次性。从评价的进程来看，学习内评价经历了具有递进关系三种层次的反思。首先是个体化的反思，是学生对自己学习文本（教材、学案）知识的过程以及所形成个性化的知识意义的查问与审视，将经验到的模糊、疑难、矛盾和某种纷乱的情境转化为清晰、连贯、确定和和谐的情境；其次是讨论性的反思，是对学习小组讨论、交流、协商过程以及所形成的知识意义的查问与审视，确定对话性讲解的内容、策略及方式；最后是对话性的反思，是对师生讲解过程的查问与审视，是各种视域相互碰撞、相互融合的过程，包括教师的点评、学生的质疑、各种思想方法的比较、不同观点的辩论等，以完成知识意义的社会化建构过程。

参考文献

[1] 王富英，王新民，谭竹. DJP教学：促进学生主动学习的教学模式[J]. 中国数学教育，2009（7-8）：8-10.

[2] 郑毓信. 变式理论的必要发展[J]. 中学数学月刊，2006（1）：1-3.

[3] 丁邦平. 从"形成性评价"到"学习性评价"：课堂评价理论与实践的新发展[J]. 课程·教材·教法，2008，28（9）：20-25.

[4] 施良方. 学习论[M]. 北京：人民教育出版社，2000：169，183，192.

[5] 李祎. 数学教学生成论[M]. 北京：高等教育出版社，2008：11，65.

[6] 钟启泉. 对话与文本：教学规范的转型[J]. 教育研究，2001，267（3）：33-39.

［7］ 李雁冰. 课程评价的新途径：教育鉴赏与教育批评——艾斯纳的课程评价观再探[J]. 外国教育资料，2000（4）：14-18.

［8］ [美]格罗斯. 苏格拉底之道[M]. 徐弢，李思凡，译. 北京：北京大学出版社，2005：25.

［9］ [美]杜威. 民主主义教育[M]. 王承绪，译. 北京：人民教育出版社，1990：158.

［10］高金光. 思维与反思性思维——杜威反思性教学理论浅析[J]. 黑龙教育学院学报，2006，25（4）：59-60.

分享教育的内涵及特征[①]

"分享教育"的概念是瑞士教育家裴斯泰洛齐在其幼儿教育名著《林哈德与葛笃德》一书中以女主人公葛笃德运用的幼儿教育方法提出来的,它充分体现了裴斯泰洛齐的教育思想,受到了人们的推崇和赞颂。21世纪初,分享教育在我国教育界受到了一些从事幼儿教育的学者的关注,随后一些非幼儿教育工作者也把这种教育方法应用到了职业教育和小学教育[1]~[2]。实践表明,分享教育不仅在幼儿教育中有价值,在基础教育中仍然有其独特的价值和作用。它可以使学生从只关心自己的"独自学习"向关心他人的"合作学习"转变,从个体经验的"独占"向与他人"分享"转变,从情感单一、内心的孤独向与他人和谐相处、丰富情感转变。所以,它对促进学生个体心智成熟、人格完善有重要的价值和作用。目前,在基础教育中有部分学校在推行合作学习和探究性学习中已经贯穿和充分体现了分享教育的思想,但学术界对分享教育的理论与实践的研究特别是在基础教育中的运用研究则很少。从知网检索的文献看,2005—2015 年共发表论文 18 篇,其中 16 篇是幼儿分享教育研究,1 篇是小学语文探究性学习中运用分享教学的研究[2],1 篇是高职艺术教育中进行的分享教育研究[1]。这些研究中,大多数是具体的实施操作研究,对分享教育本身的内涵、特征等理论研究很少,这不利于分享教育的进一步深化和有效推广。因为"许多实践问题之所以长期得不到解决,是因为这些问题的相关理论问题迟迟没有进展"[3],为了有利于分享教育的有效实施,笔者在本文中对分享教育的基本含义和特征进行探究。

一、分享教育的含义

要弄清楚分享教育的含义,我们必须首先对分享的含义、特征及条件有明确的认识。

[①] 本文为王富英、黄祥勇、张玉华合作,原载于《教育科学论坛》2016 年第 5 期。

（一）分享的含义、特征与条件

1. 分享的含义与特征

分享是相对于独享而言的，其基本含义是与他人分着享受、使用、行使。因此，分享是指个体主动自愿与他人共享资源，并从中获得愉悦和满足的社会行为。[1]这里的资源可以是精神的，也可以是物质的。作为物质资源，它可以是一件物品、工具等，这时的分享是与他人共同使用、行使和占有；作为精神资源，它可以是思想、方法、经验和研究成果等。这时的分享是在与他人交往过程中，同别人述说、传达自己的感受（精神资源）使别人也感受到自己的感受，从而获得愉悦与满足。

根据分享的基本含义可知，分享具有以下四个特征[4]：主动自愿；与他人共享；内心产生愉悦和情感体验；非功利性。

2. 分享形成的条件

分享是一种社会行为，这种行为的产生必须具有一定的条件。分享行为的产生具有以下条件：具有分享的资源；有分享的意愿和要求；和谐的环境和氛围；沟通、表达的方法和能力。其中"具有分享的资源"是分享的前提条件或者说是分享的物质条件，因为没有资源就没有分享的物质基础。在基础教育中，分享的资源主要指参与者的行为、观念、价值、经验等。有了资源还要有分享的愿望和要求，没有分享的愿望和要求，即使有分享的资源也只能是自己的"独享"，因此，分享的愿望和要求是分享行为产生的动力部分。

有了分享的愿望和要求是否一定就会形成分享的行为呢？还要看是否有一个利于分享的和谐环境和氛围。若前两者都具备，但缺乏分享的环境和氛围，分享者的分享愿望也会消失从而不能达成分享。要使分享能高效和顺利进行，有了前三个条件后还必须具有第四个条件——交流表达的方法和能力，特别是精神层面资源的分享。如果表达的方法不当，分享的效果也不会好；再者就是方法恰当，还要有一定的表达能力。若表达的能力不高，效果也不会好。因为，如果没有一定的表达能力，就不能把自己占有的资源以便于对方理解的方式准确、完整地表达出来，对方也不能完全理解，因而也就不会产生共鸣，获得与自己同样的感受。

（二）分享教育概念的界定

关于分享教育概念的界定研究很少。从笔者所检索的18篇研究分享教育的文章中，只有2篇对分享教育的概念有所界定，但笔者认为都不够准确。

如，张赛对分享教育的定义为"它是指通过师生之间的分享，增强交流沟通能力，培养友好情感与获得自主学习的教育过程"[1]，这个定义指出了分享教育的目的而未指出分享的内容和行为方式，而分享教育的目的也只限定在具体的交流沟通能力、友好情感和自主学习上，这样的定义对分享教育内涵的揭示不够。赵芳将分享教育定义为："分享教育是指人们在社会交往中所表现出来的帮助、合作、共享、谦让、宽恕等一切有助于社会和谐的行为及趋向。"[6]这里的定义重点强调了分享的行为方式，而且所说的行为也不完整，同时把教育目的只限定在"社会和谐"上，而没有触及教育促进人身心发展的本质。我们认为以上定义对分享教育的内涵揭示不够，未能反映出分享教育的本质特征。

鉴于以上分析，我们根据分享的含义和教育的本质给出分享教育的定义：分享教育是指一切有目的的以分享彼此资源的行动方式影响和促进人的身心发展的社会实践活动。这里的资源可以是交往者已有的经验、体会，获得的技能与取得的成果等。

分享教育的含义有以下几点：首先，分享教育是有目的的社会实践活动。没有目的的教育是不存在的。分享教育的目的就是影响和促进学生的身心发展。其次，分享教育中分享者必须有彼此分享的资源。而为了具有分享的资源，便于有效开展分享活动，就必须引导学生事先进行自主学习、探究、反思，积累丰富的经验、体会和新的思想等分享的资源。最后，就是要有恰当而有效的分享行为方式。分享教育是在分享共有资源的过程中通过分享行为方式促进参与者的身心发展的，因此分享的行为方式就显得格外重要。这里的行为方式可以是"帮助、合作、共享、谦让、宽恕等一切有助于社会和谐的行为及趋向"。

由分享教育的定义可知，分享教育是以分享为行动载体并在分享的过程中进行的教育。根据马斯洛的需要理论，每一个个体都有得到他人尊重和认可的需求，同时，每一个个体又都有异于他人的独特的经验，在与他人交往、分享彼此的经验的过程中扩大或改变自己的经验，从而使自己的认识和心理发生变化。因此，人的成长是在分享他人资源的过程中逐渐完成的，分享教育是成就个人发展的重要途径。

二、分享教育的特征

分享教育具有以下特征。

1. 社会性

分享教育是在人与人之间通过分享活动进行的，是一种人与人的交往活动，单独一个人不能构成分享，因此社会性是分享教育的一个显著特质。

2. 活动性

任何教育都是在活动中进行的，教育本身就是一种社会活动和认识活动，分享教育也不例外。分享教育是人与人的社会交往活动、彼此经验的分享活动、情感的交流活动。分享教育是通过分享活动影响和促进人的身心均衡、和谐发展。分享教育的活动方式可以是展示、讲解、交谈、给予、占有等。

3. 亲和性

根据分享形成的条件，分享是在和谐的环境和氛围中进行的。在分享活动前双方都具有接纳对方的心理意愿，随着资源分享的进行，话语的增多，沟通交流的深入，逐渐走进对方的心灵，与对方的情感也进一步加深，关系进一步密切、亲近与和谐，因此，分享活动既增强了交流沟通能力，又培养了友好情感。随着分享活动的增加，当自己的感受得到他人的认可、分享时，心理上会产生愉悦的情感体验，同时也分享了他人的快乐，彼此得到了理解，进而人与人之间会产生亲和感，各种矛盾也会随之化解，从而可增进社会和谐，所以分享也是一种"亲社会"的行为。

4. 双赢性

作为一种"亲社会"行为的结果，分享最终导致双方真正共有，而非把资源的所有权从一方简单地转给另一方。这就是说，"分享"活动往往不是单向的，而是在分享已有资源或分享他有资源时，双方的资源、行为、观念的双向输出，从而得到的是相互的分享，因此分享通常都是双赢的。[6]

5. 教育性

分享教育的教育性体现在自我教育和他我教育两个方面。分享的过程是彼此传达的过程。杜威指出："一切传达①（因而也就是一切真正的社会生活）都具有教育性。"在分享中，"当一个传达的接受者，就获得了扩大的和改变的经验。一个人分享别人所想到的和所感受到的东西，他自己的态度也就或

---

① 也有把"传达"译为"沟通"。如，在《民主主义与教育》一书中，就把"传达"译为"沟通"，而在《杜威教育名篇》则译为"传达"。本文中笔者认为用"传达"更为切贴。

多或少有所改变",[7]从而在分享他人的经验中获得了教育,这就是分享教育中的"他我教育"。同时,分享中经验的提供者也不是不受影响。当你"把某种经验全部地、正确地传达给另一个人,特别是比较复杂的经验,你将会发现你自己对你的经验的态度也在变化",因为"要把经验传给别人,必须把它整理好.要整理好经验,就要置身于经验之外,为别人设身处地想一下,看它与别人的生活有何接触点。以便把经验整理成这样的形式,使他能领会经验到意义"。[8]而且为了便于他人理解经验,在整理经验的过程中,需要把自己的经验进行加工,使模糊的清晰化、杂乱的条理化,故在这个加工的过程中深化了自己的经验,改变了自己的认识,使自身获得了教育即"自我教育"。因此,任何分享活动对于参与者来说都是有教育意义的,都能获得自己的身心发展。

参考文献

[1] 张赛. 高职艺术教育中的情感教育和分享教育[J]. 大众文艺, 2011(11): 271.

[2] 张艳. 在共享中引导学生的研究性学习方式[J]. 赤子, 2013(8): 372.

[3] 季苹. 教什么知识——对教学的知识论基础的认识[M]. 北京: 教育科学出版社, 2009: 104.

[4] 王玲, 陈友庆. 儿童分享行为的影响因素及其培养策略[J]. 现代幼教, 2007(1).

[5] 嵇珺, 刘晶波. 幼儿分享教育的价值与实践改进[J]. 学前教育研究, 2011(12): 52-57.

[6] 赵芳. "分享教育"理念研究评述与概念厘定[J]. 教师, 2013(10): 15.

[7] [美]约翰·杜威. 民主主义与教育[M]. 王承绪, 译. 北京: 人民教育出版社, 2001: 9.

[8] 赵祥麟. 杜威教育名篇[M]. 王承绪, 译. 北京: 教育科学出版社, 2006: 115, 9.

学生主体性的要素结构及特质[①]

"建构学生主体,弘扬学生的主体性"是现代教育的首要任务。但是,在学生主体性教育的实施过程中,我们发现实施者对学生主体性的构成要素不能完整和准确的把握,不能有效地实施学生的主体性教育。为此,本文对学生主体性的要素结构系统及特质做进一步的探讨。

一、对学生主体性内涵研究的分析

20 世纪 90 年代,我国教育理论界展开了一场声势较大的学生主体性的研究。有的学者认为,主体性是人作为社会活动主体的本质属性,它包括独立性、主动性和创造性;有的研究者认为,"学生的主体性是指在教育活动中,学生在教师的引导下处理同外部世界关系时所表现出的功能特征,具体表现为:整体性、自主性、能动性和创造性"[1];还有的研究者认为,"学生的主体性具有多种属性,一般具有整体性、能动性、独立性和发展性等"[2]。1998 年 5 月,由北师大教育系和河南安阳人民大道小学共同主办的"主体教育理论与实验研究学术研讨会",对我国近年来对学生主体性的研究进行了总结,形成了两种观点[3],一种观点认为"主体性应包括自主性、自律性、适应性、创造性和效率感";另一种观点认为"在对主体性本质的理解上仅从理性层面概括主体性本质,似不足以建构人格,因此,应加上情感因素"。分析以上众多研究可知,学生主体性内涵的界定大致可分为两种:一种是把主体性界定为学生处理同外部世界关系时所表现出的功能特征,我们称之为功能说;一种是把人作为社会活动主体所应具有的结构品质界定为主体性的内涵,我们称之为结构说。功能说与结构说均是研究者从不同的角度对主体性的认识。

二、学生主体性内涵界定的理论依据

笔者认为,学生主体性内涵的界定,应以马克思人学思想为指导和马克思主义关于人的主体性及其发展的三个阶段的理论为依据。马克思人学思想

---

① 本文原载于《教育科学论坛》2008 年第 12 期。

中的人有三个方面的规定性。[4]

第一，人的类特性。马克思在对人的生成及其根据做出历史唯物主义考察后指出，人是有意识的类存在物。所谓类存在，是指现实的、意识化的社会存在。自觉性和自觉的有意识活动，是"类存在"的标志。因此，自由的、自觉的活动是人的类特性。人的类特性主要体现在三个方面：人的意识性、社会群体性和类生活。

第二，人的本质。马克思从个体之间的现实关系入手去把握人的本质，从而认识到人的本质并不是单个人所固有的抽象物。在现实性上，它是一切社会关系的总和。[5]马克思认为："一个刚生下来的人还不是一个真正的人，或只是一个可能的人。人作为人，作为一个现实的人，是后天与他人的交往中形成的，是由他的社会关系体系中的地位决定的。"[6]

第三，人的功能与作用。马克思从人的功能和作用的角度指出"人始终是主体"，是在其创造的特定的社会关系中活动着的"主体"。"人具有自觉地，创造性地认识世界和改选世界的能动性，具有对自然、社会和自身的自主性。"[7]

马克思主义关于人的主体性及其发展的三个阶段：集群主体→个体主体→类主体。[8]

由此可知，对学生主体性内涵的理解和界定，应根据人的类特性，将人的本质和功能，以及人自身的发展规律有机地结合起来。它既要具有人类集群的性质又要具有个体身心的性质，作为个体主体还应具有内在的文化心理结构。

三、学生主体的要素结构系统

由上述可知，学生的个体源于人的社会性，是人作为社会活动主体的规定性，其构成要素为自主性、主动性、能动性和超越性。

1. 自主性

自主性是指在一定条件下，学生个体对自己的活动具有支配和控制的权利和能力。自主性具有两层含义，即表现为主体在与他人、与社会的关系中所具有的选择性和独立性。人作为社会一分子，对社会和他人必然具有依赖性，但又不是消极地依赖他人和社会，而是根据主体需要进行选择，为"我"所取。这反映在学生学习过程中，就是学生并非将什么内容都兼收并蓄，而是选择那些自己最感兴趣、自以为最有意义的内容作为学习客体。因此，自主性的发展目标为自尊自信、自觉自理、自主选择、独立判断。

学生在教育活动过程中的自主性，表现在他具有独立的主体意识、明确的学习目标和自主学习的态度；表现在学生能在教师的启发、指导下独立自主地制订学习计划，确定自己的奋斗目标，对学习活动进行自我支配和控制。学生的自主性强烈反抗那种用某种信条、陈规、强权束缚，使其言行不能自主的奴隶式管束，以赢得人格的尊严、言行的自由、个性的解放。学生的自主性要求教师在教育活动中，要深入了解学生和研究学生，掌握他们的认知水平、学习态度；要改变教学观念，建立民主、平等的师生关系，尊重学生的人格，相信他们，尊重他们的自主选择。教学中教师要改变教学方法，留给学生充分的自主活动时间；要提供机会，创设条件，让学生自己独立地动手、动脑，独立地思考、决断，以培养学生自尊自信、自觉自理的信心和能力，以保障学生自主性的发挥和发展。

2. 主动性

主动性是主体在对客观现实的选择和实践活动中内驱力的外在表征。主动性属于实践范畴，是主体性的根本。主动性具有外显特征，其发展指标为成就动机、竞争意识、兴趣与求知欲以及主动参与四个方面。

学生的主动性是学生个体性中最活跃、最根本的因素，是学生的自动性。在教育活动中它表现为学生主动积极地去思考，去钻研和探索，去归纳总结，并充分发挥自身的潜力，利用内外两方面的积极因素，主动地接受教育的影响，积极地向老师质疑、请教、相互研讨以达到自己预期的学习目标。主动性强的学生均具有强烈的求知欲和竞争意识、坚韧不拔的毅力和顽强拼搏的精神，对学习有浓厚的兴趣和较高的奋斗目标，并能在没有外界强制的条件下自动地进行学习。

主动是相对于被动而言的。它的源动力是需要。马斯洛指出，满足个体的基本需要，有助于更高层次的生长需要的激发。所以，在教育活动中，教师要相信学生、尊重学生、关心和爱护学生，特别是对"学困生"要给予更多的关心和爱护，以满足学生个体的安全。在满足归属、尊重和爱等基本需要的基础上，注意激发学生的学习兴趣和动机，采用恰当的教育方式和手段，创设条件，最大限度地挖掘他们的认知和发展潜能，满足他们的认知需要和自我实现等较高级的生长需要，从而激发学生的成就动机、竞争意识、主动参与，以促进学生主动学习、主动内化和主动发展，使他们真正成为教育的主体、学习的主人。

3. 能动性

主体的能动性是指主体在对象性活动中，即与客观物质世界的关系中，自觉、积极、主动地适应客体、认识客体和改造客体，而不是被动地、消极地认识与实践。能动性是在主体对现实的主动选择、适应的基础上对现实的超越。能动性包括两方面的含义：一是主体对外部世界的适应性；二是创造性。在对象性活动中，人作为主体要具有适应外部世界的能力，即具有承受挫折、承担责任、关心他人和与他人合作等品质。只有在适应了外部世界的前提下，才能有效地认识世界和改造世界，这就要求主体具有探索创新的能力即主体的创造性。创造性是能动性的核心，其发展目标为：扎实的文化知识，坚韧顽强的意志，无私奉献的精神、探索创新的能力、科学的态度和方法。

学生的能动性，表现在：他能够根据社会的要求，主动积极地适应学校生活，能够承担责任，关心他人，与人合作；在学习活动中，能以自己的知识经验和认知结构去主动同化外部教育影响，对它们进行加工、改造和吸收，从而使新旧知识建立联系，逐步实现主体认知结构的重组和建构。在教育活动中，教育者不但要使学生掌握扎实的科学文化知识，还要注意培养学生坚韧不拔、百折不挠的坚强意志，勇于承担责任、关心他人和与人合作的协作精神。教师在教学中要改变教学观念和方法，变重结果教学为重过程教学，变重知识传授为重能力培养，千方百计创设问题情境，教给学生学习和探索的科学方法，启发、引导、指导学生自己动手、动脑，独立尝试、探索，进行"再发现"。通过知识的学习过程，培养学生的创新意识，创新精神和创新能力。

4. 超越性

超越性是指主体在对象性活动过程中，对自我的不断认识、更新和完善，是主体在与自我关系中表现出的一种功能特征。主体的超越性表现在两个方面：一是主体对自我的道德情操、意志品质和性格特征等个性品质进行自我认识、评价、监控和调节；二是对自己的行为活动包括认识活动及结果，进行自我认识、评价、监控与调节，这就是心理学中所说的"元认知"。超越性的发展目标为：自我认识、自我评价、自我监控、自我调节。人要不断地完善自我，建构人格，提高对认知自身进行反思的水平，就必须超越自我，对自我有一个全面的、清醒的认识和了解，使"主我"和"客我"这一自我的两个不同侧面在自我教育的过程中相辅相成。因此，在教育活动过程中，教育者要帮助学生掌握自我认识、评价、监控和调节等元认知知识，使学生在进行对象性活动过程中产生认知体验与情感体验，不断地对其进行积极、自觉的监控与调节，提高其元认知能力，使其能"正确地认识外界，认识自身，认识自身与外界的关系，明确自己的历史地位和人生意义，形成实现历史责任和人生理想的价值目标和实践能力，成为立足现实又超越现实的社会历史活动的主体"[9]。

自主性、主动性、能动性和超越性相互联系、相互依存，构成学生主体性的有机整体。其中能动性是学生主体性的最高体现。因为没有主体的自主性和主动性就谈不上主体的能动性，只有主体在自主和主动的基础上，才能自觉地、主动积极地去认识世界和改造世界。因此，自觉的能动性是主体的本质特性，它包括以自主性为基础、以主动性为标志、以自由性为目的的主动性、积极性和创造性。能动性中的创造性是主体性的灵魂，超越性是主体性的飞跃。

构成学生主体性的四要素，我们称为主体性品质。它既反映了主体在对象性活动过程中所表现的功能特征，又体现了作为社会的人应具有的品质结构，因此，这一主体性结构是功能说和结构说的有机统一，它既有外在的工艺（社会的结构面）和内在文化（心理结构面），又有人类的集群性质和个性心理性质。若我们把它的理论依据称为一级指标，构成要素称为二级指标，每个要素的发展目标称为三级指标，则形成了学生主体性的要素结构系统（图2-4）。

四、学生主体性的特质

学生的主体性具有潜在性、可塑性、稳定性和发展性四个基本特质。

苏格拉底认为："人的灵魂一生下来就拥有真、善、美与内在的固有价值（潜存在观）。"马克思也曾指出：人的创造性、能动性是自然赋予人的"潜能素质"是自身的自然中"沉睡着的"力量。因此，学生的主体性品质是自然赋予人的"潜能素质"，是客观的、固有的，这就是说主体性品质具有潜在性。主体性品质这种潜能素质是"沉睡着的"，它不会自然而然地发生、发展。正如马克思指出的："它若不被唤醒，就会萎缩乃至泯灭；它若得到开发，就表现为人特有的感觉能力、思维能力、情感意志和体力，并随着外界条件的影响而不断发展。"即主体性品质具有可塑性。人的主体性品质一经被"唤醒"和"开发"，其发展到一定程度，就会形成主体相对稳定的个性品质，主体的这种个性品质一旦形成就不会因外界条件的变化而轻易变动，这就是主体性品质的稳定性。由于人是社会活动的主体，主体在参与社会活动过程中，通过与他人、与社会的不断交往、交流，为了适应社会，完善自我，对自我不断地认识、评价和调节，从而使主体性品质得以不断发展，即主体品质具有可发展性。

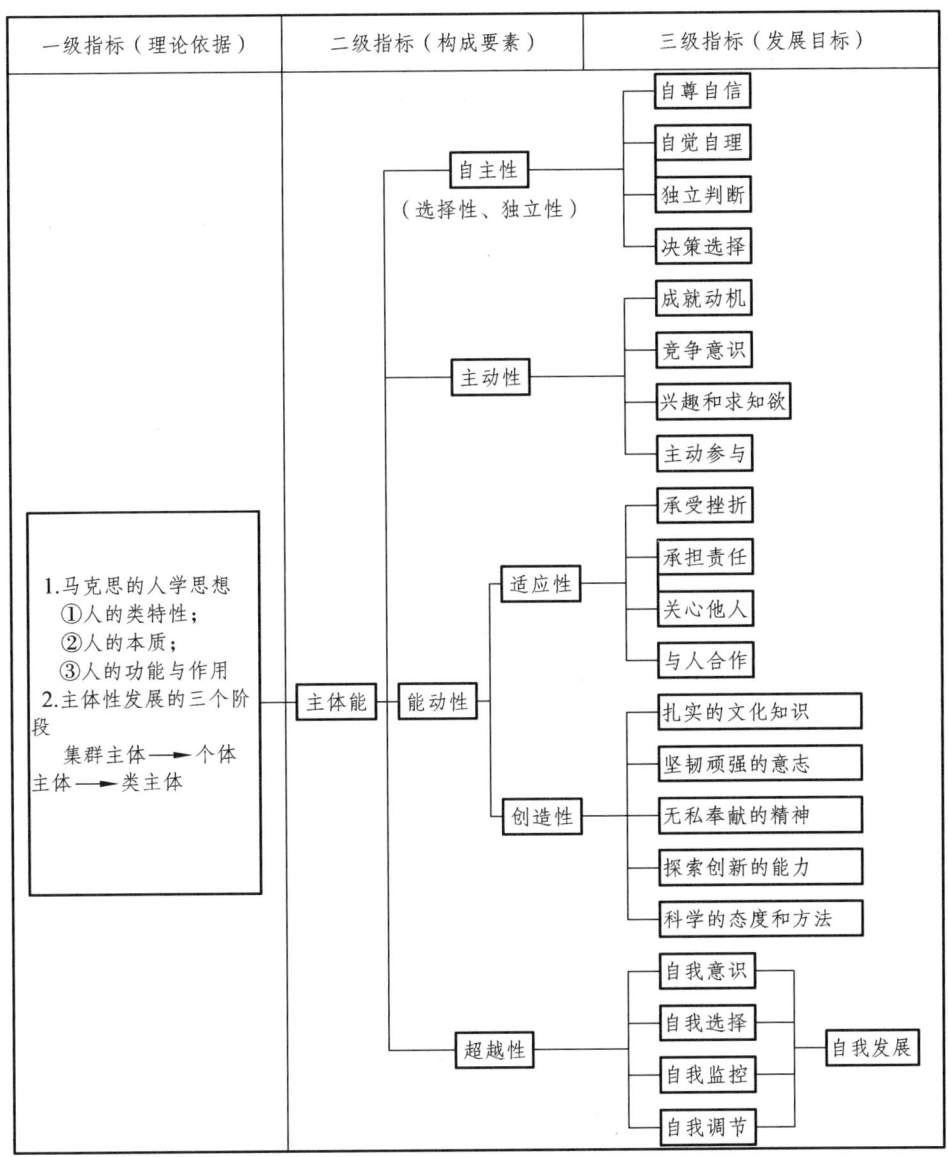

图 2-4　学生主体性的要素结构

由主体性的特质可知，人的主体性品质不需要另外去培养，而是需要去唤醒、激活、开发和发展。唤醒、激活、开发和发展的程度，是由主体所处的社会物质生活条件和教育条件决定的,其中教育(特别是学校教育)起着主导作用。人的主体性就像一棵树的种子,如果不给它以土壤、水、阳光、空气、肥料等生长条件,则它将会一直沉睡着,乃至泯灭。但若把它放在土壤中,并给以充足的水、空气、阳光和生长所需要的各种养料,则它会很快地被唤醒,开发并生长。树的各种属性(相当于主体性品质)是潜存于种子中的(潜在性),当种子发芽长成树苗时,由于还不具有抵御风暴的能力,易因外界条件的变化而改变其形态,这是其可塑期(可塑性),但当生长到一定的时期,具有坚强的抗御能力时,就能经受住风暴侵袭而不易变形,这是其稳定期(稳定性),但它还会继续生长(发展性),最后成为参天大树,成为森林的主体,成为对社会和人类的有用之材。

每个学生的主体性相当于一棵树的种子,社会物质生活条件和教育条件相当于土壤、水、阳光、空气和肥料,只有社会和教育提供充足的水、空气、阳光、肥料时,才能使每个学生的主体性得以唤醒、激活、开发与发展。

参考文献

[1] 张天宝. 论学生的主体性及其基本特性[J]. 江西教育科研, 1996 (6).
[2] 王道俊, 郭文安. 让学生真正成为教育的主体[J]. 教育研究, 1998 (9).
[3] 武思敏. 全国主体教育理论与实践研究学术研讨会述要[J]. 教育研究, 1989 ((9).
[4] 邹吉忠. 论人学视野中的素质教育——素质教育与学生自律机制的确立[J]. 教育理论与实践, 1998 (6).
[5][7] 马克思恩格斯选集第一卷[M]. 北京: 人民出版社, 1956: 18.
[6] 袁贵仁. 马克思的人学思想[M]. 北京: 北京师范大学出版社, 1996: 89, 96.
[8] 高清海. 主体呼唤的历史根据与时代内涵[J]. 中国社会科学, 1994 (4).
[9] 王道俊. 关于教育的主体性问题[J]. 教育研究与实验, 1996 (2).

导学讲评式教学的研究[①]

一、研究背景与方法

在我国，虽然新课程改革已进行了多年，但新课改倡导的自主、合作、探究等学习方式在教学实践中未得到有效实施。"讲授法"教学范式仍统治着课堂，学生学习方式仍是"教师讲—学生听"的单一学习方式。课堂教学中仍是教师主宰一切，学生仍处于被动学习状态，学习主体性仍严重缺失。同时，教学实践中的评价关注学生的学习结果与行为表现，虽然发挥了评价的甄别与部分激励功能，但忽略了评价的认知与生成功能，造成了学习与评价相分离、学习者与评价者相对立的弊端。为了改变这些现状，一些教育实践者以学案为载体对课堂教与学方式进行了大胆改进和实验，但学案作为教学实践的产物，充满着经验的成分，缺乏理论指导与引领，出现了学案编写中的随意性、盲目性以及使用上的生搬硬套等问题，有些学校甚至把学案当作应试教育的"新工具"。

针对以上问题，2008年起我们以学生的学为出发点，以改善学习方式、激发学习主动性与学会学习为目的，用"参与者知识观"设计学生的学习活动，用体现"学习形态知识"的学案代替体现"教育形态知识"的教案，以学生参与的多种视域融合的"对话性讲解"代替教师独霸话语权的单向度的"独白式讲解"，以内在的凸显认知发展功能的学习内评价代替外在的发挥甄别竞争功能的学业评价，设计了"导学讲评式教学方式"（简称DJP教学）并在成都市龙泉区进行教学改革实验研究。

"基于课堂—高于课堂—回归课堂"是DJP教学研究的基本原则，"课题研究""课堂教学"和"课改实验"三课结合，以科研带动教研，以教研促进科研是该项研究的基本策略，案例研究、行动研究和运用Nvivo视频分析工具对课堂教学进行录像编码分析的定量研究是研究的基本方法，"一个中心"（改善学生的学）、"三条主线"（学什么、怎样学、学得如何）和"三个核心要素"（学案导学、对话性讲解、学习性评价）是该项研究的基本路径，注重

[①] 此文系王富英、王新民、朱远平合作，原载于《教育科学论坛》2014年第8期，被人大复印资料《初中数学教与学》2014年第9期全文转载。

理论提升并利用理论指导实践是这项研究的鲜明特色，也是这项研究获得成功的内在机制。

目前，DJP 教学已在四川省内外许多学校得到推广，并逐渐成为课堂教学的一种新范式。本文对本研究做一系统的梳理，为更多的教育工作者全面深入地了解和研究这种新范式提供参考。

二、DJP 教学的结构体系

（一）DJP 教学的基本含义

导学讲评式教学是指在教师的引导下，学习者根据学案自主学习、对话性讲解、学习性评价，以达到学会学习的教学活动方式。[1]导学、讲解和评价是导学讲评式教学的核心要素和主要环节，故取"导""讲""评"汉语拼音的第一个大写字母，简称"导学讲评式教学"为"DJP 教学"。

导学是 DJP 教学的基础和前提。导学的主要工具是学案，主要解决"学什么"的问题。学案将知识的学术形态变为易于学生探究的学习形态，为开展自主、探究、合作及接受等几种形式的学习提供一个有效的活动脚本；同时，学案将学法指导融入其中，把教师对学生的集体指导和帮助变为教师对每个学生"面对面"的指导和帮助，提高教师"导"的深度、广度与实效性。

讲解是 DJP 教学的中心环节。这里的讲解是一种对话性讲解，主要解决"怎样学"的问题。对话性讲解是指学生在利用学案自学后用口头讲述的方式对他人表达自己对所学知识的理解、疑惑和见解，师生根据讲解的情况进行质疑、评析、补充与拓展的学习活动。DJP 教学中的讲解是由师生共同完成的，学生以"学生老师"的身份在展示个人或小组学习经历或思维过程中，启发引导全班同学对话交流、沟通协商，教师则以"教师学生"的身份参与到学习活动中。

评价是 DJP 教学目标达成的保障。这里的评价是一种学习性评价，主要解决"学得如何"的问题。DJP 教学的评价是随着学习活动的展开而生成的，是学生学习的对象和内容，是学生认知活动的有机组成部分。

导学、讲解、评价构成了 DJP 教学的完整结构，只有当三者都具有和完成后才称得上真正完成了一次 DJP 教学活动。[2]

（二）DJP 教学的基本理念与观点

（1）基本理念：让知识在对话中多元生成，让学生在互动中和谐发展。

（2）知识观：师生均是知识创生的参与者和贡献者，知识是师生合作的产物。

（3）教学观：教学就是教会学生学，教学的本质是对话，是师生共同发展的过程。

（4）评价观：学习评价是学习的一项内容属性，是师生和谐发展的有效途径，是促进学生认知与发展的认识性实践活动。

（三）DJP 教学的基本教学原则

1. "四还给"原则

把学习的自主权还给学生；把学习的时间还给学生；把课堂话语权还给学生；把课堂还给学生。

2. "三少三多"原则

少教多学，以学定教；少告多启，以启促思；少讲多评，以评促化。

（四）DJP 教学的基本教学模式

DJP 教学分引导自学、讲解对话、评析反思三个环节。第一环节学生的任务是明确学习目标，在学案的引导下自主学习，教师的任务是出示学案指导自学；第二环节学生的任务是组内交流，然后代表小组在全班讲解，教师则根据学生讲解的情况精讲提升；第三个环节学生的任务是对讲解者进行质疑、评价，自我反思调节，教师的任务是点评拓展，其教学结构如图 2-5 所示。

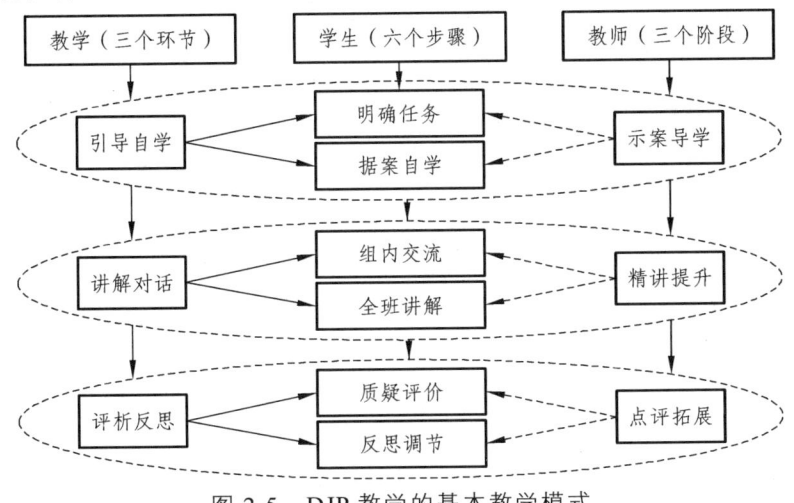

图 2-5　DJP 教学的基本教学模式

（五）DJP 教学的基本特点

1. 用"参与者知识观"代替"旁观者知识观"

在 DJP 教学中，学生成为知识创生的参与者与知识意义的贡献者，而不是外在于知识的旁观者；教师不再是知识的传递者，而是学生发展的促进者，是学习的组织者、引导者与合作者。

2. 用"学案"代替"教案"

从功能上看，教案是"教知识"的工具，主要解决"怎么教"的问题；学案是"学方法"的工具，主要解决"怎么学"的问题。在 DJP 教学中，以学案代替教案成为教学活动的载体和脚本，改变了教师的课程观、教材观和知识观，改变了教学的价值观和评价观，特别是改变了课堂学习活动方式。

3. 用对话性讲解代替传授式讲解

DJP 教学建立了民主平等、互动交往、创造生成的对话性教学关系，改变了那种建立在"授受关系"上的"教师总是讲授，学生总是顺从听讲"的陈旧的教学方法，使学生由原来的"听讲者"变为"主讲者"，课堂由"一言堂"变为"群言堂"。

（六）DJP 教学的策略

DJP 教学有四大实施策略：第一，设计一份高质量的学案；第二，建立有效的学生学习小组并进行学法培训；第三，建立教师学习共同体，共同研发学案与教学；第四，多学科协调，统筹安排学生的学习生活。

三、DJP 教学相关理论研究

（一）学案的理论研究

1. 学案的基本含义

学案是以学生的学为出发点，把学习的内容、目标、方法以及教师指导等要素有机地融入学习过程之中而编写的一种引导和帮助学生自主学习、探究知识、主动发展的方案[3]。学案致力于建立一种"学的课程"，解决的核心问题是"学什么"与"怎么学"。学案是教师帮助学生掌握学习内容的有效支架，是教师主导取向的接受学习和学生自主取向的探究式学习的取中和平衡的产物，是沟通学与教的桥梁，是教与学的最佳结合点。学案具有整合性、主体性、引导性和开放性等基本特征。

2. 学案的基本要素

学案主要包含目标、背景、知识、活动、问题、学法、评价、思想、能力和对话等要素[4]。

3. 学案的基本内容

学案的内容为学习课题、学习目标、学习重点、学法指导、学习过程（学习准备、学习探究、学习反思）、学习评价与资源链接等。其中，学法指导不作为栏目单独列出而是有机地贯穿于各个部分之中。[5]

（二）知识的学习形态

学习形态的知识构成了学案的知识主体，它是指"设定了学生生命活动价值，能够有效地焕发学生生命活力，有利于学生学习发展的知识"，它具有四个显著特点：经验态、生命态、兴趣化与整体性。知识的学习形态使学生容易接受，易于介入、易于思考、易于探究、易于遐想，知识展现出一种生命活动的意义和学习发展的价值。[6]

（三）讲解性理解

讲解性理解，是指在教学中以师生讲解对话的方式，通过视域融合实现知识意义的生成、生命意义的建构和意义分享的过程。在讲解性理解的过程中，文本、教师、学生以及同伴形成的是对话关系，文本视域、教师视域、学习者视域与同伴视域在对话中相遇相融而形成一个意义共享的理解网络，四种视域之间构建了多向度的理解关系（图2-6）[7]。

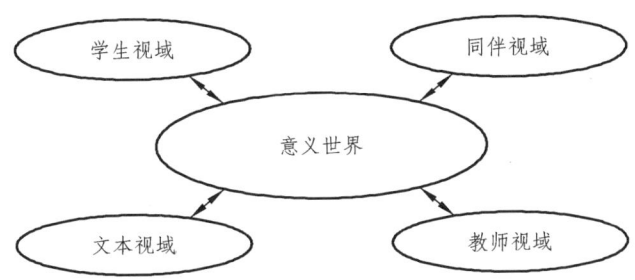

图 2-6　讲解性理解的视域融合结构

（四）学习内评价

学习内评价是指学习本身所固有的、内在于学习活动之中的、满足学习自身需要的认识性实践活动。它是在学习过程中产生的，是学习的一项基本属性，具有内蕴性、对话性、生成性与反思性等特点。学习内评价不是为了"证明"与"改进"，而是为了创生和认识。[8]

（五）高效教学构成要素

高效教学是由有效知识、有效方式和有效评价所构成的有机活动系统。从教学角度知识的表征有三种形态：学术形态、教育形态与学习形态；从教与学相互作用角度教学活动有三种形式："以教定学""以学定教"和"教学对话"；从评价与学习活动关系角度学习性评价有三种方式：对学习的评价、为学习的评价和学习内评价。学习形态的知识、教学对话、学习内评价是构成有效教学的核心要素。[6]

四、实验效果

经过六年的努力，DJP 教学改革实验取得了可喜的成效，主要体现在以下几个方面。

（一）理论成果与获奖情况

出版"DJP 教学"相关学术专著 1 部、导学教材 9 部。在《课程·教材·教法》《中国教育学刊》《数学教育学报》等期刊上发表学术论文 30 余篇。课题 2012 年获成都市优秀教学成果一等奖，2013 年获四川省第五届普教教学成果一等奖。2014 年获基础教育国家级教学成果二等奖，著作《数学学案及其设计》获四川省第十五次优秀教育科研成果二等奖。

（二）实践成效

（1）改变了全区教师的教学观念与教学行为，新课程倡导的教与学方式有了便于操作的抓手和载体；促进了教师专业发展，一大批教师成为教学、科研骨干。据统计，全区各级骨干教师和名优教师由 2006 年的 327 人上升到 2013 年的 1293 人。

（2）改变了学生的学习方式，激发了学生的学习兴趣和积极性，提高了学生的学业成绩和综合素质。全区教育教学质量得到了很大的提高，近几年来该区走在了成都市郊区市县的前列。

（3）彻底改变了全区的一所落后学校——龙泉驿区双槐中学。经过三年的实验，其教学成绩和综合评比一举跃入全区前列，成为区域龙头学校之一。2012年被成都市教育局授予首批"新优质学校"称号。截至2013年年底，到该校观摩教学的学校达376所，观摩的教师、专家达7007人。

（三）学术影响

成果在教育界和学术界产生了一定的影响，引起了国内外专家的高度关注。美国路易斯安那州立大学吕联芳博士专程到实验学校调研考察一周，著名教育家澳大利亚David教授、弗赖登塔尔奖获得者Paul教授与美国Tom教授等称："导学讲评式教学融合了东西方的教学理念，既关注了学生的参与又传承了中国数学课堂中注重数学本质与思想方法的优秀传统。""这种教学法改变了我们对中国课堂教学的看法。"教育部中小学教材审定委员会马复教授指出："DJP教学重心置于学生的学，有效整合了多种学习方式，使我们看到了中国人自己建构的教学模式。"

参考文献

[1] 王富英，王新民. 让知识在对话交流中生成——DJP教学中知识生成的过程与理解分析[J].中国数学教育，2013（11）：3-6.

[2] 王富英，王新民，谭竹. DJP教学：促进学生主动学习的教学模式[J]. 中国数学教育，2009（7-8）：8-10.

[3] 王新民，王富英. 学案：一种新的教学文化脚本[J]. 基础教育课程，2012（5）：34-36.

[4] 王富英，王新民. 数学学案及其设计[J]. 数学教育学报，2009，18（1）：71-74.

[5] 王新民，王富英，谭竹. 数学学案及其设计[M]. 北京：科学出版社，2011：11.

[6] 王新民，王富英. 高效数学教学构成要素分析[J]. 数学教育学报，2012，21（3）：20-25.

[7] 王新民，王富英. "讲解性理解"的基本含义与教学价值[J]. 内江师范学院学报，2010，25（4）：89-94.

[8] 王新民，王富英. 学习内评价的含义及其基本特征[J]. 教育科学论坛，2011（5）：5-7.

DJP 教学与传统教学中学生参与情况的比较研究[①]
——基于两节初中数学录像课的编码分析

学生参与教学过程是学界和基础教育课程改革中一直关注的重要话题。为了提高学生参与的有效性，我国基础教育开展了一系列的课堂教学改革实验。成都市龙泉驿区从 2008 年起进行了以学生的学为出发点，学生主动参与教学过程的 DJP 教学课堂教学改革实验，并取得了很好的成效。

DJP 教学的全称"导学讲评式教学"，是指学生利用学案的引导和帮助，在自主学习、探究学习内容、初步建构知识意义的基础上，通过同伴之间的交流和师生共同的评析，使学生获得对知识的深入理解、数学思想方法的体验与感悟、数学活动经验的丰富与积累，最终达到学会学习、学会合作、学会交流、学会探究、学会评价的教与学活动。[1]学生的讲解式参与是 DJP 教学的显著特征，但 DJP 教学中学生参与的广度和深度如何，学生参与对学生综合素质的提高和思维的发展有多大影响，它与传统教学中的学生参与有何区别等，这些都是值得关注和需要研究的问题。本文运用 Nvivo 视频分析工具，采用视频分析的方法，从量化分析的角度对两种教法进行比较分析研究。

一、研究的对象与方法

（一）研究对象

本研究选取了两节随堂录像课，分别记为 Class1 和 Class2。其中 Class1 使用的是 DJP 教学方式，Class2 使用的是传统教学方式（指目前教学中广泛存在的教师讲解和师问生答的教学方式）。两节课所在班学生人数均为 40 人左右，学生层次相当，课堂中学生表现均活跃。

（二）研究方法

1. 研究工具

本研究主要运用 Nvivo 视频分析工具（图 2-7）。Nvivo 是澳洲 QSR 公司

[①] 本文系赵文君、王富英、曹一鸣合作，原载于《中学数学》2013 年第 11 期。

发行的一款功能强大的质性分析软件,能够有效分析多种不同的数据,如大量的逐字稿文字、影像图形、声音和录像带数据,是实现质性研究的最佳工具。

2. 编码设计

学生的课堂参与可分为行为参与、认知参与和情感参与。[2]在对学生课堂参与的研究中,以前的研究是通过观察课堂视频实录,统计学生在课堂中应答行为的次数和时间来进行的。[3]本研究认为,仅仅从学生课堂应答的次数和时间来衡量学生课堂参与的情况不够全面和深入,还需要分析学生表达内容思维的深度和情感态度,即认知参与和情感参与。因此,本研究选取了两个维度进行编码设计:一是课堂中学生参与的广度与状态,主要考查学生参与的次数、时间和情感态度;二是课堂中学生参与的深度,主要考查学生讲解思维的深度。

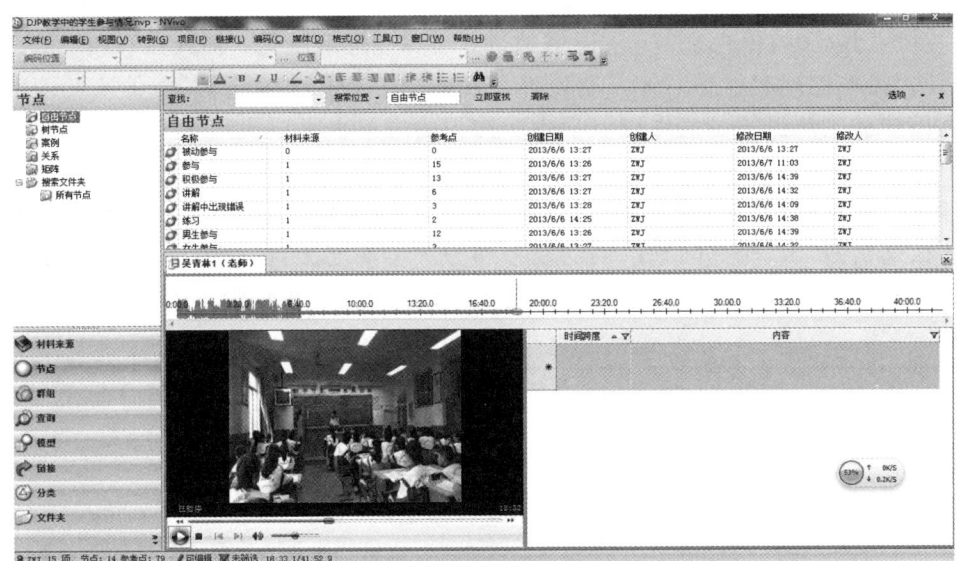

图 2-7 Nvivo 软件界面

(1)课堂中学生参与的广度与状态的编码。

在学生参与的广度与状态的研究中,本研究在学生课堂交流的次数和时间的基础上增加了学生参与时间分布与参与的情感态度这两个维度,目的是更清楚地看到学生在课堂中不同时间段的参与情况,便于了解学生的参与是主动的还是被动的。因此,本研究将从四个维度来考查课堂中学生参与的广度:参与的次数、参与的时间、参与时间的分布及参与的情感态度。编码的具体解释如表 2-1 所示。

表 2-1　课堂中学生参与广度的编码

编码	编码解释
学生参与的次数	学生每回答一次问题或上台讲解一次，记为一次参与
学生参与的时间	学生每次参与的时间从学生站起来讲解开始计时，到学生回答完问题或讲解完相关内容回到自己的座位上坐下结束
学生参与时间的分布	根据上述学生参与时间的统计方法，Nvivo 软件可以呈现出学生参与时间的分布图
学生参与的情感态度	学生参与的情感态度分为主动参与和被动参与两个方面。如果学生举手，老师让他来回答或者学生主动站起来讲解则记为主动参与；反之，则记为被动参与

（2）课堂中学生参与的深度的编码。

除了考查在课堂中学生参与的次数和时间，我们还需要进一步分析学生参与的深度。DJP 教学中学生知识理解有以下三个水平层次：工具性理解、关系性理解和价值性理解。[4]通俗地讲，工具性理解就是"知其然"和"怎么用"，关系性理解就是"知其所以然"和明白"为什么这么做"，价值性理解就是知道该知识的价值作用。学生对知识的理解水平层次反映了他们在课堂中参与的程度。基于此，本研究将从三个维度来考查课堂中学生参与的深度：（回答教师提问）说出是什么（浅度参与）、解释为什么（中度参与：明白"为什么这么做"）、探究问题解决的途径和方法（深度参与：探究发现新知识，运用知识解决问题，明白价值作用）。编码的具体解释如表 2-2 所示。

表 2-2　课堂中学生参与深度的编码

编码	编码解释
应答 （浅度参与）	学生回答教师提出的问题，说明是什么？但不解释原因。 例如： 老师：相似三角形的概念是什么？ 学生：三个角相等，三边对应成比例的两个三角形是相似三角形
解释 （中度参与）	学生解释自己讲解的内容，说明为什么？呈现出思维过程。 例如： 老师：有一个角相等的两个等腰三角形是相似三角形吗？ 学生：不一定，这要分两种情况考虑。当一个等腰三角形的顶角（或底角）与另一个三角形的顶角（或底角）相等时，两个三角形相似；当一个等腰三角形的顶角（或底角）等于另一个三角形的底角（或顶角）时，两个三角形不一定相似。例如三个角分别为 90°、45°、45° 的三角形和三个角分别为 45°、67.5°、67.5° 的三角形，这两个三角形有一个角相等，但是它们并不相似

编码	编码解释
探究 （深度参与）	探究问题解决的途径和方法，发现新知，运用解决问题，认识价值和作用。教学中学生清楚表达自己探究发现新知的思维过程，通过互动对话，展示寻求运用知识解决问题的途径与方法，使别的同学认识到知识的价值和作用并从中学会怎么处理类似的问题。 例如： 一位学生讲解相似三角形的性质： 学生讲解：刚刚我们已经回顾了相似三角形的性质"对应角相等，对应边成比例"，也知道了相似三角形的概念"三个角对应相等，三条边对应成比例"，现在我们在具体的图形中来看相似三角形的性质。大家看着黑板上的图，若△ABC～△ADE，有哪些边对应成比例呢？我找一个同学来回答。 同学 A：$\dfrac{AB}{AD} = \dfrac{AC}{CE}$
	讲解的同学：好，请坐。 （当然，同学 A 回答错误了，讲解的同学并没有意识到，同学们为他指出了错误，我们将在后面讨论） 讲解的同学：那么怎么找相似三角形中的对应边？有些什么方法吗？先讨论一下，我们再一起来探究

二、学生参与编码的统计分析

（一）学生参与广度的统计分析（表 2-3）

表 2-3 学生参与广度的统计结果

	学生参与的次数		学生参与的时间		学生参与的情感态度			
					主动		被动	
	男生	女生	男生	女生	次数	时间	次数	时间
Class 1	12	3	16	6.5	13	22.5	0	0
Class 2	23	8	5.5	1.7	21	3.5	11	3.5

说明：学生参与时间的单位均为分钟。

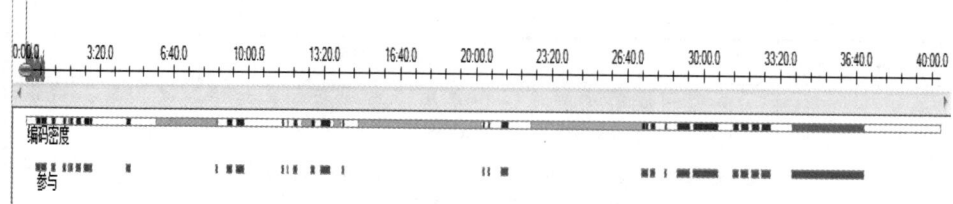

图 2-8　Class1 学生参与的时间分布图

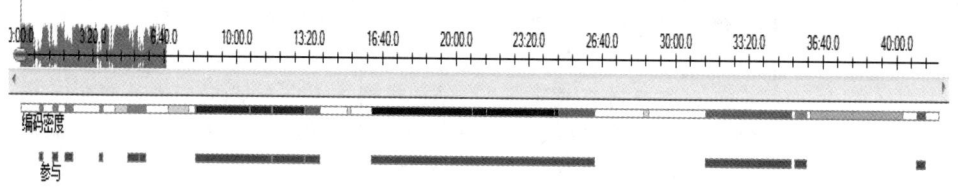

图 2-9　Class2 学生参与的时间分布图

通过以上数据，可以得出以下结论：

（1）传统课堂中学生参与的面广，行为参与突出。

从表 2-3 可以看出，传统课堂（Class2）中，学生参与的次数达到了 31 次，除去个别同学重复回答问题的情况，约 70% 的学生在课堂中回答了问题；而 DJP 教学的课堂中，学生的参与次数仅为 15 次，仅有 40% 的学生在课堂中参与了回答问题，参与面较小，行为参与不够突出。但是从录像中可以看出，传统课堂中学生的参与大多是回答老师提出的较简单的问题，参与的人数、次数多，但是每次参与的时间很短，课堂活跃、学生外在行为参与突出。

（2）DJP 教学的课堂中学生参与的时间长，覆盖了一节课的主体部分。

从图 2-8 与图 2-9 可以看出，传统课堂中学生参与的时间短，仅为 7.2 分钟，学生参与的时间集中在课堂的开头和结尾；DJP 教学的课堂中，学生参与的时间较长，达到 20 分钟以上，学生参与的时间集中在一节课的 8~35 分钟，覆盖了一节课的主体部分。从录像中还可以看到，传统教学中教师是主角，主导学生学习的全程，享有充分的话语权，学生只是配角；而 DJP 教学中学生是主角，课堂上享有充分的话语权，教师是一位组织者、引导者、咨询者和参与者。

（3）DJP 教学的课堂中学生更多的是主动参与。

从图 2-8、图 2-9 中可以看出，Class1 中学生参与的时间长且都是主动的，Class2 中学生参与的时间短且有一半的时间都是被动参与。由此可知，DJP

教学的课堂中,学生的参与更积极主动,学习探究的兴趣更浓。

(4)两种教学方式的教学中,男生参与的比例均远大于女生参与的比例。

我们发现,尽管两节课的教学方式不同,但都出现了男生参与的次数和时间远高于女生的现象。男生参与的次数和时间为女生的3~4倍。这种男女参与比例严重失衡到底是初中课堂中的普遍现象还是选取样本造成的特殊情况,本研究无法做出判断,还待进一步研究。

(二)学生参与深度的统计分析

根据上述编码,对两节课的学生参与的深度进行了比较,结果如图2-10所示。

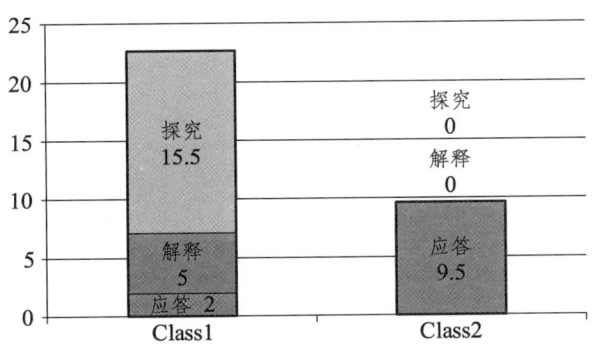

图2-10　Class1与Class2学生参与深度的时间比较图(单位为分钟)

(1)DJP教学的课堂中学生更多的是深度参与。

从图2-10中可以看出,Class1中学生的参与深度明显高于Class2中学生的参与深度。在Class2中,学生仅仅是回答老师提出的简单问题,教师没有要求学生解释说明为什么,思维的深度不够,只局限于浅度参与。在Class1中,只给出答案(回答)的非常少,约90%的学生进行了解释和探究。这是由于DJP教学的课堂中学生要讲出自己的理解和见解与同伴进行交流,而且要让别人听懂,就必须要进行解释。其他同学在倾听的过程中,也在不断反思,不时提出质疑要求解释。讲解者对于一些自己还不能完全解答的问题,还要与同伴进行交流讨论,共同探究进行解决。在这个"讲解—质疑—探究"的过程中,学生不仅要清楚地表达自己的思维过程,还要与其他同学一起分析探究解决问题,其思维的深度很高,学生的参与是深度参与。

(2)DJP教学有助于培养学生提出问题的能力。

提出问题的能力是学生深度参与的重要标志,也是探索创新能力的核心要素。从录像和图2-9我们还看到,Class2没有学生提问,Class1的学生在讲解过程中会伴随着很多提问。这些提问有的是为了活跃课堂气氛，有的是为了更好地表达自己的想法，有的是为了突出问题解决过程中的重难点，有的是为了引导同伴进一步思考等。他们提出的这些问题并不是突发奇想，而是伴随着他们的讲解自然发生的，是他们讲解必不可少的一部分。

从本节课中，Class 1 的学生共提出了 8 个问题：

问题 1：（在学生讲解三角形的性质的时候）若 $\triangle ABC \sim \triangle ADE$，有哪些边对应成比例呢？我请一个同学来回答。

问题 2：那么在一般情况下，我们怎么去找相似三角形中的对应角和对应边呢？

问题 3：在 $\triangle ABC$ 和 $\triangle ADE$ 中，并没有说对应角是相等的，为什么我们能得到对应边成比例呢？

问题 4：（一名学生讲解例 1）我们先找出三角形中的对应角，大家一起说他们的对应角是哪些？

问题 5：我们知道三角形的内角和是多少度？

问题 6：我们知道了其中两个角是 45°和 40°，那么另一个角是多少度？

问题 7：知道了对应角，我们再来一起找对应边，请大家一起告诉我。

问题 8：现在我们有三组边对应成比例，我们要构成一个等式，需要划去哪一组呢？

三、几点启示与思考

1. 课堂教学中应该给学生留足思考的时间和表达交流的机会

传统教学中，老师是课堂的主角，课堂中的问题是老师预先设计好的，一步一步由浅入深，学生只需要跟着老师的思路去思考就好了。老师提出问题后，学生思考的时间也很短，学生进行简单的思考就急着举手，当问题比较简单的时候，学生绝大部分能回答得很好，而且课堂很活跃，但是当问题稍微复杂一点的时候，学生的回答往往就会出现不完整、不准确的情况，这是因为在较短的时间里，他们没有足够的时间进行深度思考。当学生回答问题的时候，教师很少要求他们说出自己的想法，仅仅满足于答案是否正确。长期这样，学生会产生惰性，不愿进行深层次的思考。虽然课上的时间有限，我们可以引导学生进行课前复习，通过一些资料的辅导，如学案，让学生对课上将要研究的问题进行一些前期思考。在课堂上，给学生机会，让他们充分表达自己的见解，展示自己的思维成果，这样不仅能够促进学生深度思考，还能锻炼他们各方面的能力。

2. 并不是中国学生提不出问题，而是没有给学生提问的时间和机会

很多研究表明，中国的传统课堂中很少有学生提出问题的现象。但是在 DJP 教学的课堂中学生提出问题很多，有些还有一定的深度。因为他们为了把一个问题讲清楚，为了吸引同学的注意力，他们会绞尽脑汁提出问题，而且会不断模仿老师。所以，不是中国的学生提不出问题，而是没有给他们提问的时间和机会。只要你给他们机会和舞台，他们一定会"还你一个精彩"，给你带来无限的惊喜。

3. 课堂教学要减少浅层参与，注重参与的深度，提高学生参与的质和量

本研究给我一个重要的启示，就是在要求学生参与的过程中，不要追求课堂上表面的热闹，减少浅度参与，加强学生参与的深度，既要有行为的参与，又要追求认知参与和情感参与，提高学生参与的质和量。

4. 数学课堂中应该更多地关注女同学的参与情况

本研究发现，两种不同教学方式课堂中都呈现出了男生参与次数和时间远高于女生的情况。众所周知，初二是数学学习的分水岭，很多同学特别是女同学特别容易在初二掉队，而且和男生相比，女生更内向，不善于表现自己，这些都是导致女生课堂参与度低的原因。所以，初中教师应该更多地关心女同学的数学学习情况，鼓励她们更积极地参与到课堂中。

参考文献

[1] 王富英，王新民，谭竹. DJP 教学：促进学生主动学习的教学模式[J]. 中国数学教育：2009（7~8）：8.

[2] 孔企平. 数学教学过程中的学生参与[M]. 上海：华东师范大学出版社，2003：21-31.

[3] 斯海霞，叶立军. 基于视频案例下初中数学课堂学生参与度分析[J]. 数学教育学报：2011（4）：10-12.

[4] 王富英，王新民. 让知识在对话交流中生成——DJP 教学知识生成的过程分析[J]. 中国数学教育，2013（11）.

编后记

为了便于读者查阅，这里将该部分未全文收录和未收入的研究论文目录列出。

[1]《DJP教学：一种促进学生主动学习的教学模式》（与王新民、谭竹合作），原载于《中国数学教育》2009年第7/8期。

[2]《学案及其教学价值》（与王新民合作），原载于《内江师范学院学报》2009年第10期。

[3]《学案：一种新的教学文化脚本》（与王新民合作），原载于《基础教育课程》2012年第5期，被人大报刊复印资料《初中数学教与学》2012年第8期摘要转载。

[4]《平方差公式（1）教学案》，原载于《数学课程实践与探索》2009年第3期。

[5]《讲解性理解的含义及其价值》（与王新民合作中），原载于《内江师范学院学报》2010年第4期。

[6]《高效教学中的知识、方式与评价》（与王新民合作），原载于《内江师范学院学报》2011年第6期。

[7]《导学讲评式教学中"理解"的诠释学意蕴》，原载于《教育科学论坛》2018年第6期。

[8]《进DJP教学的课堂观课应观看什么》。

[9]《创新型课堂教学及其特征》。

3 钻研教材与教材建设
ZUANYAN JIAOCAI YU JIAOCAI JIANSHE

分析和钻研教材的能力是教师教学知识的重要组成部分，是提高教学质量的关键，也是年轻教师的薄弱环节。钻研教材包括对教材的结构、例习题功能的分析和钻研教材的方法等。本篇收入了我与其他学者合作在教学研究中关于教材分析研究部分已发表的文章。虽然收入的文章有些是就数学教材进行研究的，但它对其他学科教师分析教材和钻研教材也有重要的参考价值。本篇的内容共有两部分：钻研教材与教材建设研究。

一　钻研教材

教材分析的几个视角[①]

美国课程专家古德莱德（I. J. Goodlad）把课程划分为五种不同的课程形态：理想的课程、正式的课程、领悟或理解的课程、运作的课程、经验的课程。[1]中小学教材是将"理想的课程"具体化，是经专家审定的，属于"正式的课程"，它是连接国家课程方案、课程标准与课堂教学的枢纽，是教师课堂教学的重要载体。教材是编写者集体智慧的结晶，结构与顺序是经反复论证的，例习题是精挑细选与千锤百炼的，语言与字句是反复推敲与字斟句酌的，图表（画）是精心设计的。教师的教学过程就是先将"正式的课程"设计转化为个人"领悟或理解的课程"，再通过课堂教与学的双边活动转化为"运作的课程"，最后形成"经验的课程"。在"正式的课程"转化为"经验的课程"的过程中，"领悟和理解的课程"是课程转化的关键。毋庸置疑，教师个人是"领悟和理解的课程"的主体，发挥着独特的、无可替代的作用。

著名特级教师于永正说得好："这法，那法，不会钻研教材就没法。"[2]这充分说明钻研教材的重要性，钻研教材也是中小学教师的一项基本功。教师对教材的多视角解读和分析是"领悟和理解课程"的前提，是理解"理想的课程"、领悟"正式的课程"、设计和实施"运作的课程"、优化学生"经验的课程"的关键环节。教师只有充分挖掘出教材的隐性价值，才能做出良好的教学设计，上出精彩纷呈的课。为此，我们从学科知识、学生学习、现实生活、评价和文化五个视角来分析教材。

一、学科知识的视角

教育传递知识，这似乎是天经地义的，在这个问题上无须吹毛求疵。[3]

---

① 此文系吴立宝、王光明、王富英合作，原载于《教育理论与实践》2016年第23卷。这里收入时做了一些小的修改，以使其更具一般性。

在各级各类学校教育中，学科知识的重要载体就是教材。教材承载着学科课堂教学的"应然"内容，而这些"应然"内容的核心正是学科知识，它决定着学科教师"教什么"、学生"学什么"。虽然我们不可否认学生是教育的真正对象，但是必须使用教材承载的学科知识来育人，这一点也是勿庸置疑的。向学生传递人类长期的文化遗产——学科知识，是每一位学科教师育人的根本任务，不应该受到质疑。

从学科知识的视角来分析教材，主要从以下几个方面进行：

一是区分教材的知识类型。教材中的学科知识是由概念性知识、事实性知识、方法性知识和价值性知识四部分构成，[4]其中概念性知识和事实性知识是教材学科知识的骨架，方法性知识和价值性知识是教材学科知识的灵魂。教材的概念性知识和事实性知识是以一定的逻辑结构来表现的，方法性知识和价值性知识暗含其中。不同的知识类型对儿童认知策略的发展作用是不同的，如数学知识类型在儿童认知策略发展中的作用阐明了这一点。[5]教师要理清教材中的概念性知识和事实性知识，找出方法性知识，挖掘出价值性知识。换句话说，就是要分清教材中哪些是概念性知识、哪些是事实性知识、哪些是方法性知识、哪些是价值性知识。

二是把握教材的学科基本结构。美国著名学者布鲁纳说："不论我们选教什么学科，务必使学生理解学科的基本结构。"[6]教师要想让学生真正理解与建立学科结构体系，必须加强认识、理解与掌握教材的学科基本结构。为此，教师需要宏观上把握不同学段、不同年级的教材学科结构，中观上把握不同学段、不同年级教材的学科知识主线与思想方法主线，微观上把握教材的内容知识点。从整体上理解教材，并深刻挖掘教材蕴含的学科基本思想和方法，全面地把握教材中的学科内容。按照整体到局部的策略，遵循着"宏观把握教材结构—中观把握内容主线—微观把握教材知识点"的思路进行。

三是以跨学科的视角认识学科知识。中小学各学科教材知识内容之间不是孤立存在的，而是密切关联的。教师需以跨学科的视角，来认识分析自己所任教学科的教材知识结构，打通所教知识的横向联系，力避自身学科知识的孤立，促进各学科课程知识的融合，使其达到整体育人的效果。事实上，每一门学科课程的内容编排，并非仅仅是以单一线性模式来展开的，还需要纵向考虑其他学科内容与它之间的前后联系。以跨学科的视角认识教材所承载的学科知识成为教师的一项基本功。

二、学生学习的视角

美国心理学家奥苏贝尔认为:"影响学习最主要的因素是学生已知的内容,弄清了这一点之后,进行相应的教学。"[8]只有学生把将要学习的新内容与自己头脑中的原有认知结构相联系,才会产生有意义的学习,进一步产生新的认知结构。教师在分析教材时,一定要换位思考,站在学生学习的视角来分析,才能更好地服务于学生的学习。

在分析教材时,教师要模拟学生的学习,读准教材中的每一个字,推敲教材中的每一个词,尤其是粗体字、彩色字以及过渡语等,体味教材中的每一句话,审视教材中的每一幅图或表。在这个过程中,教师分析学生在阅读教材中可能遇到的困难,才能更好地找准学生的认知起点、情感起点和目标终点,做到有的放矢。教师要具有对教材同一个概念划分出不同学习进阶的能力,从而避免课堂上出现"你教你的,我学我的"的尴尬局面。根据学生情况,确定在起点与终点之间教材给出的支架是否合适,若不合适,怎样重新构建新的支架去支撑学生的学习。教师只有真正从学生的知识基础、能力基础上进行思考,才能比较容易找到阅读教材的疑点,找到突破学生疑点的路径,并且能够设计出学生可以接受或者感到舒服的教学方式。教师对教材经过分化、重组与整合构建起能促进学生理解的递进式的知识序列。在这个过程中,教师的设计就能够激发学生的学习兴趣,切实做到遵循学生的年龄特点和心理成长规律。

有时教材低估或者超越了学生的生活、成长和经验,教师需要站在学生学习视角分析教材,相当于教材二次开发,成为教材的开发者。教材开发的关键是难易度要适中,以学生可以接受、喜欢接受的方式来设计知识序列。著名教育家陶行知先生曾说过:"先生的责任不在教,而在于教学,而在教学生学。"[9]教师不仅要关注教材的知识结构,还要关注学生的学习体验、表达及对知识的运用。在教材分析时,一定要充分考虑学生当下的学习需求,考虑学生现有经验,进一步掌握促使教材变成学生经验的策略与方式,为学生积累基本活动经验服务。基于学生的学情,教师依据教材,多视角设置可供选择方案,并尝试考虑备选方案,做到有备无患,胸有成竹。当前,全国各地教改倡导的学案,就是教师从学生视角钻研开发教材的一种直接体现,更加有利于学生的学习。基于教材,开发出更加符合学生的导学案(或者学案),促进教师对教材的更深层次理解,使教师的设计更适应学生,从而更好地促进教材中蕴含的知识逻辑与学生的认知逻辑的有机结合,提高教材呈现的学习内容与学生的学习活动过程的匹配度。实践经验表明,越是符合学生认知逻辑的设计，越能促进学生达成学习目标。

三、现实生活的视角

英国教育家怀特海曾说过："教育只有一种教材，那就是生活的一切方面。"[10]教师应该具有大教材观，把世界当成教材，而不是把教材当成整个世界。强调学科知识与现实生活的联系是我国第八次基础教育课程改革的一个重要特征，突出体现在中小学各科教材中。任何一门中小学教材与现实生活是密切相关的，这是一个共性。正是学科知识的抽象，使得学生对其难以理解，编写时依托这些现实生活的原型有效降低学生对学科知识的接受难度，为此我们从两个方面挖掘，一是学科知识的形成过程，二是学科知识的应用视角。

我们一方面要从现实生活中找到学科知识的原型，另一方面要把所学学科知识应用于现实生活。从现实生活中找到学科知识的原型加以抽象，这是现实生活学科化的问题，属于学科知识建模的过程，是让学生"举三归一"的归纳（抽象）过程；把所学学科知识应用于现实生活，这是学科知识生活化的问题，属于应用学科模型的过程，是学生"举一反三"的应用过程，可有效增强学生应用意识，培养学生的应用能力。现实生活学科化与学科知识生活化之间的重要连接点就是学科知识。

基于现实生活学科化与学科知识生活化两个方面，教师钻研分析教材时，就不能仅仅盯在学科知识上，需要挖掘学科知识依托的大量现实生活素材，从中筛选出符合教学要求的现实生活案例，进一步提高自身例举能力，拉近学科知识、现实生活与学生三者之间的距离。一方面，从现实生活的视角分析教材，探查教材，依据现实生活案例，进行移情式理解，此时要注意遴选出适合学生学科知识的最佳原型。一定要谨防从现实生活案例到现实生活案例，应注意引导学生从现实生活案例慢慢向抽象学科概念转变，在这个过程中进行现实生活特征的分离概括与关系的特征定性，进一步提升学生的概括抽象能力。另一方面，从现实生活的视角分析教材，可以促使学生更好地利用学科知识来处理新的情境问题，在有意义的问题情境中运用学科知识。学生掌握学科知识不是最终目的，应当使学科知识成为发展学生综合素养的载体。在生活知识学科化的抽象过程与学科知识生活化的应用过程中，真正培养学生的实际运用能力。在这一点上《普通高中数学课程标准（实验）》修订过程中明确提出了"会用数学的眼光观察现实世界，会用数学的思维分析现实世界，会用数学的语言表达现实世界"（简称"三会"），也是现实生活进课程、进课堂的一个导向性要求。现在，越来越多的科学家提倡开展科技普及，并有不少科学家还亲自撰写相应学科的科普读物。科普读物，实际上就是把科学知识用生活知识的形式来表达，以帮助普通大众普及学科知识，从而逐步把学科知识生活化，让学科知识返归生活之源，服务于生活。

四、评价的视角

在分析教材时，不能回避评价问题，尤其是对中高考的影响。从评价的视角来分析教材，主要有两个角度：一是中高考；二是学科素养。

在注重应试的情况下，教师的课堂教学往往"目中无人"，更多聚焦于碎片化的知识点教学，"育分"优于"育人"。如果我们的评价仅仅是为了分数这一单一目标，立意较低，在某种程度上也造成教师课堂教学的低效，因此还应该注重学生学科素养的培养。每年中高考结束之后，社会上都有"回归教材"的呼声。但是，这种声音存在的持续时间往往比较短，这种现象传递着怎样的一种信息呢？如果教师的教学原本就立足教材，何来回归？因而从评价的视角分析教材是必要的。一线教师分析教材时，需要明白"回归"的内涵：为什么回归？如何回归？回归到哪里？回归的效果如何？学生备战中高考，只盯着各种各样的复习资料，忽视学科知识的产生、发展以及应用过程，对知识一知半解，造成"掐头去尾烧中段"的现象。我们从中高考考试视角分析教材，不是回避中高考，排斥中高考，而是立足于中高考，分析钻研教材，尤其是学科知识的核心概念，力避对教材的忽视，进一步提高教材分析的立意高度。从中高考视角分析中小学教材，就是希望教师在初始教新知识时不要过度拔高对知识的要求。新知学习需要一个过程，尤其是"悟"的过程，一定不能忽视学生理解知识的过程而一味强调强化训练来提高学生的技能熟练程度。

2014年，《教育部关于全面深化课程改革 落实立德树人根本任务的意见》明确提出："教育部将组织研究提出各学段学生发展核心素养体系。"在各个学段各个学科落实"立德树人"根本任务成为当下之需。现行中小学学科教材编写排版需要时间，未必能及时跟上最新文件要求，但是教师可以从核心素养的视角分析教材并实施教学。据了解，现在高中各学科课程标准修订主张强化核心素养，更加注重学科核心素养的培养，实施同一内容学业质量标准水平、高考水准和自主招生考试水准三种不同水平，实行分类、分层指导，基于学科核心素养的课程标准修订与教材编写正在践行中。如在数学教学中，强调数学抽象、逻辑推理、数学建模、直观想象、数学运算与数据分析六个数学核心素养。在中小学数学教学中，应该先行一步，从核心素养视角来分析教材，更明确体现数学的学科特性，并在教学中加以实施，凸显对学生能力发展的重视，从而把教材用"活"。在教学过程中，引导学生主动参与其中，学会学科知识，掌握学科学习方式，养成良好的学习习惯。

五、文化的视角

中国科学院院士杨叔子先生曾说过："毫无疑问，文化很重要，与文化有着天然联系的'文化育人'很重要，甚至越来越重要。"[11]后现代知识观认为任何知识都是具有文化价值意义内涵的，那么教材的学科知识肯定也不例外，更富有文化意蕴。既然中小学各学科教材均蕴含着丰富的文化因素，从文化的视角分析教材就是必需的，也是必要的了。从文化视角分析教材，恰好可以有效实现三维目标中的"情感、态度与价值观"目标，这是培养高尚的人所必备的，这也是贯彻落实"立德树人"根本任务的重要途径。

站在文化的角度分析教材，就是要找出学科教材中所隐含的学科思想方法，进一步寻找和挖掘学科教材中的"文化元"与"文化丛"[12]。教材分析是文化进课堂、进学生头脑的一个桥梁与纽带。教师只有对所教的学科知识有了更高层面的文化认识，才能更好把握学科教材隐含的文化元素，做出富有文化底蕴的教学设计。在教学过程中，潜移默化地让学生受到学科文化熏陶。如，有人注意到潜心数学学习的青少年群体的犯罪率是极低的，数学似乎还有养"性"的作用，这需要在教材分析、教师实施与评价时加以落实。

此外，如果教师具有一定的国际视野，能从跨文化视角分析教材更好。教师从中外教材比较的视角了解欧美等其他国家对相应内容的处理方法，探寻文化渊源，加以借鉴并引进过来为我所用。美国著名人类学家露丝·本尼迪克特认为："文化是通过某种民族的活动而表现出来的一种思维和行动方式，一种使这个民族不同于其他任何民族的方式。"[13]每一门学科教材均包含着丰富的民族和世界文化，教师要善于从静态的文本知识内容中，发掘出它所包含的文化价值，并且给予学生以教育和启迪。如澳大利亚HMZ数学教材结合本国一些人文、自然景观进行数学文化教育，此外还以开放的视野接受其他国家的文化元素，如在七年级第一章中讲到数字系统，涉及阿拉伯、古埃及、古罗马、古巴比伦等数字系统，融入中国当代文字数字系统，加入河图洛书、长城、算盘等。[14]教材是文化传承的重要载体，分析教材需要从文化传承与育人视角来分析。洋为中用，古为今用，这是对待教材的一种基本态度。通过对教材的文化分析，使得学科知识文化自然浸润，慢慢滋养师生，促进师生多样化发展，提升师生的精神境界。

从学科知识、学生学习、现实生活、评价与文化等多视角分析教材，就是希望教师能够对教材多一点更为深刻的理解与认识，少一点肤浅，毕竟这是教师领悟正式课程、设计和实施操作课程、优化学生经验课程的关键环节。教师秉持"用教材教"而不是"教教材"的理念，识透教材的精神与实质，从而重构教师个人对教材的理解，才能做教材的真正主人，有效实现教材的"二次开发"，不断提高教材的"附加值"。

参考文献

[1] 施良方. 课程理论——课程的基础、原理与问题[M]. 北京：教育科学出版社，2008：9.

[2] 马良生. 钻研教材要"浅出到点"[J]. 教学与管理，2008（20）：40-41.

[3] 陈元辉. 中国教育学七十年[J]. 北京师范大学学报（社会科学版），1991（5）：52-94.

[4] 季苹. 教什么知识——对教学的知识论基础的认识[M]. 北京：教育科学出版社，2009.

[5] 耿柳娜，陈英和. 数学知识类型在儿童认知策略发展中的作用[J]. 数学教育学报，2005，14（4）：21-24.

[6] [美]布鲁纳. 教育过程[M]. 邵瑞珍，译. 北京：文化教育出版社，1982：47.

[7] 吴立宝，曹一鸣. 中学数学教材的分析策略[J]. 中国教育学刊，2014（1）：60-64.

[8] 施良方. 学习论[M]. 北京：人民教育出版社，2000：221.

[9] 中央教育科学研究所. 陶行知教育文选[M]. 北京：教育科学出版社，1981：4-5.

[10] 华东师范大学，杭州大学教育系. 现代西方资产阶级教育思想流派论著选[M]. 北京：人民教育出版社，1981：116.

[11] 杨叔子. 数学很重要 文化很重要 数学文化也很重要——打造文理交融的数学文化课程[J]. 数学教育学报，2014，23（6）：4-6.

[12] 王富英，马岷兴. 数学文化教育及其结构[J]. 数学通报，2008（7）：6-10.

[13] 维克多·埃尔. 文化概念[M]. 上海：上海人民出版社，1988.

[14] 吴立宝，曹一鸣，董连春. 澳大利亚初中Heinemann数学教科书编排结构特点及启示[J]. 数学教育学报，2013，22（5）：21-26.

数学教科书的隐性三维结构分析[①]

一、引言

教科书是教育学与心理学等理论知识和各学科知识发挥功效于教育实践的中介，是人类文化经验结构与学生个体身心结构之间的媒介和桥梁。教科书是学科课程标准和"理想的课程"的具体化，也是教师领悟、理解与实施"正式课程"的基础，更是学生获得"经验的课程"的重要载体。教科书不仅是教师备课、上课、布置作业和检查学生学业成绩的基本材料，也是学生自主学习的基本材料，是学校师生教与学的主要依据[1]。教科书的内容需要借助一定的结构来表明。为了提高教与学的质量，需要教师认真研究和把握教科书，而研究教科书的结构则是钻研和把握教科书的重要切入点和关键。

教科书的结构是中小学课程教材改革的一个重要方面，是教科书的核心问题。合理的教科书结构不仅有助于学生理解、掌握与运用学科知识，而且可更好地发展学生的能力，提高学生的学科核心素养水平。按照系统论的观点，所谓结构是指"系统内部各个组成要素之间的相对稳定的联系方式、组织秩序及其时空关系的内在表现形式"[2]。研究教科书的结构，不但可以提高利用教科书进行教与学的效率，而且对于教材建设也有重要意义，因此对教科书结构的研究引起了众多学者的关注。王策三先生认为教科书由目录、本文、作业、图表与附录等构成[3]；叶立群认为教科书的结构包括文字的阐述（课文）、图画、图表、表解、实验、作业（练习）等[4]；丁朝蓬认为教科书主要有单元或章节的提示、导言、课文、学习活动、习题与评定、小结、参考资料、附录、各种图表、与教科书配套的教学资源等，其中学习活动包括动脑的活动、动手的活动、综合性活动[5]。以上对教科书的结构分析侧重于教科书的编排结构，体现了教科书的显性特征。苏鸿认为教科书结构是由教科书系统中各基本要素之间的联系方式、组织秩序及其时空表现形式组成的有机整体[6]；廖哲勋认为教科书的基本结构是教科书内部各要素、各成分之间合乎规律的组织形式，其要素主要包括知识要素、技能要素、能力要素以及必要的思想教育要素、审美要素和心理要素，其成分是指教材目标、教材内容和各

[①] 此文系吴立宝、沈婕、王富英合作，原载于《教育理论与实践》2017年第37卷第35期。

科学习活动的方式[7]；郭晓明、蒋红斌认为教科书具有实质结构和形式结构，是学科结构与教学结构的统一，是深层结构与表层结构的统一[8]；任丹凤认为教科书结构可以划分为由深层到表层的三个层次，即内容、程序和形态，这三个层次之间相互制约，共同实现教科书的整体功能。[9]以上对教科书的结构分析已从其显性编排结构过渡到其内在结构，体现了教科书的隐性特征，这为分析数学教科书提供了借鉴与参考。

二、数学教科书隐性三维结构系统的含义

数学教科书的结构可分为显性结构和隐性结构。显性结构主要包括导言、目录、正文、习题（复习题）、注释、插图、阅读材料（数学活动）、部分中英文词汇索引等部分，这是数学教科书编写的通例，不同版本教科书存在选材与排列次序上的差异。正文中的概念与命题是教科书最主要的和最基本的部分；习题是教科书正文的补充，是为巩固和理解教科书正文内容而服务的，是教科书不可分割的重要组成部分。因此，正文和习题共同构成了数学教科书的主体。隐性结构是隐含在教科书显性结构背后知识的逻辑意义、心理意义和教育意义。教科书的逻辑意义代表着数学知识之间的内在联系，即数学知识的逻辑结构；教科书的心理意义代表着数学教科书与学生的心理联系，蕴含着数学教科书的学习结构的内蕴；教科书的教育意义则代表着教科书中的人文精神和数学思想方法，即教科书的育人价值。

数学教科书的隐性结构是钻研分析教科书的重点，也是难点。本文重点对数学教科书的隐性结构进行系统分析。数学教科书的隐性结构主要分为数学知识结构系统、数学学习结构系统与数学教学结构系统。教科书的数学知识结构系统对应客观存在的数学知识及内在联系，是师生数学课堂教学的客体；教科书的数学学习结构系统对应学生的年龄特征和认知水平及蕴含其中的数学思想方法，它体现数学课堂学习中学生的主体地位；教科书的数学教学结构系统对应教育教学的主导者——教师，它是为数学课堂教学服务的。在知识、学生和教师三要素中，数学知识作为客体，是联结教师和学生的媒介，也是教科书的数学教学结构系统与数学学习结构系统赖以存在的载体。

从知识的形态来看，知识分为学术形态、教育形态和学习形态[10]。因此从知识形态来看，教科书的数学知识结构系统对应数学知识的学术形态，数学教学结构系统对应数学知识的教育形态，数学学习结构系统对应数学知识的学习形态。从结构功能来看，数学知识结构系统有利于人类长期积累的客观数学知识的传承，数学学习结构系统有利于学生的数学知识学习，数学教

学结构系统有利于教师的课堂教学。教科书的数学知识结构系统主要解决教师"教什么"和学生"学什么"的问题，数学学习结构系统主要解决学生"怎么学"的问题，数学教学结构系统主要解决教师"怎么教"的问题。对数学教科书隐性结构的划分恰好对应于章建跃先生对有效数学课堂教学"理解数学、理解学生、理解教学"的阐述：数学知识结构系统、数学学习结构系统与数学教学结构系统分别对应理解数学、理解学生与理解教学。数学教科书的"三个结构"对应"三个理解"，"三个结构"对应"知识形态的三种划分"，"三个结构"服务于"课堂教学的三个核心要素"，"三个结构"对应"数学教科书知识的三种意义"。数学教科书的三个结构系统相互联系、相互渗透、相互补充，共同发挥作用，构成了数学教科书的隐性结构体系，具体如图 3-1 所示。

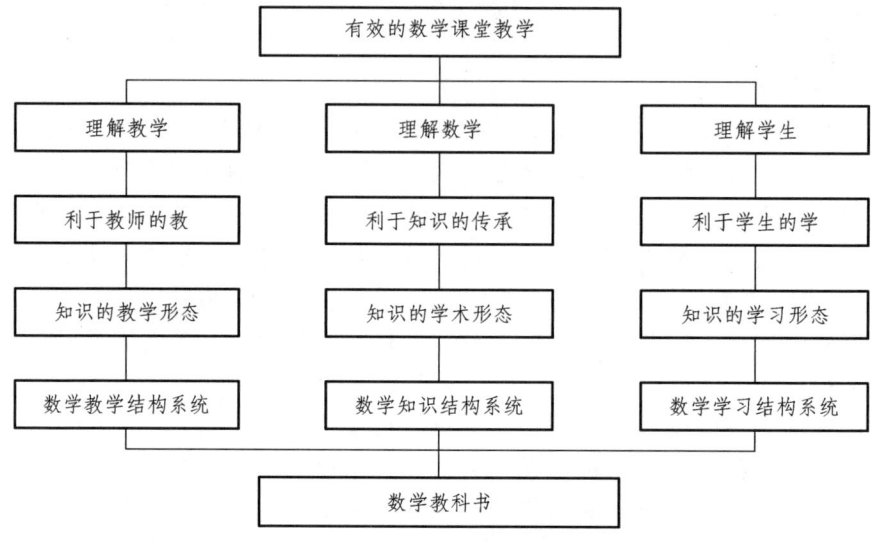

图 3-1　数学教科书隐性三维结构图

三、数学教科书隐性三维结构系统分析

（一）数学知识结构系统

人类文化遗产中总存在着一些永恒不变的、共同的要素。作为学生，必须学习这些作为理智行为之根基的基础知识，以保存人类社会文明最优秀的传统，来促进个人智力的发展。"教育传递知识，这似乎是天经地义的，在这个问题上无须吹毛求疵。"[11]数学教科书承载着教师教和学生学的"应然"内容，其核心正是数学学科知识，这是数学教科书的核心主体部分，它决定

着教师"教什么"与学生"学什么"。

教科书的数学知识结构系统指教科书为学生提供的完整的数学知识体系。学生通过教科书的数学知识学习，掌握系统的数学知识结构和方法，更为深刻领会数学的语言、观点、方法、思维和精神。从这个意义上讲，教科书的数学知识结构具体就是指数学概念、数学命题（包括定理、公式、法则）、数学方法与数学思想以及由此组织构成的一个结构体系。布鲁纳认为"按照反映知识领域基础结构的方式来设计课程"[12]，需要教师深刻领悟教科书蕴含的知识结构系统。数学知识是有层次的，可以分为事实性知识、概念性知识、方法性知识和价值性知识，数学教科书中的数学知识就是这四类知识的组合，包括知识内容呈现的顺序、数量等。正因为这些差异，才形成了各个版本教科书自身的一些特色。

数学教科书应当尽可能反映数学学科特色，包括知识特点、内在逻辑、层次关系和基本体系，这些都是教科书的数学知识结构系统的内容，在这里不加以赘述。从宏观层面上把握教科书内容之间的相互联系，在结构观点下，希望教师能以整体、全局视野来看待教科书。如对初中数学教科书"数与代数"内容分析发现，它主要包括数、式、方程、不等式与函数五大部分，其中"数及其运算"是整个初中阶段代数内容的基础，而"式及其运算"是"数及其运算"的发展和延伸，方程占有承前启后的位置，发挥桥梁与纽带作用，它前承数、式的学习，后启不等式、函数的学习，毕竟很多不等式、函数的问题，常常以相应的方程求解为突破口。

虽然数学教科书外在的呈现方式有差异，但是以数学知识为载体对学生进行数学教育仍是主旋律。教科书的数学知识隐含在正文、例题、习题以及探究等内容之中。对此，建议教师从宏观上把握数学教科书的整体知识结构，从中观上把握数学教科书的各条知识内容主线（包括思想方法主线），从微观上把握数学教科书的知识点，遵循"整体到局部"与"局部到整体"两条不同的认识主线，去把握教科书的数学知识结构[13]。如在微观层面，有些数学教科书可能通过数学问题序列来承载，具体有概念变式或命题变式，从而来揭示数学的概念、命题，并把数学的思想方法渗透于这个过程中。此时，教科书呈现出来的数学知识序列：个别数学问题—数学问题组—数学问题串—数学问题链，从简单到复杂，逐步深入，其内涵实质就是解释数学知识的来源、发生发展的过程。从数学学科知识的视角分析教科书是必要和必需的。如数系的扩充内容体现在小学、初中乃至于高中课本之中，各个学段数学教科书知识呈现基本上应该遵循这样的一个过程：引入一个新数时，思考为什么要引入，如何引；如何定义运算，以确保原有数集的运算律能保持不变；研究新的数系还有哪些运算律。这是数学研究的基本规律，也是数学教科书知识呈现的主要规律，体现在教科书编写的宏观结构之中。

（二）数学学习结构系统

现在中小学数学教科书基本上是按照学生"学"的角度来开发的。毕竟教科书最大的适用面是学生，立足学生、为了学生，更容易获得学生的认可。杜威提出的教科书的"心理化"、弗赖登塔尔提出的"数学化"以及"建构主义"中的知识观、学习观、学生观等教育教学理论，在教科书的编写中均体现出来，成为教科书的数学学习结构系统的雏形。数学教科书在保持数学知识固有的逻辑体系的前提下，融入"思想的过程"，按照学生心理发展的特点来对学术形态的数学知识内容进行重组、加工和拓展，目的就是使学生易于进入，只有进入之后才能易于遐想、易于探究、易于品味。学习者利用教科书开展学习活动，建构有关的知识；借助教科书，形成自己对知识体系的理解、假设，把已有的知识经验作为新知识的生长点。学生作为学习的主体，是数学知识意义的建构者，是数学知识的最终拥有者，自然会对数学知识设定一种具有个人生命意义的价值取向，在知识意义的建构过程中展示着自己独特的生命状态和活力。在教科书编写中，构建基于学生的"先行组织者"素材——案例，正是美国著名心理学家奥苏贝尔基于学习者的认知结构对知识建构的重要性提出的"先行组织者"策略。

心理学研究表明：学生不经过亲身探索和发现的过程，要想把已有的真理变成已有的真知是不可能的。数学教科书使用对象主要是中小学生，如何从学生认知视角对教科书进行编排，属于教科书的学习结构系统问题。美国心理学家布鲁纳提出一个假设"任何学科都能够用在智育上是正确的方式，有效地教给任何发展阶段的任何儿童"，这一观点对于美国中小学数学教科书以及其他国家的教科书具有重要的影响。把学术形态的数学知识转化为学习形态的数学知识，按照学生的数学认知逻辑来展开，认清教科书对学生学习的适应性。教科书以学生为主体，按照学习的逻辑来展开，教材慢慢转变成学材，这是目前中小学教科书编排主要考虑的趋势。教科书从"教"的方面向"学"的方面转化，需要进一步了解学生的学习起点，预计学生的学习能力，设计梯度合适的问题系列，让数学知识的产生、发展显得自然。教科书的数学学习结构是为了学生个体的学习符合学习原理，侧重主体是学生。如教科书中数学知识的呈现方式（学生习得知识的方式），"读一读""想一想""做一做""议一议""课题学习""模拟实验""观察、思考、概括"等栏目的设置，其主体都是学生。学习犹如接枝，只要找到了新旧知识的连接点，就能找到新知识的生长点、固着点，如教科书展示一个学生熟知的情景或者问题，就是为了使得学生在同一个起点集合。

教科书的学习结构是基于学习形态的数学知识，从学生的学习需要出发，将学术形态的数学知识进行学习方法的加工，或者从学习的角度对教育形态的知识进行改造，使其符合学生学习特点和认知规律，解决"怎么学""如何学"的问题。数学教科书由关注教师的"教"转向学生的"学"，逐步构建起以"学"为主体，聚焦于"学什么"来构建一种"学的课程"，这是教科书的学习结构内涵。

就基础教育学段的中小学生而言，其接受教育的根本目的就在于获得发展——为了在未来社会生活中能够更好地生存。这时的发展是全面的、整体的，其主要途径就是各门课程的学习活动，这些学习活动静态化存在于教科书上。静态的数学知识难以纳入学生的认知结构中来。通过数学课程的学习，使得学生经历学习过程，如理解问题的意义和内涵，收集必要的信息并加以分析，探求解决问题的思路，形成自己的猜想，验证和解释自己的结论等，在这个意义下，"怎样学"比"学什么"更重要，尤其是在知识发生迁移的时候。不同学段的学生，在学习数学知识时会有不同的学习结构。

算术数扩张到有理数，有理数扩张到实数，实数扩张到复数是由简单到复杂的飞跃；有理数发展到代数式，初中函数"变量说"定义扩展到高中函数"对应说"定义是由具体到抽象的飞跃；代数式延拓到函数是由常量到变量的飞跃。数学学习过程是在学生已有的数学活动经验的基础上进行的，学生在数学活动的过程中又积累了更加丰富的数学活动经验。从这个意义上说，学生的数学学习就是一个不断丰富和积累数学活动经验的过程。数学活动经验是一种过程性知识，是在数学实践活动中所形成的一种"活动图式"。它是指在数学活动过程中所建构的关于数学知识的个人意义、情绪体验和应用意识，是人们在数学活动过程中所悟出的数学道理。所以，学生只有获得丰富的数学活动经验，才能真正理解和感悟到数学的精髓和灵魂，获得必需的数学素养和数学文化修养。因此，学生如何通过数学学习而获得丰富的数学活动经验，是教科书设计者必须认真思考和研究的问题，也是教科书的重要组成部分。

（三）数学教学结构系统

从数学课堂教学来分析教科书结构，有利于更好地认识数学教科书。事实上，任何一本数学教科书上的任何内容的编排均有一条教学逻辑主线，这条教学逻辑主线就是教科书呈现出来的教学结构，某种程度上就是教科书编写者对此内容所默认的教学程序[14]。从大的方面来说，从教科书整章或者一节新课的引入，到问题的提出、概念的获得，再到例题的示范、课堂练习，最后到章节总结，构成了一个围绕数学知识的教学逻辑主线。在数学教科书中，这一条条的教学逻辑主线条，就是相应数学知识内容的教学结构。数学教科书内容不同，如"数与代数""图形与几何""统计与概率"等，教学结构未必一样；内容相同，编者不同，教学结构也未必相同，如"负负得正"乘法法则在初中数学教科书的各个版本呈现明显不同。[15]教科书呈现出来的数学教学结构系统体现着教学结构的多样性，进而体现着数学教学方式的多样性，更体现着"教学有法，但无定法"的理念。分析数学教科书，需要进一步分析每一节内容的教学结构，进而认识该套教科书的教学角度的编排特色，从而更好地认识教科书。

教科书的数学教学结构系统，是针对教师的"教"而提出的，其目的就是"把人类数千年积累的数学知识体系"变得使学生容易接受，主要解决教师"怎么教"的问题。教科书编写者为了提高知识传授的效率，把那些客观知识设计成教师易于传授的形态，以便把知识有效地传授给学生，在某种程度上还是更多考虑传授知识的方式，没有改变对知识的态度以及知识和学习主体之间那种"主客分离"的关系。教学研究和实践过分热衷于对"教的艺术"的构建，致力于"教的课程"的构建，容易忽视"学的艺术"的构建。因此学生所使用的课本被称为"教科书"，教师所编写的课时计划被称为"教案"，类似教学目标、教学方法等。学生的学习离不开教师的引导，无论是接受学习还是自主学习、探究学习、合作学习，都需要教师的引导、支援和护理。

教科书的数学教学结构结构是从教师"教"的角度来思考的。教师的角色随着社会和教育的发展而变化着，在教科书中体现着诊断者、传授者、指导者、研究者、评价者这五种角色。教师只有把握好教学主线，明确自己的角色，掌握好教育学原理，才能使教学更高效。数学教科书的一个特点就是把数学的学术形态转变为教师的教学形态，以教师为主体，按照教学逻辑结构来展开，把象牙塔上的学术形态的数学知识转变为学生更容易接受的教育形态知识来呈现。此时，教科书的数学教学结构系统的对象就是教师，应从教师的"教"来进行教科书分析。

四、结束语

从小学、初中、高中到大学乃至研究生所用教科书结构的发展来看，教科书结构的发展逐渐从偏重知识的传承过渡到偏重学生的学习。从数学教科书的使用来说，对数学教科书进行结构分析，有利于教师的教学逻辑、学生的学习逻辑与数学学科知识逻辑统整融合，以科学合理地实现数学教科书的科学价值、教育价值和发展价值，整体一贯地把握数学教科书，为数学教师课堂教学的有效实施、学生数学核心素养的养成打下坚实的基础，目的是帮助教师多角度认识与把握教科书，做好教科书的二次开发。从教科书的编写来说，如何更好地编写数学教科书使其数学知识逻辑体系符合教师的教学逻辑与学生的学习逻辑，反过来如何使教师的教学逻辑与知识系统更能促进学生的认知发展，是一个需要进一步研究的课题。当然，数学教科书的结构分析可以多方面来进行，如对应第八次基础教育课程改革的三维目标"知识与技能""过程与方法"与"情感态度与价值观"，我们可以从知识结构系统（主要反映的是事实性知识和概念性知识）、活动结构系统（包括教师的指导活动、学生的自主学习探究活动，体现的是方法性知识）和数学文化系统（主要指数学文化，体现的是价值性知识的育人部分）三部分来分析。

参考文献

[1] 王光明，王富英，杨之. 深入钻研数学教材——高效教学的前提[J]. 数学通报，2010，49（11）：8-10.

[2] 魏宏森，曾国屏. 系统论[M]. 北京：清华大学出版社，1995：288.

[3] 王策三. 教学论稿[M]. 2版. 北京：人民教育出版社，1997：209.

[4] 叶立群. 课程教材改革探索[M]. 北京：人民教育出版社，1997：62-63.

[5] 丁朝蓬. 教科书结构分析与内容质量评价[J]. 教育理论与实践，2001，21（8）：61-64.

[6] 苏鸿. 论中小学教材结构的建构[J]. 课程·教材·教法，2003（2）：9-13.

[7] 廖哲勋. 课程学[M]. 武汉：华中师范大学出版社，1991：213，217.

[8] 郭晓明，蒋红斌. 论知识在教材中的存在方式[J]. 课程·教材·教法，2004（4）：3-7.

[9] 任丹凤. 论教材的知识结构[J]. 课程·教材·教法，2003（2）：5-8.

[10] 王新民，王富英，谭竹. 数学学案及其设计[M]. 北京：科学出版社，2011：41.

[11] 陈元辉. 中国教育学七十年[J]. 北京师范大学学报（社会科学版），1991（5）：52-94.

[12] 布鲁纳. 教育过程[M]. 邵瑞珍，译. 北京：文化教育出版社，1982.

[13] 吴立宝，王光明，王富英. 教材分析的几个视角[J]. 教育理论与实践，

2016，36（23）：39-42.

[14] 吴立宝，曹一鸣. 中学数学教材的分析策略[J]. 中国教育学刊，2014（1）：60-64.

[15] 李兴贵，王新民. 数学归纳推理的基本内涵及认知过程分析[J]. 数学教育学报，2016，25（1）：89-93.

数学教科书例题功能的分析[①]

例题是数学教科书的重要组成部分,是实现数学课程目标、实施数学教学的重要资源,是数学教科书中概念、命题与习题之间的桥梁和纽带。

教科书设置例题的目的,是引导与培养学生应用基本理论分析解决问题的能力并进一步搞清基本概念,启发学生学有所用,用有所疑,疑有所思,从而将所学知识融会贯通。因此,例题在学生数学学习中有着重要的作用。学生数学概念的形成、数学命题的掌握、数学方法和技能技巧的获得以及学生智能的培养和发展,都必须通过例题和练习题的解决来实现。所以,课程专家在编写教科书时特别重视对教材中例题的选择和设计。但在实际教学中许多一线教师未充分认识到例题的价值和作用,往往轻描淡写地讲述教科书中的例题,有的甚至干脆舍弃教科书中的例题不用而选择教辅资料上的题目。究其原因,主要是教师对教科书例题的功能认识不清。而综观国内外文献,单独研究教科书例题的比较少,从理论上探讨教科书例题功能的几乎没有。为此,本文就教科书例题功能进行分析。

教科书中的例题具有示范引领、揭示方法、展示新知、巩固新知、思维训练和文化育人的功能。

一、示范引领

教科书中的例题一般都是在讲述了某个概念和命题后给出的,其目的就是利用例题来示范引领学习者如何运用所学新知分析解决实际问题。任何学习都有一个模仿的过程,而对于数学学习更是如此。因为,学习数学就要学会解题,而"解题是一种本领,就像游泳、滑雪、弹钢琴一样,你只能够靠模仿和实践才能学到它"[6],既然要模仿,就需要有范例予以示范,这时的例题就起到了这样的作用。例题示范引领的这一功能还可从例题本身的含义得出:从例题的"例"来看,如果作为动词,"例"的本意是"比照";如果作为名词,"例"的意思是"可以作依据的事物"。从中可看出,不管是作为动词使用还是作为名词使用,例题都有"示范""引导""比照"之意。教科书

[①] 此文系吴立宝、王富英、秦华合作,原载于《数学通报》2013 年第 52 卷第 3 期,被人大复印资料《初中数学教与学》2013 年第 7 期全文转载。

的例题是教科书核心内容程序化的展现,既是教师"教"的范例,也是学生"学"的范例,是这部分知识内容的"最佳原型"。因此需要充分利用教科书例题的示范引领功能,尽最大可能发挥其潜在价值,力争做到以例启思,以例促思,以例带类,举一反三,触类旁通,达到对知识的深化理解。

一般说来,教科书例题的示范引领主要体现在三个方面:一是新知应用的示范引领;二是解题程序与表述规范的示范引领;三是学习如何解题的示范引领。

首先,借助例题展示如何利用新知解决问题。通过例题的示范,使学生学会如何利用新知分析、解决相关的数学问题。

其次,通过例题展示解题过程和规范的表述。通过例题的示范,使学生明确解题表述的基本过程和规范要求,掌握解题的基本流程和规范要求,从而养成良好的解题习惯和提高规范语言表达能力。在形成解题思路之后,能清楚表达自己的思路,这也是非常重要的。教科书例题的解答过程具有非常好的数学表达的示范作用。同时,教科书的例题表达简洁、明了,通过例题解答过程的规范表述,为学生课后解答习题的表述提供样板。长此以往,可使学生养成良好的书写和数学表达的习惯,提高数学表达能力。

最后,通过例题使学生学习如何解题。教科书例题体现了一个完整的解题过程:解题思路分析、解题过程表述、解题后的反思总结,这本身提供了一个分析问题的流程,为学生解决数学问题提供了范本,这也符合乔治·波利亚的《怎样解题》的四个步骤:弄清题意—拟订计划—实行计划—回顾。通过例题示范,使学生明白解题的基本程序:先干什么,再干什么,接着干什么,最后干什么,然后通过具体解题活动,使学生逐步理解和掌握解题的步骤、方法,从而学会如何解题。

二、揭示方法

教科书例题的第二个功能是揭示分析解决问题的方法。教科书呈现新知识时,重点放在如何推导得出新知,至于如何运用新知去分析解决实际问题的方法只有通过例题的示范才能完成。数学方法不是一个孤立工具,它在解决问题的过程中才能得以体现其价值和作用。因此,方法的展现需要一个载体,这个载体就是例题。如,待定系数法的引入,教科书就是通过一个求函数解析式的例题总结揭示出来的:"像例 4 这样先设出函数解析式,再根据条件确定解析式中未知的系数,从而具体写出这个式子的方法,叫作待定系数法"[7]。多数情况下,数学方法譬如换元法、数学归纳法、分析法、综合法、解析法、反证法、三角法、向量法等都是通过例题的分析、解答而体现的。中小学教科书例题体现和展示的数学方法更多的是通用方法，而不是特殊的解题方法（即解题技巧），毕竟教科书的适用对象主要是学生，是为学生掌握基础知识、基本技能，领悟基本思想方法服务的，重在基础。

三、展示新知

教科书中的例题除了具有前两种功能外，还承载着展示新知的功能。例题承载展示的新知一般不是要求学生重点掌握的知识，而是新知的拓展延伸，多数只是要求学生了解的知识。例如，高中数学教科书三角中的"半角公式""积化和差公式"和"和差化积公式"[8]，这些以前教学大纲要求掌握的知识，《普通高中数学课程标准（实验）》只要求了解，不要求记忆，在新教科书中则利用例题的形式来进行展示。这种以例题来展示新知的情况在中小学数学教材中随处可见，特别是小学数学教科书中，多数数学知识的呈现以例题为主要方式。如"为通分要先确定各分式的公分母，一般取各分母的所有因式的最高次幂的积作公分母，它叫作最简公分母"[9]，这是一道通分的例题的分析过程，在分析中引出了"最简公分母"的新概念。又如"我们把连接三角形两边中点的线段叫作三角形的中位线。由例 4 可得三角形的中位线定理：三角形的中位线平行于三角形的第三边，且等于第三边的一半"[9]，这是在例题之后小结部分引出了一个概念"三角形的中位线"，一个定理"三角形的中位线定理"。再如，在高中一道例题后面，利用例题结果 $\frac{x}{a}+\frac{y}{b}=1$，"我们把直线与 x 轴交点 $(a,0)$ 的横坐标 a 叫做直线在 x 轴上的截距"，等等。

四、巩固新知

数学教科书例题主要是为巩固新得出的概念或者命题而设置的。这时的例题是利用新推导得出的新概念、命题进行判断、推理和计算，使学生在例题的解答过程中进一步理解、消化和巩固新获得的知识，从而把刚刚掌握的陈述性知识向程序性知识转化。程序性知识与陈述性知识的一个重要区别就是前者是动态的，后者是静态的，因而程序性知识是以"产生式（production）"这种动态形式来表现的[10]。概念和规则既是陈述性知识的核心成分，也是程序性知识的核心成分，例题是陈述性知识向程序性知识转化的第一步，使得概念和规则慢慢程序化，逐步把教科书的知识结构得以转化为学生认知结构，有效实现陈述性知识向程序性知识的转化,以加深对陈述性知识的理解与巩固。毕竟陈述性知识习得速度快,遗忘也快;而程序性知识习得速度慢,遗忘也慢。如果两者能够很好地结合,可以实现知识的深化巩固。这个过程使得学生不是单单理解和接受教科书的结论和答案,而是要掌握为解决某个问题进行的一系列的教学活动[11],获取程序性知识,此时例题实现着这种转换。

五、思维训练

人们常说"数学是思维的体操",这是由于数学学科承载着学生思维训练的任务。思维训练又主要是在利用知识分析和解决问题的过程中完成的。例题是新知和学生学会利用新知分析解决问题的桥梁,因此例题就承载着思维训练的示范和引领的功能。数学思维具有动态的、鲜活的、火热的生命形态,而中学数学中的概念、定理、公式法则等都是以结论的形式呈现出来的冰冷的美丽,掩盖了火热的思考。再者,数学题目浩如烟海,千变万化,不可能穷尽。但是教科书中的例题是有限的,这就要求例题要具有典型性和代表性。因而教科书的例题都是经过课程专家精心选择、层层审核的,所以,例题一般都蕴含着丰富的内容,特别是对学生思维的训练。思维训练隐含在分析和解决问题的过程中,只有学生充分经历利用知识分析、解答、小结等解题过程,学生的思维才能得以高速的运转。同时,一道例题的解决,不仅需要有丰富的知识作为铺垫,还需要有细致的观察、深刻的思考、丰富的联想、大胆的猜想等思维活动。因此教师在教学中,要充分利用和挖掘例题的价值和功能,来设计学生主动参与观察、比较、判断、归纳、抽象、概括等思维活动,引导学生质疑问难,有效地发展学生的智力和思维能力。

例题思维的训练主要体现在两个环节:解题思路分析和解后反思小结。而思维是对事物一般特性和规律性的概括,思维需要联系和联想。因此,在利用例题进行教学中,要引导学生具有联系的观点,不孤立地看待一个例题,要进行纵横比较,分析、概括其中的规律和数学思想方法,使得学生对知识理解和技能掌握达到更高的概括程度。如"例2:画出反比例函数$y=\frac{6}{x}$与$y=-\frac{6}{x}$的图像",解答完之后,"思考反比例函数$y=\frac{6}{x}$与$y=-\frac{6}{x}$的图像有什么共同特征?它们之间有什么关系?"[9],以例题的形式促使学生思考。有些例题的小结里面是类似问题的归纳总结,例如"几何图形都可以看作由点组成,我们只要分别做出这些点关于对称轴的对应点,再连接这些对应点,就可以得到原图形的轴对称图形；对于一些由直线、线段或射线组成的图形，只要做出图形中的一些特殊点（如线段端点）的对称点，连接这些对称点，就可以得出原图形的轴对称图形"[7]。在例题的分析与小结里有解题程序以及类似问题的思路启发，这些都有利于学生的更深层次领悟，提高思维能力。

六、文化育人

教育的本质是育人，数学教育也不例外，即要"以数学来育人"。数学育人是以数学的内容、思想、方法、精神来影响学生的思想、观念、行为、态度和精神[6]，从而培养学生追求求真、求善、求美以及理性精神，即数学文化来育人。数学文化育人主要由数学文化元素[6]在数学教学过程中对学生的熏陶而完成的。这些数学文化元素隐含在数学教材的各个部分中，包括数学例题。在数学例题的教学中，教师要深入挖掘隐含其中的数学文化元素，再利用数学教育的手段与方法，使学生体会数学文化的品位，体察数学文化和社会文化之间的互动，提高数学文化素养，达到以数学育人、促进学生发展的目的。[6] 譬如例题"某灯泡厂为测量一批灯泡的使用寿命，从中抽查了100只灯泡，它们的使用寿命如下表所示：…这批灯泡的平均使用寿命是多少？"，在一旁批注"用全面调查的方法考察这批灯泡的平均使用寿命合适吗？"，利用此题教育学生，当要考察的对象很多，而考察本身带有破坏性时，统计中常常通过用样本估计总体的方法来获得对总体的认识，使其学有所用，有效解决生活问题。再譬如"确定一个适当的月销售目标是一个关键问题，如果目标定得很高，多数营业员完不成任务，会使营业员失去信心；如果目标定得太低，不能发挥营业员的潜力"，如何把握度，促进员工的积极性。

教材中例题的几种功能是含在例题之中的，需要教师去深入发掘和充分利用，才能有效发挥例题的各种功能，获得教学的最大效益。

参考文献

[1] 中华人民共和国教育部. 义务教育数学课程标准(2011年版)[S]. 北京：北京师范大学出版社，2011.

[2] 范印哲. 教材设计与编写[M]. 北京：高等教育出版社，1998：11.

[3] [美]乔治·波利亚. 数学的发现：对解题的理解、研究和讲授[M]. 刘景麟，曹之江，邹清莲，译. 北京：科学出版社，2006：5.

[4] 丛立新. 课程论问题[M]. 北京：教育科学出版社，2000：220.

[5] 王芝平. 构建三角函数刻画周期现象——任意角三角函数概念的教学反思[J]. 数学通报，2012，51（1）：25-26，12.

[6] 王富英，马岷兴. 数学文化教育及其结构[J]. 数学通报，2008，47（7）：6-10.

数学教科书习题功能的分析[①]

教科书的习题是编写者根据教材的知识内容和课程标准的要求精心设计和挑选的，具有基础性、典型性与发展性，是数学教科书的重要组成部分，它既是学生巩固数学基础知识、训练数学基本技能、积累数学基本活动经验与领悟数学基本思想的重要平台，也是沟通数学知识之间、数学与生活之间、数学与其他学科之间的桥梁与纽带。但在实际教学中许多一线教师未真正认识到其价值，对其重视程度不够，没有充分利用好，甚至有个别老师认为教科书上的习题太简单，于是干脆直接舍弃不用而大量选择教辅资料上的题目。果真如此吗？未必。本文就教科书习题功能进行分析研究，加强对教科书习题资源的开发与利用，提高课堂教学质量，促进学生发展。

数学教科书中的习题主要具有以下几种功能。

一、巩固强化新知

数学教科书习题的首要功能是帮助学生消化和巩固新知。根据行为主义学习理论，新知的学习需要一定数量的练习，才能达到消化巩固的作用。我国数学教学也十分注重"熟能生巧"。教科书在讲述了数学概念、命题和一些示范性的例题之后，需要一个"熟""固"与"化"的习得过程，这就需要通过一定数量的练习，教科书为此配备了一定数量的习题。这类习题难度不大，主要作用有两个：一是熟悉消化新知，二是对新知的巩固，从而得以固化进入长时记忆，在此基础上才能融汇变通，举一反三，达到"生巧"的效果。从习题的"习"来看，本意是"动词：幼鸟在鸟巢振翅试飞"，慢慢演变成"动词：演练、模仿"到"形容词：熟悉的、有惯性的"，最后成为"名词：惯性、稳定的生活方式"。从中可看出，习题具有"演练""巩固"之意。教科书的习题就是为强化学生对基本概念和基本思想的理解和掌握，强化运算、作图、推理、处理数据以及科学计算器的使用等基本技能训练而设置的。如人民教育出版社初中数学教科书有"复习巩固"部分；在澳大利亚教科书

[①] 此文系吴立宝、王富英合作，原载于《教学与管理》2014 年第 11 期第 66～68 页。

the Heinemann Maths Zone 7-10 VELS Enhanced 中也单独设置"Skill"部分。巩固强化新知的功能具体体现在三个方面：

第一，能知道或举例说明对象的有关特征，后者根据对象的特征，从具体情境中辨认或者举例说明，在此过程中进一步理解、消化和巩固新获得的概念、命题等。任何习题都必有未知量，也总有某些东西是已知或者给定的，有把未知量与已知量联系起来的条件。条件是问题的核心部分。习题给定的条件不同，问题的难易程度也是不同的。学会如何把习题的问题转化成与之等价的另一个问题，最后得以解决，这个需要练习消化过程。

第二，模仿例题，仿照例题的解答方式，进行模仿性学习。概念和规则既是陈述性知识的核心成分，也是程序性知识的核心成分[1]，例题是陈述性知识向程序性知识转化的第一步[2]，习题是陈述性知识向程序性知识转化的第二步。毕竟任何学习都有一个模仿的过程，而对于数学学习更是如此。在解答习题的过程中体会理解新知识的概念、命题与法则，从而有效实现陈述性知识向程序性知识的转化。因为，学习数学就要学会解题，而"解题是一种本领，就像游泳、滑雪、弹钢琴一样，你只能够靠模仿和实践才能学到它"[3]。

第三，把解决的课后习题作为一个范例，用于解决其他问题，为以后求解类似问题起到示范指导作用。例如，人教 A 版普通高中课程标准实验教科书《数学 1（必修）》习题中的摩根定律、换底公式；人教 A 版普通高中课程标准实验教科书《数学 4（必修）》138 页 B 组第 4 题，推导公式 $\cos(x+y)$。

二、拓展延伸新知

数学教科书中的习题还承载着拓展延伸新知的功能。教科书中的习题有时显性或者隐性地拓展延伸概念与命题的内涵，使得与正文中的内容构成一个良好的知识逻辑体系，有利于学生行之有效地形成概念域与概念系、命题域与命题系。[1]例如，人教 A 版普通高中课程标准实验教科书《数学 5（必修）》第二章在等差数列的通项公式后配备了习题"已知等差数列 $\{a_n\}$ 的公差为 d，求证：$\frac{a_m - a_n}{m - n} = d$"。这个习题是等差数列的一个重要性质，它的变形 $a_m = a_n + (m-n)d\ (m, n \in \mathbf{N}^*, m > n)$ 是等差数列通项公式的推广。这个公式及其变形在解决有关等差数列的问题中应用十分方便，它与正文讲的通项公式构成了等差数列通项公式的命题系，从而使习题拓展延伸了新知，这些新知与教科书的正文所讲述的知识一起构建了知识的完整结构体系。如此处理方法在教科书很多地方都可见到，譬如在澳大利亚教科书习题涉及连分数，渗透着无理数的有理逼近思想。[4]

教科书拓展延伸新知还表现在为后面学习内容作铺垫，起着承前启后、承上启下的桥梁纽带作用，为即将讲授的新内容做好预习或者为后面的内容或者方法埋下伏笔。例如人教 A 版普通高中课程标准实验教科书《数学 4（必修）》第 22 页 B 组第 4 题。

三、综合应用新知

学习知识的主要目的在于应用。《普通高中数学课程标准（实验）》提出："数学应用的巨大发展是数学发展的显著特征之一。"因此，教科书在讲授完新知后的主要任务就是要使学生学会能运用新知去分析、解决生活、生产和科学中的问题。在中学阶段，除了给予学生一定数量知识的同时，还应该教会学生运用知识解决问题的能力。而这个任务的完成是在例题的示范引领之后，通过一定数量的习题来达成的。教科书习题的应用主要体现在三个方面：一是数学知识内部的应用；二是新的生活情境的应用；三是在其他科学背景中的应用。

学生在解决实际问题的过程中，通过对事物的观察、分析、综合、抽象从而逐渐提高发现和提出数学问题的能力。虽然仿照某个问题的解法，去解决类似的问题是一件比较容易的事情，但是如果问题情境不类似，就不会那么容易了。"近年来，我国大学、中学数学建模的实践表明，开展数学应用的教学活动符合社会需要……高中数学课程应提供基本内容的实际背景，反映数学的应用价值。"因此，不管国内还是国外教科书，在习题的设置方面都有一个显著特点，就是通过习题把新学习的知识应用到新的情境之中，使学生能运用所学的新知解决新问题，譬如我国人教版初中数学教科书习题设有模块"综合运用"；在澳大利亚 *Heinemann Maths Zone 7-10 VELS Enhanced* 教科书设有模块"Application"（应用）。学生通过类比、联想、迁移等方式，将刚刚学过的数学知识经验、思想方法应用于新的情境，体会数学知识内部、数学知识与其他学科知识、数学知识与实际生活之间的有机联系，进一步理解数学的本质，在这个过程中逐步认识到：数学与我有关，与实际生活有关，数学是有用的，我要用数学，我能用数学。毕竟教科书习题的设置不是单纯依靠学生简单操练来代替理解与创新，需要学生具备能够在陌生环境有效提取知识应用知识的能力。

四、思维能力训练

"数学是思维的体操。"由于数学学科的特点，教科书习题承载着学生思维训练的任务。思维需要联系和联想。思维训练主要是在学生利用知识分析和解决问题的过程中完成的，这个过程需要在问题解决中来完成，习题是一个有效的载体。在数学中能力指的是什么？能力就是解决问题的才智——我们这里所指的问题，不仅仅是常规的，还包括那些要求有某种程度的独立见解、判断力、能动性和创造精神的问题。[3]习题思维的训练主要体现在两个环节：解题思路分析和解后反思小结。对同一个习题在思路分析以及后面反思时可以有多种思考方向，通过对习题的解答的探索、研究、引申、推广，对学生进行一题多解、一题多变、一题多思、一法多用和不同层次习题的内在联系的揭示等探究活动，既可使学生掌握知识之间的内在联系和规律，做到解一题、带一串、通一类，提高解题的效率和解题能力，又可培养学生的数学思维能力、探索发现能力与研究能力，有效训练学生发散思维，从而促进学生的发展。"普通教育有用，不是因为我们记住了我们学习过的任何东西，也不是因为我们能够运用这些东西，而是因为这些东西有助于我们思维、感觉和想象。"[5]毕竟教科书中的习题除了它本身提出的问题外，还有着许多未曾写进也不可能写进教科书的问题。对这些问题，学生（当然不是所有学生）是有能力进行探讨的。学生通过自己的探讨，能加深对知识各部分之间联系的认识，培养和发展自己观察、分析、提出并解决问题的能力。通过习题的分析过程，锻炼学生思维的严密性、精致性与整体性；通过对习题思考的发散性，培养学生思维的广阔性；根据习题题目的题设及时调整思路，训练学生思维的灵活性与敏捷性；通过习题的题设条件的各个细节，培养学生思维的缜密性；通过学生对问题的奇思妙想，培养思维的创新性。只有学生充分经历利用知识分析、解答、小结等的解题过程，学生的思维才能得以高速的运转。一道习题的解决，不仅需要有丰富的知识作为铺垫，还需要有细致的观察、深刻的思考、丰富的联想、大胆的猜想等思维活动。毕竟高考也在变，譬如新高考的能力框架为：空间想象能力、抽象概括能力、推理论证能力、运算求解能力、数据处理能力以及应用意识和创新意识。[6]自主招生考试题总体上贯彻了《考试说明》的精神，确立以能力立意的指导思想，确立能力立意的命题原则，将知识、技能、能力和素质融为一体，全面考查检测学生的数学能力。教科书中讲授新知识后的"练习"和基础题主要是熟悉和巩固新知，思维训练的习题主要是由A组题中的中档题和B组题以及探究性习题和应用型习题组成的。

五、思想方法渗透

《普通高中数学课程标准（实验）》要求："通过典型例子的分析和学生自主探索活动，使学生理解数学概念、结论逐步形成的过程，体会蕴含在其中的思想方法。"教科书习题还有一个功能是揭示方法。教科书在讲授新知识时重点在于如何推导得出新知，如何运用新知去分析解决实际问题，只有通过例题和习题来介绍。但由于例题不能太多，运用新知解决问题的思想方法不能一一用例题展示，因此，有些方法就需要进一步在习题中体现和完成。方法离不开知识，必须依托知识，蕴含于知识之中，习题就是除例题之外的另外一种重要的载体，教科书在设计习题时就把一些重要的数学思想方法置于习题中，但由于这些思想方法是蕴含在习题中的，就需要教师与学生进一步挖掘。教学中，教师引导学生以教科书的习题为载体，常常反思，总结提炼，从而达到深层次的理解——形成方法。当然方法是有层次的，可以是宏观的方法，也可以是微观的方法。中小学教科书习题关注更多的是通性通法，而不是特殊的解题技巧、特殊的解题方法，例如有些习题层层设问，步步引导，逐渐加以解决，有些先猜想结论，然后进行验证，逐步总结方法，这样的例子数不胜数。毕竟，教科书的习题面向的是学生，是为学生掌握基础知识、习得基本技能、领悟基本思想方法服务的。譬如立体几何的一些问题可以归结为平面几何的问题，这种把空间图形问题归结为平面图形问题，实际上乃是画法几何研究的对象，有效沟通平面与立体图形之间的关系。如人教A版普通高中课程标准实验教科书《数学2（必修）》第73页A组第2题、第5题渗透着"面面—线面—线线"的转化思想。

六、诊断反馈补救

教学的效果如何、学习的效果如何需要进行诊断反馈，并根据诊断反馈的情况及时进行补救，这就需要对教师的教与学生的学习进行评价。"对学习的评价就是对学习的成效做出价值判断的一项活动。"[7]其目的主要是检验学习的效果，这种评价一般以习题为载体进行。诊断表现在两个方面：一是对教师"教"的诊断反馈；二是对学生数学学习的诊断反馈。诊断不是目的，诊断是为了补救，为了改进，补救教师"教"的疏漏和学生"学"的遗漏。

习题诊断反馈主要是通过学生作业即完成教科书的习题后教师评改作业进行的。通过教科书的习题练习，教师及时确定学生"学"的水平，教师"教"的效果，以利于教师可以及时掌握学生对新知的学习情况，进行诊断，从而查漏补缺，再通过后面的习题进行矫正和弥补，体现习题的补偿诊断功能。如果学生解题出现障碍，教师应从知识结构深处分析造成学生学科学习困难的深层原因，诊断学生缺乏的是陈述性知识、程序性知识还是策略性知识，然后辅以适当的补救措施，达到弥补缺陷的目的。譬如学生做错了题目，教师应该指导学生分析错在哪里，是概念不清？还是错用了定理？抑或是计算上或逻辑上出了毛病？使学生能认清问题的所在并加以改正。教师也反思自己在教学中出现的问题：概念没有分析透彻？数学活动中指导不够？对学生的关注不够？等等。例如人教 A 版普通高中课程标准实验教科书《数学 1（必修）》关于函数定义的习题。

七、育人功能

习题蕴含着丰富的数学文化元素，如经典的数学习题、丰富的数学思想方法、广泛的数学运用、严密的数学推理等。通过解答习题的过程，这些数学文化元素便会逐渐渗透到学生的心灵，影响着学生的学习行为、情感、态度与价值观。具体来说表现在以下几个方面：

第一，习题的形式及内涵影响着学生的数学学习方式。学生通过习题学到的学习方式可以迁移到相关学科相关内容的学习之中。譬如人教社初中数学习题系列的"拓广探索"，通过一道道典型的习题，培养学生数学逻辑推理能力以及数学归纳、类比能力，养成理性思维精神，养成求实、说理、批判、质疑等理性思维习惯和锲而不舍的追求真理精神，达到育人目的，符合《普通高中数学课程标准（实验）》倡导的"数学在形成人类理性思维和促进个人智力发展的过程中发挥着独特的、不可替代的作用""数学教育作为教育的组成部分，在发展和完善人的教育活动中、在形成人们认识世界的态度和思想方法方面、在推动社会进步和发展的进程中起着重要的作用""它使学生掌握数学的基本知识、基本技能、基本思想，使学生表达清晰、思考有条理，使学生具有实事求是的态度、锲而不舍的精神，使学生学会数学的思考方法解决问题、认识世界"[8]。数学是一门逻辑性很强的学科，没有逻辑就没有数学。需要注重对学生逻辑思维能力的训练，利用数学培养学生讲道理，有理有据的论证是非常重要的，不能存有侥幸心理。

第二，通过习题进行数学文化的渗透。习题解答与应用过程渗透着文化意识，通过习题可培养学生养成良好的行为习惯，有效促进学生全面发展，使学生成为一个"文化人"。"学校应该关心学生毕业离校时世界发生的情况，要据此来培养青少年，使他们善于适应做成人时将要遇到的情况。"[9]"数学教育本质上是数学文化的教育。"[10]数学教科书作为"育人"的信息载体，习题是其重要组成部分。通过习题隐含的"背景""数学史"来进行渗透，一方面扩充学生的视阈，另一方面对学生进行教育。

"用教材教"而不是"教教材"，教师只有识透教科书的精神与实质，细心揣摩每一个习题，才能更加灵活地、更富有创造性地使用教科书的习题资源，不断提高教科书习题的"附加值"，从而更大可能发挥教科书习题的功能。

参考文献

[1] 喻平. 数学教学心理学[M]. 北京：北京师范大学出版社，2010：37.
[2] 吴立宝，秦华. 例谈中学数学教材例题的功能[J]. 教学与管理，2013（2）：53-55.
[3] [美]乔治·波利亚. 数学的发现：对解题的理解、研究和讲授[M]. 刘景麟，曹之江，邹清莲，译. 北京：科学出版社，2006.
[4] 吴立宝，赵思林. $\sqrt{13}$的研究性学习[J]. 中学数学教学参考（初中版），2013（4）：67-69.
[5] 陈文明. "开放性"数学习题与思维训练[J]. 数学教育学报，1996，6（2）：107-109.
[6] 任子朝，陈昂. 实施《课程标准》后高考数学能力考察研究[J]. 数学通报，2012，51（1）：1-5.
[7] 王新民，王富英. 数学高效教学构成要素分析[J]. 数学教育学报，2012，21（3）：20-25.
[8] 中华人民共和国教育部. 普通高中数学课程标准（实验）[S]. 北京：人民教育出版社，2003.
[9] Broody H S. What knowledge is of most worth? [J]. Educational leadership，1982（5）.
[10] 王富英，马岷兴. 数学文化教育及其结构[J]. 数学通报，2008，47（7）：6-10.

深入钻研教材
—— 高效教学的前提[1]

广义的教材泛指教学所用的一切材料,包括课程标准(或教学大纲)、教科书(课本)、讲义、教学参考书、练习册、课外习题集、教学挂图、教学卡片以及录像带等;狭义的教材是指教科书,即课本。本文所指的教材为教科书。数学教材是课程专家根据数学课程计划规定的教学目标、教学内容、教学要求以及学生的年龄特征和认知水平,并按照数学学科的科学性、系统性、严密性、实用性、教育性以及教学法的要求,为在校学生编写的数学学习的专门用书。它是教师备课、上课、布置作业和检查学生学业成绩的基本材料,也是学生自主学习的基本材料,是学校师生教与学的主要依据。但是,数学教学实践中,有一些教师只注重习题的钻研,而忽略对教材内容中知识的本质特征与内在联系的深入钻研,教学过程中采用撒大网、题海训练的教学方式,弥补学生知识理解的不足,造成学生在数学学习过程中备尝辛苦,不堪重负,对数学产生倦怠;还有一些教师只重视知识的钻研,轻视数学教育价值和作用的钻研,造成学生数学学习成绩尚可,但只是将数学作为贪功求名的阶梯,体味不到数学教育散发的芳香。因此,认真钻研和把握数学教材是高效率数学教学[1]的前提,是提高数学课堂教学质量的重要保障。

钻研数学教材一般有两个纬度:知识纬度和教育纬度。

一、知识的维度:博观约取与见微知著

博观约取指在数学概念、定理、公式、法则、方法等构成的知识结构体系中看待具体数学知识。教师钻研教材,绝不是孤立看待某章节的教材内容,而是钻研各章节内容之间的联系,还要考虑各章节内容与上下级学段是如何衔接的,同时要立足高学段,俯视低学段的内容。

在纵横联系中钻研各教学内容单元,才会识得"庐山真面目",认识到教材内容在整个数学教材中的地位、作用。譬如,平面几何中的"点到直线的距离",它是整个中小学数学中"距离"概念的一个环节,又与线段的长、斜

---

[1] 此文系王光明、王富英、杨之合作,原载于《数学通报》2010年第11期,被人大复印资料《高中数学教与学》2011年第4期全文转载。

线、垂线有关，它是平行线间的距离的基础，与立体几何中点线、线线、点面、线面、面面间的距离息息相关，还与解析几何中中点线距离公式，乃至代数、物理中的速度、时间路程间的关系式都密切相连。只有在博观而约取中才会充分认识到点到直线的距离的重要性。

见微知著指深入钻研具体数学知识与练习题，尤其要重视对基本概念与知识的深入钻研，对具体知识要做到：见微以知萌，见端以知末，故见象箸而怖。我国知名数学教育家傅种孙指出："越是起初的东西，若是追究起来，越是困难。这是涉猎过算理哲学的人，都知道的。"[2]而在中小学的数学教材中，这种"起初的东西"，却往往不为教师所深入钻研。譬如，等式的概念及性质为构筑所有等式的"起初的东西"，但往往被一瞥而过。实际上，等式也即"换句话说"，当然可以若干次地"换句话说"。等式 $A=B$ 中的 A，B 必有同有异（和而不同），无同则不能相等，无异则没有写等式的必要。等式具有自反性与传递性，我们要善用这些等式的起初性质，并对之有足够的敏感性。通过等式的传递性，会有许多新的发现或建构。张景中先生正是通过单位为 1 的菱形面积等于该菱形任一角的正弦，而建构了三角函数的新定义。

关于具体概念需要钻研的主要内容：该概念是否是关键概念或与该节内容的关键概念之间是什么关系，与其他章节（甚至不同学段）的哪些概念有什么息息相关的关系，这些密切相关的概念构成了什么样的概念图等。对具体的数学公式需要钻研的主要内容：公式的结构、特征；成立的条件；适用范围和公式的变化形式等。关于定理需要钻研的主要内容：条件与结论的内在联系；适用范围与作用；定理的变化形式（逆命题、否命题、逆否命题各是什么，是否成立，可否推广，特殊情况为何等）。关于例题需要钻研的主要内容：例题的条件是什么，结论是什么，条件对结论起何作用，在此条件下还会得出那些结论，改变条件结论如何，改变结论条件将有何变化，条件与结论有何特征，它与哪些教材中哪些习题有联系，与哪些知识有联系，对典型例题最好按照图 3-2 所示进行分析。

对习题需要钻研的是习题搭配与编者意图分析。分析的主要内容：教材中练习题、习题和复习题中的习题是如何搭配的，它们之间有何关系，编者这样搭配是何意图，突出了什么，体现了什么，强调了什么，哪些习题是巩固知识形成技能，哪些习题是课本知识的补充与深化，哪些习题是为后面学习做好铺垫，哪些习题是培养学生某种能力等。

"根虚本不固，源浊流难清"，具体知识是数学学习的重要根基。在见微知著中钻研具体数学知识与例题，才会让学生认识到数学知识的"月晕而风，础润而雨"。

博观约取是为了避免钻研数学教材中"见林不见树木",见微知著是为了防止钻研数学教材中"见树木不见林"。

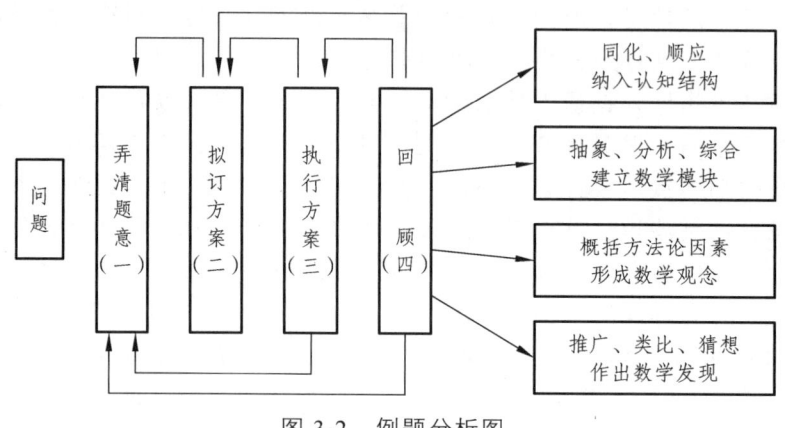

图 3-2 例题分析图

二、教育的维度:宏观体味与微观寻味

世间万物,有韵则生,无韵则死;有韵则雅,无韵则俗;有韵则响,无韵则沈;有韵则远,无韵则局。钻研数学教材,不仅要钻研知识,还要钻研数学之韵味,教师对数学之韵味没有感受或体味苦涩,难以让学生品尝到数学之甜美味道。

Paul Ernest 引用 Hersh 的话说过:"问题并不在于教学的最好方法是什么,而在于数学到底是什么……如果不正视数学的本质问题,便解决不了关于教学上的争议。"[3]对数学的整体感受是非常重要的,它将成为我们数学教育的放大镜。宏观寻味即从宏观上感受数学的味道。道可道,非常道,数学之整体味道需要体味。譬如,反映数学固有的求真、求善、求美以及理性,数学知识的联通性,数学思想方法的贯通性,数学推理之逻辑严谨,数学思维体操之美妙,数学应用之魅力四射等散发着数学之味道,该气息是一种整体的意境,我们宏观体味才能感受其浓浓的数学味道。知识有恒姿,味道无定检,但味道如悠悠花香,蕴藉众生之心灵。

齐民友指出:"历史已经证明,而且将继续证明,一种没有相当发达的数学的文化是注定要衰落的,一个不掌握数学作为一种文化的民族也是注定要衰落的。"[4]《普通高中数学课程标准》(实验稿)在课程基本理念中也明确提出要体现数学的文化价值。关于具体的章节内容,我们需要钻研其文化教育功能。言有尽而意无穷,教材中的数学知识是有限的,对学生也未必终生受用，但蕴含于教材中的文化教育的意味却丰富多彩，格高调逸，趣远情深。微观寻味即聚焦于具体的教材内容，探寻其多种文化教育意义的味道，做到"众里寻他千百度"。有一些文化教育功能的素材，是课程制定者从数学教育和文化教育的角度出发，遵循学生的认知规律，用通俗的语言、生动形象的表达方式，将数学的内容、思想、方法、语言和数学的学术价值、社会价值、教育价值与人文价值进行整合，并有机地融入教材之中。这表现在教材中为插图、脚注、阅读材料以及数学故事与史料等教材制定者蕴思含毫的材料，这些需要我们基于文化的口味，追寻其文化教育的味道。还有一些具体内容，需要我们从多方寻觅其文化教育之意味：该教材内容与哲学的联系（世界观、方法论与辩证法，尤其是关于数学观以及数学思想方法的认识）；与艺术的联系（美学价值）；与历史的联系（不仅是数学内史，还包括文化、政治、社会等因素对数学发展的影响，数学及数学家对人类历史的影响等外史）；与德育教育的联系（道德品质、理性精神等）；与思维科学的联系（数学思维方法与能力，尤其要让学生体味数学抽象思维与概括思维的魅力）；与社会学的联系（社会价值）；与其他自然学科和生活实际的联系（数学建模或数学应用），等等。譬如，对"勾股定理"这一微观知识，可寻觅到九种数学文化味道：① 多种证法的魅力；② 与数学内部其他内容的联系（费玛猜想、鲍恩猜想、不定方程等）；③ 定理发现的有关数学史料与人文趣事；④ 与艺术的联系（达·芬奇的画）；⑤ 与其他学科的联系（如建筑学、金字塔的建造等）；⑥ 与创造思维的联系（勾股定理的推广等）；⑦ 美学价值（艺术的美、图案的美、赵爽弦图证明的简洁美等）；⑧ 对人类社会的贡献（大禹治水，与外星人交流的语言等）；⑨ 各个民族对勾股定理的发现等。[5]

钻研教材不仅仅是为了将数学知识理解得透彻，还要探究如何让学生受到数学的教育，让学生在数学的世界里自由地翱翔。教师从宏观上体味数学之山情水性，微观上天巧地灵挖掘数学的文化教育功能，借人工人籁而毕传其妙，必然有助于学生感悟数学之味美、摄取数学文化之佳肴。

最后要说明的是，教材只是供师生使用的教学材料，钻研教材是深刻理解教材的过程，也是加工教材的过程。深刻理解既包括深刻理解数学，也包括深刻理解具体数学知识。加工教材既要基于教材，又要超越教材。基于教材就是要立足于教材，全面解读教材和深入分析教材中的知识；而超越教材就是要用教育的视角，宏观把握和积极感受数学，钻研如何让学生在数学学习中沐浴数学的博大精深。同时，挖掘和拓展教材的文化功能，钻研如何让学生在数学文化的熏陶中陶情适性，心慕手追。

参考文献

[1] 王光明. 数学教学效率论（理论篇）[M]. 天津：新蕾出版社，2006.
[2] 李仲来. 傅种孙数学教育文选[M]. 北京：人民教育出版社，2005：90.
[3] PAUL ERNEST. 数学教育哲学[M]. 齐建华，张松枝，译. 上海：上海教育出版社，1998.
[4] 齐民友. 数学与文化[M]. 长沙：湖南教育出版社，1991：12-13.
[5] 王富英，马岷兴. 数学文化教育及其结构[J]. 数学通报，2008（7）：6.

怎样确定教学的重、难点[①]

教学重、难点的确定是教师进行教学设计时必须面对和进行的工作，而能否正确地确定教学的重、难点是高效率数学教学[1]的前提，是提高数学课堂教学质量的重要保障和关键。但我们发现，在日常教学设计时往往有许多教师不能正确地确定教学的重、难点，究其原因主要是对教学重、难点的意义和特征把握不准，缺乏一些确定重、难点的方法。为此，本文就教学重、难点的含义、特征以及确定方法做些讨论。

一、教学重、难点的含义

1. 教学重点的含义、类型与特点

教学重点（简称重点）是指教学中的重点内容，是课堂教学中需要解决的主要矛盾，是教学的重心所在。教学重点是针对教材中的学科知识系统、文化教育功能和学生的学习需要而言的。因此，它包含重点知识和具有深刻教育性的学科内容。重点的形成主要有以下三个方面：从学科知识系统而言，重点是指那些与前面知识联系紧密，对后续学习具有重大影响的知识、技能，即在学科知识体系中具有重要地位和作用的学科知识、技能；从文化教育功能而言，重点是指那些对学生有深远教育意义和功能的内容，主要是指对学生终身受益的学科思想、精神和方法；从学生的学习需要而言，重点是指学生学习遇到困难需要及时得到帮助解决的疑难问题。

相对于形成重点的三个方面，重点可分为知识重点、育人重点和问题重点。按重点的地位和作用，重点又分为全书重点、章节重点（或单元重点）、课时重点。全书重点一般是贯穿于整个中学数学重要的数学思想、方法与起核心作用的数学知识和技能，它是重点的最高层次，如"函数与方程的思想"和"函数"就是高中数学的重点，这是由于"函数与方程的思想"和"函数"贯穿于整个高中数学学习之中，是高中数学重要的数学思想和支撑高中数学的主干知识。章节重点或单元重点是贯穿于全章节或单元的主干知识、技能与方法，它的地位和作用不如全书重点，属于中等层次。课时重点是指课堂

[①] 本文原载于《中国数学教育》2010 年第 1~2 期。

教学时的重点。课时重点可以是章节重点或单元重点，也可以不是。如，对于学生学习中普遍存在的疑难问题，教师教学时就会专门拿一节补救课（或称为纠错课）来解决。这时如何消除学生存在的疑难问题就成为教学的重点，即课时重点，但问题解决后，若它在后面的学习中又不起支撑和奠基作用，则它就不再是重点了。对这类只限于该节课的重点（一旦该节课学习结束后它就不再是重点了），我们称其为"暂时重点"。如，数学教学重点是由数学知识体系和数学育人系统（又可称为数学德育系统或数学文化教育系统[2]）在学生学习中的地位和作用以及学生的疑难问题决定的。它是数学教材中最重要的基础知识。

"数学教学重点"对学生进一步学习其他内容和数学素养的形成起着主导和关键作用，具有应用的广泛性、后继学习的基础性和育人性。同时，它又具有一定的层次性。全书重点层次最高，它主导着整个数学教学；章节重点（或单元重点）次之，它只主导本章节或单元教学，课时重点中的暂时重点是最低层次的重点。由此可知，不同层次的重点具有不同的地位、作用与特性。全书重点和章节重点在本书、全章节或单元的学习中始终处于一个重要的地位并在教学中起着主导作用，因此，它贯穿于全书、该章节或单元教学的始终，具有持续的稳定性。而课时重点中的暂时重点则具有暂时性，它的地位和作用只限于该节课本身。

"数学教学重点"对学生数学学习和教学质量的提高十分重要，重点内容的学习不仅要求学生理解，还要求学生掌握和熟练运用，即重点在教学中应具有突出的地位。教学设计时，不论是教学目标的确定、教学活动的安排（包括教师的分析讲解、学生的交流讨论与巩固练习等），学生练习题的设计都应围绕重点进行。例如，对重点内容练习的设计，必须提供给学生一定数量的、不同层次的练习题，既要有单项练习，还要有变式练习和综合练习。只有这样，才能使学生真正做到对重点内容的巩固、理解、掌握和熟练运用。

2. 教学难点的意义与形成原因

教学难点（简称为难点）是指那些太抽象的、离学生生活实际太远的、过程太复杂的、学生难于理解和掌握的知识、技能与方法。

难点的形成主要有以下方面的原因[3]：一是该知识远离学生的生活实际，学生缺乏相应的感性知识；二是该知识较为抽象，学生难于理解；三是该知识包含多个知识点，知识点过于集中；四是该知识与旧知识联系不大，或对旧知识掌握不牢，或大多数学生对与之联系的旧知识遗忘。

在教学中，如果难点属于第一种，教学中应通过利用学生日常生活经验，充实感性知识得以突破；若难点属于第二种，教学中则利用直观手段，尽量使用知识直观化、形象化，使学生看得见，摸得着，如"数学归纳法原理"就很抽象，学生理解起来很困难，教学时教师可列举多米诺骨牌试验、放鞭炮等实例，将抽象的归纳法原理具体化、直观化，使学生看得见，从而可帮助学生突破、化解归纳法原理理解的难点；如果难点属于第三种，则应分散知识点，各个击破；如果难点属于第四种，则应查漏补缺，加强旧知识的复习。因此，突破难点的关键在于对造成难点的原因进行分析，原因找准了，对症下药就不难了。

3. 教学重、难点的联系与区别

教学重点和难点具有不同的性质。难点具有暂时性和相对性。难点内容一旦被学生理解和解决了，难点就不复存在了，这就是难点的暂时性。同一知识与方法对一些学生（一般学校）可能是难点，而对另一些学生（重点学校）就可能不是难点，这就是难点的相对性。而重点一般都具有一定的稳定性和长期性（只有少数的课时重点具有暂时性，如暂时重点）。它并不因为学生的理解和掌握就消失，而是在一定的教学阶段会贯穿于教学的始终。这是由于重点内容大多在知识系统中和育人功能上具有重要的地位和作用所致。如，高中数学中重要的数学思想方法：数形结合的思想、分类整合的思想、划归转化的思想等，就具有稳定性和长期性，它一直是贯穿于整个高中数学教学始终的教学重点。

教学重点与难点又有一定的联系。有些内容是重点而不是难点，有些是难点而不是重点，而有些则既是重点又是难点。如，三角函数中的二倍角余弦公式及其变形的运用既是重点又是难点。一方面，它是三角函数式变换中起着支撑作用的重要公式，在高考中几乎是每年必考的内容，因此它是三角函数部分教学的重点；另一方面，由于它的变形较多，运用的灵活性较强，而且还需要众多的数学知识、技能与方法，大多数学生学习、掌握起来都有较大的难度，因此它又是数学教学中的难点。

二、确定教学重、难点的方法

怎样确定教学中的重点与难点呢？笔者通过多年的教学实践和观察分析一些优秀教师的教学案例，发现主要有以下五种方法：地位作用分析法、课题分析法、例习题分析法、理论分析法、学情分析法。

1. 地位作用分析法

根据重点的含义，教材知识体系中具有重要地位作用的知识、技能与方法是教学的重点。所以，可以从分析学习内容在教材知识体系中的地位和作用来确定其是否为教学重点。例如"函数的单调性"，它是函数的重要性质，在各种函数的研究中都会涉及，而且它也是比较函数值大小、求函数的极值与最值以及证明不等式等的重要工具，所以，尽管大纲和考纲都只把它列为了解层次，但由其在函数的研究和解决数学问题中的地位作用可知，它必须是教学的重点。又如"基本函数的图像"，它既是初等数学中研究函数性质的重要工具和手段，也是数学解题中运用"数形结合思想"的重要工具，所以它是教学的重点。再如"向量"，由于向量具有数与形的双重特征，利用它处理数学中许多问题，如长度、角度、平行和垂直等问题，比传统方法更快捷、方便和有效，从而成为数学学习研究中的一个重要工具，所以它是教学的重点。这些教学重点都是根据数学知识、思想和方法在数学学习研究中的重要作用而确定的。

2. 课题分析法

很多情况下学习内容的标题（课题）就明确了将要学习的主要内容，由此可以根据学习内容的标题（课题）来确定教学的重点。如"反函数的概念"，大纲和考纲都只要求了解，因此，它不是章节重点或单元重点，但在学习"反函数的概念"一节课时，由于本节的标题就是"反函数的概念"，所以，反函数概念的理解就是本课时的课时重点。教学时，为了突出"理解反函数概念"这一重点，可根据反函数概念的内涵特征把它分解为四个学习目标（这节课的知识技能目标）：能举例说明反函数存在的条件；知道反函数与原来函数定义域和值域之间的关系；能说出求反函数的步骤；能正确地求出一个函数的反函数。这四个学习目标达到了，对反函数的概念也就真正理解了，从而本节课的重点也就突出了。但在教学实践中，许多教师却把"求反函数的步骤"确定为教学重点，从而使学生对反函数概念的学习只局限于工具性理解，不能上升到关系性理解，进而也就不能真正理解和掌握反函数的概念，导致求解反函数问题时经常出错，"双基"教学不扎实。

3. 例习题分析法

重点内容的学习要求学生要达到理解、掌握和灵活运用的程度，因此，教材中一般都配比了一定数量的例习题供学生练习、巩固。所以，分析教材中的例习题的安排和配制可以确定教学的重点。如，人教版高中数学第一册（下）4.6 节"两角和与差的正弦、余弦、正切"[4]，在推导了两角和差的正切公式后，安排了两个例子。一个是逆用公式（例 3），一个是顺用公式和综合运用一元二次方程的根关系解题（例 6）。随后的课堂练习和习题分别配有大小共 18 个顺用、逆用和变用公式的习题。在复习参考题四中又有 4 个顺用和逆用公式的习题。教材这样配备例习题的目的就是要求学习者不但要能推导公式，了解公式的来龙去脉，而且还要能真正理解和掌握公式的结构特征，形成熟练运用公式解题的技能，提高运用公式分析问题和解决问题与能力，达到能灵活运用公式解决问题的目的。从例习题配备的数量、层次分析可以看出"两角和与差的正切公式"的重要性，这就说明了"两角和与差的正切公式"理应成为教学的重点。

4. 理论分析法

理论分析法是指根据数学学习理论的分析确定教学重点。根据数学学习理论，数学学习的关键在于对数学知识的真正理解。只有真正理解了数学知识意义，才能真正感悟和体会到数学的精髓和实质，才能体会到数学的博大精深和无穷魅力，才能真正发挥数学文化的育人作用，也才能真正掌握数学知识本身和灵活运用其解决问题。所以，概念教学和公式定理法则教学的第一节课都应把对概念含义的理解，公式定理法则的推导过程、结构特征以及相互联系作为教学重点。例如，如果没有对数学归纳法原理真正理解，而只是机械地运用两个步骤证明数学题，是不能真正体会到数学归纳法的魅力和作用的。只有对数学归纳原理真正理解后，才会发出"数学归纳法只用有限的两步就解决了无穷步的验证问题，真是太奇妙了！"的感慨。因此，如果没有对数学归纳法原理真正理解，就不是真正掌握了数学归纳法。根据以上的理论分析，数学归纳法第一节课"数学归纳法原理的理解"就理应确定为教学的重点。

5. 学情分析法（经验分析法）

学情分析法又叫经验分析法，是指教师根据往届学生学习理解本节内容的困难程度或者根据知识本身的难易程度再结合学生的理解水平来确定教学的重难点。这种方法主要用于确定教学难点。具体可根据难点形成的几个方面来分析确定。例如，"集合"就是高一数学教学的难点，一是由于集合为原始概念，它不是由已有的其他概念来定义的，因此学生头脑中没有可帮助其理解集合的已有概念，从而造成学生不易理解集合概念；二是集合涉及的知识面广，它涉及所有初中数学知识，而对许多初中数学知识学生已经生疏和遗忘；三是集合有关的新概念及相应新符号和术语较多，这些新概念、新符号还容易混淆，学生接受和理解都较困难。所以，有关集合的各个概念的含义以及这些概念相互之间的区别就是本章教学的难点。

确定教学重、难点除了掌握以上方法以外，还要求教师要具有扎实的数学专业知识与技能以及一定的数学教育理论，否则即使掌握了以上方法也不一定能准确确定教学重点。例如，有些教师把数学归纳法第一节课的重点确定为"数学归纳法的定义"或"数学归纳法的概念"，这里的错误是把数学中概念的"定义"和"名称"混淆。定义是对数学概念本质属性的概括，它是对数学概念而言的。名称则是数学事实（概念、公理、定理、公式、法则、思想、方法、规律等）的名字或称呼。例如，"圆"是圆这一概念的名称，而"圆是到一定点的距离等于定长的点的轨迹"是圆这一概念的定义，它是对"圆"的本质属性"到一定点的距离等于定长"的概括。数学归纳法不是一个数学概念，而是一种数学证明方法。这一点教材有明确的说明。教材中明确指出[5]："这种证明的方法叫作数学归纳法。"而方法的教学属于规则学习或程序性知识的学习，它与概念学习有着不同的学习方法和策略。因此，教学中对这种知识教学的途径和方法也就迥然不同。由于对概念的含义没有弄清，因此，在谈如何突出重点时有的老师就这样说"本节课突出重点的方法为，认真分析数学归纳法的概念，剖析清楚其内涵与外延并对关键词进行认真分析"，从而严重地影响了本节课的教学效果。

参考文献

[1] 王光明. 数学教学效率论（理论篇）[M]. 天津：新蕾出版社，2006.

[2] 王富英，马岷兴. 数学文化教育及其结构[J]. 数学通报，2008（7）.

[3] 张大均. 教学心理学[M]. 重庆：西南大学出版社，1997.

[4] 人民教育出版社中学数学室. 全日制高级中学数学教科书《数学》第一册（下）[M]. 北京：人民教育出版社，2006：6.

[5] 人民教育出版社中学数学室. 全日制高级中学数学教科书《数学》第三册（选修Ⅱ）[M]. 北京：人民教育出版社，2001：12.

二 教材建设

初中数学教材"去括号法则"的实验研究[①]

一、问题的提出

我国各种版本的初中数学教材[1]-[6]上都有"去括号法则"一节的教学内容。学生在学习"去括号法则"时经常会犯不能正确使用法则解题的错误,虽然教师多次纠正但仍不能彻底矫正。"能不能用其他去括号的方法来代替这一法则呢?"我在一次听课时萌发了这一思考。

那是 2003 年 10 月的一天,我到一个学校调研听课,内容为"去括号法则"。[教材:义务教育课程标准实验教材(北师大版)]。教师讲完法则后出了一组练习题。坐在笔者旁边的三个学生在做练习:"去括号 $-8(3a-2ab+4)$",他们分别给出了以下解题过程:

生 1: $-8(3a-2ab+4)=-3a+2ab-4$;

生 2: $-8(3a-2ab+4)=-83a+2ab-4$;

生 3: $-8(3a-2ab+4)=-(24a-16ab+32)=-24a+16ab-32$。

显然生 1 和生 2 的解都是错误的,而生 3 才正确。课后笔者问生 1 和生 2,"你们为什么要这样解?""你们解法的依据是什么?"他俩都说:"我们是用去括号法则来解的。根据去括号法则,括号前面是负号,应将括号和它前面的符号去掉,括号里面的各项改变符号即可。"生 3 说:"去括号法则是在括号前只有负号时才能用,这里出现了 -8,要用法则必须先变为括号前只有负号才行。"看来他们都是记住了法则的,但理解的深度不同。生 1 和生 2 只是表面上记住了法则而机械地套用,生 3 是真正理解了法则且正确地运用了法则解题,结果也正确,但解题长度增加了。而这触发了笔者的如下思考:由于去括号法则的理论依据是乘法分配律,能否不讲去括号法则,而只用乘法

[①] 此文为王富英、贾智俊合作,原载于《数学课程实践与探索》2007 年第 1 期。

分配律直接去括号呢？如果这一想法成立，则既可以避免学生的上述错误，又可缩短解题长度，节约了学生的学习时间和减少了教材的篇幅。因此，它既对学生的学习有利而且对中数学教材的建设也很有价值。

后来在一次全国性的新课程试验研讨会上，本文第一作者与南京师范大学马复教授谈了我们的想法，马复教授很感兴趣。他建议我们进行实验，并要求将实验结果写成书面材料给他。于是，我们于2004年在我区两个农村学校进行了这一问题的教学实验研究（实验者贾志俊）。

二、研究的过程与方法

1. 实验研究对象

成都市龙泉驿区黎明中学2007级七年级2、4两个实验班各48人，共96名学生（实验教师为本文第二作者）和成都市柏合中学2007级七年级1、2、3三个班共140名学生。

2. 研究过程与方法

我们采用的是对比实验研究和调查研究。整个研究分两个阶段进行。第一阶段为对比实验研究，第二阶段为调查研究。

在对比实验研究阶段，我们在黎明中学两个班分别采用"用去括号法则"去括号和"用乘法分配律"去括号的教学实验。前者我们称之为"对比班"，后者称之为"实验班"。"对比班"完全按课本上的内容和要求教学，并讲明去括号法则的依据是乘法分配律。"实验班"则不讲去括号法则，直接用乘法分配律去括号。对于形如"$-(x-2y)$"的情况，去括号时把括号前的符号看成"-1"再用分配律。新课结束后我们编制了14道只涉及去括号内容的题对这两个班进行测试。目的是通过测试比较两种方法对学生解题正确率和解题速度两个方面所产生的影响。

在调查研究阶段，我们选择另一所完全按教材编写要求进行"去括号法则"教学的学校——成都市柏合中学进行测试。由于学生在学习去括号法则时已明确了法则的理论依据就是乘法分配律，因此学生对两种方法都了解。我们这次测试的目的是调查了解学生在学了"去括号法则"一段时间后到底愿意选用哪种方法进行去括号。测试时间选在学生学完"去括号法则"2个月后，测试对象为该校2007级七年级1、2、3三个班共140名学生。这次我们编制了10道涉及综合运用去括号内容的习题。

三、研究结果的统计分析

1. 对比试验测试的统计分析

我们根据做对题的个数将学生对"去括号法则"掌握的程度分为四类：① 做对试题 1~3 个题的学生为掌握较差（差）；② 做对 4~7 个题的学生为基本掌握（中）；③ 做对 8~11 个题的学生为较好掌握（良）；④ 做对 12~14 个题的学生为熟练掌握（优）。

四类学生所占人数的百分比统计，如表 3-1 所示。

表 3-1　第一次测试不同类学生所用方法对比表（百分比）

做对题的个数	去括号法则（对比班）/%	乘法分配律（实验班）/%
1~3（差）	10	9
4~7（中）	10	9
8~11（良）	33	37
12~14（优）	43	49

依据统计结果，在解题时间方面用去括号法则解题所用时间为 9~14 分钟，用乘法分配律解题所用时间为 7~10 分钟。

综上所述，做对 1~3 个题（差）和 4~7 个题（中）的学生，实验班与对比班（均为 9%：10%）差距不大，但做对 8~11 个题（良）和做对 12~14 个题（优）的两类学生，实验班明显优于对比班（37%：33% 和 49%：43%）。在解题时间上，实验班最快的要比对比班快 2 分钟，而最慢的则更具优势，实验班比对比班少用 4 分钟。由此可以看出，用乘法分配律去括号比用去括号法则去括号的正确率更高而且解题速度更快。

2. 调研测试的统计分析

在第二次调查测试中，主要了解学生选用去括号方法的情况。对于解题时选择用"去括号法则"还是用"分配律"，以如下方式区分：解答过程为两步，如：$-a(m-n)=-(am-an)=-am+an$，视为应用"去括号法则"去括号；而解答过程只有一步，如：$-a(m-n)=-am+an$，视为应用"分配律"去括号。测试后，我们找到这两种解题过程的学生问其解题思路，他们的回答与我们的设想基本一致。这次有 140 人参加调研测试，其中 117 人选择了乘法分配律，有 23 人选择了去括号法则。其扇形统计图如图 3-3 所示。

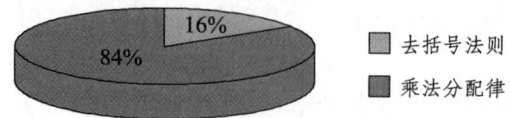

图 3-3　去括号方法选择统计图

统计图表明，即使学生学习了"去括号法则"，但到一定的时间后，都不愿意用去括号法则去括号（只有 16%采用去括号法则），而绝大多数学生都不由自主地选择乘法分配律去括号（占 84%）。测试后我们与学生座谈时问道："为什么你们都要选用乘法分配律而不用去括号法则去括号？"学生们说："用去括号法则去括号要两步才能算出，而用乘法分配律则一步就能得出结果，解题简单方便，适用快捷，特别是在综合运用时用这种方法节省了很多时间，当然我们愿意用快的！""去括号实际上就是乘法分配律的应用，而分配律我们在小学就学过，在脑子里的印象很深，时间一长就只想到利用分配律。""用乘法分配律只需要运用有理数乘法运算的符号法则就可以了，而用去括号法则还要记住一套符号法则，久了容易混淆，因此我们不愿意用。"

由以上统计和学生调查可以看出，乘法分配律去括号明显优于去括号法则去括号。其主要原因有以下几个方面：① 去括号法则增加了记忆负担和出错的机会，因此错误率高。而且去括号法则是在有理数运算符号法则的基础上又增加了一套新的符号规则，容易给学生记忆上造成困难和负担。对于学生来说，学习有理数运算的符号法则就已经是一个难点，再增加一套符号法则，容易给学生记忆上造成混乱，学习上造成困难，因此解题时容易出错。② 去括号法则增加了学习时间和解题长度，降低了学习效率。因为，去括号法则表述的是括号前系数的绝对值为 1 时的特殊情况，而对于系数不为 1 时的情况还要利用分配律转化才能利用，因此，用去括号法则去括号，增加了解题长度。同时，这一内容的学习至少要两个课时才能完成，所以又延长了学生的学习时间，相应地降低了学习效率。③ 用乘法分配律去括号的学习是同化而非顺应，易于理解与掌握。因为，学生在小学已学习并熟练掌握了分配律，此前又具有有理数的乘法法则的知识，学习用分配律去括号时直接与学生已有数学认知结构中的分配律和有理数的乘法法则发生联系，通过新旧知识之间的相互作用就能直接纳入原有的数学认知结构中去，因此学生学习时会容易接受和理解。④ 用乘法分配律去括号是回归本质，返璞归真，因为去括号法则本质上是乘法分配律的应用。而且用乘法分配律去括号没有中间转化的环节，可直达结果，从而缩短了解题长度，减少了学习时间和出现错误的机会，提高运算的正确率，相应地也就提高了学习的效率。

四、结论与建议

综合几方面的实验分析，我们认为教材专设一节内容去讲述"去括号法则"的意义不大，浪费了学生的学习时间和精力（至少多出了两个课时的学习时间），人为地加重了学生的学习负担，也增加了教材的成本。实验表明：完全可以用乘法分配律取代去括号法则去括号。所以我们建议，初中数学教材的修订和编写时可以不讲去括号法则，直接用乘法分配律去括号。这样既可以使学生去括号时少犯错误，减轻学习负担，提高学习效率，又可以节省学生的学习时间和减少教材的篇幅，降低教材的成本。

参考文献

[1] 数理化自学丛书编委会数学编写小组. 数理化自学丛书《代数》第一册[M]. 上海：上海人民出版社，1963.

[2] 人民教育出版社中学数学室. 初级中学课本《代数》第一册[M]. 2版. 北京：人民教育出版社，1989.

[3] 人民教育出版社中学数学室. 九年义务教育三年制初级中学教科书《代数》第一册[M]. 北京：人民教育出版社，1993.

[4] 人民教育出版社中学数学室. 义务教育初中数学试验课本《代数》第一册[M]. 北京：人民教育出版社，1994.

[5] 马复，义务教育数学课程标准研制组，北京师范大学国家基础教育课程标准试验教材总编委会. 义务教育课程标准试验教科书《数学》七年级上册[M]. 3版. 北京：北京师范大学出版社，2003.

[6] 王建磐. 义务教育课程标准试验教科书初中一年级（七年级）（上）《数学》[M]. 上海：华东师范大学出版社，2001.

数学教育研究
SHUXUE JIAOYU YANJIU

作为一名合格的数学教师，除了要热爱数学教学工作、具有良好的敬业精神外，还有两个必不可少条件：第一，必须有比较扎实的数学专业功底，即"要给学生一杯水，自己须有一碗水"。如，中学数学教师必须具有本科层次数学专业水平，这样才能很好地驾驭中学数学教材，对中学数学知识的来龙去脉心中有数，对知识的地位和作用把握准确，对中学数学知识中的数学思想、方法运用自如。第二，必须懂得数学教育方法，即数学教师要掌握能够将学术形态的数学知识转化为便于学生接受的教育形态的知识和易于学生自主学习、探究的学习形态知识的方法。这种将数学知识的学术形态转化为教育形态和学习形态的方法就是数学教育要研究的内容，它属于数学教学的实践和方法的学科——数学教育学。数学教育的研究成果将直接指导一线教师的数学教育教学，具有很强的实践性和操作性。它对提高数学教师的教学质量具有重要的指导作用。本篇收入的是我在数学教育研究中的一些研究文章。本篇的内容分为"数学教育理论""中学数学自主探究式学习的研究"和"各类数学知识的学习与教学"三部分。

一 数学教育理论

数学文化教育及其结构[①]

近年来,数学作为一种文化在我国数学教育界受到了广泛的重视,特别是数学文化进入数学课程标准(新的高中数学课程标准中,"数学文化"已列为一个单独的板块)后,数学文化便成了数学教育的一个热门话题。然而,学术界对数学文化的研究大多仍停留在数学文化的学术性层面,对在数学教学中到底如何实施数学文化的教育,即数学文化如何走进数学课堂的研究则明显不足,导致一线数学教师对在教学中如何实施数学文化教育感到茫然,以为"数学文化教育"就是在教学中讲点数学史、数学故事就行了,这是数学文化教育的一种误区[1]。如何使数学文化教育走出这种误区,在课堂教学中如何有效实施数学文化教育,这些问题的解决有待对数学文化教育理论与实践有关问题的研究。本文主要从理论上对数学文化教育及其结构进行讨论。

一、数学文化教育

(一) 数学文化

"数学文化"至今还没有一个大家公认的、统一的界定。一般来说,数学文化有广义与狭义之分。广义的数学文化是指数学本身就是一种文化。[2]广义的数学文化"属于科学文化的范畴",是"以数学科学体系为核心,以数学的思想、精神、知识、方法、技术、理论等所辐射的相关文化领域为有机组成部分的一个具有强大精神与物质功能的动态系统"[3]。广义的数学文化由显性的数学文化和隐性的数学文化两部分构成。显性的数学文化是指数学概念、数学公式与定理、数学方法、数学语言、数学问题等知识性成分;隐性的数

[①] 本文是全国教育科学"十五"规划课题"新课程观下数学文化教育的建设及其评价"(FHB040108)的研究成果,为王富英、马岷兴合作,原载于《数学通报》2008年第7期。

学文化是指数学思想、数学精神、数学意识和数学传统等观念性成分。观念性成分一般隐含在知识性成分之中，知识性成分是观念性成分的载体，观念性成分随着知识性成分的传承而传播，随着知识性成分的发展而发展。

狭义的数学文化专指广义数学文化中的观念性成分，即隐性的数学文化。狭义的数学文化强调的是数学对人们的行为、观念、态度和精神等的影响。

数学文化具有以下主要的价值和功能：促进人类理性精神的养成与发展；独特的教化功能；思维训练的功能；促进人创造性思维发展的功能[4]。因此，数学文化将深刻地影响人类精神生活，促进人的思想解放，提高人类的精神水平，使人变得更聪明、更丰富、更高大、更高尚和更有力量。

（二）数学文化教育

为了更好地理解数学文化教育的含义，我们先谈谈数学文化的形态。

1. 数学文化的形态

数学文化有三种形态：学术形态、课程形态和教育形态。

数学文化的学术形态是指数学文化的知识形态，它是数学文化以知识的方式存在于数学文化著作或学者们的论文之中的。其主要内容为数学文化的内涵、特征，数学文化的价值与作用，数学的文化观，东西方数学文化的比较，数学史，数学文化与社会文化和一般文化之间的关系等。

数学文化的课程形态是指将数学文化的内容有机地融入数学课程之中，使其成为数学课程的有机组成部分。它是课程制定者从数学教育和文化教育的角度出发，遵循学生的认知规律，用通俗的语言、生动形象的表达方式，将数学的内容、思想、方法、语言和数学的学术价值、社会价值、教育价值与人文价值进行整合，并有机地融入课程标准、教材以及相应的教辅音像等课程资源之中。

数学文化的课程形态包括数学史的知识；反映数学的求真、求善、求美、智慧、创新、理智、勤奋、自强、理性、探索精神等故事；反映数学重要概念的产生、发展过程及其本质；数学的应用及重要数学概念、数学思想、数学方法等介绍，如对称、主观与理性、函数概念、时间与空间、小概率事件等；数学的思维和处理问题的方式；数学科学对人类社会和经济发展的巨大作用的体现等。[5]

数学文化的课程形态除了具有数学文化的特征，还具有课程化的特征、直接反映数学本质的特征、多元化的特征和便于学习者体验的特征。[5]

数学文化的课程形态为数学文化走进课堂和实现数学文化的价值奠定了基础，是数学文化的知识形态转变为教育形态的中介和桥梁，是实施数学文化教育的关键环节。

目前，数学文化的部分内容进入了我国数学课程标准和实验教材，反映了数学文化研究的部分成果。数学文化已进入课程形态，这从操作实践的层面为实施数学文化教育奠定了基础。

数学文化的教育形态是指存在于数学教育形态中的数学文化，即教育形态的数学文化。数学文化的教育形态是运用教育学的方式加工了的、易被学生体验、感悟和接受的数学文化，是活化了的数学文化。学生处于数学文化的教育形态，能充分感受和体验到数学文化的魅力和数学的博大精深，能自觉地接受数学文化的感染和熏陶，产生文化的共鸣，体会到数学文化的品位和数学的人文精神。数学文化的教育形态具有生动、鲜活、科学化与人文化的特征。

2. 数学文化教育的含义

我们认为，数学文化教育是将静态的（学术形态和课程形态）数学文化转化为动态的（教育形态）的数学文化的活动与过程，是一种鲜活的、火热的数学文化的交流与传播的活动与过程，是数学的思想、方法、意识、精神和基本观念内化为个体的主体性心理特征的过程。因此，它既是一种社会现象，也是一种认识现象或称心理现象。

在以考试为目的数学教育中，大多数教师是以知识、技能的理解与掌握为核心来开发与组织课程资源和进行教学设计的。在数学文化教育中，教师是以"双基"的理解与掌握为基点，以数学的精神、思想、方法的领悟为核心，以数学文化素养的形成为目的，来开发、组织课程资源和进行教学设计的。我们认为，学生学习数学文化，是通过广博的文化知识滋养、高雅的文化氛围陶冶、优秀的文化传统熏染和深刻的人生实践体验而达成的。因此，在数学文化教育的教学中，教师通过采用呈现、渗透、浸润、评述等方法，在数学"双基"教学的过程中，"润物细无声"地渗透数学文化的元素和养料。同时，教师要用心为学生创设一个具有浓郁数学文化气息的"文化场"。这个"场"弥漫着优秀的文化传统，充满着高雅的文化氛围，使学生在这个"文化场"中，通过经历探究、体验、感悟、欣赏与交流的活动过程，沐浴"数学文化"的阳光，潜移默化地接受数学文化的熏陶和感染，产生文化的共鸣，逐渐提高数学素养和数学文化修养。

以考试为目的的数学教育关注的主要是学生数学考试的成绩以及掌握好

数学这个工具后以便于学习其他自然科学（如物理、化学等）；数学文化教育则除了关注掌握必要的数学工具来处理解决本学科中普遍存在的数量化问题及逻辑推理问题，还关注以下几点：使学生了解数学自身的发展和社会文化以及人类文化的关系，认识数学的社会价值和文化价值；潜移默化地培养学生的数学思维，如抽象思维、逻辑思维和形象思维以及理性思维；培养学生全面的审美情操和实事求是的科学态度等，为学生今后的进一步学习与发展打基础、做准备。

数学文化教育的理论基点是，学校是真正发生教育的地方，是系统实施文化教育的场所。学校的数学教育就是数学文化的教育，而数学文化教育才是真正的数学素质教育。

数学文化教育有两个维度："教"和"育"。

数学文化教育的"教"又由"教的内容"和"教的方式"构成。"教的内容"既有知识性成分又有观念性成分，观念性成分要有机地融入知识性成分的教学活动之中。和传统的数学教育相比，数学文化教育的内容更加丰富。传统的数学教育只是把数学看成是科学的数学（或者学科的数学），注重的是数学的知识性成分的学习，强调的主要是"三大能力"（计算能力、逻辑思维能力和空间想象能力）的培养，教学的重点在数学的形式化训练，忽视数学的实际应用、数学精神与数学意识的培养，缺少数学人文精神的教育。而数学文化教育则把数学作为科学的数学、文化的数学和教育的数学，并将"科学""文化""教育"三者有机地融为一体。它增加了数学教育的维度，丰富了数学教育的内容，延伸了数学教育的时空，增添了数学教育的活力，还原了数学的本来面目，从而使得数学教育更加完整而和谐。

由于"人是文化的主体，是文化运转的中心"，"文化所涉及的不仅仅是主、客体的关系，更是主体间的关系"[6]。这就决定了数学文化教育"教的方式"的出发点和归宿都是人，是以人为中心展开的活动，而且活动方式应是"双向互动"和"多向互动"，而不能是"单向灌输"。在教学中，"教师应激发学生的学习积极性，向学生提供充分从事数学活动的机会，帮助他们在自主探索与合作交流的过程中真正理解和掌握基本的数学知识与技能、数学思想与方法，获得广泛的数学活动经验"[7]，要让他们有足够的时间进行探索、欣赏、交流、反思、体验和感悟数学。

数学文化教育的"育"是指数学文化教育的目的是"育人"，是以数学的内容、思想、方法、精神来影响学生的思想、观念、行为、态度和精神，即"以数学来育人"。通过数学文化教育，使学生认识到数学"是人类文化的重要组成部分，是推动人类进步的产物，也是推动社会发展的动力"[8]；了解数学科学与人类社会发展之间的相互作用；体会数学的科学价值、应用价值、社会价值、人文价值和美学价值以及数学科学的思想体系和数学家的创新精神，并在数学文化教育的活动中自觉接受数学文化的熏陶，逐渐形成正确的数学观和价值观，从而提高自身的数学素养、文化修养和道德品质，最终达到以数学育人，促进学生全面、持续、和谐的发展。

由数学文化教育的两个维度可知，数学文化教育充分体现了数学的二重性，是素质教育在数学学科教学中的真正落实和体现。因此，数学教育只有上升到文化教育的层面，才能称为一个完整的数学教育。

二、数学文化教育的结构

结构是指各个组成部分的搭配和排列[9]，是由各个组成部分及联系组成的稳定系统与构建框架。数学文化教育的结构是指由构成数学文化教育的各个组成部分及相互联系所构成的稳定系统与构建框架。它是在数学文化教育观的统领下，由"数学文化源""数学文化元""数学文化丛""数学文化教育模式"和"数学文化场"组成的稳定系统与构建框架。其结构如图 4-1 所示。

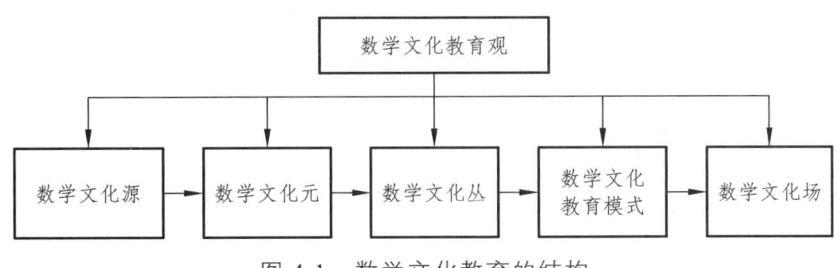

图 4-1 数学文化教育的结构

1. 数学文化教育观

有效实施数学文化教育，首先就要转变观念，树立起正确的数学文化教育观。因为，教师所持有的观念在很大程度上决定着教师所进行的教学活动，决定着教师和学生在数学活动中的地位和作用，包括两者相互作用的方式等。[2]

数学文化教育观主要指的是数学文化视角下的数学观、学习观、教学观和质量观。

数学文化视角下的数学观是动态的、易误主义的数学观。这时的数学不再是一个绝对真理的集合，而是人类的一种创造和探索活动，一定包含有错误、尝试与改进的过程，并处于不断的发展与变化之中。[2]

数学文化视角下的学习观体现在三个方面：一是学习的目的不仅是把数

学作为工具掌握，作为考取好的成绩而进入高一级学校的"敲门砖"，而是通过数学知识技能的学习，掌握一定的数学知识与技能、数学思想与方法，提高自身的数学素养和数学文化修养，为自身终生发展奠定坚实的基础；二是学习的内容除了数学知识技能以外，还有数学思想与数学精神的学习，数学发现、发明与思维方法的学习，数学史志的学习，数学家人品的学习等；三是学习的方式不再是以简单的模仿记忆为主要学习形式，而是将有意义的接受学习、自主学习、合作学习和探究式学习辩证和谐地统一起来，有机地融为一体，使学生在接受中理解，在探究中体验，在合作中分享，在活动中感悟。

数学文化视角下的教学观与质量观是指在进行数学教学时，不仅要关注数学的科学教育价值，而且要关注数学的人文教育价值。数学教育是数学文化的教育，而不仅仅是数学知识的教育。数学教学质量的高低不仅仅关注学生数学成绩的好坏，还关注学生在数学学习过程中的感受和体验以及学生的情感、态度和价值观的形成与发展。

2. 数学"文化源"

数学"文化源"，是指含有丰富文化成分和教育价值的数学事实与数学史料。它是有效实施文化教育的"文化点"。数学"文化源"可以是一个数学概念、数学定理、公式、法则、方法、数字和图形，也可以是一个典型的数学问题和数学史料等。如勾股定理、数学归纳法、杨辉三角、圆等，都是含有丰富文化成分和文化教育价值的"文化源"。

3. 数学"文化元"

数学"文化元"，指数学"文化源"中的数学文化因素（元素），是组成数学文化的基本要素或最小单位。如"勾股定理"这一数学"文化源"中可以挖掘出来九个"文化元"：① 多种证法的魅力；② 与数学内部其他内容的联系（费玛猜想、鲍恩猜想、不定方程等）；③ 定理发现的有关数学史料与人文趣事；④ 与艺术的联系（达·芬奇的画）；⑤ 与其他学科的联系（如建筑学、金字塔的建造等）；⑥ 与创造思维的联系（勾股定理的推广等）；⑦ 美学价值（艺术的美、图案的美、赵爽弦图证明的简洁美等）；⑧ 对人类社会的贡献（大禹治水，与外星人交流的语言等）；⑨ 各个民族对勾股定理的发现等。

数学"文化元"的挖掘一般可从以下几个方面进行：① 数学内部的联系（与其他数学知识以及数学的应用与发展）；② 与哲学的联系（世界观、方法论与辩证法等）；③ 与艺术的联系（美学价值）；④ 与历史的联系（不仅是数学史）；⑤ 与德育教育的联系（道德品质、理性精神等）；⑥ 与思维科学的联系（数学思维方法与能力）；⑦与社会学的联系（社会价值）；⑧与其他自然学科和文化学的联系，等等。

4. 数学"文化丛"

数学"文化丛"也称"文化元丛"，是指同一数学文化源分解出来的一族数学文化元素。如前所述的勾股定理的九个数学"文化元"就构成了一个数学"文化丛"。数学"文化元"与数学"文化丛"构成了数学文化的基本内容，但它不是数学文化的全部。数学"文化丛"中的"文化元"按照某种性质又分成几组（类），每组（类）又构成了一个个"子文化丛"。

5. 数学文化教育模式

数学文化教育模式是指运用教育学的原理和方法将数学课程资源中分解出来的一个个"文化丛"组合在一起的特殊形式与结构，是一种较稳定的、便于操作的数学文化活动方式。这种形式与结构要将各个层次的数学文化结合起来综合思考，并将数学的科学价值、应用价值、社会价值、人文价值和美学价值有机整合以便于操作和运用。

6. 数学"文化场"

数学"文化场"，是指具有浓郁数学文化气息的情境和氛围。这里"场"的内涵与勒温（Kurt Lewen）的认知—学习场[10]中的"场"类似，它不仅仅指感觉到的环境，而且还包括认知意义与个人的情绪、情感与信念，简言之，"文化场"含有认知场、知觉场和情境场。强力的数学文化场具有无形的、强有力的吸引力和感染力。当你处于文化场之中时，便会受到"场"中文化气息的强力"辐射"，自然地产生一定的情感与情绪，不自觉地被卷入"场"中，自觉地接受数学文化的熏陶和感染。

如果我们把数学"文化源"比喻为一个个含量丰富的"矿"，则数学"文化元"就是这些"矿"中开发出来的"矿石"，而"文化丛"就是不同的"矿"及其开采出来的"矿石"这个整体。若要将各个文化"矿"中开采出来的"矿石"按要求分成不同的"类"，则这些"类"就是这个"文化丛"下的"子文化丛"。而要使这些开发出来的"矿石"真正发挥它的价值和作用，则还需要进行教学法的"筛选"和"加工"，这就需要通过改进文化教育模式，最后形成"文化场"来完成。所以，数学文化教育就是要努力开发出数学课程资源中的数学"文化源"，再充分挖掘出其中的数学"文化元"，从而构成一系列的数学"文化丛"，最后再利用数学教育的手段与方法（即数学文化教育模式）有效地把数学"文化丛"中各个部分有机地整合与利用，以营造出一个具有浓郁数学文化气息的、具有巨大辐射功能的数学"文化场",使学生在这个数学文化场中自觉地接受数学文化的洗礼与熏陶,体会数学文化的品位,体察数学文化和社会文化之间的互动,提高数学文化素养,达到以数学育人、促进学生发展的目的。唯有这样,才能算得上真正进行了一次完整而有效的数学文化教育活动。

在本文修改的过程中,四川内江师范学院数学系王新民副教授提出了宝贵的意见,特此感谢!

参考文献

[1] 张典宙,宋乃庆. 数学教育概论[M]. 北京:高等教育出版社,2004:142.

[2] 郑毓信,等. 数学文化学[M]. 成都:四川教育出版社,2001:17.

[3] 黄秦安. 数学文化观念下的数学素质教育[J]. 数学教育学报,2001,10(3):12.

[4] 程教材研究所数学课程教材研究开发中心. 数学文化[M]. 成都:人民教育出版社,2003:31-33.

[5] 郑强,郑庆全. 论课程形态的数学文化及其教育价值的实现[J]. 数学教育学报,2005,14(1):23.

[6] 郭湛. 文化:人为的程序和为人的取向[J]. 中国人民大学学报,2005(4):27.

[7] 中华人民共和国教育部. 全日制义务教育数学课程标准(实验稿)[M]. 北京:北京师范大学出版社,2001:2.

[8] 中华人民共和国教育部. 普通高中数学课程标准(实验稿)[M]. 北京:北京师范大学出版社,2003:104.

[9] 中国社会科学院语言研究所词典编辑室. 现代汉语词典[M]. 商务印书馆,1991:577.

[10] 施良方. 学习论[M]. 北京:人民教育出版社,1994:158.

中学数学学习过程评价[①]

《全日制义务教育数学课程标准》(以下简称《标准》)指出:"评价既要关注学生学习的结果,也要重视学习的过程;既要关注学生数学学习的水平,也要重视学生在数学活动中所表现出来的情感与态度,帮助学生认识自我,建立信心。"[1]因此,学生数学学习过程的评价是新一轮课程改革中评价改革的核心内容。在新一轮数学课程改革实验中,如何实施学生数学学习过程的评价,是评价改革实验中需要认真探究的问题。

一、数学学习过程评价的概念

数学学习过程评价,是指通过对学生数学学习历程、行为因素及其成效的测评分析,评估学习活动本身的效果,用以反馈、调节学习活动过程,促进学生成长和发展而进行的评价。它是在对学生数学学习评价的过程中,利用一切有效的手段和方法收集学生数学学习过程中的各种有用的信息,通过对所收集信息的分析,评估学生数学学习的效果,并根据评估结果调整学生的数学学习活动,从而促进学生的发展。其中"学习历程"指构成学习活动的整个环节;"行为因素"指构成学习历程各个环节的行为表征。如,波利亚解题的学习历程为"弄清题意—拟订计划—实现计划—回顾",其中"弄清题意""拟订计划""实现计划""回顾"的行为表征是解题学习历程的行为因素。不同的学习类型有不同的学习历程,这些不同的学习历程构成了不同的数学学习过程,而各种类型学习历程的行为因素构成了各种类型的数学学习活动。通过对各种学习历程行为因素的表征成效进行评价便完成了对整个学习过程的评价。这种评价与教师的教学活动和学生的学习活动有机地结合了起来,并把评价纳入学习活动过程之中,使评价成为学生主动学习的一部分。

从这个定义可以看出,数学学习过程评价有以下几方面的含义:

第一,数学学习过程评价的对象是学生的数学学习活动。数学学习活动

[①] 原文以《新课程理念下中学数学学习过程评价的探究》载于《数学教育学报》2003年第4期,被人大复印资料《中学数学教与学》2004年3期全文转载,并获得成都市第七届哲学社会科学三等奖。这里收录时有所修改。

又分为活动过程与活动结果。学习活动过程包括听课活动、独立的探究活动、交流讨论活动、数学实践活动、课内学习活动和课外学习活动等。学习活动结果主要是指学习活动的绩效，包括知识与技能的理解与掌握的程度；数学思考与发展的水平；发现问题、提出问题和解决问题的能力和数学推理能力；情感、态度、价值观的变化程度等。

第二，数学学习过程评价的手段与方法是多样化的。这里的"利用一切有效的手段和方法"是指评价主体的多元化和评价方法的多样化，以区别于传统的单一性评价主体与方法。

第三，数学学习过程评价信息的收集要广泛，要对评价活动有意义，以保证评价的真实和有效。为了保证评价的全面性、真实性和准确性，有效地发挥评价的功能与作用，收集学生数学学习过程各种有用的信息要注意以下三点：

（1）要注意信息收集的广泛性。这里的广泛性指内容的广泛性、渠道和方法的广泛性。信息收集的内容要广泛指除知识与技能外，还包括数学思考、解决问题和态度、情感、价值观等；信息收集的渠道和方式方法要广泛指除书面测试外，还包括观察、访问、交流、作业分析等。

（2）收集的信息要"有意义"。"有意义"指在收集信息时要有选择性的收集，要为评价的目的和目标服务，要能充分反映学生的学习状况，并为做出价值判断提供有用的、准确的证据。

（3）信息收集的主要渠道是学生数学学习过程。收集的信息必须来自"学生数学学习所经历的各个历程的学习行为"，而不是学习的最后结果。这表明了这里所指的"数学学习过程评价"关注的重点是学生数学学习活动过程，是要将评价与教师的"教"和学生的"学"有机地结合，将评价贯穿于教与学的整个过程之中，使评价成为教和学的一部分。

第四，对收集的信息要进行科学的分析和处理。科学地分析和处理是指评价信息的处理要定量与定性相结合，并根据一定的目标要求，做出全面、准确、科学、恰当的分析，以评估、判断学生数学学习的效果。

在评估、判断学生数学学习的效果时，要根据一定的目标要求进行。这里的"目标"是评价的标准和"尺子"。在体现《标准》目标要求的前提下，要根据不同学生的发展水平制定不同的"尺子"，要尊重学生的个体差异，不能用同一把"尺子"来衡量所有的学生。

第五，数学学习过程评价的主要目的不是选拔和鉴别，而是"全面了解学生的数学学习历程，激励学生的学习和改进教师的教学"[2]，根据评估结果调节学生在数学学习过程中的发展变化，促进学生的发展。具体包括以下几个方面：反映学生数学学习的成果和进步，激励学生的数学学习；诊断学生在学习中存在的困难，及时调整和完善教学过程；全面了解学生数学学习的历程，帮助学生认识到自己在解题策略、思维或习惯上的长处和不足；使学生形成正确的学习预期，形成对数学积极的态度、情感和价值观，帮助学生认识自我、树立信心。

学习过程评价的目的是获得及时反馈以调节学生的数学学习活动，促进学生发展，而不是为了检查。发展是一个动态的过程，学生的发展是在学习过程中完成的。学习过程评价是与学生的学习过程和发展过程并行的，并贯穿于学习活动过程之中。学习过程评价的重点将放在纵向评价，放在对个体过去与现在的比较和学生发展过程中各种影响学生发展因素的变化与素质的增值，而不是简单地分等排序。学习过程评价重视被评价者的差异及其发展的多样性，并根据反馈结果提出具体的、有针对性的建议与改进措施。在评价中，学生不是被动的被评价者，而是评价的"积极参与者"和教师"积极的伙伴"。当学生成为评价的积极参与者后，"学生们不得不思考过程和目标，他们就有了学习的动力"[3]，而且学生通过参与自己数学学习过程的评价，可以真正了解自己数学学习的历程，体验到自己的成长与进步，从而认识自我、建立信心。通过评价使学生获得成功的满足，调动学生学习的主动性与积极性，张扬学生的个性，激发学生学习的热情，使评价成为学生主动学习的一部分，达到促进学生发展的目的。所以，学习过程评价对促进学生的发展具有十分重要的作用，是新课程评价改革的核心。

二、数学学习过程评价的内容

在对数学学习过程进行评价时，既要分清各种类型数学学习的学习历程，并将学习历程的行为因素具体化为便于操作的评价指标，同时也要明确每种类型数学学习过程的评价内容。由于学习过程评价的本质功能是促进学生发展，而学生的数学知识与技能，数学思维能力与数学思想、方法，发现问题、提出问题、分析问题与解决问题的能力，积极的情感、态度与价值观等这些影响学生发展的因素都是在学生的数学学习过程中逐渐形成的，这就决定了数学学习过程评价的主要内容为：知识技能理解与掌握的评价，学生参与数学活动程度的评价，合作交流的意识与能力的评价，数学思考与发展水平的评价，发现问题、提出问题、分析问题和解决问题过程的评价等。

1. 知识技能理解与掌握的评价

对知识和技能的评价，应遵循《标准》的基本理念，以各学段的知识与技能目标为基准，考查学生对基础知识和基本技能的理解和掌握程度。应当强调的是，学段目标是该学段结束时学生应达到的目标，应允许一部分学生经过一段时间的努力，随着知识与技能的积累逐步达到。因此，对学生评价时，应重点考查学生结合具体材料对所学内容实际意义的理解。

（1）对数学知识理解的评价。

对数学知识理解的评价主要是指对数学概念、公式、定理和法则的理解的评价。

对于数学概念，以往的评价主要集中测验学生是否能记住一个概念的定义，给出或从几个选项中选择出一个有关这个概念的正确例子，或者在几个概念之间区别出符合条件的某个概念。但是对概念的理解远不止这些。对概念真正的理解意味着学生能够自己举出一定数量的有关这一概念的正例和反例。学生应该能够比较几个概念之间的异同，并且认识到在这些差异上不同的概念所对应的不同的解释；学生还应该能够将概念从文字的表述转换成符号的、图像的或口头的描述或表征。所有这些与概念知识有关的能力对于应用概念和规则进行推理和解决问题都是非常重要的。

（2）对数学技能掌握的评价。

数学技能包括动作技能与智慧技能。动作技能是外显的，智慧技能是内隐的。我们常常关注的技能是最容易观察和考查的动作技能，但很少评价学生是否理解了隐含在技能应用中各概念之间复杂的关系，更少评价在数学思考过程中看不见的解题策略和方法的使用情况，即智慧技能。新课程改革强调，对技能的评价不只是考查学生对技能的熟练程度，还要考查学生对相关概念的理解与掌握，以及不同的解题策略的运用。因此，评价技能是否掌握的试题既要考查学生实际执行这些技能的情况，又要考查学生是否能正确思考在什么情况下应该使用哪个规则，以及什么时候应用这一规则。即对技能的评价既要考查动作技能，也要考查智慧技能。

知识与技能评价的目标可分为了解、理解、掌握与灵活运用几个层次。上文的前两个目标属于了解；第三、四个目标属于理解；第五个目标属于掌握；第六个目标属于灵活运用。在数学学习过程评价中，知识与技能目标的评价方法有口试、笔试、交流讨论、回答问题等。

2. 学生参与数学活动程度的评价

数学学习中的学生参与分为行为参与、认知参与和情感参与三个方面。[4] 行为参与是学生参与的外在表现行为，是认知参与和情感参与的载体；认知参与和情感参与是学生参与的内在参与行为，是学生参与的核心，它表达了学生参与的实质内涵。通过认知参与，提高学生对数学探究活动积极的情感体验，激发学生对数学更加浓厚的兴趣，从而促使学生以更加积极的热情自觉主动地投入数学学习之中，这就是学生数学学习的情感参与。积极的情感参与反过来又会促进学生更加主动的行为参与、认知参与。因此，它们是相互联系、相互促进的有机整体。当学生积极主动地参与到数学学习之中时，就会提高数学学习成绩，而学习成绩的提高又进一步提高其学习数学的兴趣与积极性，促使其自觉主动地参与到数学学习活动中。

学生参与数学活动程度的评价可采用课堂观察、调查报告、数学作文、数学日记、活动报告，探究后的反思、感悟与总结等形式。

3. 合作交流的意识与能力的评价

学生合作交流的意识与能力的评价可采用课堂观察记录、课堂提问、交流讨论、数学日记等方式。评价目标为：是否积极主动地与同学合作；是否认识到自己在集体中的作用；是否愿意与同伴交流自己的想法；是否理解别人的思路，并在与同伴的交流中获益；交流时表达的语言是否清楚、流畅、准确、简洁，表达的思路是否清楚，条理是否分明，逻辑是否严密。

4. 数学思考与发展水平的评价

对数学思考与发展水平的评价主要是对数学思维过程及其思维品质、能力、策略与方法的评价。评价可采用课堂观察记录、课堂提问、交流讨论、作业分析、考试测验、数学日记、调查报告等方式。评价目标为：数学思维品质的评价（思维的深刻性、思维的灵活性、思维的独立性、思维的广阔性、思维的敏捷性、思维的批判性）；数学观察能力的评价；数学猜想能力的评价；数学推理能力的评价（演绎推理能力、归纳推理能力、类比推理能力等）；数学思维能力的评价（直觉思维能力、形象思维能力、逻辑思维能力）；独立思考的习惯；解决问题时思维的策略与方法是否恰当、高效；能否运用所学数学知识解决现实生活中的实际问题。

5. 发现和提出问题与分析和解决问题过程的评价

学生的数学学习过程主要体现在运用已有数学知识思想方法发现问题、提出问题、分析问题和解决问题的过程之中。因此，对发现问题、提出问题、分析问题和解决问题能力的评价实际上就是对数学学习过程及其策略与方法的评价。评价可采用课堂讨论、调查报告、数学小论文、探究性活动、书面测试等方式。

(1)发现问题、提出问题的评价目标。

评价目标为：能否结合具体的情景发现和提出数学问题；能否从不同的角度分析与提出问题；能否从数学内部或外部的情境中发现并提出数学问题；所提问题的深度如何；能否用文字、符号、图像等清楚地表达所提问题。

(2)分析问题、解决问题的评价目标。

评价目标为：能否从不同角度观察、分析问题；能否恰当应用各种策略和方法分析解决问题或者自己独立探究出解决问题新的思路与方法；能否将陌生的问题转化为熟悉的问题；能否用数学语言清楚地表达解决问题的过程，并尝试用不同的方式（文字、符号、图表等）进行表达；根据最初的问题情境证实和解释结果的合理性；对解决问题的过程进行反思，获得解决问题的经验；能否将解法或策略概括为一般的策略与方法并用于解决新的问题；能否将问题及其结论做进一步的概括、推广与发展。

6. 元认知能力的评价

由于数学学习过程评价是对学生学习历程中各个行为因素成效的评价，其目的是调节、激励、促进学生的数学学习和学生的发展。由于元认知行为是学生数学学习历程中一个重要的学习行为，元认知能力是学生发展的重要能力因素。因此，对学生进行数学学习过程的评价也就必须对学生数学学习元认知能力进行评价，通过评价促进学生元认知能力的形成和发展。

三、数学学习过程评价的方法

数学学习过程评价方法的制定和选取要以质性评价为主，辅之以适当的量化评价，并且量化评价的主要目的是从量的角度反映学习过程中影响学生发展因素的变化程度。同时，还要注意评价主体的多元化和评价方式的多样性，充分发挥过程评价的功能与作用，使评价获得最大效益。

有效的数学学习过程评价的方法必须要让被评价者充分参与到评价的活动之中，使评价成为学生主动学习的一部分，这样才能真正促进学生进步和发展。

数学学习过程评价的具体方法有课堂观察、学习评价册、成长记录袋评价、作业分析、数学周记、真实性评价和书面测评等。①

---

① 这里略去了对各种具体方法的阐述。有兴趣的读者可参见原文。

四、数学学习过程评价的呈现

数学学习过程评价的主要目的是获得反馈以调节学生的数学学习活动，促进学生的发展，而不是为了检查。因此，评价结果的呈现就不是只给一个简单的分数，要结合平时的课堂观察记录、作业分析、书面测试、成长记录袋、数学日记和平时的观察等进行综合评价。要让被评价者参与到评价结果的评定过程之中，允许被评价者做必要的申辩和说明，使评价结果得到被评价者的认同和理解，这样才能正确、全面反映学生在学习过程中的发展变化，才能有效地发挥评价的作用和功能。

评价结果的呈现分为即时呈现、阶段呈现和学期呈现。评价结果呈现的方法主要有评分、评语、座谈交流、学习情况反馈单、成长记录袋、家长报告会等。

五、数学学习过程评价的几点注意

（1）学习过程评价的目的是获得反馈以调节学生的数学学习活动，促进学生的发展，而不是为了甄别与选拔。

（2）学习过程评价应该成为学生学习的一部分，而不是强制的外加内容。

（3）学习过程评价应该在轻松的日常学习活动中不露痕迹地进行，而不要使学生明确地意识到自己正在接受评估。

（4）学习过程评价应贯穿于每一个数学学习活动过程之中，而不是在一个单元或学期学习结束时才进行。

（5）学习过程评价的结果应让学生得到理解和认可，并根据评价结果帮助学生制定改进措施。

（6）学习过程评价应该是多方参与的一种评价，特别是应让学生充分参与其中，而不应只由教师和专门的检测人员进行。

如何对学生数学学习过程进行有效的评价，是新课程改革给我们提出的一个全新的研究课题，而这种研究才刚刚起步，许多问题还需要进行深入的探讨，例如，各种类型数学学习过程的评价指标体系与操作方法、数学学习过程评价如何进行等。

参考文献

[1] 中华人民共和国教育部. 全日制义务教育数学课程标准[S]. 北京：北京师范大学出版社，2001：3-7.

[2] 潘小明. 讨论数学教学活动的效率性评价[J]. 数学教育学报, 2001（4）: 22-24.

[3] Ellen Weber. 有效的学生评价[M]. 国家基础教育课程改革"促进教师发展与学生成长的评价研究"项目组, 译. 北京: 中国轻工业出版社, 2003: 1.

[4] 孔企平. 数学教学过程中的学生参与[M]. 上海: 华东师范大学出版社, 2003.

数学教学中学生讲解的内涵与价值[①]

讲解是传统数学教学中教师传授知识的主要手段。这种以教师为中心的教师讲解，重在知识的传授，忽视学生的主体性和能动性。教师是全知全能者，学生被视为白板，是任由教师灌输知识的"容器"，学生的学习缺乏主动性和积极性，缺乏责任和担当。若把课堂上讲解的任务交给学生，则课堂"教"与"学"的方式及教学效益则会发生质的变化。笔者主持研究的以学生讲解为主要特征的导学讲评式教学（简称为"DJP 教学"），主张把自主权还给学生，把课堂话语权还给学生，从而使学生由被动地听讲变为主讲，课堂由教师的"独家讲坛"变为师生的"百家讲坛"，极大地提高了学生的学习效率和探究能力。

一、学生讲解的内涵

学生讲解是指课堂上针对共同的学习任务，学习者在认真准备的基础上，以话语的方式向他人表达自己的理解与发现，教师与同伴通过倾听、提问、质疑、评价等方式与之对话交流建构知识意义的学习方式。

从学生讲解的定义我们得出，学生讲解的基本内涵有以下几点：

第一，学生讲解是一种学习方式。一般的，学习有两个要素：一是与外界的相遇与对话；[1]二是因经验的获得而引起行为、能力和心理倾向发生比较持久的变化。[2]相遇与对话是学习的前提条件，发生的变化是学习的结果。只有两个要素均实现了才算是完成了一次学习活动。学生讲解中，首先要与讲解的内容相遇与对话，其次要与同伴相遇与对话。在经过这些相遇和对话后，学生获得了知识，其行为、能力与心理倾向均会发生变化。如，在找相似三角形对应边的教学中学生经过与文本和同伴的相遇与对话后，获得了寻找对应边的方法，在具体实践中其寻找对应边的行为、能力和心理倾向均发生了变化。因此，学生的讲解是一种学习行为。而这里的学习不同于简单的"记忆—模仿—练习"的被动接受式学习，而是"自主—合作—探究—交

[①] 此文系王富英、赵文君、王海阔合作，原载于《数学通报》2016 年第 10 期。

流"的主动探究式学习,是一种全新的学习方式。在学生讲解的过程中,由于学生亲身经历了知识生成的过程,知识在头脑中的印象会十分深刻,因此学生的讲解是一种有效的学习方式。夸美纽斯在《大教学论》中大力推荐这种学习方式,他指出:"假如一个学生想获得进步,他就应该拿他正在学习的学科去教别人,即使他的学生是雇来的,也应去教。"[3]

第二,学生的讲解是聚焦于共同的学习任务。课堂上,学生的讲解是围绕共同的学习任务而展开的,而不是漫无目的地自由发言。课堂的参与者都对共同的学习任务有所准备,主讲者先表达自己的理解与发现,教师与同伴再通过倾听、提问、质疑、评价等方式与之对话交流,在共同的研讨中多种视域融合生成了正确的知识意义并达到意义共享以完成共同的学习任务。

第三,准备是学生讲解的前提与探究动力。首先,准备是讲解的前提和第一需要。杜威指出:"从学生一方面来说,讲课的第一需要是学生的准备。最好的、实际上是唯一的准备,是引起一种对那些需要解释的、意外的、费解的、特殊的事物的知觉作用。"[4]学生要进行有效的讲解就必须要有充分的准备,即对讲解内容的预先知觉。这种预先知觉是讲解者在自己独立思考和小组交流后获得的理解。若没有这种预先知觉(准备),讲解就无法有效进行。其次,准备是探究动力的启动。在预先知觉中,一些费解的内容会使知觉者产生困惑的感觉,"当真正困惑的感觉控制了思想的时候,思想就处于机警和探究的状态"。[4]这种内发的"问题的冲击和刺激,使心智尽其所能地思索探寻,如果没有这种理智的热情,即使是最有效的教学方法也不能奏效"[4]。而当尽其心智还不能解决的问题继续困扰其思想时,便会在"愤""悱"的驱动下进一步产生探究和寻求帮助的期望(动力),进而带着问题走进课堂与同伴和教师进行研讨。

第四,学生讲解是一个不断诠释的过程。从诠释学的视角来看,讲解具有"讲""解"和"翻译"三方面的意义指向:"讲"就是说或陈述,即口头讲说;"解"就是解释与说明,即分析意义。"所谓分析,事实上就是解释活动";[5]翻译或口译,即转换语言。"翻译总是以完全理解陌生的语言、以对被表达东西的本来含义的理解为前提",再"把他人意指的东西重新用语言表达出来",[5]即翻译就是语言转换。这里的翻译(转换)有两方面的含义:一是对陌生世界(如被理解的文本)语言意义的理解,而理解的过程就是用自己的语言进行解释过程,而这时的解释就是将陌生的语言转换成自己的语言;二是在对被表达事物理解的基础上重新用倾听者容易接受和理解的语言进行表达,因此,讲解就是一种语言翻译即语言转换,"一种从一个世界到另一个世界的语言转换","一种从陌生的语言世界到我们自己的语言世界的转换"。[6]

第五，学生讲解的实质是对话。"对话是人们针对共同的学习与行动任务而进行的接触。它既是相互尊重的合作活动，也是增强社会凝聚力和创造社会财富的过程。"学生的讲解是围绕共同的学习任务与同伴和教师进行的接触。对话的基本含义是双方的言语交流。讲解时讲解者向他人表达自己的见解并回答他人的质疑和提问，实质上就是在与他人进行言语交流。从以上两点可知，学生讲解的实质就是对话。这种对话既是"相互尊重的合作活动"，又是增强班级凝聚力和创造精神财富的过程。学生讲解中的对话有三个方面的内容：一是讲解前准备阶段与文本的对话；二是讲解中回答别人的提问、质疑时与同伴的对话；三是讲解后经他人的质疑和教师的点评促使对自己的认识进行自我反思，即自我对话。

二、学生讲解的价值

1. 给学生提供了表达的机会与平台，满足了学生的各种需要

学生的需要是多方面的。从存在论的角度来看，讲解可以增强学生的存在感，即"我讲故我在"；从需要理论的角度来看，讲解满足了学生获得他人尊重的需要。如，在访谈中学生提道："老师经常表扬我，同学们也喜欢听我讲，我就觉得特别满足，就越来越喜欢去讲。"从学习的角度来看，讲解满足了向别人学习的需要。在学习过程中，很多学生想学习别人分析问题和解决问题的思维方法，但这种思维的过程是内在的，不能外显，看到的只是别人学习的结果。而学生讲解则充分展示讲解者分析和解决问题的思维过程，同伴可以从中学习到别人的思维方法，讲解满足了向别人学习的需要。正如学生所说："我喜欢听同学讲。我们班有些同学很多想法很好。有些解题方法，老师都没有想到，从他们的讲解中我能学到很多解决问题的方法。"

2. 可以准确地了解学生学习理解的情况

学生讲解充分展示了学生的思维全过程，由原来"看不见的学习"变为"看得见的学习"，便于教师及时了解学生学习的情况，发现学生存在的问题，并根据学生学习中的疑点、难点以及薄弱点进行有针对性的重点讲解，从而真正做到了"精讲"和"以学定教"。如有的老师提道："学生的讲解是他思维的外显过程，更能反映学生是怎么想的和怎么做的。"

3. 有助于培养学生敢于质疑的意识与提高创新能力

从创新教育的角度看，创新的前提是敢于质疑。而在灌输式教学中，教

师以绝对的权威身份独占课堂和独霸话语权，高居学生之上。教学中，教师把学生当成"纯粹的无知者"，这"类似于黑格尔辩证法中被异化了的奴隶那样的学生"[7]，他们唯老师是从，对老师讲的内容无条件地接受，即使教师讲错了，学生也不敢质疑。然而学生讲的时候，由于是同伴，地位平等，他们会带着怀疑和批判的眼光去认真倾听，当同学有讲得不对的地方他们会马上指出来。一些同学说："如果学生来讲，当出现一些错误时，我们就会马上说，你讲的是错的。但如果是老师讲的话，即使讲错了我们也根本不敢说。"

学生讲解时，其他倾听者依据讲解者的思路和理解可激活自己的思维，产生一些新的理解与见解，同时，讲解者本人也会于新情境中产生一些新的想法，这从下面的讲解片段中可以看到：

学生：刚才同学在讲解的时候，我还想到一个简单的方法。他说 α 在 $\frac{1}{2}\pi$ 到 π 之间，那么 α 在第二象限，第二象限的正弦肯定为正，所以就排除 C 和 D 了嘛，C 和 D 都有 $\frac{7}{12}\sqrt{2}$，A、B 中 B 有 $\frac{7}{12}\sqrt{2}$，选 B 的可能性比较大。所以就选 B 了。

老师：聪明！你看他笔都没动就选出来了。

4. 有利于提升学生对知识意义理解的深度和提高归类整理的能力

任何人在向他人讲解时都希望把自己的观点表述清楚，并想方设法说服别人赞同和相信自己的观点，而要说服别人，首先要说服自己。因此，讲解者在讲前就会主动地去认真阅读、钻研，弄清将要讲的内容，将模糊的内容清晰化。这个清晰化的过程就是深度理解的过程。同时，讲解中，讲解者要将自己"所得的知识传给同学或其他伴侣的时候，就是教"，"而且'教'本身对于所教的学科可以产生更深刻的理解"。[8]这一点学生有深刻的体会："为了讲清楚一道题，对于这道题的每个细节，具体是怎么回事，都要弄明白。自己做的时候，就是模模糊糊的，但是要讲的话，就会想得更细，自己也会想得更多，理解更加深刻。""首先我要把这个题的每点都弄懂。如果没有懂的话，也不敢上去讲。讲后同学提问时自己也加深了印象。"

讲解者要使自己讲述的内容易于表达，易于被别人接受和理解，就要使讲解的内容条理清楚，讲前就必须对讲的内容进行归类整理，将杂乱的内容条理化，正如杜威指出的："要把经验传给别人，必须把它整理好""把经验整理成一定的次序和形式，使经验容易传达"。[9]而学生在多次进行整理的过程中就可逐渐提高归类整理的能力。

5. 所学知识容易进入长时记忆，提高学习效率

学生的讲解既是在教别人也是在教自己。而亲自教过的知识很容易进入长时记忆，有些甚至刻骨铭心，终生难忘，正如阿希姆·福尔丁斯（Joachin Fortius）指出的："假如任何事情他只听到或读到一次，它在一个月之内就会逃出他的记忆，但是假如他把它交给别人，它便成了他身上的一部分，如同他的手指一样，除了死亡以外，他不相信有什么事情能够把他夺去"。[8]而学生学习的东西一旦进入长时记忆，学习效率也就自然提高了，正如学生谈的："对我来说，自己讲的印象最深刻，有的很久都不会忘记""我上去讲，能让我对这道题有更深刻的印象"。在我们的研究中，一个在我区十分落后的学校的一位数学教师采用这种教法，一学期后该班级学生的数学成绩超过了本校同年级其他班级的成绩，这就是很好的例证。

6. 学生讲解具有教育意义

学生讲解的过程就是向他人传达经验的过程。杜威指出："一切传达都具有教育意义。"[9]学生讲解具有两方面的教育意义：一是对倾听者的教育。正如杜威指出的："接受传达的人，他的经验丰富了，并且有所变化。他分享别人所想到的和所感受到的东西，从而或多或少地改变了自己的态度"[9]；二是对讲解者自己的自我教育。杜威进一步指出："传达的人，也不是不受影响。你试把某种经验，特别是较为复杂的经验，完整地准确地传达给别人，你将会发现你自己对待你的经验的态度也在发生变化。"[9]对于这一点，学生有切身的体会："我讲题的时候，着重讲自己的方法和易出的错误，让别人知道我为什么会错，这样他们才能借鉴。""我讲完之后还能从别的同学那里听到一些不同的看法和方法，这让我也学习到很多正确的做法。"

7. 有助于培养学生尊重他人、学习他人长处的良好品质

学生要使讲解的内容被别人接受，就要"为别人设身处地地想一下，看它和别人的生活有何接触点，以便把经验整理成这样的形式，使他能领会经验和意义。"[9]这种"为别人设身处地地想"就是在尊重别人。同时，为了提高自己的讲解水平，使自己的讲解更加具有吸引力，在别人讲解时，他便会更加注意倾听、观摩学习别人好的讲解方法与讲解艺术。这种"注意倾听、观摩别人"是在尊重别人的前提下进行的。学生说："每个人都有上去讲的机会，慢慢的我们就会学着去倾听别人的讲解，可以让我们能更好地去尊重别人的想法和思维，因为这个可能就是我也要用的。"学生在长期的"为别人设身处地地想"和"注意倾听、观摩别人"的行为中就可养成一种习惯，从而

形成理解、尊重别人，学习他人长处的良好品质。正如有学生指出的："有时候同学讲解出现错误，我觉得这种情况是很正常的现象，老师讲的时候有时也会出错。"

实践证明，学生讲解是提高学生素养和学习效率的有效学习方式并受到学生的广泛欢迎，但要提高讲解的质量还要注意以下两点：

第一，在学生讲解之初不要因为花费时间较多而轻易放弃。在学生刚接触讲解时，会因为不熟练而花费较多的时间，这时教师千万不要放弃让学生讲解。因为，虽然知识的容量不大但思维的容量较灌输式教学更大，理解更加深刻，失去的时间会通过学生讲解中获得对知识意义更深刻的理解而得到补偿。正如杜威指出的："表面上失去的时间，可以从所获得的深刻的理解和生动的兴趣中补偿，而且绰绰有余。"[10]实践表明，在学生熟练掌握讲解的方法后，一些课堂的容量比传统教学的容量还要大。

第二，对学生讲解的内容和方法要进行指导。学生讲解的内容主要聚焦于三个方面：思路与方法、创新与发现、体验与感悟。讲解的方式应采用启发式讲解和对话式讲解为主。对于新施行的年级要对学生进行培训。培训方式有三种：一是播放高年级学生的讲解录像；二是采用典型引路，即在班上先让一些表达能力强的学生进行示范引领；三是在学生讲解的过程中进行现场矫正和指导。

参考文献

[1] 佐藤学. 教师的挑战——宁静的课堂革命[M]. 钟启泉，陈静静，译. 上海：华东师范大学出版社，2012：4.

[2] 施良方. 学习论[M]. 北京：人民教育出版社，1994：5.

[3] [捷]夸美纽斯. 大教学论[M]. 傅任敢，译. 北京：教育科学出版社，1999：117.

[4] [美]约翰·杜威. 我们怎样思维·经验与教育[M]. 江文敏，译. 北京：人民教育出版社，2005：219.

[5][6] 洪汉鼎. 诠释学——它的历史和当代发展[M]. 北京：人民教育出版社，2001：2，3.

[7] 保罗·弗莱雷. 被压迫者教育学[M]. 顾建新，赵友华，何曙荣，译. 上海：华东师范大学出版社，2014：17，36.

[8] [捷]夸美纽斯. 大教学论[M]. 傅任敢，译. 北京：教育科学出版社，1999：117.

[9] 赵祥麟. 杜威教育名篇[M]. 王承绪,编译. 北京:教育科学出版社,2006:115.
[10] [美]约翰·杜威. 民主主义与教育[M]. 王承绪,译. 北京:人民教育出版社,2001:237.

学生讲数学的含义与特征[①]

传统意义上的数学学习强调的是授受式学习，学习内容由教师讲解传授，学生的任务则是无条件接受、记忆和大量的模仿练习。这种单一的学习方式使学生的思维走在教师的后面，完全处于被动接受的状态，造成学生主体性缺失，积极性得不到激发和调动，想象力得不到发展。这种现状引发了教育研究者和教育实践者的高度关切，从而使"学生讲数学"学习活动受到了广泛的重视。在经过了十余年的课改之后，课堂上"学生讲解"已成为一种新型的学习活动方式。2008年起，我们在成都市龙泉驿区组织开展的"导学讲评式教学"（简称DJP教学）改革实验中，把"学生讲数学"作为数学课堂教学的核心教学环节与主要的学习活动方式，其在帮助学生学习理解数学上发挥了独特的作用。

一、学生讲数学的含义

在传统的教学中，讲数学的任务一般由教师完成，主要任务是向学生传递数学内容并使之能很好地接受。如果将讲数学的主体由教师转换为学生，那么，讲数学的内容、形式及其功能就会发生根本性的转变，讲数学将变为学生学习数学的一种有效策略，成为学生全面而深刻理解数学的过程，成为他们有效交流、沟通数学思维与数学思想的有效方式。下面是笔者到学校上"平方差公式"一节课中学生对公示中字母 a、b 意义和运用公式的注意事项的讲解片段。

生1：我们组从（教材）例1、例2中发现，公式中的 a、b 可以表示常数、单项式和多项式。我们还举了三个例子。第一个例子 $(2009+1)(2009-1)$ 中的 2009 和 1 是常数；第二个例子 $(-m+n)(-m-n)$ 中的 $-m$ 和 n 是单项式；第三个例子 $[(x-m)-(n+c)][(x-m)+(n+c)]$ 中的 $x-m$ 和 $n+c$ 是二项式

[①] 本文系"导学讲评式教学"深化研究课题、全国教育科学"十二五"规划课题"区域推进多元学习构建高效课堂的研究"（课题编号：FHB110106）的研究成果。本文系王富英、王新民合作，原载于《中小学教材教学》2015年第7期第48~51页。

即多项式。这三个题都满足平方差公式，因此，a，b 可以表示常数、单项式和多项式。要注意的事项是，在做题时要观察题中是否含有两数差、两数和，也就是相同项、相反项，就是看它是否满足平方差公式。而运算的结果要把相同项写在前面，相反项写在后面。其依据是平方差公式 $(a+b)(a-b) = a^2-b^2$。（全班自发鼓掌。）

师：很好！对运用公式的注意事项有没有不同意见？

生2：关键是 a，b 不能等于零？它等于零，就没有意义了！

师：没有意义吗？$(0+0)(0-0)$ 等不等于 0^2-0^2？它有没有意义？

生3：但没有实际意义。

师：哦，没有实际意义，但它是不是关键？（这时有的说"是"，有的说"不是"）请说"不是"的讲出理由。

生4：刚才他说 a，b 不可以等于零，但是通过你（指教师）写的那个例子来实证，还是可以的。

师：好！同学们讲得很好，下面谈谈我的看法。我认为应用公式的关键就是要看符不符合公式的结构特征，即两个二项式相乘或者是不是可以转化为两个二项式相乘，并且两个二项式中有没有相同的两项，另两项是不是互为相反数。值得注意的是不要把 a，b 搞混了，不要把符号搞错了。

这里，先由学生在独立自学和小组交流的基础上代表小组成员讲解对公式中字母 a，b 的意义和运用公式的注意事项，然后师生围绕学生讲解的内容进行对话交流。在讲解中，学生对公式中字母 a，b 意义的理解深刻、准确，不但说明了 a，b 的意义，还举例进行了解释，完整地表达了自己的思维过程。在学生对公式关键的讲解中认识有误，教师通过质疑、追问、列举反例，引导学生进行比较和鉴别，在这种师生、生生的相互质疑评价过程中，学生明确了平方差公式中字母的确切意义。

从上面学生讲解的过程可以发现，与教师讲解相比，学生讲解是一种更为丰富、能够充分发挥学生学习主体性的学习活动，它并不是简单地回答教师提出的问题，而是在自己独立思考和组内讨论的基础上，以一种个性化的方式展示和解释他们的思维过程及其思想观点。同时，教师和其他学生以各自的视角和理解参与这一知识意义的建构过程。如果说教师讲数学以"传授"为特征，那么学生讲数学则以"对话"和"解释"为特征，它是师生之间进行多元对话的一种有效方式。

由此，我们给学生讲数学以下定义：学生讲数学是指课堂上学生围绕一个共同的话题用口头语言面向他人表达、解释自己对数学内容的理解、想法与发现，教师与其他学生通过倾听、提问、质疑、评价等方式与之对话交流的学习活动。

学生讲数学具有以下几个方面的含义：

第一，学生讲数学是围绕某一数学内容进行的、多种视域融合的"对话性讲解"。课堂上，并不是一个人的独白式讲解，而是全体学生和教师人人都参与其中进行的互动对话。讲解者不是单向的阐述、发送信息，而是在讲解的过程中随时有信息的反馈与新信息的加入，使得知识意义的建构成为一个动态的、开放的、多种视域相互融合的过程。

第二，学生讲数学是在一个学习共同体内完成的。学习共同体是指有着共同的学习目的，并都关心这个目的而调节自己的学习行为，在合作交流中进行共享和沟通的社会群体。不难发现，学生讲数学的过程中，师生在这个过程中自然形成了一个学习共同体。在这共同体内，当讲解者讲述完后，倾听者通过质疑、提问要求讲解者解释其缘由，在这一来一往的对话过程中逐渐生成知识的完整意义，获得问题解决的策略和方法，进而完成学习的任务。

第三，学生讲数学的过程是一个理解的过程。学生在讲解中不但提供了包含自己的理解或创造的学习内容或对象，而且还展示了学生特有的思维方式与理解过程。在讲解的过程中，参与者不但理解了知识，而且理解了各种不同的思维方式与表达方式。同时，讲解者在教师与同学的肯定当中感受到了自己的精神状态与生命价值，在思想沟通、感情交流当中，也多层面地理解了同伴和教师。

第四，学生讲数学的过程是一个教育的过程。学生讲数学的过程是相互传递、沟通的过程，而且一切沟通都具有教育性。

二、学生讲数学的特征

1. 民主平等

在接受式学习方式中，教师是知识的传授者，并长期以长者和权威的身份向学生下达学习任务、提出各种要求，学生只能按照教师铺设的道路行走。这种教学方式可以说是一种专制和权威，教师独霸话语权，师生之间没有民主和平等可言。而在学生讲数学的学习过程中，教师话语霸权被消除，失去以往的专制地位，从而放下"师道尊严"，走出"教师至上"的地位，以合作伙伴的身份，平视的姿态，尊重的态度倾听学生的声音。这时教师不再是知识的权威和传授者，而是与学生进行平等的对话交流的合作伙伴。学生也从各种束缚中解放出来，获得心理和言论的自由，在民主平等、相互尊重的环境中敞开心灵，与教师展开充分的思想碰撞和情感的交流，从而打破了传统的"我—他"型师生关系，确定了"我—你"型师生关系。

2. 自主自决

学生讲数学的过程中，讲解的内容、方式和讲解的程序都是由学生自主设计和自主决定。在学生讲数学的学习中，我们要求把学习的自主权还给学生，把课堂话语权还给学生，把时间还给学生。学生在教师的组织引导下，自己探寻解决问题的方法，设法攻克难关，总结解题规律，反思调节策略，从而真正成为学习的主人。

3. 互动对话

学生讲数学的过程中，教师和同伴都在注意倾听，并在倾听的同时会结合自己的理解对讲解的内容进行质疑、提问和评析。讲解者会对他人的提问进行解释和说明，即与同伴和教师进行互动对话。同时，在这一过程中，讲解者面对倾听者的追问和质疑内心会产生一些矛盾和困惑，正是这些矛盾和困惑又促使学生自己去思考、去追问、去感悟，即跟另一个自我进行对话。再者，学生讲数学的过程也是理解的过程。讲数学过程中的理解对象包括文本、同伴、教师和自我。因此，讲数学的过程就是生与书、生与师、生与生、生与自我进行互动对话的过程。这种对话是一种内在心灵的对话，本质上是双向或多项"视界融合"的过程，即师与生、生与生各自的知识、经验以及认知过程的重叠、交汇的过程。

4. 创造生成

在学生讲数学的过程中，教师与学生、学生与学生就学习内容进行交流沟通。来自他人的信息被自己吸收，自己既有的知识被他人唤起，不同意见在碰撞中生成新的意义，每一个主体都获得对原有水平的超越，在合作中通过文本、教师、同伴和自己多种视域相互融合生成或建构自己的认知，整个过程充满了创造生成的色彩。

学生讲数学活动中的创造体现在两个方面：一是讲前对文本知识意义理解的创造性。讲解的前提条件是对将要讲解的知识意义有所认识和理解（否则讲解不能开展）。对文本知识意义的创造体现在讲解者利用自己的"前理解"对当下讲解内容赋予新的理解。二是讲解时解释和说明的创造性。学生讲数学是用自己的语言对数学知识的意义和方法进行解释和说明，这种解释和说明不仅是对文本的再现和解释，还是解释者在自身独特性基础上对文本的再创造。

学生讲数学中,知识是在多种"视域融合"中逐渐生成的,这种生成经历了三个递进的认知阶段:① "一度消化"阶段。学生通过文本知识的学习,建立新旧知识之间的联系,形成个性化的知识意义,初步生成知识理解中的表征成分、联系成分与认识成分等。② "二度消化"阶段。对"一度消化"中所形成的知识意义进行"讲解性"加工:将模糊的清晰化、杂乱的条理化,将内部语言(思想)转化为外部语言。③ "三度消化"阶段。通过讲述、倾听、质疑、评价等对话沟通过程,矫正和改进已形成的理解,并且在各种"视域融合"下扩充、丰富、深化对知识的理解。如,在"平方差公式"一课的学生讲解中,学生基于自己的认知提出"应用公式中的关键是 a,b 不能等于 0"这一观点,通过和同伴、教师的对话交流、互动协商,最终形成了一项共享性的知识:"应用公式的关键是要看符不符合公式的结构特征",从而深化了对公式的理解。

5. 动态开放

传统的接受式学习的课堂是封闭的、静态的,教师只想着传递给学生一成不变的知识,学生只想着接受教师传递的现成知识,教师与学生在封闭的环境中进行知识的复制与再现。学生讲数学过程中,讲解者、教师、同伴可以探讨与主题有关的内容,发表不同的意见,提出不同问题,探求不同解法,进行多种变式。课堂上经常会看到这种现象:往往解决了一个问题,得到一种新的认知后,又会出现新的问题。这些问题不是课前预设的,而是随着问题解决的过程自发生成的,而且这些问题的产生是持续的,没有终点。因此,学生讲数学的学习不是封闭的、固定不变的系统,而是一个由多方参与、多种视域(个体视域、同伴视域、教师视域与文本视域)组成的动态的、开放的活动系统。

学生讲数学的开放性具体表现在三个方面:一是学习内容上的开放性。学生讲数学的前提是先独立自学,学习内容以学案为表征。学案中的学习内容常常是以"材料+问题+学法"的形式给出,以引导不同层次的学生进行自主学习。二是学习方式上的开放性。基于学案的学习并没有设定统一的学习方式,学生可以根据自己的学习习惯与风格,选择适合自己的学习方法,可以采用接受学习,也可以采用自主、探究、合作等方式学习。三是学习时间上的开放性。教学中没有明确设定每一学习环节所需的时间,学生可以根据自身的主客观条件自主确定,所学习的内容(部分或全部)可以在课前完成,可以在课中的任何一个学习环节(学习准备中、小组交流中、全班展示中、对话性讲解中、反馈练习中等）中完成，也可以在课后完成。

6. 教学相长

传统接受式学习中的教学相长是指教师与学生在教学过程中的相互促进作用。但由于这种学习是以教师的讲授为主，讲授的内容、进度和提出的问题都是教师自己设计的，所以，教师经过多轮教授后对所教授的内容已烂熟于心，不用准备就可以熟练地讲授，从而失去再学习的需要和动力，即"教者不学"。学生依附于教师的讲授，完成教师布置的作业，不需要给别人讲授，也就没有深入钻研的需要，即"学者不教"。同时，学生的学习是先记住教师讲授的知识再模仿例题进行题型练习，从而提不出有价值和深度的问题，即使一些学优生提出一些较难的问题也大多未能超出教师的经验而轻松解答，从而"教学不相长"。长此下去就出现了"教小学数学的就只有小学数学的水平，教中学数学的就只有中学数学的水平"的现象。

在学生讲数学的学习过程中，讲解的内容、解决问题的方法和思路以及提出的问题都是由学生自己决定的。课堂上不同的学生的方法和思路以及提出的问题往往会出乎教师的意料，即使是非常优秀的教师，若不认真研究往往不能准确回答和评价。我们在课堂上经常看到学生提出的问题教师不敢解答，这就促使教师必须不断学习研究，从而真正促进教师的进步和发展。同时，学生讲数学的过程既是自己学习理解数学的过程，也是以"学生老师"的身份教别人学数学的过程。因此，学生讲数学学习过程中，真正形成了"教学相长"。这时的"教学相长"既有师生之间的，也有学生自我的，从而"教促进了学"，"教"成为一种有效的学习方式。

对话讲解是培养学生数学核心素养的有效途径[①]
——以均值不等式求最值的教学为例

培养学生的数学核心素养是当下数学教育界关注的热点。由于"数学教学的主要目标则应是帮助学生学会思维,并能逐步养成'理性精神'"[1]因此,"应将'思维的发展'看成'数学核心素养'的基本含义"[1],进而在数学教学中"帮助学生通过数学学会思维,并能逐步学会思维更加清晰、更全面、更深、更合理"[1]就是数学素养的真正核心所在。

学校培养学生数学核心素养的基本途径是教学,而传统的灌输式教学不利于学生数学核心素养的培养,因为灌输式教学是以传授为主要形式的教学,而"人的素养可培养、塑造与维持,但不可以间接的方式传授"[2]。所以,在数学教学中,"培养学生的核心素养亟待教学转型"[2]。根据数学核心素养的基本含义,衡量数学课堂教学转型是否成功的基本标准则是看"教学是否真正促进了学生更为积极地去思考,并能逐步学会想得更清晰、更全面、更深、更合理"[1]。为此,我们在以培养学生数学核心素养的数学教学转型的研究中,以学生的"学"为出发点,以培养学生的数学核心素养为目的,用"参与者知识观"设计学生的学习活动,用体现"学习形态知识"的数学学案代替体现"教育形态知识"的数学教案,以学生参与的多种视域融合的"对话性讲解"代替教师独霸话语权的单向度的"独白式讲解",以内在的凸显认知发展功能的学习评价代替外在的发挥甄别竞争功能的学业评价设计了 DJP 教学[3]~[4]在成都市龙泉驿区和天府新区一些学校进行教学转型的改革实验研究,取得了很好的成效。

"导学讲评式教学"(DJP 教学),是指学生在学案的引导下,自主学习、探究学习内容,初步建构知识意义的基础上,通过与同伴的交流、讲解和师生的评析过程,进一步获得对知识意义的深入理解、数学思想方法的体验与感悟、数学活动经验的丰富与积累,从而自我增进一般数学素养,提高数学文化修养,形成和发展数学品质,最终达到学会学习、学会合作、学会思维、

[①] 本文是成都市规划课题"'导学讲评式教学'在农村高完中的运用研究"(课题编号:2014NY09)的研究成果。本文系王富英、黄芳合作,原载于《教育科学论坛》2017 年第 12 期。

学会交流、学会评价的教与学活动。由于"导学""讲解"和"评价"是其核心要素和主要教学环节。因此，取"导""讲""评"汉语拼音的第一个大写字母 D、J、P，简称"导学讲评式教学"为"DJP 教学"[4]。

本文通过我们在推广应用 DJP 教学时的一个课堂教学案例来说明在教学过程中如何让学生通过数学交流学会数学思维，提高数学素养。本节课是太平中学黄芳在学生学习了基本不等式 $\frac{x+y}{2} \geqslant \sqrt{xy}$（$x>0$，$y>0$，当且仅当 $x=y$ 时取"="号）后的一节习题课。从本课例中，我们可以看到，学生数学思维素养的培养是在学生充分参与的"对话讲解"的探究过程中形成的，而不是教师讲授获得的。

一、教学实录

本节课我们采用的是 DJP 教学的基本模式——三环六步 DJP 教学模式。"三环"指"引导自学—对话讲解—学习评价"三个环节。对应三个环节，学生学习活动有六个步骤：明确任务、据案自学、组内交流、全班讲解、质疑评价、反思调节[5]。下面我们就按这三个教学环节来介绍本课两个例题的课堂教学实录。

（一）引导自学

引导自学，是 DJP 教学的基础和前提。导学的主要工具是学案，主要解决"学什么"的问题[6]。学案将知识的学术形态变为易于学生探究的学习形态，为开展自主、探究、合作及接受等几种形式的学习提供一个有效的活动脚本[7]。

在本课教学中，上课时教师首先出示学案，引导学生明确这节课的学习目标（见学案），然后组织学生一起复习了"学习准备"中的预备知识。在学生明确学习目标和学习任务后要求学生在学案的引导下自己独立思考解答学案中的两个典型例题，教师巡回指导。

（二）对话讲解

对话讲解是 DJP 教学的中心环节，主要解决"怎样学"的问题。对话性讲解是指学生在利用学案自学后用口头讲述的方式对他人表达自己对所学知识的理解、疑惑和见解，师生根据讲解的情况进行质疑、评析、补充与拓展的学习活动。DJP 教学中的讲解是由师生共同完成的，学生以"学生老师"

的身份在展示个人或小组学习经历或思维过程中，启发引导全班同学对话交流、沟通协商，教师则以"教师学生"的身份参与到学习活动中。[6]

1. 例 1 的对话讲解

【例 1】已知 $a > \dfrac{1}{2}$，求 $a + \dfrac{8}{2a+1}$ 的最小值。

在学生自主学习探究后，进入师生对话讲解环节。以下是学生的对话讲解。

生 1：由基本不等式可知，当两正数积为定值时和有最小值。但本题中的两项之积不是定值。由于第二项的分母是 $2a+1$，要想乘积为定值，就必须将 a 变形构造出 $2a+1$ 的式子，由此可将原式变形为"$\dfrac{1}{2}(2a+1) + \dfrac{8}{2a+1} - \dfrac{1}{2}$"，这样前两项之积就是定值，问题即可解决。

生 2：他构造中出现了分数，计算会比较麻烦，若令 $y = a + \dfrac{8}{2a+1}$，然后，等式两边乘以 2，得 $2y = 2a + \dfrac{16}{2a+1} = (2a+1) + \dfrac{16}{2a+1} - 1$，这样前两项之积为定值，问题即可解决。

生 3：受他们两位解法的启发，我发现要构造一个与分母相同的式子，关键是必须与分母字母 a 的系数相同。由于第一项是 a，只需把分母字母 a 的系数也变成 1 就好办了。因此，我的解法是从分母开始变换：$a + \dfrac{8}{2a+1} = a + \dfrac{4}{a + \dfrac{1}{2}} = \left(a + \dfrac{1}{2}\right) + \dfrac{4}{a + \dfrac{1}{2}} - \dfrac{1}{2}$，这样前两项之积就是定值，问题就解决了。

生 4：我认为本题的困难主要是分母不是单项式，我采用的方式是换元法，把分母变成单项式，这样问题就好解决了。令 $b = 2a+1$，则 $a = \dfrac{b}{2} - \dfrac{1}{2}$，原式 $= \dfrac{b}{2} + \dfrac{8}{b} - \dfrac{1}{2}$，这时前两项之积为定值，问题就解决了。

2. 例 2 的对话讲解

【例 2】已知 $a>0$，$b>0$ 且 $2a+b=1$，求 $\dfrac{1}{a} + \dfrac{2}{b}$ 的最小值。

生 5：由已知 $a>0$，$b>0$ 且 $2a+b=1$ 得，$0 < ab \leqslant \dfrac{1}{8}$，则 $\dfrac{1}{ab} \geqslant 8$，又因为 $a>0$，$b>0$，所以，$\dfrac{1}{a} + \dfrac{2}{b} = \dfrac{2a+b}{ab} = \dfrac{1}{ab} \geqslant 8$。当且仅当 $\dfrac{1}{a} = \dfrac{2}{b}$ 时，"="取得。所以，所求最小值为 8。

生6：我采用的是把已知代入所求式化简再利用不等式求最值。因为 $1=2a+b$，所以，$\dfrac{1}{a}+\dfrac{2}{b}=1\cdot\left(\dfrac{1}{a}+\dfrac{2}{b}\right)=(2a+b)\left(\dfrac{1}{a}+\dfrac{2}{b}\right)=4+\dfrac{b}{a}+\dfrac{4a}{b}\geqslant 4+2\sqrt{\dfrac{b}{a}\cdot\dfrac{4a}{b}}=4+4=8$ 当且仅当 $\dfrac{1}{a}=\dfrac{2}{b}$ 时，"＝"取得，所以，所求最小值为 8。

（三）质疑评价

讲解后的质疑评价是 DJP 教学目标达成和提升学生思维和数学理解的关键。DJP 教学的评价是随着学习活动的展开而生成的，是学生学习的对象和内容，是学生认知活动的有机组成部分。

在本课中，学生讲解后，其他学生在教师的引导下对讲解学生的讲解进行了分析评价，教师对学生的不同解法进行点评和引申推广，学生同时对教师的引申拓展进行思考研究。

1. 例 1 讲解后的质疑评价

生5：生2 的做法让我眼前一亮，他令 $y=a+\dfrac{8}{2a+1}$，然后等式两边乘以 2，问题就迎刃而解。不过，最后别忘了除以 2，因为我们计算的是 y 的最值而不是 $2y$ 的最值。

生6：我喜欢生4 的解法。她这个解法我完全没想到，通过她这样一换元，我们看到了原来它是如此的简单。她利用换元的思想，将问题变得非常简单，值得我学习。

师：同学们的解法很好，都抓住了基本不等式的本质特征，但他们的几种解法又有不同的视角和特点。生1、生2 和生3 采用的是构造法。生1 和生2 是着眼于第二项分母 a 的系数进行构造 $2a+1$；生3 是着眼于第一项整式 a 的系数，将分母 a 的系数化为 1 后再构造式子 $a+\dfrac{1}{2}$；生4 采用的是换元法，直接将分母变换成单项式 b，他们的解法都体现了一个共同的数学思想——化归转化的思想，即通过构造法和换元法将原式转化为基本不等式来解决问题。现在大家思考一个问题，这几种不同的解法中哪个具有一般性，哪个最简单？能否把它推广到一般形式？

学生开始认真地思考，并在小组内展开了讨论，最后得出生2、生3、生4 的解法都很好，生4 的解法更简单，也具有一般性，并且对比自己的解法，调整了自己的思维和思考方法，获得了丰富的个人解题经验。（在本课结束时的"学习反思"中,很多学生谈到了自己的个人经验和体会)当老师给出这类更一般的函数 $y = mx + \dfrac{k}{lx+n}$ (m , l , k 均为大于零的常数,且 $x > -\dfrac{n}{l}$)求最值问题时,学生很快地就解决了。在学生理解和掌握了本题的一般规律后,对于学案中本例的 4 个变式练习很快就完成了。

2. 例 2 讲解后的质疑评价

师:生 5 是对已知用均值不等式得出 $ab \leqslant \dfrac{1}{8}$,再将所求式进行变形后得出 $\dfrac{1}{ab} \geqslant 8$ 获得解答;生 6 是将已知的 1 代入对所求式进行变形再用均值不等式获得解答。这两种解法那种更具有一般性?请看学案中例 2 的"解题回顾",已知条件不变,所求式改为 $\dfrac{2}{a} + \dfrac{1}{b}$,再用两种思路进行解答,能否完成?现在请同学们讲解你们的思路。

生 6:根据我刚才的思路,我是这样做的:由已知 $2a + b = 1$ 得, $ab \leqslant \dfrac{1}{8}$,则 $\dfrac{1}{ab} \geqslant 8$ 。又因为 $a>0$, $b>0$,所以, $\dfrac{2}{a} + \dfrac{1}{b} = \dfrac{2b+a}{ab} \geqslant 8(2b+a)$ 。又 $2b+a \geqslant 2\sqrt{2ba} \geqslant 2\sqrt{2 \times \dfrac{1}{8}} = 1$,所以, $\dfrac{2}{a} + \dfrac{1}{b} \geqslant 8(2b+a) = 8$ 。所以,所求最小值为 8。

生 7:我用的是第二种方法。由已知 $2a + b=1$ 得, $\left(\dfrac{2}{a} + \dfrac{1}{b}\right) \times 1 = \left(\dfrac{2}{a} + \dfrac{1}{b}\right) \times (2a+b) = 4 + \dfrac{2b}{a} + \dfrac{2a}{b} + 1 \geqslant 5 + 2\sqrt{\dfrac{2b}{a} \dfrac{2a}{b}} = 9$ (当且仅当 $\dfrac{2b}{a} = \dfrac{2a}{b}$,即 $a=b$ 时,取"=")所以,所求最小值为 9。

当同学们看到两个答案不一致时,就议论开了。此时,教师没有说谁对谁错,而是让学生对两种做法进行深入的讨论,并提出要求。要求同学们找到问题的关键。通过这个变式我们需要注意什么?

生 8:我们小组讨论了生 7 的做法。我们没有看出他的做法有什么问题。均值不等式使用的条件:"一正,二定,三相等"没有任何疑问,因此感觉是对的。但对于生 6 的做法,感觉有点问题,但说不出来。

生 9:我们小组讨论的是生 6 的做法。我们发现他在做本题时使用了两次均值不等式。我们应该考虑在一道题中能否多次使用均值不等式?如果能,为什么出错了呢?我们想应该是可以多次使用的,只是可能需要注意什么?于是,我们小组带着这样的问题再讨论了一下。结合均值不等式的使用条件,我们发现他的前两个条件都符合"一正,二定"的条件。于是我们想,那是不是第三个条件有问题?所以,我们重点研究了一下他的"取等"条件。结果,还真就找出问题了。我们看,$2b+a \geqslant 2\sqrt{2ba} \geqslant 2\sqrt{2 \times \frac{1}{8}} = 1$。他在这一步使用均值不等式的时候,取等条件是什么?是"$2b=a$",再结合已知得 $a=\frac{2}{5}, b=\frac{1}{5}$。但在"由已知 $2a+b=1$ 得,$ab \leqslant \frac{1}{8}$"这一步取等的条件是"$2a=b$",再结合已知得 $a=\frac{1}{4}, b=\frac{1}{2}$,这与 $a=\frac{2}{5}, b=\frac{1}{5}$ 不一致。另外,生 6 由 $ab \leqslant \frac{1}{8}$,得出 $ab \leqslant \frac{1}{8}$,由此得出 $2\sqrt{2ba} \geqslant 2\sqrt{2 \times \frac{1}{8}}$ 是错误的,应该是 $2\sqrt{2ba} \leqslant 2\sqrt{2 \times \frac{1}{8}}$。(掌声!)

师:从以上两位小组"代表"的讲解,这时大家已经知道问题在哪里了,大家应该清楚本题的正确解法了吧。那我们在使用均值不等式时需要注意什么?谁能解决这个问题?

生 10:我觉得在一道题中如果多次使用均值不等式的话,应该注意"取等"条件是否一致。如果一致的话,应该没有问题,如果不一致的话,肯定有问题。

生 11:我认为,在解答这类具有条件的最值问题时,最好不要两次运用均值不等式,而是要充分利用条件,将"1"代换对式子进行变形只用一次均值不等式,从而避免出现错误。

师:大家同意他的说法吗?(众生:同意!)很好,由此可见,我们做这类型题目时,更一般的做法应该是"1"的巧用哦。(很多学生会意的点头)

二、教学分析

本节课采用的 DJP 教学是对传统的灌输式教学的教学转型。在灌输式教学中,整堂课是教师"独霸"课堂话语权的讲解。这种教师的讲解把学生变成了储存知识的"容器",变成了可任由教师灌输的"储存器"。如,本节课若是采用传统的灌输式教学,课堂上例 1、例 2 的解题思路和方法则会全由教师代替学生的思维去分析、讲解。课堂上"教师不是去交流,而是发布公报,让学生耐心地接受、记忆和重复储存材料。"[8]由于教师代替了学生的思维,解题思路的分析、解题规律的总结全由教师完成,学生只是被动地接受和记忆。因此,这种教学对学生数学思维能力的培养毫无帮助。正如巴西教育家弗莱雷指出的:"学生对灌输的知识储存的越多,就越不能培养其作为世界改造者对世界进行干预而产生的批判意识。"[8]而 DJP 教学中，教师把学习的自主权还给了学生，把课堂话语权还给了学生。课堂上采用的是"学生主讲，教师引导"的方式，学生学习的主动性和积极性很高。教学中，例 1 的几种不同解法不是教师直接讲解告知的，而是学生在自己独立思考和别人讲解的启发下产生的，并通过教师的启发引导，对几种解法的评价分析，最后总结得出一般问题的解答。例 2 的两种不同解法和变式练习中出现答案不一致问题的分析也不是由教师直接告知的，而是学生自己经过独立思考、对比分析总结得出的。学生独立思考后，再与同伴和教师展开充分的对话交流，师生、生生多种视界的融合而生成知识的意义。而且，通过倾听别人的讲解受到启发，进一步激活了思维，从而"真正促进了学生更为积极地去思考，并能逐步学会想得更清晰、更全面、更深、更合理"，这不仅使学生的数学能力得到提高，而且使他们的数学思维的清晰性、严密性、深刻性、全面性、综合性和灵活性以及创造性等思维品质得到培养。同时，这样通过独立思考、互动对话获得的知识是学生自己的个人知识，对知识意义的理解和解决问题方法的掌握与运用更加深刻，因而这种学习是深度学习和高效学习，这样的课堂教学也是一种高效的课堂。

实践表明：课堂上教师把话语权还给学生，给学生提供一个展示才华的舞台，让学生讲解自己的理解与见解，可充分激发和调动学生学习的主动性和积极性，可充分激活学生的思维，展现学生的智慧。同时，学生在这种多元对话性学习过程中，通过与他人的对话交流，既能有效提高数学理解能力，又能很好培养数学推理能力，还能提高和培养思维能力及数学的核心素养。

参考文献

[1] 郑毓信. 数学教育视角下的"核心素养"[J]. 数学教育学报，2016，25（3）：1-5.

[2] 张建桥. 培养学生核心素养亟待教学转型[J]. 中国教育学刊，2017（2）：6-12.

[3] 王富英，王新民. 让知识在对话交流中生成——DJP 教学中知识生成的过程与理解分析[J]. 中国数学教育，2013（11）：3-6.

[4] 王富英，王新民，谭竹. DJP 教学：促进学生主动学习的教学模式[J]. 中国数学教育，2009（7-8）：8-10.

[5] 王富英，朱远平. 导学讲评式教学的理论与实践——王富英团队 DJP 教学研究[M]. 北京：北京师范大学出版社，2019.

[6] 王富英，王新民. 导学讲评式教学的研究[J]. 教育科学论坛，2014（8）：

40-42.

[7] 王富英,王新民. 数学学案及其设计[J]. 数学教育学报,2009,18(1): 71-74.

[8] [巴西]保罗·弗莱雷. 被压迫者教育学[M]. 顾建新,等,译. 上海:华东师范大学出版社,2014:37.

数学"四基"中"基本活动经验"的认识与思考[①]

中国数学的"双基"教学是植根于中国本土的教学理念,带有鲜明的中国特色,是中国数学教育的优良传统。随着时代的发展,数学"双基"教学的理念又不断发展,不断被注入新的活力。国家《数学课程标准》制定组组长、东北师大校长史宁中教授在 2006—2007 年数学高研班澳门、宁波会上的发言中提出了数学教学的"四基",引起了数学教育界的广泛关注。数学"四基"是指数学基础知识、基本技能、基本思想和基本活动经验。[1]在数学教学中,强调数学"双基"和"数学思想方法"已成为共识,但对"基本活动经验"意义的界定和在教学中如何实施还需要进一步研究。本文就"基本活动经验"的含义以及与数学"双基"和"基本思想"的关系进行一些初步的探讨。

一、数学活动

(一)活动

"活动"一词的英文为"activity",它源于拉丁文"act",其基本含义为"doing",即"做"。在西方哲学史上,古希腊哲学家亚里士多德最早提出"活动"这一概念,他把活动划分为理论活动、制作活动、实践活动。此后,黑格尔、费尔巴哈等均对"活动"进行了论述,但他们都是从主观方面来抽象地理解"活动"的。马克思把他们的活动理论进行了合理地扬弃,提出了科学的活动观。马克思认为,活动是"人对于外部世界的一种特殊的对待方式"。[2]马克思把人的活动理解为感性的、能动的社会实践。因为,"社会生活在本质上就是实践的"。而人的活动表现为多种多样,按人对外部世界作用的方式可分为认识活动、实践活动、交往活动。人对事物的认识是在实践活动的基础上产生初步的感知,并在此基础上通过对比、分析、抽象、归纳、概括等认识活动再上升到理性的认识以揭示出事物的本质特征。因此,活动的最初形式是在实践过程中的感知活动,在此基础上再形成理性的认识活动(经验概括活动)。

[①] 此文为王新民、王富英、王亚雄合作,原载于《数学教育学报》2008 年第 2 期,被人大复印资料《中学数学教与学》2011 年第 4 期摘要转载。

（二）数学活动

数学本身是人类活动的产物，是人类在社会实践活动过程中对现实世界数量关系和空间形式经验概括的结果。数学的产生、形成与应用的过程是人类的一项实践活动。因此，数学活动是人类对待外部世界的一种特殊的方式，是人类进行数学抽象与数学应用的实践过程。

从数学发展来看，数学作为人类的一项活动，有两大历史渊源：一是以古希腊数学为代表的演绎体系；二是以古代中国数学为代表的归纳体系。前者以形式化的论证为其主要特征，而后者以经验性的算法为其主要特征。在漫长的发展过程中，二者的相互促进与相互融合，使得数学活动具有了鲜明的二重性——活动内容的形式性和活动过程的经验性，正如著名数学教育家波利亚指出的："数学具有两个面……以欧几里得方式表现出来的数学看上去是一种系统的演绎科学，但在形成过程中的数学看上去却是一种实验性的归纳科学。"[3]

从数学活动的观点来看，数学具有静止状态和活动状态两种形态。作为静止状态的数学是把数学作为一个对象性的数学，它是指数学经验概括活动的结果，即活动结果的数学，表现形式为逻辑整理有序的、封闭的、静止的状态；作为活动状态的数学注重的是数学活动的过程性，是指从现实生活出发的数学化过程，是人类活动的数学，即活动过程的数学，表现形式为动态的、开放的活动状态。而作为学生学习的数学不应是静止状态的数学而应该是活动状态的数学。正如弗赖登塔尔指出的："学生所要学习的不是作为一个封闭系统的数学，而是作为一项人类活动的数学，即从现实生活出发的数学化过程。如果需要也可以包括从数学本身出发的数学化过程。"[4]因此，"数学教学是数学活动的教学"[5]。

（三）数学活动的层次

从活动的内容角度看，苏联数学教育家 A. A. 斯托利亚尔将数学活动分为三个阶段（层次）："经验材料的数学组织化，数学材料的逻辑组织和数学理论的应用，这三个阶段构成了数学学习者的学习活动的完整过程"[5]。从数学学习的角度，数学活动体现为数学化的过程，可分为先后两个层次：水平数学化，指把情景问题转化为数学问题的过程；垂直数学化，指建立数学问题与数学形式系统之间关系的过程[4]。而从认识论的角度，苏格兰数学家波塞尔概述道："数学是人类的一种最重要的活动。它不只是一种游戏，尽管我们喜欢玩它；它不只是一种艺术，尽管有时它是至高无上的艺术；它并不像哲学家所想象的是无聊的一小步、一小步推理组成的长链。数学活动是包容了从'粗俗'的手工劳作到'高雅'的理性发现的系统活动。"[6]

（四）基本数学活动

"问题是数学的心脏"，数学活动是由"情景问题"驱动的，"问题解决"是其主要的活动形式。在提出问题、形成相关概念、探究解决问题的策略与方法的时候主要以归纳活动为主，而在整理结论、表述问题解答过程以及进行形式化训练的时候则以演绎活动为主。

在数学教学中，数学活动的形式或过程是多种多样的。《全日制义务教育数学课程标准（实验稿）》中强调了观察、试验、猜测、验证、推理与交流等数学活动。《普通高中数学课程标准（实验）》中强调的数学思维活动过程有直观感知、观察发现、归纳类比、空间想象、抽象概括、符号表示、运算求解、数据处理、演绎证明、反思与建构等，并且强调应将数学探究、数学建模和数学文化等三大数学活动贯穿整个高中教学的始终。但其中最基本、最主要的数学活动是以逻辑推理为特征的演绎论证活动和以经验概括为特征的归纳发现活动，其他的数学活动都是围绕这两种活动而展开的，或者是一种拓展，或者是一种延伸，或者是一种组合。这里的"归纳"是指"从特殊到范围更广的推理"，就方法而言，包括枚举法、归纳法、类比法、统计推断、因果分析、以及观察试验、比较分类、综合分析等[7]。因此，数学学习中的基本数学活动是演绎活动与归纳活动。

二、数学基本活动经验

（一）经验的含义及其构成

"经验"向来是教育学、哲学、学习心理学等领域讨论的重要课题，无论是杜威所倡导的经验课程，还是拉卡托斯关于数学的"拟经验"观点以及建构主义的学习理论，"经验"均是其中的核心概念。但经验的含义到底是什么呢？按《现代汉语词典》的解释，经验具有两个方面的含义，一是由实践得来的知识与技能，二是经历。美国实用主义教育家杜威曾对"经验"给出过如下解释："经验包含一个主动的因素和被动的因素，这两个因素以特有形式结合着；在主动的方面，经验就是尝试，在被动的方面，经验就是承受结果。"[8]

孙宏安教授在概括了关于经验各方面的解释后给出如下定义:"经验指的就是个人所获得的感性知识,及在感性知识基础上,经过自己系统整理和由实践反复检验了的科学知识,以及个人经历对个人身心发展产生的影响。"[9]

我们认为,经验是一种过程性知识,是在实践活动中所形成的一种"活动图式"。它主要由三种成分组成:一是知识性成分,是指在活动过程中所建构的关于活动主客体的个人意义,包括操作的直观感知、建立的新旧知识之间的联系以及对活动过程的感悟等,是人们在活动过程中所悟出的道理,是对活动过程的直观把握,其合理性主要由活动的有效性来保证,如"老马识途"等;二是体验性成分,是指在活动过程中所产生的情绪体验,包括成就感与失败感、自我调节心态的体会等,如"大赛经验"等;三是观念性成分,是指活动过程所形成的意识和信念,如应用意识、创新意识、做事的信心与信念等。

(二)经验与活动的关系

杜威指出:"经验即所做(doing)的事情、动作和感受(或经历)的密切关系就形成我们所谓经验。"[10]"经验就是人和自己所创造的环境的'交涉'。"因此,经验是活动主体对客体的能动反映,经验与活动(做事)是紧密相连的。经验在活动中产生,又在活动中体现,并且只体现在需要这种经验的活动之中。经验是活动的过程和结果,活动是经验的源泉,而经验又是为人们的活动服务的,没有亲历的实践活动就根本谈不上什么经验,经验与活动的关系是"皮"与"毛"的关系。

(三)数学基本活动经验

在数学教学中,数学活动的一个主要目的是让学生经历探究的过程、思考的过程、抽象的过程、预测的过程、推理的过程以及反思的过程等,获取丰富的过程性知识,最终形成应用数学的意识。结合前面对"经验"三种成分的分析,我们可以给出数学活动经验的如下理解:数学活动经验是指学习者在参与数学活动的过程中所形成的感性知识、情绪体验和应用意识。其中,感性知识是指具有学生个人意义的过程性知识,也包括学生大脑中那些未经训练的、不那么严格的数学知识;情绪体验是指对数学的好奇心和求知欲、在数学学习活动中获得的成功体验、对数学严谨性与数学结果确定性的感受以及对数学美的感受与欣赏等;应用意识包括"数学有用"的信念、应用数学知识的信心、从数学的角度提出问题与思考问题的意识以及拓展数学知识应用领域的创新意识。而且应用意识是数学基本活动经验的核心成分，正如朱德全教授指出的："应用意识的生成便是知识经验形成的标志。"[11]基于对数学基本活动的认识，我们把演绎活动经验和归纳活动经验称之为数学基本活动经验。

数学基本活动经验是建立在人们的感觉基础上的，又是在活动过程中具体体现的，与形式化的数学知识相比，它没有明确的逻辑起点，也没有明显的逻辑结构，是动态的、隐性的和个人化的。它可以是使人受益终生的深深铭刻在头脑中的数学的精神、数学的思维方法、研究方法、推理方法，甚至经历的挫折等；也可以是克莱因笔下从整体意义上对数学活动的领悟。[6]在数学学习中，要使学生真正理解数学知识，感悟数学的理性精神，形成创新能力，就应该让学生积累丰富而有效的数学活动经验，这些经验包括检索、抽取数学信息的经验，选择和运用已有知识的经验，建立数学模型的经验，应用数学符号进行表达的经验，抽象化、形式化的经验，选择不同数学模型的经验，预测结论的经验，对有关结论进行证明的经验，调整、加工、完善数学模型的经验，对所得结果进行解释和说明的经验，巩固、记忆、应用所得知识的经验，等等。这些经验的最基本的成分是演绎活动经验与归纳活动经验。

三、数学"四基"之间的关系

数学"双基"的含义非常丰富，可以有知识形态、教学形态与个体形态等三种表现形式[12]。从教学的角度，邵光华教授与顾泠沅先生指出："双基教学重视基础知识、基本技能的传授，讲究精讲多练，主张'练中学'，相信'熟能生巧'，追求基础知识的记忆和掌握、基本技能的操演和熟练，以使学生获得扎实的基础知识、熟练的基本技能和较高的学科能力为其主要的教学目标。"[13]其中的"精讲多练""练中学""熟能生巧"等主要是围绕"演绎活动"而展开的，其目的是让学生获得形式化的知识结果——用数学术语或数学公式所表述的系统知识。数学基本活动经验则主要是指在数学基本活动中形成和积累的过程知识。由于我国的数学教学过分强调"演绎活动"而削弱甚至忽视了"归纳活动"，因此，基本活动经验更加强调关于归纳活动的经验。在数学学习过程中，"双基"与基本活动经验是相互依存、相互促进的，也是可以相互转化的，在二者的不断融合、多次的实际应用中，通过反思提炼而形成的一种具有奠基作用和普遍指导意义的知识经验便是数学基本思想。由此，我们可以给出数学"四基"的如下关系结构（图4-2）。

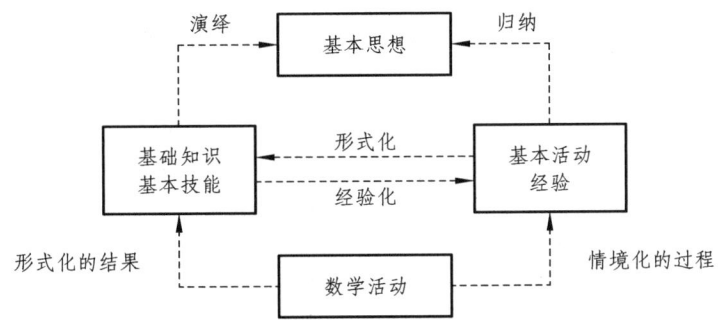

图 4-2　数学"四基"的结构

从知识的角度来看,"双基"是一种理性的、形式化的结果性知识,而基本活动经验则是一种感性的、情景化的过程性知识,它们各强调了数学知识的一个侧面,前者形成的是一种知识系统,而后者形成的是一种经验系统,二者的有机结合才能形成完整的数学知识结构。就方法而言,"双基"主要以演绎法为主,演绎法只是一种依据固定的前提(定义、公理、定理等),利用相对固定的推理程序(三段论),得出固定结论的方法,而结论的预测与发现、推理思路的探索与调整以及知识的实际应用等,靠演绎法是推不出来的,从这个意义上讲,"儿童不可能通过演绎法学会新的数学知识"。[4]关于"双基"的学习需要有一个意义建构的过程,此过程是以原有经验为基础的,又是从操作性的经验开始的,并且所建构的意义最终是以经验的形态储存在学生的大脑当中,就如著名教育家陶行知所做的关于人获得知识过程的嫁接树枝的比喻:"我们要有自己的经验做根,以这经验所发生的知识做枝,然后别人的知识才能接得上去,别人的知识方才成为我们知识的一个有机体部分。"[14]因此,"双基"只有通过经验化才能真正成长为学生的数学素养。相对于"双基"而言,"基本活动经验"是比较模糊的、不太严谨的,缺乏明晰的结构体系,尤其是那些没有经过加工的"原始经验",含有许多主观的、片面的非本质因素,就像数学家克里斯戈尔所描述的那样:"数学活动过程中所获得的知识总是不够精确的和片面的,其整体结构好像一片原始森林,或者说是交相缠绕的树枝。"[6]因此,要使"基本活动经验"更加确切、合理而有效,就需要经历一个概念化与形式化的过程,虽然在问题解决的过程中,某些经验本身就具有很好的指导作用和实用价值,但毕竟数学知识本质上是追求严谨性与确定性的。经过概念化与形式化,"基本活动经验"就可以转化或融入"双基"之中,不但使"基本活动经验"得到了升华,也使"双基"因为充满了学生的感受而获得了某种生命的活力。

史宁中教授指出："'基本思想'主要是指演绎和归纳,这应当是整个数学教学的主线,是最上位的思想。"[7]关于数学基本思想,以往的文献有诸多论述。胡炯涛先生认为:"最高层次的基本数学思想是数学教材的基础与起点,整个中学数学的内容均循着基本数学思想的轨迹而展开……'符号化与变换思想''集合与对应思想'以及'公理化与结构思想',它们构成了最高层次的基本数学思想。"[15]在中学数学教学中影响比较大的是任子朝先生提出的四种基本思想:数形结合的思想、分类讨论的思想、函数与方程的思想、化归的思想。[16]然而,在众多的数学思想中起着奠基性、引领性作用的还是归纳思想与演绎思想。如"化归思想",在探索化归的方向、发现问题的结论、寻找解决问题的途径时,主要运用的是归纳思想;在链接"中间问题"、整理和表述化归结果时,则需运用演绎思想,而且化归的主要策略——"一般化"与"特殊化"本身,就是归纳思想与演绎思想的具体体现。从形成过程来看,演绎思想主要是在"双基"的形式化训练中练就的,而归纳思想则主要是在"基本活动经验"的不断积累中逐步孕育的。归纳思想与演绎思想是数学思想体系的两翼,二者协同发展,才能使数学知识健康、和谐地成长为学生的智慧。

总之,数学基础知识、基本技能、基本活动经验与基本思想既是数学学习活动的核心内容与主要目标,也是学生数学素养最为重要的组成部分,它们共同构筑了学生的数学知识结构。

参考文献

[1] 巩子坤,等. 2006—2007年数学教育高级研讨班纪要[J]. 数学教育学报,2007,16(3):99-102.

[2] 冯契. 哲学大辞典(马克思主义哲学卷)[M]. 上海:上海辞书出版社,1992:1342.

[3] G. 波利亚. 怎样解题[M]. 上海:上海科技教育出版社,2002:3(序).

[4] 孙晓天. 数学课程发展的国际视野[M]. 北京:高等教育出版社,2003:95-108.

[5] 张静. 数学新课程与数学活动的教学[J]. 通化师范学院学报,2006,17(6):115-116.

[6] 涂荣豹,宁连华. 论数学活动的过程性知识[J]. 数学教育学报,2002,11(2):9-13.

[7] 史宁中. 数学课程标准的若干思考[J]. 数学通报,2007,46(5):1-5.

[8] 杜威. 哲学的改造[M]. 北京:商务印书馆,1989:46.

[9] 孙宏安. 课程概念的一个阐释[J]. 教育研究,2000(3):44-47.

[10] 杜威. 经验与自然[M]. 北京：商务印书馆，1960：45-46.
[11] 朱德全. 知识经验获取的心理机制与反思型教学[J]. 高等教育研究，2005，26（5）：76-79.
[12] 王新民. 关于"数学双基"存在形态的分析[J]. 数学通报，2006，45（8）：10-12.
[13] 邵光华，顾泠沅. 中国双基教学的理论研究[J]. 教育理论与实践，2006，26（2）：48-52.
[14] 陈佑清. 不同素质发展中的直接经验与间接经验的关系[J]. 上海教育研究，2002（11）：27-29.
[15] 胡炯涛. 数学教学论[M]. 南宁：广西教育出版社，1996：144.
[16] 任子朝. 1993年全国高考数学试卷评价报告[J]. 中学数学月刊，1994（2）：1-4.

高效数学教学构成要素的分析[①]

高效或有效教学是数学教育界和一线教师都十分关注的热点问题。国内外学者从如何提高教学的有效性以及对高效教学行为[1]等方面展开了研究。本文试图对高效数学教学的构成要素进行探讨。教学是由三个基本要素和三个影响要素整合而成。三个基本要素是指学生、教师和内容,三个影响要素是指目的、方法和环境。[2]从教学活动过程来看,学生和教师主要是通过选择知识和设定知识价值、参与活动来对教学产生影响的;目的是通过活动方式以及评价体现在学生的发展上的;环境中的知识性成分(客观精神产品)可包含在教学内容之中,条件性成分(物资设备)可体现在学习方式之中;方法本身是学习方式的组成部分。如此看来,知识、活动方式和基于学生发展的评价就成为决定教学是否有效的关键要素。而知识、活动方式与评价均有高效与低效之分,因此,高效数学教学就必须回答下面三个问题:什么知识有效?怎样的教学活动方式有效?什么样的评价对学生的发展有效?按照这样的思路,我们给出高效数学教学的如下含义:高效数学教学是指以有效的数学知识为学习活动对象、通过有效活动方式和有效评价促进学生有效发展的教育实践活动。由此界定可知,高效数学教学的构成要素是有效知识、有效方式和有效评价。

一、有效知识

知识作为人们对事物的认识与反映,总是具有某种价值的,但一旦知识与教育相联系,就必须考虑它的适切性和有效性。也就是说对于学生的学习和发展来说,并不是所有的知识都是有效的,而有效的知识才能体现出它的教育价值。

为了讨论数学知识的有效性,张奠宙先生将数学知识区分为两种形态,即知识的学术形态和知识的教育形态。"学术形态是指数学家在发表论文时采用的形态:形式化,严密地演绎,逻辑地推理,呈现出简洁的、冰冷的形式

[①] 本文为王新民、王富英合作,原载于《数学教育学报》2012年第3期,被人大复印资料《中学数学教与学》2012年第10期全文转载。

化美丽，却把原始的、火热的思想淹没在形式化的海洋里；教育形态是指通过教师的努力，启发学生高效率地进行火热的思考，把人类数千年积累的数学知识体系，变得使学生容易地接受。"[3]

学术形态的数学知识是针对学术研究而言的，其目的是便于学术交流和文化保存，具有高度的确定性、严谨的逻辑性和完整的系统性等特点。从数学教育角度来讲，学术形态的数学知识既割断了与人的生活世界的丰富、复杂联系，也割断了与人发现问题、解决问题、形成知识过程的丰富、复杂联系，使那些真正激发数学思想与数学情感的因素被遮盖了起来。因此，它所能体现出来的教育价值是极其有限的，就数学教学而言，学术形态的数学知识是"低效的"。

教育形态是从"教"的角度出发而提出的一种知识形态，其目的在于"使学生容易地接受"。但是，在实际的教学中，对知识所设定的是一种功利性的教育价值，数学知识常常以封闭而单调的、脱离学生生活实际的技术化形式呈现在学生面前，主要强调的是数学解题训练的效率，所追求的是附于数学"双基"本身上的"分数"和"名次"，而不是数学知识本身所蕴含的意义和价值，更不是学生生命活动所产生的意义和价值。

在数学学习中，学生是学习的主体，是知识意义的建构者和知识的最终拥有者，他们自然会对数学知识设定一种具有个人生命意义的价值取向，在知识意义的建构过程中展示自己独特的生命状态和生命活力。同时，当前的数学教学更加关注学生的"学"，追求的是让学生学会学习，这就需要把数学知识进行学习法的加工，转化为一种更易于学生学习的知识形态——数学知识的学习形态。

数学知识的学习形态是指设定了学生生命活动价值，能够高效地焕发学生生命活力，易于学生学习的知识形态。由此可知，学习形态的数学知识是从学生的学习需要出发，将学术形态的数学知识进行了学习法加工，是符合学生学习特点和认知规律，易于学生自主学习、合作探究、展示生命活力的知识。

学习形态的数学知识主要有如下四个特点：

第一，学习形态的数学知识是一种经验形态的知识。它使数学知识恢复到原来的鲜活的经验状态，与学生已经看到的、感觉到的和爱好的东西相联系，特别是，与学生数学现实中的那些已经具有的、但未经训练的和不那么严格的数学知识相联系，将数学世界与生活世界融为一体。这样的数学知识不是那种从外界引进的一种空洞的或纯粹的符号，也不是一种僵死的和贫乏的东西,而是具有丰富现实背景和数学背景的,是学生进行数学实践和数学发现活动的对象和材料。

第二,学习形态的数学知识是一种具有"生命态"的知识。它更加强调与学生生命活动的联系,不再把数学知识看作是属于"另一个世界"的不变真理,而是一种可探寻、可分析、可切磋的"对客观世界的一种解释、假设或假说"[4],它使学生明白所面对的知识内容对于生活和自己的发展意味着什么。通过对这种知识的富有生命活力的学习活动,可以使学生体验和感受到数学知识是自己智力创造的结果、探索的结果、心灵劳动的结果,是他们生命活动经验的一部分。

第三,学习形态的数学知识是一种兴趣化的知识。它强调与学生的生活世界的联系,以学生最熟悉的事实现象与知识经验为出发点,具有一种让学生好奇与"惊讶"的色彩;它将数学知识融入学生整个有意识的生活之中,赋予了某种生活的价值。这种知识,更容易激活、唤起学生学习的内在需要、兴趣、信心,能够提升他们的主动探求的欲望及能力,就如苏霍姆林斯基所指出的那样:"领着孩子到思维的源地去旅行是具有重大意义的……这些地方,形象地说,就有滋养渴望知识的细根,这些地方就会使孩子萌发出一种愿望……。"[5]在当前我国所开展的一些教学改革中所使用的"数学学案"[6],其中所展示的知识就是一种学习形态的知识。实践表明,"数学学案"深受学生的喜爱,从根本上改善了学生的数学情感,它使得学生更加关注数学知识本身的价值和自我生命活动的状态,使他们在展示生命活力的过程中享受数学学习的快乐。

第四,学习形态的数学知识是一种具有整体性的知识。它展示给学生的不是知识的"中段",而是知识的"全景",包括知识的源头、知识发展过程、知识的应用以及对于人的价值等,它是一种"活的知识"。具体来讲,这种"活的知识是由事实性知识、概念性知识、方法性知识和价值性构成",[7]它能够使学生的学习成为一种"有意义的学习经历",[8]能够使所学的东西在课程结束后还将在他们的生活中具有价值,并且将提升他们的生活价值。

如果说教育形态的数学知识"使学生容易地接受",那么,学习形态的数学知识则使学生易于介入、易于思考、易于探究、易于遐想;如果说教育形态使数学知识具有了一种人文的"意境",[9]那么学习形态则使数学知识展现了一种生命活动的意义。学习形态并不是给数学知识强加一种外在的什么东西,而是自然地凸显数学知识本身的价值及其对于学生发展成长的价值。因此,学习形态的知识对于学生的学习来说是一种更加有效的知识。

二、有效方式

将知识转化为学习形态后,并不等于学生就能完全理解与掌握了,还必须采用有效的教学活动方式。教学活动方式包括"教的方式"与"学的方式"两个方面,一般而言,这两个方面是辩证统一的,但"教的方式"的有效性最终是体现在"学的方式"的有效性上的,因此"学的方式"更具根本性。学习方式是指学生在完成学习任务过程中的基本的行为和认知取向,它"不仅包括相对的学习方法及其关系,而且涉及学习习惯、学习意识、学习态度、学习品质等心理因素和心灵力量"。[10]根据教与学相互作用的方式,可将数学教学活动方式分为三种形式:以教定学、以学定教、教学对话。

1. 以教定学

"以教定学"是以教师的"教"为主的教学活动方式,它强调教师中心,主要追求的是"教"的有效性,教学活动的表现形式是"教师牵着学生走"。以教定学是一种"传授式"的教学方式,是教师按事先设计好的教案,主要通过口头语言向学生叙述数学事实、解释数学概念、论证数学定理和阐明数学方法,而学生通过静听、练习加以吸收的教学活动方式。其主要特点是预设性、控制性、被动性和功利性。首先,对于学生而言教师的讲授具有"权威性与合法性",教师总是讲授,学生总是顺从听讲,"一个受尊敬的长者传输知识给处于服从地位的年少者"。[11]其次,听课是学生学习数学的主要形式。再次,外部奖励性动机"学业成绩"作为激发学生进步的主要因素。学生学习动力不是来自知识本身的价值、学习活动的乐趣,而是为了得到某些外在于知识的"好处",如高分数、好名次以及由此带来的"入重点中学、进名牌大学"等。

"牵着学生走"的教学活动方式在知识传递方面可能具有一定的高效率,但在学生的发展方面则可能带来一些具有"虚拟价值"的"规模效益"(以考试成绩为标志而不是以学生主动发展为标志的效益),培养出来的学生更多的是一些循规蹈矩、急功近利、缺乏主动性与创造性的人(成都商报,2010年8月5日报道中指出:我国学生计算能力在世界上顺数第一,而想象力在世界上倒数第一)。正如有学者指出的那样:"对于传统教学的传授法,人们早已经产生疑虑,充分注意到传授法在较高效率地传递文化知识的同时,牺牲了学生的智力、个性发展以及主体性的培育。"[12]

2. 以学定教

"以学定教"是以学生的"学"为主的教学活动方式，它强调以学生学习为中心，注重的是"学"的有效性，教学活动的表现形式是"教师跟着学生走"。教学实践中，以学定教主要由两个大的教学环节组成，一是"先学"，是指在教师讲课之前，学生先对数学教材进行自主学习，独立地完成一定的学习内容；二是"后教"，是指教师根据学生"先学"的情况和所存在的问题进行有针对性的讲解与评析，也即所谓的"先学后教"。根据维果斯基的最近发展区理论，在"先学后教"的教学过程中，"先学"解决的是真实发展水平的问题，而"后教"解决的是潜在发展水平的问题。[13]概括地讲，以学定教有以下一些特点：

第一，自主性。主要有两个方面：一是在"先学"中，学生通过自主学习达到认知发展的真实水平。"先学"不是一般意义下的"预习"，而是一个具有基础性的教学环节。二是在"后教"中，学生可以自主选择听课的角度，自主地确定听课的重点内容和所要解决的问题。学生数学学习中的这种自主性加大了学生情感参与强度，增加了认知参与的维度和力度，特别是使得学生的思考走在了教师的前面。

第二，针对性。也包括两个方面：一是指学生在行为、认知以及情感方面的倾向性。在"先学"的过程中，学生根据自主学习的情况会对"后教"产生一种听课的价值取向，使听讲具有某种方向性，他们会带着问题、带着学习的需要去听课；二是指教师讲课的侧重性。在学生"先学"的基础上，教师针对学生理解不深的知识以及解决不了的问题进行重点讲解，在一定程度上避免了传统数学教学中的那种面面俱到的讲解。

第三，多向性。主要体现在三个方面：一是指学习的起点不同，学生通过"先学"，达到各自真实的发展水平，在"后教"中进入各自的"最近发展区"；二是指学习的终点不同，学生因为自己的数学学习能力、学习旨趣不同而走向不同的终点，特别是不再把知识的掌握当作学习的唯一目标，可有多种不同的发展方向，可以是数学"双基"，也可以是数学情感、数学经验和数学能力等；三是学习步调不同，学生可以根据自己的情况确定学习的速度，按需要安排自己的学习时间，老师也可以根据学生的"先学"情况灵活地调整讲课的节奏。

但是，"先学后教"的有效性取决于一些设定的前提性条件，如，学生都愿意自主学习，并且能够把握学习的方向和目标；每位学生都有程度差不多的自学能力，都能在"先学"中完成规定的学习内容，而且还能够提出需老师帮助解决的问题；教师的"后教"既能体现一节课内容的重点，又能与每位学生的"先学"基本保持一致，等等。显然，这些条件过于理想化了，在实际的教学（特别是人数众多的"大班"教学）中是难以做到的。因此，总体上讲，"先学后教"在强调学生的主体地位的同时，削弱了教师在学生"学"时的主导作用。

3. 教学对话

"教学对话"即对话教学，它把教师和学生看作是教学的两个主体，教师是"教"的主体，学生是"学"的主体，二者构成的是一种双向的、平等的、和谐的"你—我"对话的关系，追求的是师生生命活动的有效性，教学活动的表现形式是"教师和学生一起走"。教学对话主要强调"教"与"学"之间的关系是一种相互交融的平等对话关系，就如保罗·弗莱雷所说的："通过对话，学生的教师和教师的学生等字眼不复存在，新的术语随之出现：教师学生、学生教师。教师不仅仅去教，而且通过对话被教，学生在被教的同时，也同时在教。"[14]通常，对话教学主要指的是一种教育理念或一种教学原则，而不是一种具体教学活动方式。为了使"教学对话"走进课堂，我们根据"导学讲评式教学"[15]的改革实践，提出了"对话性讲解"这一具有操作性质的对话教学活动方式。

对话性讲解是指学生在学案的引导和帮助下进行自主学习的基础上，通过师生相互对话讲解的方式进行视域融合，实现知识意义的生成、生命意义的建构和意义分享的教学活动过程。它由"学生讲解"与"老师讲解"两个相互交融的环节组成。学生的讲解是自主学习之后在组内交流的基础上，由各组学生代表面向全班同学展示说明和解释对所学内容的理解，并提出未能解决的疑难问题；教师的讲解则是根据教学的重点、学生讲解中的疑点、难点以及学生忽略的薄弱点进行点拨或补充。在一般的数学教学中都是教师一人在讲解，而对话性讲解则更加强调学生的讲解，从而变教师一人讲解为人人讲解，使教师"一言堂"变为师生"群言堂"。对话性讲解具有以下特点：

第一，视域融合性。在对话性讲解的过程中存在着四种不同的视域，即文本视域、教师视域、学习者视域与同伴视域。对话性讲解是各种视域进行大碰撞、大融合的过程，学生通过板书、讲解、提问、补充等形式展示自己的视域或同伴的视域；老师通过点拨、提炼、修正、评价以及对重难点知识的解释与强调等渗透着自己的视域，而文本视域则不断地被深化与丰富。这样通过师生之间的交流和讨论，不断发现新的数学事实和结果，从而构建起多维度的和多层次的知识意义世界。特别是，对话性讲解使学生的数学思维从练习本上转移到对话交流之中,将学生的思维变成交流的内容而赋予了一种生命活动的意义,思维成为一种交流、沟通、共享的活动过程,学生可以在对话中学习道理,在思辨中发展思维。

第二,意义生成性。在对话性讲解的学习过程中,学生数学知识意义的生成经历了三个递进的认知阶段:一是"一度消化"阶段,学生在学案的引导和帮助下通过文本知识的自主学习,建立新旧知识之间的联系,形成个性化的知识意义,初步生成知识理解中的表征成分、联系成分与认识成分等;二是"二度消化"阶段,对"一度消化"中所形成的知识意义进行讲解性加工,将理解中生成的内部语言转化为外部语言,需要学生对所生成的数学理解进行反思,从整体上进行把握,以生成对理解的理解;三是"三度消化"阶段,通过讲述、倾听、质疑、评价等对话过程,不但矫正和完善已形成的理解,而且在各种"视域融合"下形成层次更高的价值性理解,从而扩充、丰富、深化学生的知识意义世界。我们把经历了上述三个过程的理解称为"讲解性理解"。

第三,思维完整性。杜威指出:"思维就是有意识地努力去发现我们所做的事和所造成的结果之间,特定的联结,使两者连接起来。"[16]任何一种或一段数学思维都要有一个相对完整的过程——感知、困惑、猜测、探索、验证或论证的过程。在"一问一答"式的教学中,为了便于学生能够快速地回答,只能把这种过程分割开来,从而失去了数学思维中最有价值的东西,即思维的整体性与连续性。在对话性讲解的学习中,从学生的数学现实到把"学生头脑中已有的那些非正规的数学知识和数学思维上升发展为科学的结论,实现数学的'再发现'",[17]学生要选择、要思考、要寻找失败的原因、要克服各种困难,既要进行归纳猜测,也要进行演绎论证;所呈现或表达出来的东西,无论对错,均是学生经历了较为完整的数学思维过程的成果。

相比较而言,"以教定学"强调的是"教"的有效性,把学生的"学"放在了规定的跑道上,使学生的发展受到了很大的限制,因为学生的发展具有丰富性与复杂性,是不能被完全预设的;"以学定教"强调的是"学"的有效性,极大地提高了学生学习的主动性与参与性,但在整体上削弱了教师的"育"的作用;而"教学对话"将教与学融合为一体,既强调学生主体性的凸显,又注重教师主导性的发挥,使学生的学习处在一个具有生命活力的生态系统之中,增进了他们发展与成长的真实性、丰富性和有效性。因此,"教学对话"是一种更加有效的教学方式。

三、有效评价

学习评价对于学生知识的学习有着重要的促进与深化作用，而有效的学习评价才能促进学生的有效发展。因此，高效的数学教学必须要采用有效的学习评价。

学习评价是对学习活动满足社会与学习者需要的程度做出价值判断的活动。学习评价作为一项实践活动应该与学习活动方式相适应。评价的目的、标准、对象、主体、方法以及价值判断均由学习活动方式及其性质来决定，可以说有什么样的学习活动就有什么样的评价活动。反过来，评价对学习活动具有反作用，对学习具有调节、护理、改进、生成等积极影响。

为了探讨评价的有效性，我们从评价与学习活动的相互作用的方式把学习评价分为对学习的评价、为学习的评价和学习内评价。

1. 对学习的评价

对学习的评价就是对学习的成效做出价值判断的一项活动。评价是为了甄别与选拔，评价标准是预设的各种学习目标，评价所关注的是学生在一段学习活动中所获得的学习结果与行为表现。评价方式主要以考试测验与行为记录为主。评价所依赖的材料是"输入"的学习内容与"输出"学习的结果，即只关注学习的起点与终点，评价的效果是一段学习过程的"平均效果"，是一种"事后算账"式的评价，如泰勒的目标评价、艾克里文提出的形成性评价与终结性评价以及我国的"中考"与"高考"中的评价等。对学习的评价把学习看作是被考查的客体，评价过程与学习过程不是同步的，评价者与学习者也常常是相互独立的，即评价外在于学生的学习过程。因而，对学习的评价具有一元性（只体现评价者的预定价值）、单向性（只是评价者对学习者施加影响）、滞后性（是对过去学习的评价）等特点。

2. 为学习的评价

为学习的评价是指为了支持与改进学生的学习而进行的评价，发挥的是评价的激励功能与改进功能。为学习的评价是基于学生学习过程的评价，强调评价与学习的相互融合，是一种对学生当前学习的评价。评价的内容涉及学习的方方面面，不但对学习过程中的学习结果给予及时评价，而且关注过程性目标的评价。在评价的方式上强调学生的自我评价与学习小组评价，学习的主体同时也是评价的主体。为学习的评价主要有以下两个显著特点：一是把评价当作改进学生学习的工具或手段。如在英国的"学习性评价"中，把评价作为一种有效教学的工具或手段"镶嵌"在学生的学习过程之中,其目的是为了改进学生的学习,以达到所要追求的学习目标。[18]二是评价的效果体现在"未来"学习之中,其目的是改善今后的学习。如日本的"教学与评价一体化"的主旨是为了"支援学习"与"护理教学中学生的学习",而"评价只有在下一步的计划制定中发挥作用,并且与改善教学相联系,才开始具有(真正的)意义。"[19]

3. 学习内评价

随着新课程改革的不断深入,近年来,在我国一些富有成效的教学改革实践(如杜郎口中学的"三三六教学模式"和王富英、王新民组织的"导学讲评式教学"实验)中的评价,不但让学生看到自己成长发展的历程,而且把评价作为学生学习活动的有机组成部分和重要的学习内容,我们把这样的评价称为学习内评价。

学习内评价是指学习本身所固有的、内在于学习活动之中的、满足学习自身需要的认识性实践活动。它不是镶嵌在学习之中的,而是在学习过程中产生的,是学习的一项基本性质,是有效学习的组成部分。学习内评价具体有以下三个本质特征:

第一,内蕴性。学习本身就具有评价的性质与要求。皮亚杰曾指出:"学习是一种通过反复思考招致错误的缘由、逐渐消除错误的过程",[20]加涅也强调说:"学习的每一个动作,如果要完成,就需要反馈",[21]这里的"反复思考"与"反馈"就是一种评价活动。而瑞典学者马顿说得更加直接:"学习即鉴别"。[22]因此,评价应该是学习的一个内在性质,是成功学习的应然需要和必然要求。在数学学习中,学习动机的产生、概念形成中的比较和辨认、数学理解中所建构的意义或联系的检验、解题经验形成中的反思以及对数学知识价值的认识和数学意识的形成等,均有评价的参与,或者说它们本身就是一种评价活动。此外,学习内评价的标准不是外摄的,而是由学习自身提供和生成的,即由数学知识的性质、学生认知发展的特点以及数学学习本身的特点来决定的,并且是在学习过程中由于学习自身的需要而产生的。

第二,活动性。学习内评价是在学习活动之中的评价,是关注学生成长心路历程的评价。它强调评价过程与学习过程的相互融合,评价者与学习者的相互融合,可以说,学习活动就是评价活动,而评价活动也是学习活动。学习内评价不是完成某种任务,而是一种持续的过程,是学生生成知识意义、发表个人观点、展示自己生命活力的活动过程;特别地,评价中的判断是"一种指导行动的判断,是一种可以得到经验检验和在经验中得到修正的判断"。[23]

在数学学习过程中，评价是以保护、完善与确认的方式参与知识意义的建构过程。例如，在"导学讲评式教学"[16]中，有些学生认为平方差公式 $(a+b)(a-b) = a^2 - b^2$ 中的字母不能为零，当老师给出等式 "$(0+0)(0-0) = 0^2 - 0^2$" 后，这些学生建立了如下知识意义："a,b 等于 0 时公式没有错，但是它没有实际意义。"其中，有一个学生有感悟地说："通过老师您所举的例子说明，a，b 还是可以为 0 的。"在这一学习过程中，通过师生的评价性对话，促使学生主动检查评析原有认识的恰当性，从而完成了知识的建构。

第三，认识性。学习内评价"是分析、是权衡、是预测、是判断，是一种认识性活动"[22]，其目的是认识学习及学习对象的价值，不是拿价值去判断，而是通过判断去认识、发现、生成、感悟价值，就如美国《国家科学教育标准》所指出的那样："评价和学习是一枚硬币的正反两面……当学生参与评价时，他们应能从这些评价中学到新东西。"[18]在数学教学中，通过学习内评价，"撩开遮住视线的面纱"，使学生看到或感悟到数学知识的特质，通过评价性的对话来表达、理解和解释数学知识的这些特质，使他们的理解和认识达到精致化并且具有某种预见性，最终达到评出意义、评出理解、评出价值、评出情感、评出自信、评出生命活动的状态等评价诉求。学习内评价强化的不仅仅是学生的"求知欲"，而且是激发了更具发展意义的"求识欲"。[24]从效果上看，学习内评价不是为了"证明"与"改进"，更不是为了甄别和选拔，而是为了明了和认识，它具有很强的认知功能和生成功能。

通过以上分析，我们认为，学习形态的数学知识、教学对话、学习内评价是构成高效数学教学的核心要素，其中，学习形态的数学知识是实现教育目标的有效载体，教学对话是学生获得"有意义的学习经历"的有效通道，而学习内评价则是学生有效发展的"推进器"。

参考文献

[1] 王光明. 高效数学教学行为的归因[J]. 数学教育学报，2010，14（3）：1-4.

[2] 裴娣娜. 教学论[M]. 北京：教育科学出版社，2007.

[3] 张奠宙. 教育数学是具有教育形态的数学[J]. 数学教育学报，2005，14（3）：1-4.

[4] 张奠宙，宋乃庆. 数学教育概论[M]. 北京：高等教育出版社，2009.

[5] [苏]B. A. 苏霍姆林斯基. 怎样培养真正的人[M]. 北京：教育科学出版社，1992.

[6] 王富英，王新民. 数学学案及其设计[J]. 数学教育学报，2009，18（1）：71-74.

[7] 季萍. 教什么知识——对教学的知识论基础的认识[M]. 北京：科学教学出版社，2009.

[8] 戴风明. 论"有意义的学习经历"教学观与数学有效教学[J]. 数学教育学报，2010，19（6）：23-25.

[9] 张奠宙. 构建学生容易理解的数学教育形态. 教育科学研究，2008（7）：48-50.

[10] 郝文武. 实现三维教学目标统一的有效教学方式[J]. 教育研究，2009，348（1）：69-53.

[11] 顾泠沅，易凌峰，聂必凯. 寻找中间地带：国际数学教育改革的大趋势[M]. 上海：上海教育出版社，2003.

[12] 刘庆昌. 对话教学初论[J]. 教育研究，2001（11）：65-69.

[13] 余文森. 论有效教学的三条"铁律"[J]. 中国教育学刊，2008（11）：40-46.

[14] 胡典顺，何晓娜，赵军. 数学教学走向对话. 数学教育学报，2008，27（6）：11-13.

[15] 王富英，王新民，谭竹. DJP教学：促进学生主动学习的教学模式[J]. 中国数学教育，2009（7-8）：8-10.

[16] 赵祥麟，王承绪. 杜威教育名篇[M]. 北京：科学教育出版社，2006.

[17] 孙晓天. 数学课程发展的国际视野[M]. 北京：高等教育出版社，2003.

[18] 丁邦平. 从"形成性评价"到"学习性评价"：课堂评价理论与实践的新发展[J]. 课程·教材·教法，2008，28（9）：20-25.

[19] 张德伟. 日本中小学教学与评价一体化原则及其对我国的启示[J]. 外国教育研究，2005，32（2）：31-35.

[20] 施良方. 学习论[M]. 北京：人民教育出版社，2000.

[21] [美]莫里斯·L. 比格. 学习的基本理论与教学实践[M]. 张敷荣，张粹然，王道宗，译. 北京：文化教育出版社，1983.

[22] 郑毓信. 变式理论的必要发展[J]. 中学数学月刊，2006（1）：1-3.

[23] 杜威. 评价理论[M]. 冯平，余泽娜，等，译. 上海：上海译文出版社，2007.

[24] 王光明. 数学教育研究方法与论文写作[M]. 北京：北京师范大学出版社，2010.

二 中学数学自主探究式学习的研究[①]

中学数学自主探究式学习的内涵及其特征[②]

纵观历史，数学与人类社会的进步息息相关，特别是在人类已进入信息社会，数学的影响已遍及人类活动的所有领域。它已不单是一种实用的技术和工具，而是已成为推进人类文明的不可缺少的重要因素。数学素质是公民所必须具备的一种基本素质。这就要求对学校学生数学学习的研究必须从总体角度进行构思，并以提高学生的数学素质作为学生数学学习的最终目标，将数学学习的目标、指导思想、学习方式和学习手段等作为一个整体进行系统考虑。为此，我们进行了"中学数学自主探究式学习的研究与实验"。本文就这一课题中自主探究式学习的内涵、特征进行阐述。

一、自主探究式学习方式的内涵

中学数学自主探究式学习是指学生在数学学习的全过程中，在教师的帮助下，综合应用四种学习方式，自觉遵循三项原则，时刻瞄准三项目标，恰当运用数学方法论的原则与精神，自主寻求和建构问题的意义与解答，亲历数学知识的发生、发展与应用的过程，从而全面提高自身素养的创造性学习活动。"自主"和"探究"是其核心要素，故取其汉语拼音的首字母 Z、T，把"自主探究式学习"简称为"ZT 学习"。

自主探究式学习不是一种具体的学习方法，而是一种学习方式，其具体含义体现在以下几个方面。

1. 学习的全过程（六个环节）

课堂学习—课后阅读—独立作业—实践应用—复习巩固—反思总结。

[①] 此文为王富英主持研究的成都市"十五"教育科研课题"中学数学自主探究式学习的研究"的研究成果。

[②] 此文原载于《基础教育》2002 年第 5 期。

2. 教师的帮助（五项帮助）

在探究式学习方式中教师不再是知识的传授者，而是学生学习活动的组织者、引导者、参与者、合作者与咨询者，是帮助学生自主探索与建构知识意义的"助产婆"。

教师的帮助主要体现在以下五个方面：

（1）引导学生探索有效的探究式学习的策略和方法。

有目的地对学生进行科学的数学学习的策略、方法的培训和数学发现、发明等方法论的指导以及数学解题的方法指导，并引导学生在探究活动中通过自己反思、总结，逐步领悟和形成一种科学得体又富有自己特点的自主探究式学习的策略与方法，在此基础上使学生逐步确立科学的世界观、人生观、价值观以及对数学整体性的认识。

（2）创设良好的数学情境，营造民主和谐的学习氛围。

学生的数学学习活动都是在一定的学习情境（环境以及"学习共同体"）中进行。因此，在每一次探究式学习活动之中，教师要创设良好的学习环境，营造民主和谐的学习氛围（开放的课堂环境、师生平等的地位、民主和谐的氛围），使学生在轻松愉悦的情境中进行数学学习活动。创设良好的数学问题情境，以唤起学生的好奇心和使命感，激发学生学习数学的积极性和探究的欲望。

（3）提供从事探究学习的材料和问题。

在学生进行自主探究式学习活动之前，教师要向学生提供现实的、有意义的、富有挑战性的数学学习材料（内容）或数学问题，而且这些材料（内容）和问题要有利于学生主动地进行观察、试验、猜测、验证、推理与交流等数学活动。

（4）提供充分的学生活动时空和表达的机会。

在每一次探究式学习之中，教师要给予学生从事自主探究活动充足的时空。当学生得出探究结果后，要提供充分表达交流成果的机会，使学生充分展示自己的探究成果，使之获得成功的满足，提高探究的兴趣与积极性。

（5）进行必要的点拨、指导。

在学生遇到困难时，教师要适时地进行必要的点拨、引导，像知时节的"好雨"，帮助学生在探究式学习之中真正理解和掌握数学知识与技能、数学思想与方法，获得广泛的数学活动经验。在每一次探究式学习结束之后，引导学生进行反思、总结，指导学生制定必要的改进措施，改进和调节学生的学习方法与策略。

以上五点，就是教师实施探究式学习教学的主要内容。为做好这一点，教师就要深入领悟"自主探究式学习"的理论，并在实践中加以贯彻实施。

3. 整合四种学习方式

学生在进行自主探究式学习的过程中，不仅要通过查阅资料、调查访问、观察、试验、归纳、猜测、验证和推理等独立、自主地探索、研究活动，而且还要与同学和老师进行相互的交流、合作，聆听教师的讲解。通过阅读课本和文献，领略前人的研究成果。因此，自主探究式学习方式是有意义的接受学习、自主学习、研究性学习和合作学习四种学习方式的有机整合。

任何一种真正有效的学习活动都不是由一种单纯的学习方式能得到的，它必须是几种学习方式的有机整合，共同协作而完成的。因此，要建构属于自己的探究式学习的策略与方法，必须对四种学习方式加以分析、反思，吸取其精华，创造性地运用，把学会学习作为目标加以实施。

4. 遵循三项基本原则

在自主探究式学习的过程中，学习者要自觉遵循以下三项基本原则。

（1）既学知识又学方法的原则。

"最有价值的知识是方法的知识"（笛卡尔），因此，"方法比知识更重要"（爱因斯坦）。所以，学生既要学习将来从事社会生活与学习的必需的数学基础知识，又要学习和掌握数学思想、方法与数学学习的策略与方法，领略数学的精神。这里的数学思想、方法指一般性的数学思想，数学探究、发现与发明的方法，数学思维的方法，数学推理的方法和具体的数学解题的策略与方法等。

（2）既学证明又学猜想的原则。

自主探究式学习方式提倡不学（教）现成的数学，而是在教师的帮助下，运用数学探究、发现、发明的艺术，通过观察、试验、猜想、验证与推理等数学探究活动去发现、发明知识。现在的数学学习，学生的注意力都集中在逻辑推理的严密性上，课堂上学生学的仅是逻辑、论证，仅是定理的证明过程，而没有定理的发现过程，也没有定理证明的发现过程。这对培养学生的创新能力十分不利。当然，反过来，只有活动、猜想、发现，而没有反思和严格的推理论证，对学生的发展也是不利，也就是说，必要的逻辑推理的训练也是必不可少的，对培养具有探索创新精神和创造性人才来说，两者缺一不可。因此，我们应该给学生"点石成金"的手指头，而不是代替学生"点石成金"。也就是说，在学生的数学学习过程中，既学会证明又学会猜想；既要学会演绎推理，又要学会合情推理。

（3）教学、学习和研究同步协调的原则。

学习方式是将教师的"教"、学生的"学"融合为师生共同参与的一个教与学的探究活动过程之中，从而教学、学习和研究三者同步协调、同步发展。学生在学习中研究，在研究中学习。教师在教学中研究，在研究中教学。在教与学的过程中教师学生共同提高、共同发展。

5. 瞄准三项具体目标

探究式学习方式的目的是将素质教育融入数学学习之中，使学生在探究式学习的过程之中，在学习掌握数学知识与技能的同时逐渐形成良好的数学素养，提高数学思考和解决问题的能力，积极的数学学习态度、情感与价值观，促进学生全面、持续、和谐的发展。因此，在数学学习的过程中，教师要引导学生始终瞄准以下三项具体目标：

（1）自我增进一般科学素养。

独立思考（认真的观察、分析）和大胆质疑（大胆的假设、猜想）的意识与习惯；有条理的思维（严密的验证、证明，清晰的语言表述）与工作的习惯；与他人合作交流的意识与习惯；实事求是的科学态度和严谨务实的科学精神等。

学生在自主探究式学习的学习过程中，通过认真仔细地观察、分析，大胆地提出假设、猜想，严密地进行验证、证明，认真、踏实地探索、研究，充分尊重他人的想法和成果，满腔热情地与他人进行交流与合作，实事求是地得出结论，从而逐步养成严谨、求实的科学态度和不断追求进取的精神，磨炼不怕吃苦、勇于克服困难的科学品质。

（2）自我提高数学文化修养。

学生数学学习的过程的实质就是接受数学文化教养与教育的过程。学生在探究式学习的过程中，亲历数学知识的生成、运用和发展过程（返璞归真学习），阅读数学史话（数学史志的学习），体验数学家探究数学的艰辛历程（数学家人品的学习），认识数学与人类生活的联系及对人类历史发展的作用，提高数学审美的意识与能力，真正接受数学文化的感染，产生文化的共鸣，体会数学的文化品位，体察社会文化与数学文化之间的互动，从而提高自己的数学文化修养。

（3）自我形成和发展数学品质。

数学品质是指按数学的思想、方式、方法去观察处理问题的意识和能力，概括一句话就是"数学家的眼光"和会"数学地思考"。数学品质包括数学能力、数学思维品质和数学学习的习惯与能力。数学能力指数学思维（逻辑思维、直觉思维、形象思维）的能力，数学推理（演绎推理、归纳推理、类比推理）的能力，发现问题、提出问题、分析问题和解决问题的能力，数学运用（数学建模）的能力，数学解题的能力，数学学习和研究的能力。数学思维品质指数学思维的深广性、独创性、批判性、论证性、敏捷性等。数学学习的习惯与能力指具有反思调控的习惯与能力，具有一定的探究式学习的策略与方法等。在 ZT 学习中，学生亲历观察、试验、归纳、猜想、验证与推理等数学探究活动过程，逐渐形成和发展自己的合情推理能力与演绎推理能力以及数学发现的技术与能力，养成良好的数学思维的习惯，从而形成良好的数学品质。

二、自主探究式学习学习的特征

自主探究式学习具有自主性、探究性、问题性、合作性、活动性和多维性等特征。

1. 自主性

自主性就是主动性。它体现在学习者能对自己学习的目标、进度、策略和方法等进行自我监控、自我调节与自我强化三个方面。自主性是 ZT 学习方式的前提，缺乏自主性的探究不是真正有效的探究，而只是形式上的探究。

2. 探究性

探究性是指学习过程的探索性和研究性。ZT 学习方式的学习过程不是停留在对书本知识的直接接受、占有和复现上，而是带着怀疑和批判的眼光对书本提供的信息，进行能动地选择、批判、加工、改造、探索、研究和发现的过程，是学生在教师的指导下利用已有的知识、经验，从问题情景中主动发现问题、提出问题，并积极地寻求解决问题的策略和方法，通过独立思考，自主探索，合作交流，进行"再创造""再发现"，去获取对所学数学知识的意义建构。因此，这既是一个学习的过程，又是一个探索和研究的过程。

3. 问题性

"思起于疑"，"疑"就是问题。整个探究活动都是围绕问题而展开的，问题是探究活动的核心。所以，ZT 学习方式的学习过程实质上就是一个不断地发现问题、提出问题、分析问题、解决问题和反思问题的过程。教师在教学活动中，教学的着力点是要根据不同的学习内容，用心研究，精心设计，创设良好的问题情境，着力启发和引导学生自主地发现问题、创造性地提出问题和分析问题与解决问题，培养和发展学生的"问题意识"。

4. 合作性

学生在自主探究式学习的过程中，先通过自己的独立思考，反复探究后，再与他人合作交流，进行思维的相互碰撞，产生脑力激荡，可激发创造灵感，不断产生"好念头"，从而使问题获得解决。因此，有效的探究式学习活动就必须进行广泛的合作交流。所以，教师要改变课堂教学的组织形式，采取个人学习与小组学习相结合，使课堂形成师与生、生与生、个人与小组、小组与全班、个人与全班进行合作交流的多维互动的立体交叉交往结构，使课堂出现生动活泼的合作交流局面，充满生机勃勃的生命活力。

5. 活动性

探究就是活动，探究式学习的过程就是一个学生活动的过程。活动性体现在两个方面：一是获取数学知识的探究活动；二是应用数学知识分析问题和解决问题的实践活动。这两类活动又可分为心智活动（思维活动）和操作实践活动。教学中，教师要精心组织、设计好学生的学习活动，使整个学习过程成为既有学生自己独立思考、自主探究的个人活动，又有与他人合作交流、分工协作的集体活动；既有观察、分析、归纳、概括、猜想、证明等心智活动，又有动手实验、操作演算等操作实践活动，从而使学生在活动中形成各种能力，在活动中促进全面发展。

6. 多维性

多维性主要体现在以下方面：

（1）学习的途径和手段的多样性。自主探究式学习是将有意义的接受学习与发现学习相结合，个人学习和小组学习相结合，课内学习和课外学习相结合，结果学习与过程学习相结合，知识学习与能力培养相结合，继承与发展相结合的创新性学习活动。

（2）交往方式的多向性。自主探究式学习在课堂上除了师与生的交往外，还有生与生、个人与小组、个人与全班、小组与小组、小组与全班之间的交往、交流；也有课内与课外、校内与校外的交往，从而形成一个多维互动的立体交叉交往结构。

（3）教育格局的开放性。开放性具体体现在：一是数学问题的开放性。

自主探究式学习最显著的特点是其学习过程的"探究性"。而开放性的数学问题才最具有探究的价值。数学问题的开放性表现在问题的形式是多样的，问题的解答是多元的，问题的结论是不唯一的。教学时，教师要注重开放性问题和开放性作业的设计，以充分利用开放性数学问题的探究功能，培养学生的探索创新的意识与能力。二是学习内容的开放性。学习的内容不局限于教材，而是紧密结合现代最新科学技术和生产、生活中的实际问题进行学习研究。三是教学过程的开放性。自主探究式学习的教学过程将打破"问题—解答—结论"的封闭过程，构建"问题—探究—解答—结论—问题—探究……"的开放式过程；四是教学时空的开放性。自主探究式学习将打破囿于学校、囿于教室的教育时空观念，课堂向社会延伸，向生产、生活实际延伸，向电子网络延伸。

（4）学习评价的多元性。对学习的评价不是一把尺子，唯分数是举，而是既关注学习的结果又关注学习的过程；既关注知识与技能的理解与掌握又关注态度、情感与价值观的形成与发展；既看他人的评价又看自我评价；既有定量评价又有定性评价。即对学习的评价不是采取一维视角，而是多视角、全方位地对学习进行系统、全面的考查、评价，以充分发挥评价的激励功能，保护学生的自尊心和自信心，促进学生的全面发展。

探究式学习的几个特征中，自主是前提，问题是核心，探究是手段，合作是途径，活动是形式，多维是保障。它们一起共同构建出探究式学习的本质特征。

中学数学自主探究式学习改变了传统的教学方式与学习方式：由以教师为中心转变为以学生学习为中心；由学生被动地接受知识转变为主动探究获取知识；由教师向学生单向的"教"转变为组织、引导和指导学生的"导"；由只重视数学知识、技能的掌握转变为既重视数学知识、技能的掌握，又注重数学思考、提出问题与分析解决问题能力的培养以及态度、情感、价值观的形成。因此，它是在数学学习过程中，培养学生创新精神与实践能力的有效途径，是体现学生主体性的有效策略，是培养创新性人才的有效方式。当然，要使自主探究式学习真正成为数学课堂的现实，需要研究和解决的问题还不少。为此，我们将继续做出努力，希望能以此推动新一轮数学课程改革实验的发展。

数学探究式学习的类型

自主探究式学习对培养学生的创新精神、自主学习能力、探索创新能力和动手实践能力极为有利。为了便于对探究式学习做深入的研究,需对探究式学习的类型进行分析。

探究式学习的类型可从探究式学习的内容、形式、性质、过程、方法等方面进行不同的分类。

一、按照探究学习的形式分类

1. 接受式探究式学习

接受式探究式学习是学生在接受前人的积累的知识的过程中,带着质疑和批判的眼光,主动积极地去对命题(知识)成立的条件、应用的范围、内在的规律、本质特征和相互之间的联系等进行分析、比较、探索、研究,从而达到对所学知识的理解、掌握和应用,而不是被动、机械地记忆和盲目地模仿。如,"书上角平分线的定义不妥""函数、不等式与方程之间的关系""诱导公式的记忆方法"等就是学生在接受学习的过程中,带着质疑和批判的眼光和探索研究的态度而得到的。

2. 发现式探究式学习

发现式探究式学习主要是针对一些数学小课题或专题展开的探究式学习。这类探究式学习有一套较完整的探究结构程序,属于研究性学习的范畴。它由教师根据学生的学力水平,设计出一组具有挑战性的专题研究项目(或者由学生自己选择提出研究的专题),然后由学生自己主导学习的方向和内容,以类似科学研究的方式,并经历"设计方案、收集数据、归纳猜想、验证证明、交流发表"等结构程序才能完成。如,"冰化为水的函数模型""SSA的探究""正割函数与余割函数的图像与性质""课题学习"等都属于发现探究式学习。教师在探究性学习中是组织者、参与者和指导者。

二、按照探究学习的手段和方法分类

1. 实验探究式学习

实验探究式学习是指在探究性学习过程中，学习者在教师的指导下，主要采用实验操作方式进行的探索性、创造性的学习活动。学习者针对提出的问题进行实验设计，对提出的假设进行实验研究，或者用实验来尝试解决问题。如"截一个几何体"，学生通过动手操作实验，用一个平面去截一个正方体可以得到"三角形""四边形""五边形"和"六边形"，并通过对截几何体过程的反思探究，学生得出"要使截面为几边形，截割时就必须经过几个面"的结论。整个探究的过程为"截—想—截"，把实验和猜想融为一体。

实验探究还可以用多媒体技术进行。如，利用几何画板，通过实验操作图像的变换，可探究发现二次函数中二次项系数的大小与图像开口之间的关系。

2. 归纳探究式学习

归纳探究式学习是先通过观察一些特殊的对象，再进行分析、比较、探究其本质规律，归纳猜想出一般结论的学习方法。一些公式、定理和法则的学习都可以用此类学习方式进行。归纳探究式学习属于上位学习的范畴。

3. 类比探究式学习

类比探究式学习适用于具有相同和类似结构、特点内容的学习。如，分式的基本性质和运用法则可类比分数的基本性质和运算法则得出，不等式解法的学习可以通过类比方程的解法探究得出。类比探究式学习属于并列学习的范畴。

4. 演绎探究式学习

演绎探究式学习是只利用已有的公式、定理和法则，通过演绎推理而获得学习的结论。如，数学定理、法则的应用都属于这类探究式学习。

三、按知识形成的过程分类

1. 再现探究式学习

通过"再现"和"重演"在人类认识史上产生过有重大影响的认识活动，或者将科学家对某种知识的发现过程经过适当的筛选、重组后再现在学生面前，让学生踏着前人的足迹部分地重新发现他们学习的内容，经历知识的形成和发展过程，掌握人类认识方法和活动方式，独立地完成发现知识过程的活动。如，科学概念、法则、重要的科学思想、思维方式和解决问题的技巧等。

2. 再创探究式学习

学生在探究学习过程中，按照知识的本质特征和内在联系，独立地进行思维加工，对知识进行综合、重组，建构新的知识结构，或者学生在探究学习过程中，敢于打破常规，标新立异，独创性地发现新思想、新方法、新思路、新做法的学习过程。这一类学习方式就是一种再创性的探究性学习，它体现了学生学习过程的独创性。

四、按照探究式学习的水平层次分类

根据不同阶段的教师的指导程度和学生探究能力的水平层次，探究式学习分成全引导探究、半引导探究、独立探究三种。

1. 全引导探究式学习（过渡结构化探究式学习）

全引导探究学习主要指在整个学习过程，都是在教师指导下的探究式学习方式。教师在学习的各个环节，预先为学生设计好学习情境，并帮助学生按照教师预定的学习目标和学习方式进行探究活动。学生虽然也积极主动地参与探究活动，但学习的自主性和创造性相对要差一些。因此，从学生自主的程度这个意义上讲，全引导探究式学习是一种低水平的探究式学习，但探究式学习的初始阶段是适用的，其主要目的是帮助学生学会探究式学习的方法。

2. 半引导探究式学习（结构化探究式学习）

半引导探究式学习是指整个探究学习的问题和基本方式及过程结构学习者都已知晓（教师事先交待和提出一些要求），具体解决问题的策略和方法则要学习者根据要探究学习问题的类型和特点自己去制定和寻找。这种探究学习的方式在课堂教学中用得较多。

3. 独立探究式学习

独立探究式学习是最高层次的探究式学习，它特别强调探究学习的自主性和创造性。在整个学习过程中，学生自己提出探究问题，自己查阅参考文献，自主选择探究方法，自主设计探究方案独立或者协作分析解决问题，最后由师生共同对探究的问题、方法、结果进行评价。教师只是对学习过程进行监控，在参与探究过程中对学习中存在的问题提出建设性意见，指导学生反思整个探究学习过程。

五、按学生认知形成和发展的规律分类

1. 形成性探究式学习

形成性探究式学习指教师针对所学内容，按知识的发生、发展和形成过程，设计成一个又一个的探究性问题，引导学生进行"再发现""再创造"的探究性学习活动。教师的职责就是要把课本知识的"学术形态"转化为易于学生探究学习的"学习形态"。探究的内容为：① 概念的提出和形成过程的探究；② 公式、定理、法则的形成、推导和论证过程的探究；③ 解题思路、方法和规律的探究等。形成性探究是解决"学懂"的问题，完成理解的第二个层次——关系性理解。

2. 结构性探究式学习

结构性探究式学习是指学生在理解所学数学知识的基础上，对数学知识、数学思想、方法和解决问题的规律进行系统化、结构化和网络化的归纳、整理，以形成整体性的"认知框架"和良好的认知结构。其目的是加深对所学知识体系的认识，内在联系的掌握，知识意义和思想方法的透彻理解，为培养创新思维和探究创新能力打下坚实的基础。探究的内容为：① 知识内在联系的探究；② 知识网络结构的探究；③ 解题规律及数学思想方法的探究；④ 典型习题类型及其规律的探究等。

结构性探究是解决"学透"的问题，完成较高层次的理解——关系性理解。

3. 应用性探究式学习

应用性探究式学习是指学生运用已经掌握了的知识技能去分析、解决实际问题的探究式学习活动。这里的实际问题可以是数学内部的也可以是数学外部的（现实生活中的具体问题）。应用性探究式学习是使学生在用数学的过程中，面对实际问题时，主动尝试着从数学的角度运用所学知识和方法寻求解决问题的策略和方法，亲身经历将实际问题抽象为数学模型并进行解释与应用的过程，进而使学生获得对数学的理解，树立正确的数学观，提高"用数学"的意识和能力，培养分析问题和解决问题的能力和数学建模能力。并

在数学思维能力、情感态度与价值观念等多方面得到进步和发展。在此探究阶段，教师要积极引导学生多接触实际，了解社会，使他们在一个更加开放的环境中学习数学，提高分析问题和解决问题的能力。应用性探究可采用"小课题""调查报告""社会实践"与"活动课"等形式进行。应用性探究是解决"学活"的问题。

4. 发展性探究式学习

发展性探究式学习指对一些数学问题进行进一步的开发、引申、推广的探究，对数学知识本身价值、数学思想方法和数学精神的体验与感悟等的探究。主要目的是增强学生对数学研究的兴趣，培养学生的探索发现能力和研究能力，提升学生的数学文化品位和修养，促进学生的发展。自主探究式学习不是满足于现有知识的掌握，而是着眼于如何获得未来的发展。探究的内容为：① 例、习题结论推广的探究；② 数学"小课题"的研究；③ 研究性习题解法的探究；④ 开放性习题解法的探究；⑤ 一题多解和一题多变的探究；⑥ 编拟习题的探究；⑦ 数学思想方法、数学精神与价值的体验与感悟的探究等。发展性探究可采用"小课题""小论文""研究性学习""调查与访问""数学日记"和"数学作文"等形式进行。发展性探究是解决"学深"的问题。

【案例】　　　　　　　　曲线美

我想"曲线美"这个词对于大家来说不会陌生吧！在几何书上，我们学习的曲线构造出一幅幅美丽的图案。曲线总给人以婀娜多姿的感觉，而直线总显得太单调。曲线也给人以婉转的语言，而直线显得太直白。曲线让人感到它有丰富的内涵，直线让人感到它没有深度。

不仅学习上如此，生活上也是如此，不是吗？

曲折离奇的人生像曲线充满趣味，五彩缤纷的它将让我们尝尽人生的酸甜苦辣，这样的生活才有滋有味；平坦无阻的人生，像一条直线，毫不遮掩，毫无趣味，不是吗？

曲线是美丽的，正如曲折离奇的人生。（成都市龙泉驿区洛带中学高中2006级7班兰玉凤，洛带中学柏丽霞老师提供）

该案例中，学生对曲线内涵的探究上升到了一个很高的认识境地。案例中先是对曲线美的欣赏探究，接着进一步利用曲线的曲折变化来认识生活、认识人生。这里已经会用数学的眼光来观察世界和认识世界，这种探究已经进入数学文化的层面。学生在欣赏和感悟的过程中体会和感悟到了数学的博大精深和无穷的魅力，认识到了数学本身的价值与作用，从而不自觉地接受数学文化的感染和熏陶；认识得到了升华，灵魂得到了洗礼和净化，人格和文化品位得到了提升,从而达到了数学文化育人、促进学生的发展的目的。这种发展性探究是数学教育所追求的目标和数学教育的本质。

5. 反思性探究式学习

反思性探究是学习主体借助行动研究,不断反思、调节自己数学思维与数学学习过程中的策略、途径与方法进行学习探究。反思性探究包括反思思维过程和反思学习过程两个方面。具体体现在以下几个方面:① 对自己的思维过程进行反思;② 对所涉及的数学思想方法进行反思;③ 对活动中所涉及的问题进行反思;④ 对题意的理解过程进行反思;⑤ 对解题思路、推理的过程、运算过程和语言的表述进行反思;⑥ 对数学活动的结果进行反思。

反思性探究的途径与方法:"解题回顾""单元小结""数学日记""数学作文""成长记录袋"等。通过对自己的思维过程和学习过程的反思探究,培养学生自我监控、自我调节的意识和能力,以提高自己的元认知能力、元学习能力和元探究能力,从而解决"会学"的问题。

参考文献

[1] 中华人民共和国教育部. 全日制九年义务教育数学课程标准(实验稿)[S]. 北京:北京师范大学出版社,2001:7.
[2] 郑毓信,梁贯成. 认知科学建构主义与数学教育[M]. 上海:上海教育出版社,1998:10.
[3] 全国大学学习科学研究会第五届学术研讨会综述[J]. 教育研究,2000(2).
[4] 涂荣豹. 试论反思性学习[J]. 数学教育学报,2000,9(4).
[5] 郑毓信. 由"熟能生巧"到自觉学习,搞好数学教学的一个关键问题[J]. 数学教育学报,1999,8(2).

中学数学"三线五环节"探究式学习教学模式[①]

一、问题的提出

数学课堂教学的有效性表现为学生课堂数学学习活动的有效性。而"有效地数学学习活动不能单纯地依赖模仿与记忆，动手实践、自主探索与合作交流是学生学习数学的重要方式"[1]。为保证课堂教与学的有效性，"教师应激发学生的学习积极性，向学生提供充分从事数学活动的机会，帮助他们在自主探索和合作交流的过程中真正理解和掌握基本的数学知识与技能、数学思想和方法，获得广泛的数学活动经验"。[1]因此，有效的数学课堂教与学活动模式是根据数学学科特点，由以教师教授为主的教学活动模式向以学生自主探究式学习方式[2]为主的学习活动模式转变，并以学生的学习活动模式主导课堂教与学的活动。所以，教学模式不仅是一种为了达到教学目标而便于教师展开教学过程的稳定的教学结构形式，而且也应是便于学生进行有效学习的一种活动形式，从这个意义上说"教学模式就是学习模式"。[3]但以往许多数学教学模式的研究，大都是从教师"教"的角度出发，而且也未能充分体现出数学学科的特点，大多只在一般教学模式前加上"数学"两个字也就万事大吉了。[4]这种"置数学特点于不顾"的教学模式由于未能充分体现数学课堂教与学活动本身的特点，不能有效提高数学课堂教学效率，因此，大多只是轰动一时，昙花一现，便销声匿迹。为了避免这种数学课堂教学模式的缺陷，有效地提高数学课堂教与学的效率，我们于 2002 年结合"数学教学效率论"和"中学数学自主探究式学习的研究与实验"等课题的研究，根据数学学科本身的特点以及如何通过数学学习的活动促进学生的发展为出发点，构建了以学生数学学习为主线的中学数学"三线五环节"探究式学习课堂教与学活动模式。经过三年多的试验，取得了很好的效果，受到了一线教师的普遍欢迎。

[①] 本文系王富英、王新民合作，原载于《中学数学杂志》2005 年第 4 期，收录时按教学模式的结构体系进行了修改。

二、模式的含义与结构

"三线五环节"探究式学习课堂教与学活动模式中的"三线"是指教线、学线和问题线。其中"学线"是主线,"问题线"是核心,"教线"是通过"问题线"作用于学生的"学线",是为"学线"服务的,目的是保障和提高"学线"的质量和效率;而"学线"又通过"问题线"反作用于"教线",促使"教线"更加完善合理。由于该模式主要用于教师与学生课堂教与学活动,且每条线都有五个环节,故称为"三线五环节"课堂教与学活动模式。其结构如图 4-3 所示。

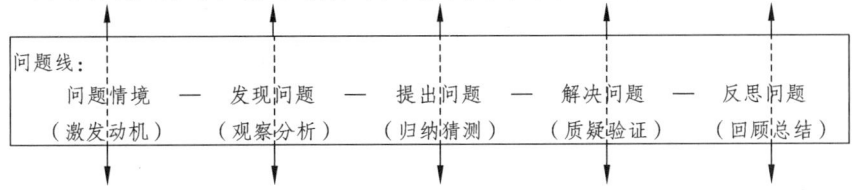

图 4-3 "三线五环节"课堂教与学活动模式

三、操作程序(以学线为主、教线为辅进行阐述)

1. 进入问题情境

数学学习活动是由数学问题引起而进行的,而且数学问题总是源于某种数学情境,离开了数学情境,数学问题就失去了赖以生长的土壤,[5]因此进入问题情境是数学学习的首要环节。为了让学生尽快地进入问题情境,教师在这一阶段的首要任务就是结合学习内容,根据教学目标,在学生认知结构的最近发展区内,精心设计组织问题材料,"创设问题情境",激发学生强烈的探究动机与探究欲望,使其自觉主动进入探索活动之中。

2. 自主探索研究

在确定需要解决的问题之后,学生便进入具体探索研究解决问题的过程中。本阶段由学生动手实践、独立思考,自主探究。探究的过程为查阅资料、观察特征、分析数据、抽象概括、大胆猜想、验证证明等,并将初步的研究成果在小组内交流。教师在此阶段的任务是"指导探索研究"。教师在学生自主探索研究的过程中,应参与到学生的探究活动之中,倾听学生的心声,加强指导和帮助;可为学生提供有关的材料和一定程度的思路点拨,并和学生一起交流讨论,适时调控探索的进程。同时,教师要教给学生探究的方法,如归纳探究、演绎探究、类比探究、实验探究等,并给足探究的时间。

为了使探究的活动更为有效,可分成探究学习小组,在探究的过程中,充分发挥集体的智慧和力量,培养学生的合作精神。探究学习小组的建立要注意以下几点[6]:① 搭配合理。学习小组成员的构成,应好、中、差有机搭配。② 限制规模。学习小组的人数以 4~6 人为宜。③ 就近组合。学习小组的人员要相对集中,一般由前后左右几人组成,并由 1 人担任小组长,小组长要轮流担任。④ 设置竞争。设法在各个小组之间建立有效的竞争机制,从而更有效地发挥小组的集体功能。⑤ 适时指导。教师应充分发挥自己的主导作用,做好参谋,帮助他们处理好合作学习中遇到的困难,切不可放任自流,对学习小组失去控制。

3. 提炼交流发表

通过自己的独立思考和与小组的共同研究,把研究的成果进行归纳总结提炼,由小组内任代表在全班进行交流发表。通过在全班的交流讲解,学生相互启发,产生思维碰撞,从而激发进一步探究的思路和产生新的"好念头",进一步修正和完善的结论,最后获得统一的认识而达到解决问题的目的。学生交流讲解的内容可以从以下几个方面展开:① 说明对知识意义的理解;② 交流体验和感受;③ 说出困惑和问题;④ 展示探究的新角度、新方法、新成果等。在这一阶段,教师的任务是"组织交流讨论"并在学生讨论的基础上对一些重点、难点和关键的地方要做必要的讲解和阐述,以加深学生对所学知识的理解与掌握。教师要营造宽松的交流氛围,采用开放的交流方式,激发火热的交流愿望,使学生有感愿讲、有疑愿问、有奇愿赏,使课堂成为学生展示自我、张扬个性、体验成功的大舞台。而且,教师要给每个小组一定的任务和每个小组充分发表自己意见的机会,不要随意打断学生的发言和压制不同的意见,即使错误的结论也要"延迟判断",让学生开展讨论,通过讨论,明辨是非,纠正错误,获得真知。

例如:在学生对全等三角形判定命题"SSA"进行了独立思考和与小组的共同研究后,教师组织学生交流发表自己小组的研究成果。其方式是要求每小组派一个代表在全班发表自己小组的研究成果，不完整时小组其他同学予以补充。课堂交流时，第一小组认为是正确的。他们画出了两个满足条件的全等三角形（图略）。第二小组认为不一定全等。例如，在△ABC 和△ABD 中，已知 AB=AB，BC=BD，∠A=∠A，（这时点 B 到 AC 的距离小于 BC）（图略），显然它们不全等。它们在什么情况下全等，什么情况下不全等呢？我们认为，"如果两个面积相等的三角形有两边以及其中任意一边的对角对应相等，那么这两个三角形全等"（证明略）。第三小组认为，满足 SSA 的两个三角形全等的条件。我们的研究采用分类讨论：当那个对应角是锐角时，点 B 到 AC 的距离等于 BC 时，这两个三角形全等；当那个对应角是直角时，两个三角形全等（两边分别是斜边和直角边，可用 HL 法来证明。若两边都是直角边，可用 ASA 法或 SAS 法来证明）；当对应角是钝角时，两个三角形全等。第四小组认为，在等腰三角形中的 SSA 也是成立的。因为在等腰三角形中，只要知道一个角的度数，那么就可以知道这个三角形中所有角的度数，加上已知的两边对应相等，就可以用 AAS 或 ASA 来证明这两个等腰三角形全等。

各小组发表的研究"成果"，有的是错误的，有的只讨论了问题的一个方面。通过相互交流，产生思维碰撞，进一步修正和完善自己的结论，最后获得了对这个问题统一的认识和完整的结论："如果两个三角形的面积相等，SSA 命题成立；如果两个对应角是直角或钝角，SSA 命题成立；在等腰三角形中，SSA 命题成立。"

4. 变式应用巩固

变式应用（变式训练）是我国学生数学学习的有效策略。因此，在学生获得新知之后，紧接着就进入运用所获知识进行各种不同类型和形式的变式训练阶段。通过运用所获得的知识和方法去分析和解决一些实际问题和数学问题，以加深对知识的巩固、理解、掌握，并在知识的运用中形成技能、提高能力。在这一阶段，教师的任务是"提供变式应用"。教师提供变式应用时，可先通过一些典型例题的讲解给学生提供方法的示例，再进行"形变质不变"的一系列问题的分析解答，进行发散收敛的思维训练，最后达到能够灵活运用知识、强化基本技能以及提高能力的目的。教师可设计一些富有启发性的、有研究价值的典型习题，引导学生从不同的方面、不同的角度对问题进行思考、分析、探索、研究，进行一题多解、一题多变（变条件、变结论、变形式、变内容、变封闭题为开放题等）和多题一解的探究，培养学生的发散思维能力和探索创新能力。

5. 反思总结提高

这是课堂教与学活动的最后一个环节。通过对整个学习、探究活动的反思，审视自己在学习活动中所遇到的问题和解答的过程，重构自己的理解，激活个人的智慧，并在活动所涉及的各个方面的相互作用下，产生超越已有信息以外的信息；而且，反思"有利于学生在学习活动中获得个人体验，使它们变得更加成熟，促使他们全面发展"。[7]反思总结一般在学习活动结束后，也可贯穿于问题解决和学习过程中。反思总结的内容主要为：问题解决的思维过程和途径，应用的策略与方法；探究活动中所涉及的有关知识和问题；数学活动的结果与其他知识内在联系和规律；探究活动中的体验与感悟；解题的思路、推理的过程、运算的过程和语言的表述等。

在这一阶段，教师要"引导总结提炼"，同时要给学生一定的反思策略和采取切实有效的措施，以保证反思得以真正落实。

四、实施条件

该模式是以问题为中心进行教学探究活动的，因此，设计一个好的问题情境，提出一系列好的探究问题是教学的前提条件。

心理的安全和自由是探究式学习的保障条件。教学中，要使学生感受到学习是满足求知欲的一种快乐享受，只有这样，人的思维才会最活跃。因此，教学中教师要创设出良好的探究学习氛围，营造自由、平等、民主、和谐的课堂学习环境，而且创设出的问题情境要为大多数学生乐意接受，有利于使大多数学生产生兴趣，以激发学生的学习活力。

五、教学原则

1. 问题驱动原则

问题是数学的心脏，没有问题就不能形成数学探究活动。数学探究式学习的过程本质上就是一个不断发现问题、提出问题、分析问题、解决问题和反思问题的过程。学生在学习探究的过程中，通过对已解决问题及其过程的反思，又形成了提出新问题的情境，可引发在更深一层次上进行思考而提出新的问题，从而使学生的数学学习活动循着"问题情境—发现问题—提出问题—分析问题—解决问题—反思问题—发现问题—提出问题……"的轨迹不断地走向深入。因此，从这个意义上说，该教学模式中的整个数学探究活动就是在问题驱动下完成的。这里的问题不是一个单一的、简单的识别性问题，而是由一系列问题组成的"问题集合"。它包括最初发现的"本原性问题"，经过提炼需要解决的"核心问题"，对核心问题分解后形成的"基本问题""重要问题""大问题"和"小问题"以及能够启发和促进学生积极思考、给学生以广阔的思维空间的"开放性问题"等。[8]这些问题中有的相对独立、有的相互联系。相互联系的问题由其内在的联系而构成"问题串"和"问题链"。

遵循这一原则进行教学时，教师首先要树立"问题意识"，要创设好"问题情境"激发学生探究的兴趣，用"核心问题"引领学生的探究方向，将重要的"核心问题"分解成具有内在联系的"问题串"和"问题链"引领学生有效开展数学探究活动。同时，要多设计一些能够启发和促进学生积极思考、给学生以广阔的思维空间的"开放性问题"，以形成和促进学生的发散思维、逆向思维和创造思维的提高和发展。教学中不必追求答案的唯一性、标准性和封闭性，要追求答案的多样性、合理性和开放性。

2. 充分信任学生原则

该教学模式是在教师创设的情境中，在教师的引导下，由学生自己去发现问题、提出问题、分析问题和解决问题，让学生在问题解决的过程中理解数学知识、形成数学技能、获得对数学探究的体验与感悟，形成和发展学生的数学素养，提高学生的数学文化修养。因此，教师要充分信任学生具有探究发现和分析解决问题的能力，这样才能放手让学生去自主地寻求解决问题的方法。如果教师不信任学生，就不敢放手让学生自己去探究发现和分析解决问题。

遵循这一教学原则进行教学时，教师要把学习的自主权还给学生，放手让学生去独立思考，合作交流，利用自己和同伴的智慧分析解决问题，通过反思问题积累数学活动经验，提升发现问题、提出问题、分析问题和解决问题的能力。

参考文献

[1] 中华人民共和国教育部. 全日制义务教育数学课程标准(实验稿)[S]. 北京：北京师范大学出版社，2001：2.

[2] 王富英. 试论中学数学自主探究式学习的特征[J]. 基础教育，2002，(5)：23.

[3] [美]乔伊斯，韦尔，卡尔霍恩. 教学模式[M]. 荆建华，译. 北京：中国轻工业出版社，2002：7.

[4] 刘正理. 对数学课堂教学模式研究的几点思考[J]. 数学教育学报，2004，13（2）：17.

[5] 汤丰林，申继亮."情境认识的理论基础与教学条件"[J]. 全球教育展望，2004（4）：26.

[6] 张学明."小组交流——合作学习"的尝试及其试验效果分析[J]. 数学教育学报，2001，10（1）：69.

[7] 涂荣豹. 试论反思性学习[J]. 数学教育学报，2000，9（4）：17.

[8] 郑毓信. 由"熟能生巧"到自觉学习，搞好数学教学的一个关键问题[J]. 数学教育学报，1999，8（2）：30.

问题：数学探究式学习的核心
——一节探究式学习课的实录与点评[①]

探究式学习是新一轮课程改革提倡的重要学习方式，而数学探究式学习活动的过程实质上就是一个不断地发现问题、提出问题、分析问题、解决问题和反思问题的过程。[1]所以，要有效地实施探究式学习，关键就在于教师要创造性地开发课程资源，创设良好的问题情境，利用问题引导学生展开自主探究式的学习。在教师实施探究式学习的过程中是否能有效利用问题引导学生展开探究式学习呢？问题在探究式学习中是否能起到这样的作用呢？笔者带着这一问题到学校通过听课观察探究式学习的课堂教学。下面笔者将所观察的一节以问题为中心开展的探究式学习的课以实录和点评的形式整理如下，以期与新课程改革实验的老师们进行交流、讨论。

教材：义务教育课程标准实验教科书《数学》七年级上册（北师大版）。
课题：合并同类项法则的应用。
授课教师：成都市龙泉驿区同安初级中学白声浩老师
教学过程：

一、观察—发现问题

教师活动：创设问题情境

师：同学们，我们经常看一些房子用木料做成的窗户，上部是由 4 个扇形组成的半圆形，下部是边长相同的 4 个小正方形（图 4-4），由此情景，你们想知道些什么？（此问题取材于教科书第 117 页 A 组第 8 题）

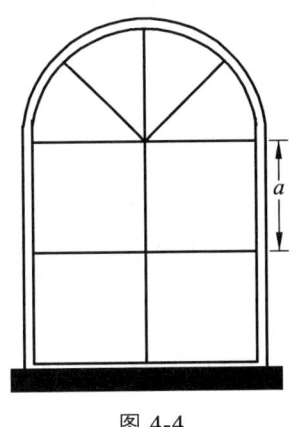

图 4-4

点评：教师创造性地开发教材，将教材内容与学生熟悉的生活实际（该教室的窗户恰好为图中的形式）结合，将封闭性习题设计成开放式问题创设情境，有利于激发学生的好奇心与求知欲，培

[①] 本文原载于《数学课程实践与探索》2007 年第 3 期。

养学生发散思维能力，而且开门见山，切入主题。

学生活动：进入问题情境，观察发现问题。

生1：窗户上部分半圆的面积是多少？（问题1）

生2：大正方形的面积是多少？（问题2）

生3：整个窗户的面积是多少？（问题3）

生4：整个窗户需要多少玻璃？（问题4）

生5：整个窗户需要多少木料？（问题5）

生6：构成整个窗户的框架的总长是多长？（问题6）

生7：整个窗户是由那些图形构成的？（问题7）

（学生回答，教师板书）

点评：观察细致，思维发散，想象丰富。

二、概括—提出问题

教师活动：引导概括问题

师：同学们从不同的角度发现和提出了这么多的问题，很不错。现在我们进一步研究上面的问题中哪些问题是重复的，可以合并，即独立的问题有哪些。

点评：教师这时的启发引导，将学生的思维由发散思维转向求同思维，既培养了学生的思维品质，又培养了其归纳概括能力，引导时机把握得当。

学生活动：归纳概括问题

生8：问题1~问题3都涉及求面积，因此，可以合并为一个问题，即问题3。

生9：问题4实际上也是求面积，因此，问题1~问题4实际上是一个问题，即问题3。

生10：问题5与问题6实际上也是同一个问题，即问题6。

生7：不对！求所需要的木料还必须考虑木条的体积，不能只考虑长度。

生10：如果按你的说法也不对，因为，还应该考虑加工过程中去掉的部分，那就很复杂了，根本无法计算。因此，我只考虑求它的长度。

生7：那问题5的提法就应该修改为：整个窗户需要多长的木条？

师：你们两位的发言很有见地，都很不错。由于我们今天是要把这个实际问题归结为一个数学问题来解决，因此，我赞同学生7最后的提法。

点评：在自主探究式学习的过程中，教师不是知识的传授者，而应是学生学习的参与者与合作者。此时，教师的参与讨论，使课堂讨论形成了第一个高潮。

生 11：问题 7 与前面的问题不同，可以单独构成一个问题。

点评：马登学习理论认为，学习的实质就是比较与鉴别。通过学生之间的相互交流讨论、比较、鉴别，去粗取精，去伪存真，把 7 个问题归纳概括为 3 个。其中学生 10 把问题 5 归结为问题 6，不考虑木料的体积，只考虑了它的长度，并且把它抽象为 1 条线段，体现了学生较高的抽象思维能力与数学建模能力，特别是他与学生 7 的一番争论，以及教师参与讨论，使本节课达到了一个高潮。通过争论，思维相互碰撞，使问题更加明确，认识达到统一，提高了比较、鉴别能力与归纳概括能力。

师：大家概括得很好，这么多问题，通过大家的讨论发现，实质上只有 3 个。下面大家就来解决这 3 个问题。（用彩色粉笔勾画问题 3、问题 6 与问题 7）

点评：教师的适时总结，使要解决的问题更加清楚，目标更加明确。

三、探究—解决问题

1. 补充条件—完善问题

教师活动：指导完善问题

师：要解决问题 3 与问题 6，由现在题目中的条件能否解决？如果不能解决，需要添加什么条件？

点评：启发引导，使学生进一步探究问题的条件，完善问题。

学生活动：探究问题的条件

生 12：要知道正方形的边长和半圆的半径。

生 13：小正方形的边长等于圆的半径，因此，只要知道小正方形的边长或半圆的半径就可以了。

点评：学生的思维精致，严谨。

2. 自主探究—解决问题

教师活动：指导探索问题

师：好！同学们的发言很有见地。我们就设小正方形的边长为 a，大家开始解决问题 3、问题 6 和问题 7。

要求：先独立思考，自己解决，先获得结果的同学，不要马上说出你的结论,可再思考有无其他解法,待大家都独立研究后,再与小组同学交流讨论。

学生活动:各自独立思考,积极地探索解决问题。3~4分钟后,各小组展开了热烈的交流讨论。

…………

点评:目前课堂上比较普遍的一种现象是教师一提出问题,马上就叫学生讨论。这种讨论毫无价值,而且,长此下去,将会出现满足了一小部分学优生,丢掉一大片中等生和学困生。本课中,教师要求先独立思考再交流讨论,使全体学生都有效地参与了讨论,提高了讨论的广度、深度和效度,也提高了讨论的质量。

3. 提炼交流——发表成果

教师活动:组织交流发表

师:现在各个小组派一位同学发表你们组的研究成果,可以上黑板板书并予以必要的说明。

点评:一句"发表你们组的研究成果",把学生看成了研究者,课堂交流变成了一次研究成果发布会,增强了学生的自我效能感与成功感,也充分体现了教师的教学观与学生观以及教师问题设计的精巧与独特。

学生活动:提炼交流发表

生 14:问题 7 题目的条件是一个答案,此外,还可以看成由一个半圆与一个大正方形构成。

生 15:问题 7 还可以看成由一个半圆与两个矩形构成。

生 16:问题 7 还可以看成由两个扇形与四个小正方形或两个矩形构成。

生 17:(板书)问题 3 的解答为:$2a^2 + a^2 \times \pi \times \frac{1}{2}$。我们是把它看成一个半圆与一个大正方形构成来计算的。

生 18:(板书)问题 3 的解答为:$2 \times 2a^2 + a^2 \times \pi \times \frac{1}{2} = \left(4 + \frac{\pi}{2}\right)a^2$。我们是把整个图形看成两个矩形与一个半圆组成来计算的。

生 11:(板书)问题 3 的解答为:$4a^2 + a^2 \times \pi \times \frac{1}{2}$。我们是把整个窗户看成一个半圆与四个小正方形构成来计算的。

生 19:(板书)问题 6 的解答为:$2a \times 4 + \frac{1}{2}\pi \times a$。

生 20:(板书)问题 6 的解答为:$2a \times 6 + 3a + \pi \times 2a \times \frac{1}{2} = (15 + \pi)a$。我

们认为，整个窗户的框架可以看成由 6 个大正方形的边长、3 个小正方形的边长（半圆上的三个半径）和半圆的周长组成。

生 21：（板书）问题 6 的解答为：$15a+a\pi=(15+\pi)a$。我们是把窗户的框架看成是 15 个小正方形的边长和半圆的周长之和。

点评：学生从不同角度对问题进行了解答，解决问题的途径与方法多样，反映出学生的创造潜能和丰富的联想能力。

4. 评价校正—— 完善结论

教师活动：引导评价矫正

师：同学们从不同角度对问题进行了解答，下面我们来看看他们的解答是否正确，哪个学生的解答最优。

学生活动：进行评价矫正

生 22：我认为学生 17 的解答是错误的，应该是 $(2a)^2+a^2\times\pi\times\dfrac{1}{2}$。

生 23：生 19 的解答也是错误的，他漏掉了大正方形中间的两条线段。

生 9：生 11 的解答应该合并同类项。

生 12：问题 6 的解答中，我认为生 21 的解答最优。因为其结论项数少，形式简洁，意义明确。

师：今天同学们的思维很活跃，很多同学的解法和思路巧妙、新颖，是我课前没有想到的。这说明同学们的创造潜能是巨大的，你们比老师聪明得多。只要你们在学习中善于观察，勤于思考，一定会发现许多好的结论和规律。数学也就会越学越轻松，你们探索研究的能力一定会有很大的提高。

点评：将评价贯穿于学生学习过程之中，及时对学生的学习情况进行评价，是正确指导学生自主探究式学习的有效策略。通过及时有效的评价，错误者可及时纠正错误，及时澄清认识，获得正确理解；正确者可得到成功的满足，激发进一步学习的热情。同时，评价的主体多元化和评价的方式多样化，既有学生之间的相互评价，也有教师的评价；既注重了对学习结果的评价，也注重了对学习过程的评价。通过评价，了解了学生数学学习状况，激发了学习数学的热情，促进了学生的发展。

四、反思—总结问题

教师活动：参与总结提炼

师：我们已经研究和解决了起先的问题。现在让我们一起来回顾、总结在问题解决的过程中，用到了哪些知识和方法，有哪些收获与体会。

学生活动：反思总结提炼

生 24：解决这个问题用到了圆的周长与面积公式、长方形与正方形的面积与周长公式，合并同类项法则。

生 4：通过今天的学习，我感受到实际生活中许多地方都会用到数学，数学学习很有用，也很有趣。我一定要认真学好数学。

生 19：通过今天的学习，我觉得收获很大，主要收获是分析问题要细致，考虑问题要全面。我起先在分析问题时，漏掉了大正方形中间的两条线段，就是不细致所致，这也是我的老毛病，今后一定改正。

生 21：通过今天的学习，我体会到做任何事情都要像解数学题一样，要从不同的角度来观察、思考，同时要设计多种解决问题的方案，再从中选出最优方案。

师：同学们总结得很好，今天与你们一起学习，我也深受教育。其实，今天这个问题所用的知识不多，计算也简单。我原先设计的问题和解法只有 1~2 个（种），可同学们发现和提出了那么多的问题与解法，大大超出我的预想。我今后还要多向同学们学习。

今天这节课主要是合并同类项法则的运用，而解决问题的关键是如何将一个实际问题转化为一个数学问题，这就要求我们要善于观察、分析，去掉一些次要的因素，抓住事物的主要特征。在列式时要从多角度去思考，多途径去解决，但要注意选择最优解法，提高工作效率。

点评：反思和总结是提高数学解题能力和提高学习效率的一条有效途径与策略，是培养和形成学生良好的态度、情感与价值观的一条有效策略，同时，也是培养学生良好的学习习惯与提高自我监控、自我调节等元认知能力和元学习能力的一条有效策略。通过反思总结，学生发现自己学习中的问题与错误，能及时纠正、调节；探究过程中所用到的数学思想方法和对数学的体验与感悟，通过反思总结才能真正获得；通过反思总结，学生对所学知识与解决问题的方法有进一步的理解、巩固、深化与提高，学生在反思中不断提高，在反思中不断完善。同时，教师参与反思总结，与学生共同谈自己的体会与收获，民主、平等、自由、和谐，加深了师生间心灵的沟通与相互了解，获得了积极的情感体验。所以，反思也是促进学生持续、和谐发展的一条有效策略。

观察以上课例，我们可以得出如下结论：学生的一切探究活动都起源于"问题"，没有"问题"就没有探究活动，[1]因此"问题"是数学探究式学习的核心。数学探究式学习活动过程的实质就是一个不断地发现问题、提出问题、分析问题、解决问题和反思问题的过程。学生在不断地发现问题和分析解决问题的过程中，促使其各种特征在结构与功能上发生了变化，这些变化包括知识技能的发展、认知能力的发展和态度、情感和价值观的发展。因此，学生在以问题为核心的数学探究式学习过程中，获得了知识技能，提高了认知能力和促进了情感态度与价值观的形成，从而促进了自身的发展。

参考文献

[1] 王富英，王新民."三线五环节"课堂教与学活动模式[J].中学数学杂志，2005.

数学探究式学习课堂教学评价

课堂，是实施探究式学习的主渠道。只有教师了解了数学探究式学习的课堂教学要求，学会运用科学的方法评价和分析课堂教学的质量，才能改进自己的教学，更好地实施数学探究式学习。

课堂教学评价是对课堂教学教与学方式及其效果的评价，以及对构成课堂教学过程各要素作用的分析与评价。[1]传统课堂教学评价的基本出发点是看学生学到了多少知识与技能。因此，评价关注的重点是课堂上教师对知识的讲解重点是否突出，难点如何突破；知识与技能是否掌握与形成；教学任务是否完成。很少甚至没有去关注教师如何去引导学生参与知识发生、发展的过程，以及在知识与技能获得的过程中形成的解决问题的策略与方法、积极的情感体验、探索创新精神与动手实践能力等有利于学生发展的基本要素。

数学探究式学习的课堂教学评价关注的重点为以下方面：

1. 三维目标是否有机结合

教学目标的设计是否将知识与技能、过程与方法（数学思考与解决问题）、情感与态度三个维度的目标有机地结合，教学过程是否紧紧地围绕三维目标的实施进行，并且知识与技能的学习以其他三个目标的实现为前提。

2. 学生是否进行了有效的探究式学习活动

课堂上学生是否在教师的引导下积极主动地进行观察、实验、想象、猜测、验证、推理、讨论、交流等探究式的学习活动；是否在丰富多彩的数学活动中，真正理解和掌握基本的数学知识与技能、数学思想和方法，获得广泛的数学活动经验，学会与他人合作交流，获得成功的体验。

3. 教师的教学方式是否改变

课堂上教师是否真正成为学生数学学习活动的组织者、引导者和合作者；是否给学生提供了充分从事数学活动的时间和机会；是否尊重学生，师生民主平等，与学生共同进行讨论、交流，帮助学生在自主探究、合作交流的过程中获得数学知识与技能，发展数学思维能力，形成积极的数学情感与价值观。

4. 课堂教学效果如何

一堂课成功与否的关键看学生在课堂上学习的效果如何。但这里的效果并不只是看学生知识与技能的掌握程度，还要看课堂上学生自主探究、合作交流氛围的广度、浓度与深度；学生在学科学习活动中获得情感体验的程度；学生会用所学知识和方法发现和提出问题与分析和解决问题能力的程度；学生参与学习活动的效度；教师课堂教学基本功表现的程度。

课堂上，为了保证学生学习活动有效进行，有时不一定要完成本节课的教学任务，这是允许的。新课程理念下的课堂教学任务并非一定要在本节课内完成，它可在一个单元知识的学习过程中，相互调节完成，即一堂课的好坏并不取决于一节课的任务是否完成，关键看以上三点是否有效实现。新课程理念下的课堂教学允许"没有句号的课"存在。所以，探究式学习的课堂教学评价主要由教学目标、学生的学习方式、教师的教学方式和课堂教学效果四部分构成。每部分又分成若干评价要素，结果可分为 A、B、C 三种水平，详细内容见表 4-1。

表 4-1　数学探究式学习课堂教学活动评价

评价项目	评价要素	评价结果		
		A	B	C
教学目标	1．知识与技能目标科学合理			
	2．过程与方法目标准确恰当			
	3．情感、态度与价值观目标切合实际			
学生学习方式	4．学生积极主动参与知识的发生、发展与形成过程			
	5．观察、实验、猜想、验证、推理、想象等自主探究的学习活动			
	6．与他人合作交流获取知识与技能的理解与掌握			
	7．自我反思、监控、调节自己的学习活动			
教师教学方式	8．紧密联系社会与生活实际，创造性地开发、使用课程资源			
	9．以促进学生的发展为出发点进行教学过程的设计。教学内容的呈现遵循学生的认知规律，具有开放性、多样性和挑战性			
	10．创设的情景激发学生积极的求知欲望、好奇心与探究欲望			

续表

评价项目	评价要素	评价结果		
		A	B	C
教师教学方式	11．面向全体学生，尊重学生的个性特点，组织、引导学生积极开展自主探究、合作交流的学习活动			
	12．学生探究活动的时间与空间的保障			
	13．恰当地运用现代教学技术为教与学服务			
	14．评价贯穿于教与学的活动过程之中，主体多元、形式多样，激励、调节、促进学生的学习与发展			
课堂教学效果	15．学生对知识与技能的理解与掌握的程度			
	16．课堂上学生自主探究、合作交流氛围的广度、浓度与深度			
	17．学生在学科学习活动中获得情感体验的程度			
	18．学生会用所学知识和方法发现与提出问题和分析与解决问题能力的程度			
	19．学生参与学习活动的效度			
	20．课堂教学基本功表现的程度			
总评				

参考文献

[1] 唐映杰，等．课堂教学与学习成效评价[M]．南宁：广西教育出版社，2000：44．

三 各类数学知识的学习与教学

数学概念学习的过程分析[①]

一、问题的提出

数学概念是进行数学推理、判断、证明的重要依据，是建立数学公理、定理、法则的基础。目前教学中依然存在这样的现象：概念教学采用"一个定义，三项注意，马上解题"的教学方式，造成了很多学生在解题中犯一些低级错误，许多成绩优秀学生也常常在简单题上出错，学生对概念理解不透而理不清解题思路，不能自如地应用概念展开推理。原因主要是教师只注重"立竿见影"式的"应试教育"需要，过度注重解题训练，忽略了概念学习需要学生经历较长的学习过程，忽略了真正理解概念，因而舍不得在概念学习上花费时间，舍不得在深入理解概念上花力气。可是实际上"知识和概念是不能直接给予学生的。'我的'知识或者概念也很难转化为'他的'知识或者概念，根本原因在于每个人的知识都必须有一个形成和发展的过程"[1]。笔者认为，概念学习的基本过程是概念教学设计的依据，是提高概念学习效果的保障。虽然学术上关于概念的研究很多，但大多都是在概念学习的心理分析和构成要素等理论方面的研究居多，而对于可供教师和学生实践感知的具体数学概念学习的基本过程的研究较少，从而造成教学中教师虽然知道概念学习的重要性，但由于缺乏具体可操作的概念学习的环节和方法，不知道在概念教学中如何花力气，于是便匆匆结束概念的学习，导致概念学习的效率低下，进而影响整个数学的学习。因此，教师掌握数学概念学习的基本过程对于概念教学就显得十分重要。

[①] 本文是全国教育科学"十二五"规划课题"区域推进多元化学习构建高效课堂教学的研究"（FH110106）的研究成果。本文系李兴贵、王富英合作，原载于《数学通报》2014 年第 2 期。

二、数学概念学习的基本过程

数学概念学习一般要经历以下几个基本过程：感知—想象—概括—固化—应用—结构。

1. 感知

感知是指个体通过一系列的外显性（或记忆性）指令去变换一个个客观的数学对象的过程。感知就是让学生"回到事实面前"，通过观察、实验、尝试等活动，为概念的形成积累丰富的感性认识、经验。感知活动是学生理解概念的一个必要条件，感知活动可使学生亲身体验和感受概念的直观背景与概念间的关系。只有学习者经历一定量的感性认识，才能为下一步想象的开展提供直观基础和感性经验。因此，在数学概念的学习设计中，要提供给学生一定量的隐含概念本质特征的事实材料，给学生充分的感知机会，并提出具体的感知要求，让学生主动的、有目的地开展丰富多样的感知活动。

【案例1】代数式概念学习感知活动设计

活动1：一首永远唱不完的儿歌

1只青蛙1张嘴，2只眼睛4条腿，1声扑通跳下水；

2只青蛙2张嘴，4只眼睛8条腿，2声扑通跳下水；

3只青蛙3张嘴，6只眼睛12条腿，3声扑通跳下水；

……

想一想：x只青蛙__张嘴，__只眼睛__条腿，__声扑通跳下水。

活动2：妹妹想参加世博会

为了庆祝2010年上海世博会，李莉同学想用火柴棒按下面形式从左往右摆放2010个正方形，为了能够搭建成功，需要事先准备多少根火柴棒？

（1）搭1个正方形需要多少根火柴棒？（   ）

　　搭2个正方形需要多少根火柴棒？（   ）

　　搭10个正方形需要多少根火柴棒？（   ）

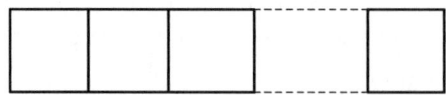

（2）搭n个正方形需要多少根火柴棒？（   ）

（3）搭2010个正方形需要多少根火柴棒？（   ）

活动3：直接用含字母的式子填空

（1）m表示长方形的长，n表示长方形的宽，长方形的周长是（   ），面积是（　　）。

（2）a，b，c 分别表示长方体的长、宽、高，则长方体的体积为（　　）。

（3）圆的半径用 r 表示，它的周长是（　　），面积是（　　）。

（4）一辆汽车 t 小时行驶 s 千米，那么它的速度就是（　　）千米/小时。

学生通过上述感知活动，亲身体验与感受到各个代数式从实际背景中的产生过程，积累足够量的代数式产生的直观体验和感性经验，使得代数式的本质特点在不断地"侧显"中能够被学生的心智所捕获，以形成一种代数式的直观印象。这一点非常重要，切不可操之过急，否则感知就成为走过场，流于形式，什么也得不到。

2. 想象

想象是对感知的内容的压缩与内化。想象的前提是具体事例"共同性印象"的形成，而"共同性印象"形成的前提是一定量直观感知经验的积累。当"感知"经过多次重复而被个体熟悉后，就可以引起联想或想象而转化为内容的心理理解活动（即产生"内观"）。进而，还可以对这个过程进行逆转以及与其他程序进行组合。例如，通过对数列前三项 2，4，6 的观察，可以想象得出第 4 项为 8，第 10 项为 20，等等。因此，想象是在感知的基础上向抽象跨出的第一步。在以往的概念教学中，由于缺少了"想象"这一环节，所形成的概念或者只停留在感觉经验的层面上，或者只是一些纯粹的抽象符号或术语。

在数学概念教学设计中，一般通过设计一些思考问题来帮助学生进行反思、联想和想象。如案例 1 中，在感知活动 1、2、3 之后可设计一些引导和激发学生想象的思考问题；在感知活动 1、2 后可设计反思性问题：字母 x，n 分别表示什么，字母有何作用；在感知活动 3 后可设计反思性问题：在活动 1，2，3 中各问题的答案是由什么组成的，从中你能否发现"字母"可以表示什么，这些答案的共同特点是什么，你能想象出一些类似的式子吗。

3. 概括

在经历"感知"与"想象"两个过程后，结合对具体感知事实材料的观察思考和想象得出具体事例，再通过"去粗取精，去伪存真，由此及彼，由表及里"的反复运作过程，归纳概括出概念的本质特征，由此而给出科学的概念。例如，在对数列 2，4，6，……；0，5，10，15，……；1，-1，-3，-5，…… 等进行观察感知与想象类似数列后，通过比较与区分，便可以概括出这类数列的共同特征："从第二项起，每一项与前一项的差都是常数"，在此基础上给出等差数列的定义可以说是水到渠成的事了。又如，在案例1中，通过学生观察活动1、2、3的特点、反思和想象的概括，可以抽象出所得答案与所想象的式子的共同特征："它们含有加、减、乘、除、乘方等运算"；"都含有字母"；"字母可以表示具有一般性的数"；"含有字母的式子可以表示一般规律、运算律以及一些事物的数量关系"等。在此基础上，提出代数式的概念就比较自然。

4. 固化

固化，是指得出概念的定义后停下来对概念及其定义再进行审视（从现象学的观点就是要在概念的定义处做些"逗留"），并从正反两方面进行剖析、辨析从而固化概念。大家应当明白"概念不能一次性学会"。给出了概念的定义并不意味着概念就形成了，而这只是概念形成的开端。因此，在给出概念的定义之后，不要急急忙忙往前走，应在概念的定义处做一些"逗留"。因为概念的内涵具有丰富性，但这些丰富性是抽象的，它们并不会自动地显现出来，只有专心地"逗留"其面前，以安宁的心态对待它，概念的内在丰富性才可能显现出来，由此也才能丰富对概念的理解和认识。根据现象学的观点，"逗留"就是胡塞尔提出的"回到事实本身"的一种具体方式。但遗憾的是，教学中刚得出概念时教师并不逗留在概念面前带领学生从各个不同的角度和层次去审视概念，而是急急忙忙进入"题海"训练之中，就如现象学家海德格尔所说的那样："放任自己从一个事实到下一个事实，追逐不停"，从而割断了学生探究和感受概念丰富性的道路。

逗留，不是停下来休息，而是对概念做进一步的挖掘与分析，对概念的形成过程进行回味、思考概念定义语句的特点和含义、揭示概念的内涵和外延、把握相关的区别和联系，通过正反例析和各种不同角度的审视，以达到内化概念、认识概念从而固化概念。如，在给出等差数列的概念后，要审视、分析定义的语句特点和关键字、词的含义，结合正例与反例的辨析，使学生从各种角度挖掘和感受等差数列概念的丰富性，从而固化等差数列的概念。

【案例2】判别以下数列是否为等差数列，若不是请说明理由。

（1）-1, 3, 6, 9, 12, 15, 18;

（2）2, 4, 6, 8, 11, 14, 17, 20, …;

（3）2, 3, 2, 3, 2, 3, …;

（4）10, 7, 4, 1, -2, -5, …;

（5）-1, 3, 7, 11, 15, 19, ….

通过这样正反几个例子的辨析，使学生感受与理解了定义中"从第二项起""每一项与前一项的差""都是同一个常数"等关键词的真正含义，深化了对"等差"这一本质特征的认识；明白了为什么叫"等差数列"而不叫"等和数列""等积数列"的道理。同时还可以引发学生去进一步联想和思考有没有"等和数列""等积数列"等问题。

5. 运用

运用是指通过运用概念去分析解决具体的问题，以进一步加深对概念的理解，进而达到活化概念的水平。当然，在"固化（逗留）"时也在运用概念去辨析真伪，但主要目的是认识和理解概念的本质特征和定义本身的特点与含义而固化概念。而这里的运用主要是运用概念解释实际事例和分析解决具体的问题，使概念内化为学生的认识的一种观念，成为他们解决问题的工具或经验。

6. 结构

结构是指一个概念通过"感知""想象""运用"以及与相关概念、原理的联系所形成的一种在个体头脑中的认知框架。结构既是一个静态的结果，也是一个动态的过程，需要在长期的学习活动中不断丰富和完善。起初的结构包含反映概念的特例、抽象过程、定义及符号，通过不断应用逐步建立起与相关概念、原理、事物、背景的联系，在头脑中形成一种具有丰富性的认知结构。在教学设计中，通过感知、想象、概括、固化（逗留）、运用的学习环节的设计，积累丰富概念的基本活动经验，深化对概念含义及其价值的理解和认识，与其他概念建立广泛的联系，从而建立起清新、稳定、有效的认知结构。

概念学习的六个基本过程是对数学概念所特有的思维形式"过程和对象的双重性"（Sfard，1991，1994）[2]进行切实分析的基础上提出的，它比较真实地反映了学生学习数学概念过程中的思维活动。其中，"感知"阶段是学生理解概念的一个必要条件，通过"感知"让学生亲身体验与感受概念的直观背景以及概念产生的最初形态。"想象"阶段是学生对"感知"活动过程进行压缩、内化的过程，是直观感知向概括抽象过渡的必然环节。"概括"阶段是通过对"感知""想象"中所形成的各种具体属性进行区分、抽象与综合，认识到概念的本质属性，并对其赋予形式化的定义及符号表示，使其达到精致化而成为一个具体的对象实体，在以后的学习中以此为对象去进行新的活动。"固化""运用"阶段是通过正反例析和运用概念分析问题和解决问题的过程，以进一步巩固和加深对概念本质特征的理解，对概念内涵与外延的认识，从而活化概念。"结构"阶段的形成要经过一定时间的学习活动来完善，它是将反映概念的特例、抽象过程、定义及符号，以及与其他概念、规则、图形等的联系，进行整合，在头脑中形成综合的心理图式。

三、现象学视域下的概念学习过程

1. 现象学视域下知识形成的学习过程

现象学认为，当感知一个对象时，一般要经历"个别地看""想象地看"和"一般地看"[3]。我们认为学习者获得知识要经历五个阶段[4]：

（1）"个别地看"：让学生直接观察经验中的事物，获得的对事物特征的直观感受（经验）。

（2）"重复地看"：学生在积累直观感受的过程中，聚焦经验中的事物的共同特征（变化中不变的东西）。

（3）"想象地看"：超越视界，想象出同类的事物，在大脑中形成一种事物的"内观"（可以说是经验的一种复制）。

（4）"一般地看"：将所有看到的与想象的事物都看成是某个"一般下的个别"，也即形成一种关于事物的"本质直观"（经验基础上的知识）。

（5）"运用地看"：用"本质直观"去看世界，去解释、寻找和创造出更多的同类事物。

其中，（1）与（2）两个阶段是向外看，（3）与（4）两个阶段是向内看，而（5）这个阶段是内外一致地看。这种"内外一致地看"的知识，源于经验，又高于经验，最终又是为经验服务的，它才是真正活的知识。

2. 现象学视域下的概念学习过程

现在我们运用这五个阶段来分析概念学习的基本过程。概念学习过程的个别"感知"就是让学生直接观察经验中的事物，获得的对事物特征的直观感受（经验），这是"个别地看"；为了揭示概念的本质特征只看个别的实例是不够的，还要多看几个同类的事例，使学生在积累直观感受的过程中，聚焦经验中的事物的共同特征（变化中不变的东西），这就是"重复地看"；在重复看几个同类事例后，就可以超越视界，想象出同类的事物，在大脑中形成一种事物的"内观"（可以说是经验的一种复制），这就是"想象地看"；当学习者将所有看到的与想象的事物都看成是某个"一般下的个别"，也即形成一种关于事物的"本质直观"（经验基础上的知识），在此基础上抽象概括出概念的本质属性而给出概念的定义，这个过程就是"一般地看"；在获得概念后在"逗留"与"运用"阶段，深化巩固概念，用概念的"本质直观"去看事实，去解释、寻找和创造出更多的同类事物，并通过反思形成概念知识结构体系，这就是"运用地看"。其中，"感知"是向外看，"想象"与"概括"是向内看，而"逗留""运用"和"结构"是内外一致地看。这种"内外一致地看"获得的概念，源于经验，又高于经验，最终又是为经验服务的，它才是真正活的知识。

参考文献

[1][3] 季苹. 教什么知识——对教学知识论基础的认识[M]. 北京：教育科学出版社，2009：233，137.

[2] 李士锜. PME：数学教育心理[M]. 上海：华东师范大学出版社，2001：110.

[4] 王新民，王富英，谭竹. 数学学案及其设计[M]. 北京：科学出版社，2011.

函数概念是怎样被理解的[①]

一、问题提出

函数是中学数学中最为核心的概念之一,也是数学学习中最难以理解的概念之一。长期以来,为了突破这一教学难点,理论研究者与一线教师可以说是煞费苦心,想尽办法,可是效果总是不尽如人意。有调查显示[1]:① 初三学生并不用"一个 x 对应唯一一个 y"来判断某种对应关系是否为函数;② 高一学生在对利用定义判断图像所反映的 y 和 x 的关系是否是函数关系这个问题时,只有 21% 的学生做出了正确的回答。在另一项调查中发现[2]:高二与高三的学生对函数的定义实质大多模糊不清;对于问题"$y=\pm 2x$ 是否是函数"及"方程 $y^2=4x$ 的曲线是否为函数的图像",有过半的学生或答错或不置可否。然而,类似的问题却在一节初中函数概念学习的起始课上,由初二的学生给出了精彩的解答。请看下面所展示的课堂学习中学生讲解的片段。

【学案设计】① 下面这个表格是否表示 y 是 x 的函数?为什么?

x	2	3	4	5
y	±2	±3	±4	±5

② 下面这个图像是否表示 y 是 x 的函数?为什么?

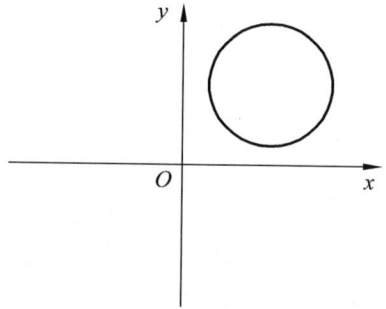

③ 等式 $y=\pm\sqrt{x}$ 是否表示 y 是 x 的函数?为什么?

④ 上面三个问题,如果不是函数,分别如何改正,才能使得 y 是 x 的函数?

[①] 此文系王新民、王富英、李春燕合作,原载于《中国数学教育》2013 年第 1-2 期,被人大复印资料《初中数学教与学》2013 年第 4 期全文转载。

学生讲解（讲解的学生来自不同的学习小组，"生1"表示的是第一组的学生，其他类同）：

生4：第①题中的表格是否表示 y 是 x 的函数？我们小组认为这道题中，y 不是 x 的函数，因为每给定一个 x 的值，相应的就确定了两个 y 的值，如，$x=2$ 时，y 的值为 2 和-2，不符合"结果只能是唯一的"，所以 y 不是 x 的函数。

生5：请同学们看第②题，这个图像是否表示 y 是 x 的函数？我们的答案是否定的。将这个圆沿垂直 x 轴方向切一刀（生5在黑板上形象的划了"一刀"），这条直线与 x 轴有一个交点，与圆有两个交点，而这两个交点对应两个 y 值，所以 y 不是 x 的函数。

生6：请大家看第③题，这道题中，y 不是 x 的函数，因为当 $x=0$ 时，$y=0$，此时一个 x 的值对应唯一一个 y 值；但是，当 x 取任意一个非零实数时，x 值都对应了两个互为相反数的 y 值，所以 y 不是 x 的函数。

生7：我们先来看第①题和第③题是如何修改的。根据函数的定义我们知道给定一个 x 的值，只能对应唯一的一个 y 值，所以在第①题的表格中，我们只需要去掉表格中的"+"号或"-"号，那么 y 就是 x 的函数了；第③题也可以直接去掉等式中的"+"号或"-"号，y 就是 x 的函数了。下面我们来看看第②题如何修改。我们擦去上半圆或下半圆，那么剩下的图像上每个点只对应着一个 y 值了，那么 y 就是 x 的函数了（她边说边在黑板上做着修改）。

生1：我把第①题的表格中所有的 y 值都改成 1（他边说边上台用粉笔修改，此时，教室里开始叽叽喳喳的小声议论起来了，较多的人说不对，有几个人说对）。定义里说的是给定一个 x 的值，只能对应唯一的一个 y 值，这里每个 x 的值，都只对应唯一的一个 y 值。

生1*（第一组的另一个学生）：对于第②题，我们组是擦去左半圆或右半圆（她话刚一说完，全班哗然，包括她身边的同学都在说她）。

生7*：我们认为第一组的修改是错的。因为剩下的那个半圆的两个端点所对应的 x 值是相同的，但是它们所对应的 y 值却是不同的两个值。我们可以过圆心作 x 轴和 y 轴的垂线，将圆平均分成四份，然后任意擦去三份，剩下的图像就表示 y 是 x 的函数了。

生10：第七组的同学的确讲得很好，我们组也有一种不同的修改。在第七组同学的基础上，我们擦去上半圆的右半部分和下半圆的左半部分，再擦去上半圆的最高点，剩下的图像就可以表示 y 是 x 的函数了（边说边在黑板上画出图形，同学们一目了然）。

面对好多高中学生都不能解答的问题，这些刚刚接触函数概念的初中学生的讲解，不能不说是特别的精彩！在学习的过程中，既没有可供模仿的例题,也没有进行相关的针对性训练,因此,有理由说,学生的这些精彩表现只能来自他们对函数概念深刻的理解。那么,函数概念是如何被学生理解的?以下将从学习者的视角,通过对以学案为载体、以学生讲解为主要学习环节的教学案例的分析,揭示初中学生理解函数概念的认知过程,以期找出一条函数概念学习的有效通道。

二、案例背景

本文所展示的教学案例是李春艳老师在一次"献课"式课堂观摩活动中的学案及其教学片段。本节课的教学内容是北师大版初中数学八年级上册中的"函数的概念"(第一课时),采用的教学方法是"导学讲评式教学"[3](简称"DJP教学")。DJP教学是以学案为载体、以"导学、讲解、评价"为主要环节的教学方法,其中的"讲解"是指师生共同参与的"对话性讲解",是该教学方法的中心环节。

三、理解函数概念的认知过程

总体上,在本节课中,学生理解函数概念经历了五个相互联系的认知阶段:个别地看、重复地看、想象地看、一般地看和应用地看,这里的"看"指的是一种直观判断。

1. 个别地看

【学案设计】事例1:堆木材中的函数(列表法)
完成教科书第178页的"做一做":先填表后回答问题。
瓶子或罐头盒等圆柱形的物体,常常如课本中的示意图那样堆放,随着层数的增加,物体的总数是如何变化的?
(1)填写下表:

层数 n	1	2	3	4	5	…	n
物体总数 y	1=1	1+2=3	1+2+3=6			…	

(2)在本题中有两个量在变化,它们是层数 n 和物体总数 y,而且 y 是随着 n 的变化而变化的。当 n 的值给定时,y 的值也就随着唯一确定了,比如,当 $n=4$ 时,$y=$?
(3)其实,用表格中的最后一栏的式子也能算出每一种层数下的物体总

数。比如，$n=100$ 时，$y=$ ？

学生讲解：

生1：我们观察到层数为1时有1根木材，层数为2时有3根，层数为3时有6根，那么层数为4时有10根，层数为5时有15根，层数为 n 时有 $n(n+1)/2$ 根。

师：那么这道题中有几个量在变化呢？它们又是如何变化的？

生1：在本题中有两量在变化，它们是层数 n 和物体总数 y，而且是 y 随着 n 的变化而变化的。当 n 的值给定时，y 的值也就唯一确定了，比如，当 $n=4$ 时，$y=10$。其实，用表格中最后一栏的式子也能算出每一种层数下的物体总数。比如，$n=100$ 时，$y=5050$。

认知分析：格式塔心理学认为，"人对事物的认识一般总是从整体开始的。思维而言，具体的东西在现实中起初是一个整体的表象。"[4]在学案设计（事例1）中，将背景材料、函数定义的整体框架一并呈现出来，使学生从观察操作的开始就树立起一种"一般的看"的态度：把事例1仅看作"一般函数"下的一个具体例子，这种态度为观察操作过程指明了目标和方向。特别是将函数最为本质的内涵"变量间的对应关系"，以问题的形式（由 n 的值计算 y 的值）镶嵌在函数的定义框架之中，让学生在函数概念的整体背景下展开观察活动，既见树林又见树木，使得"个别地看"（对具体事例进行直观感知或经验操作）在一种联系当中具有了一种整体的意义。从学生的讲解中可以看出，它们并不是孤立地由 n 的值计算 y 的值，而是在兼顾"有两个变量"与"一个量随着另一个量的变化而变化"这两个函数属性的基础上，去理解"当 n 的值给定时，y 的值也就唯一确定了"这一属性的。

2. 重复地看

【学案设计】 事例2：刹车中的函数（关系式法）

在平整的路面上，某型号汽车紧急刹车后仍将滑行 s 米，现知道公式为 $s=\dfrac{v^2}{300}$，其中 v 表示刹车前汽车的速度（单位：千米/时）。

（1）填写下表：

速度 v	50	60	100	⋯
刹车距离 $s=\dfrac{v^2}{300}$				

（2）本题中有两个量在变化，它们是 v 和 s，而且 s 是随着 v 的变化而变

化的。当 v 的值给定时，s 的值也就唯一确定了，比如，当 $v=60$ 时，$s=?$

【学案设计】事例3：游乐场里的函数——图像法

想一想：如果你坐在摩天轮上，随着时间的变化，你离开地面的高度是如何变化的？教科书中图6-1反映了旋转时间 t（分）与摩天轮上一点的高度 h（米）之间的关系。

（1）填写下表：

t/分	0	1	2	3	4	5
h/米						

（2）在本题中有两个量在变化，它们是 t 和 h，而且 h 是随着 t 的变化而变化的。当 t 的值给定时，h 的值也就唯一确定了，比如，当 $t=3$ 时，$h=?$

认知分析："概念是在大量事实的积累与辨别中形成的。"[5]只有当概念在具体事例中不断地"侧显"时，才能触动人们天生所具有的那种"概括倾向"而被人们的心智所捕获。事例2（刹车中的函数）与事例3（游乐场里的函数）整体上重复了事例1的结构，只是观察探讨的问题在不断增加。在事例3中，函数的三个基本属性均需关注。函数的完整概念连续地在3个事例中"侧显"，使得这三个事例不再相互孤立，而是具有了一种整体性的联系。前面的事例为后面事例的观察提供了方向和线路，成为一种"范例"，发挥着引导作用，这一点在课堂学习中也是有所体现的。许多学生在操作事例2或事例3时，总是回头去看事例1或事例2。在这种重复的观察操作中，每个事例中函数的三个基本条件都受到了学生的关注，慢慢地形成一种"共同性印象"并逐渐地在学生观察视域中显现出来。学案设计突出了"表格"的直观性和操作性，从事例1到事例3都是先转换为表格，然后再思考回答问题。学生通过填表，既可以经历和体验由一个变量确定另一个变量的变化过程，又可以直观地感受到它们之间的对应关系。同时，表格、解析式与图像等函数的三种表示方法，在具体事例中进行自由的转换，使得学生比较自然地忽视了那些由表示法本身所带来的非本质因素，从而更加强化了这种函数"共同性印象"。当然，如果不能形成"共同性印象"，就需要看更多的具体事例。

3. 想象地看

【学案设计】

想一想：前面三个事例的共同特征是什么？（提示：可从以下几个方面思考）

（1）每个事例中都有几个变量；

（2）变量间的变化关系；

（3）变量的值之间的关系；

（4）其他共同特征。

试一试：构想一个类似的事例，形式不限，表格表示的、关系式表示的或者图像表示的，所举的实例要符合上述特点。

认知分析：以"重复地看"中所形成的"共同性印象"为出发点，联想或想象出类似的具体函数事例，使外部的直观操作转变为大脑内部的一种"思想实验"。这种"思想实验"可以产生出各种各样的函数事例（包括描述的、表格的、关系的、图像的等），这些事例连同那些直观经验中事例一起相互印证、相互重叠，使那些在直观经验基础上形成的"共同性印象"逐渐蜕变为一种"共同性特征"。这种"共同性特征"就如爱因斯坦所说的那样，"那些似乎可用来作为思维元素的心理实体，是一些能够'随意地'使之再现并且结合起来的符号和多少有点清晰的印象"。[6]

"想象地看"在概念形成的过程中发挥着重要而独特的作用。首先，真正的函数概念应该是一个心理实体，是大脑内部的一种观念，而这种心理实体或观念由外部的直观感知转化而来，"想象地看"便是实现这种转化的中介和桥梁；其次，函数概念所包括的具体事例是无限的，但直观经验到事例总是有限的，只有在想象中才能感知到无限多的事例，因此，"想象地看"是认知由有限走向无限的通道；再次，在"重复地看"中函数的三个基本属性是静态的，但在"想象地看"中函数的这三个条件便会生动起来，因为要由它们来构想出具体的函数事例，因此，"想象地看"是一个创造性的认知过程。

4. 一般地看

【**学案设计**】

通过以上事例的观察、概括、想象，我们可以得出函数的概念为：

一般地，在一个变化过程中，有两个变量 x 与 y，如果对变量＿＿＿＿每给定一个值，变量＿＿＿＿都有唯一的值和它对应，那么我们称＿＿＿＿是＿＿＿＿的函数，其中 x 是自变量，y 是因变量。

例如，在 $y=2x+3$ 中，存在两个变量 x 和 y，给定 $x=3$，相应就确定了唯一的 y 值为 9。所以，y 是关于 x 的函数，x 是自变量。你能定义解释事例 1 至事例 3 中的函数吗？

认知分析：将所有经验中的函数事例与想象中的函数事例作为一个整体加以考查，舍弃那些在"共同性印象"中不可重叠的、可变的多余联系，而把那些可重叠的不变的"共同性特征"从具体事例的背景中分离出来，作为函数的本质特征，形成一个能够概括一切函数事例的"一般函数"。对函数的这种"一般地看"并不是一下子"涌现"出来的，而是在"个别地看"中就已经开始了，最初只是一种"希望在最后得到逻辑上相联系的概念的愿望"[6]，在经历了对有限的直观经验事例的概括、对无限的自由想象事例的概括以及将本质特征从具体事例的背景中分离出来等认知过程之后才得以形成的。

这一阶段所形成的函数概念是用定义来表征的。考虑到函数定义的复杂性（函数是初中遇到的第一个用"数学关系概念定义法"给出的概念[7]）与学生的知识水平（因为学生缺乏下定义的基本知识），在学案设计中并没有让学生独立地给出函数的定义，仍然给出了函数定义的框架，让学生通过补充来完成对函数概念的定义，并让学生用定义回过头去解释观察过的与想象产生的具体事例。这样的设计，并没有把认知的焦点放在函数概念的文字表述上，而是放在对函数本质特征的抽象与认识上。

5. 应用地看

学案设计与学生讲解片段见本文"问题提出"。

认知分析：学生在"一般地看"的过程中抽象出函数定义，并不意味着他们就获得了函数的概念，只有当运用函数的定义去解释或解决相关问题时，他们才能感受到所定义的函数的真实存在；只有当函数成为一种内在的观念或心理实体时，才表明他们获得了函数的概念。正如维果斯基所指出的："当一系列被抽象了的特征重新综合时，当用这种方法获得的抽象的综合成为主要的思想形式时（儿童借助这种抽象的综合理解和认识他周围的现实），才会出现概念。"[8]因此，学习者经历定义应用的认知过程是函数概念形成的必要环节。学案所设计的问题，并不是简单地对函数"正例"与"反例"进行辨别，而是要求学生把函数作为一个心理实体去解释函数现象或解决函数概念问题。

从学生的讲解中，可以明显地看出他们对函数概念所达到的理解水平。其中：①生 1*模仿性地"擦去左半圆或右半圆"，说明她对函数概念的理解还处在"个别地看"或"重复地看"的理解水平，对函数概念的本质特征还不能够清晰地区分出来。②生 4、生 5 与生 6 及其所在小组的学生，能够运用函数的本质特点进行正确的判断，特别是生 5 用直观形象的"一刀"进行解释，说明他们达到了"想象地看"的理解水平。③生 7 所在小组能够将两个问题放在一起修改，说明他们的思维已脱离具体情境的影响，把函数的定义作为一种思维的法则来指导自己的操作活动，已经能够达到"一般地看"的理解水平。④生 7、生 7*与生 10 等能够对"圆"进行不同方式的修改，能够"在符号语言与图形语言间进行灵活的转换"[9]，说明他们已经能够运用函数的定义构造出个性化的函数事例，函数已成为他们思维操作中的一种心理实体。特别是生1提出的"将所有的函数值都取为1"的做法，已超越了初中"变量函数"概念的范围，把视角伸向了高中"对应函数"概念的范围。

"个别地看""重复地看""想象地看""一般地看"与"应用地看"构成了函数概念形成的认知连续体，每一个阶段都是不可或缺的，也是不能逾越的；前一个阶段是后一个阶段的基础，而后一个阶段是对前一个阶段的超越。

参考文献

[1] 曾国光. 中学生函数概念认知发展研究[J]. 数学教育学报，2002，11（2）：99-102.

[2] 李强. 高中新教材中函数概念教学思考[J]. 数学通报，2007，46（5）：33-35.

[3] 王富英，王新民，谭竹. DJP 教学：促进学生主动学习的教学模式[J]. 中国数学教育，2009（7-8）：8-10.

[4] 李士锜. PME：数学教育心理学[M]. 上海：华东师范大学出版社，2001：118.

[5] 季苹. 教什么知识——对教学的知识论基础的认识[M]. 北京：教育科学出版社，2009：233.

[6] 徐利治，王前. 数学与思维[M]. 大连：大连理工大学出版社，2009：115.

[7] 李吉宝. 有关函数概念教学的若干问题[J]. 数学教育学报，2003，12（2）：95-98.

[8] 余震球. 维果斯基教育论著选[M]. 北京：人民教育出版社，2005：145，172，177.

[9] 朱文芳，林崇德. 初中生函数概念发展的研究[J]. 心理发展与教育，2001（4）：40-46.

数学公式学习的心理过程及学习设计[①]

一、问题的提出

在以教师如何"教"为出发点的传统教学中,教师的教学准备是将"学术形态"的知识转变为"使学生容易地接受"的"教育形态"[1]的知识的教学设计,而在从"以教为出发点"向"以学为出发点"转向的课堂教学改革的研究中,教学准备变为以"学生如何学"为出发点的"学习设计"。所谓"学习设计",是指教师为了有效地改进学生的学习,促进学生主动和谐地发展,在教学理论与学习理论的指导下,在认真深入钻研教材、分析学情,整合各种学习资源的基础上,以学生的"学"为出发点,对学习目标、学习内容、学习过程、学法指导和学习评价等内容进行系统的研究与规划,制定高效学习方案的过程。因此,学习设计也就是把教材中抽象的、形式化的学术形态的知识转化为一种更易于学生学习、能够促进学生身心发展的"学习形态"[2]的知识。而要有效地进行"学习设计",除了认真钻研教材、分析学情外,还要遵循学生学习的认知规律,才能有利于学生的学习。

数学公式是指用数学符号或文字表示各个概念之间数量关系的等式。它具有普遍性,适合于同类关系的所有问题。在中学数学学习中,数学公式是整个中学数学的重要组成部分。数学公式学习是提高学生"数学抽象""数学运算"和"逻辑推理"等核心素养的重要途径和载体。我们发现,在现实的数学公式的教学中,教师一般采用的都是讲完公式就举例,然后就让学生进行大量的解题训练。学生学习公式一般采用的是记住教师讲授的公式,然后就运用公式进行大量的解题练习,结果经常出现对公式的理解和掌握不牢、理解不深刻的现象,计算中经常出现错误,而且有些错误经教师多次纠正后还重复出现。我们认为,出现这种现象的原因是教师没有遵循学生数学公式学习的认知规律,即没有按照学生数学公式学习的心理过程进行设计与教学。因此,为了提高学生数学公式学习的质量和效率,有必要对数学公式学习的心理过程与学习设计进行研究。

[①] 此文系王富英、黄祥勇、张玉华合作,原载于《中小学教材教学》2018年第11期。

二、数学公式学习的心理过程及学习设计

数学公式的学习一般要经历以下五个基本过程：公式发现、公式确定、特征变形、公式运用与公式图式。

（一）公式发现

公式发现是指学生根据教师提供的材料，通过观察、分析、比较、归纳、类比、猜想、概括等方法获得公式的过程。公式发现的心理过程是感知、想象、抽象、概括。

公式发现的学习设计包括三个方面的内容：一是以"学习准备"的形式，复习相关知识，提出要研究的公式，并说明所学习公式的必要性以及生长点；二是要在"学习准备"中激发学生探究公式的好奇心与求知欲，增加探究发现公式的动力；三是引导学生根据提供的背景材料观察、思考、归纳、类比、猜想发现公式或者先提供示范性探究的方法，引导学生进行类比探究发现公式。

【案例1】诱导公式发现的学习设计

1."学习准备"的学习设计

（1）已知点 $A(x, y)$，则点 A 关于 x 轴的对称点为（　　），关于 y 轴的对称点为（　　），关于原点的对称点为（　　），关于直线 $y=x$ 的对称点为（　　）。

（2）三角函数的定义是什么？

（3）我们学过了终边相同的角的同一三角函数值相等的公式（一）。请写出该公式：$\sin(2k\pi + \alpha) = ($　　$)$；$\cos($　　$) = \cos\alpha$ $(k \in \mathbf{Z})$。

这组公式的作用是什么？

（4）我们知道 $\sin 30° = \dfrac{1}{2}$，你能否根据 $\sin 30°$ 的值求出 $\sin 150°$，$\sin 210°$ 和 $\sin(-30°)$ 的值？

思路启迪：观察 $150°$、$210°$、$-30°$ 与 $30°$ 角有何关系？由此你期盼得到什么？

设计分析："学习准备"是为学习者学习新知所做的知识、方法和情感上的准备。[3]知识准备主要是扫清学习知识上的障碍，具有先行组织者的作用。如，学习准备（1）、（2）就是为探究诱导公式（二）~公式（四）做知识上的准备。学习准备（3）是方法上的准备，因为公式（一）的作用是把任意角的三角函数求值转化为 $(0, 2\pi)$ 内的三角函数求值问题，而公式（二）~公

式（四）的作用则是把求（0，2π）内的三角函数值进一步转化为求 $\left(0, \dfrac{\pi}{2}\right)$ 内的三角函数值，所运用的思想方法是一致的。情感准备主要是激发学习者的求奇欲、求知欲和求识欲。设计时要在认真分析研究学习内容的基础上，寻求新知的生长点，并在知识的生长点处提出要探究的问题。这样既可激发学生学习新知的欲望，又让他们认识到学习新知的必要性，从而提高了学习的兴趣和积极性。学习准备（4）的设计，使学生感受到学习新公式的必要性，从而产生了探究公式的欲望，为学习新知做好情感上的准备。

2. "公式的探究发现"的学习设计

学习准备使我们想到更一般的问题：若已知角 α 的三角函数值，能否求出：$\sin(\pi+\alpha)$，$\sin(\pi-\alpha)$，$\cos(\pi+\alpha)$，$\cos(\pi-\alpha)$，$\tan(\pi+\alpha)$，$\sin(-\alpha)$，$\cos(-\alpha)$，$\tan(-\alpha)$ 的值呢？为此，首先要弄清楚角 $\pi+\alpha$，$\pi-\alpha$，$-\alpha$ 的终边与角 α 的终边的关系。

观察图 4-5 中对称关系，填空：

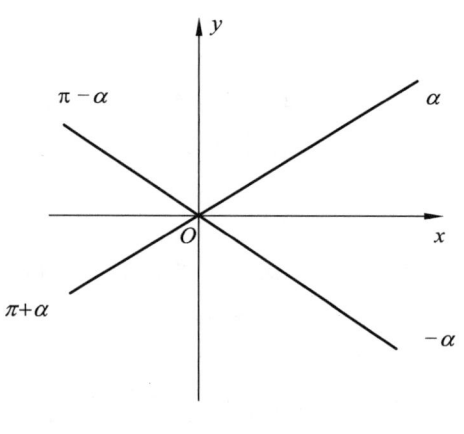

图 4-5

（1）$\pi+\alpha$ 的终边与角 α 的终边关于_____对称；
（2）$\pi-\alpha$ 的终边与角 α 的终边关于_____对称；
（3）$-\alpha$ 的终边与角 α 的终边关于_____对称；

下面我们先来探究 $\pi+\alpha$ 与角 α 的三角函数的关系。

如图 4-6，设任意角 α 的终边与单位圆的交点坐标为 $P_1(x, y)$，由于 $\pi+\alpha$ 的终边与角 α 的终边关于原点对称，角 $\pi+\alpha$ 的终边与单位圆的交点 P_2 与点 P_1 关于原点 O 对称，因此，点 P_2 的坐标为 $(-x, -y)$，由三角函数的定义写

出 π+α 和 α 的正弦、余弦和正切,并比较它们的关系,你可发现什么结论?
(由此你可发现教材中的公式(二))

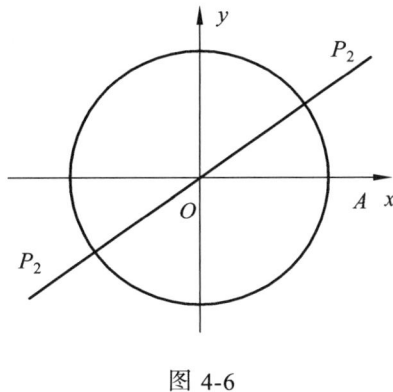

图 4-6

请观察思考公式(二)的推导思路和方法,并类比推导得出与 α 的三角函数关系式的公式(三)以及角 -α 与 α 的三角函数关系式的公式(四)。

设计分析:这里先引导学生探究发现 π+α 与角 α 的三个三角函数关系式,再引导学生观察、思考其思想方法,并根据其思想方法探究公式(三)和公式(四)。

(二)公式确定

公式确定是指确认所发现公式的正确性和公式的符号表征。确定公式正确性的方法有两种:类属性证明和推理性证明。"类属性证明"就是利用一些典型性的例子来解释、说明一般性的结论。[4]实质上它不是真正意义上的证明,只是一种验证或解释,但在对公式的理解和认可方面,常常比证明本身的效果要好,因为与证明相比,它显得更真实、更有意义一些。因此,为了降低学生学习的难度,教材中许多公式正确性的确定都采用"类属性证明"而非严格的逻辑推理证明。"类属性证明"的真正意义在于"讲道理"而不在于"讲推理"。演绎证明遵循的是亚里士多德提出的经典三段论。经典三段论是一个包括大前提、小前提和结论三部分的论证形式。三段论搭建了数学逻辑证明的形式框架,这个框架可以保证推导出来的结论与前提一样可靠。演绎证明的目的主要是使学生逐渐掌握逻辑推理方法,形成理性精神。

公式确定还包括公式的符号表征。当公式的正确性得到确认后,就需要运用简洁的符号来加以表征,这时才真正获得了公式。

（三）特征变形

当获得公式后，为了便于记忆和灵活运用公式，就必须把握公式的结构、特征及变化形式，这是公式学习的关键。在公式学习的学习设计中，"特征变形"栏目的重点在于引导学生思考、挖掘公式的结构和特征以及隐含的结论、公式成立的条件、运用的范围和变化形式等。可采用"想一想""思考"等方式进行设计。

【案例 2】诱导公式确定与特征变形的学习设计

请观察公式（三）和公式（四）

$$\sin(\pi-\alpha)=\sin\alpha$$
$$\cos(\pi-\alpha)=-\cos\alpha$$
$$\tan(\pi-\alpha)=-\tan\alpha$$

$$\sin(-\alpha)=-\sin\alpha$$
$$\cos(-\alpha)=\cos\alpha$$
$$\tan(-\alpha)=-\tan\alpha$$

思考：

（1）请观察公式（二）、公式（三）和公式（四），它们有何共同特征？

思路启迪：从公式等号两边的函数、角和符号三个方面进行观察。

（2）根据你观察到的公式（二）～公式（四）的特征，再结合公式（一）的特征，你能否用简洁的语言概括公式（一）～公式（四）的共同特征。

设计分析：在得出公式后设计者不是急急忙忙就去进行公式应用的解题训练，而是采用"问题串"的形式引导学生在公式前进行"逗留"，对公式的结构特征做进一步的审视和思考，并用简洁的语言进行概括，以达到对公式的关系性理解。[5]

（四）公式运用

学习公式的目的在于运用公式解决问题。"公式的运用"的主要目的是熟悉公式、巩固深化公式并形成运用公式的技能，并在公式运用的过程中提高对公式的价值性理解。[6]学习设计时要注意基础性、渐进性和多样性。基础性是指要注重对公式基本意义的理解和基本技能的训练。设计所选的例习题要有利于学生熟悉公式，把握公式的特征，理解公式的价值和作用，有助于帮助学生形成运用公式的技能。渐进性是指所选例习题的难度要循序渐进，要有梯度、有发展。多样性是指例习题的形式要多样化，既要有公式的直接运用，还要有公式的逆向运用和变式运用，既要有封闭题还要有开放题。

【案例 3】诱导公式运用的学习设计

典型例题：

【例1】利用公式求下列三角函数值：

（1）cos（-2040°）；（2）cos225°；（3）$\sin\left(-\dfrac{11\pi}{3}\right)$。

解（1）cos（-2040°）=cos2040°　　　　　（根据是什么？）
　　　　　　　　　=cos（6×360°-120°）（这样做的目的是什么？）
　　　　　　　　　=cos120°　　　　　　　（根据是什么？）
　　　　　　　　　=cos（180°-60°）　　　（目的是什么？）
　　　　　　　　　=-cos60°　　　　　　　（根据是什么？）
　　　　　　　　　=$-\dfrac{1}{2}$

解题回顾：

（1）由例1（1）的解答，你对公式（一）～公式（四）的作用有什么进一步的认识？

（2）你能由此总结出把任意角的三角函数转化为锐角三角函数的解题步骤吗？

学习要求：利用（1）总结出的解题步骤，完成例1（2）、（3）的解答过程。

变式练习：利用公式求下列三角函数值：

（1）cos(-420°)；（2）$\sin\dfrac{4\pi}{3}$；（3）sin(-1300°)；（4）$\tan\left(-\dfrac{16\pi}{3}\right)$。

【例2】化简 $\dfrac{\cos(180°+\alpha)\cdot\sin(\alpha+360°)}{\sin(-\alpha-180°)\cdot\cos(-180°-\alpha)}$。

解题回顾：本题化简主要的依据是什么？化简过程中要注意些什么？

变式练习：化简下列式子：

（1）$\sin(\alpha+180°)\cos(-\alpha)\sin(-\alpha+180°)$；

（2）$\dfrac{\tan(2\pi-\alpha)\sin(-2\pi-\alpha)\cos(6\pi-\alpha)}{\cos(\alpha-\pi)\sin(5\pi-\beta)}$。

解题回顾：由例1、例2和以上练习你发现公式（一）～公式（四）有何作用？解题的关键是什么？其中有何数学思想方法？

设计分析：例1的设计不是给出例题的全部答案，而是只给出例1（1）完整的解答过程，目的是发挥启发和示范作用。同时在给出例1（1）解答的过程中，也不是让学生完全被动地接受，而是在每步解答的括号内提出了思考问题，让学生在阅读的过程中明白每一步的依据，从而进行有意义的主动接受学习。在阅读完例1（1）的解答后，学习设计中又引导学生进行解题回顾，让学生进行进一步的思考探究，归纳概括出解题的一般步骤，并要求学生独立完成例 1（2）、（3）的解答过程。这时进行的学习是探究性学习。

（五）公式图式

公式图式是指建立完善的公式结构体系，形成完整的公式心理图式。公式的心理图式是在学习者经历了公式发现、公式确定、特征变形和公式运用后，通过反思建立起该公式与其他原理、公式的联系后所形成的一种个体头脑中的认知结构。公式的心理图式不是单一的公式表象，而是包括公式的特例、抽象过程、定义及符号表征、推导和发现公式的方法、公式的结构特征、变化形式和运用公式解题的经验等多种成分的结构图式。在学习设计中，可以通过公式正误的判别、公式结构特征的明确、变式练习、反思总结，建立起与其他公式的联系帮助学生形成丰富完整的公式心理图式。值得注意的是，公式心理图式的建立，只有在有意识、有目的的反思过程中才能逐渐完成。因此，为了帮助引导学生尽快完成公式心理图式的建构，在学习设计时常用"思考"和"学习反思"来引导学生进行反思总结。

【案例 4】 诱导公式图式的学习设计

学习反思：

通过本节课的学习，请思考以下问题：

（1）诱导公式（三）~公式（四）是怎样得出的？公式（一）~公式（四）有何共同特征，怎样利用其特征进行记忆？

（2）在求任意角的三角函数值的解题步骤是什么？解题中要注意些什么问题？

（3）利用公式解题过程体现了哪些数学思想方法？

（4）你在本课的学习中有哪些体验与感悟？

设计分析：在学生经历了公式发现、公式确定、公式运用后，在"学习反思"栏目以问题形式引导学生对整个公式的学习过程进行反思总结，帮助学生建立公式图式。

由以上讨论可知，公式学习设计具有以下几个环节：

- 复习相关知识，引出探究问题 ⎫
- 观察分析概括，猜想写出公式 ⎭ → 公式发现
- 验证推理证明，获得公式结论 → 公式确定
- 分析公式特征，把握公式结构 → 特征变形
- 顺用逆用变用，形成运算技能 → 公式运用
- 回顾反思总结，纳入认知结构 → 公式图式

参考文献

[1] 张典宙. 教育数学是具有教育形态的数学[J]. 数学教育学报，2005，14（3）：1-4.
[2] 王新民，王富英. 高效数学教学构成要素的分析[J]. 数学教育学报，2012，21（3）：20-25.
[3] 王富英. 学案中"学习准备"的设计[J]. 中学数学教学参考（中旬），2010（6）：68-69.
[4] 李士锜. PME：数学教育心理[M]. 上海：华东师范大学出版社，2001：138.
[5] 马复. 试论数学理解的两种类型——从 R.斯根普的工作谈起[J]. 数学教育学报，2001，10（3）：50-53.
[6] 王富英，王新民. 让知识在对话交流中生成——DJP 教学中知识生成的过程与理解分析[J].中国数学教育，2013（11）：3-6.

数学定理学习的心理过程分析[①]

一、引言

数学定理是构建数学大厦的支柱和骨架，是中学数学课程的主体。在数学教学中，注重数学定理的学习过程，有利于培养学生数学学科核心素养、提升学生数学思维品质、促进学生的全面发展。要有效提高数学定理教学的质量和效率，教师在数学定理的教学设计中，则必须知晓和遵循数学定理学习的心理过程。因此，研究数学定理学习的心理过程，也就成为数学教育工作者关注和研究的问题。

在数学中，定理是由数学公理推导出来的命题。南京师范大学喻平教授将数学命题的学习心理过程分为命题获得、命题证明、命题应用三个阶段。[1]定理是一种特殊的命题，数学定理的学习也须遵循定理获得、定理证明与定理应用三个阶段。从学生个体的认知过程来说，学生从获得定理到能够熟练应用定理之间的心理过程仍需进一步研究细化。杜宾斯基的 APOS 理论认为数学知识是个体在解决数学问题的过程中，依次构建了心理活动、程序、对象、最终组织成用以理解情境的图式结构。[2] APOS 理论说明学生在学习数学定理时，也经历了活动、程序、对象、形成图式四个心理阶段。

二、数学定理学习的心理过程

根据命题学习和杜宾斯基的 APOS 理论以及数学定理学习的特点，我们将数学定理学习心理过程细化为五个阶段：定理发现、定理确定、定理挖掘、定理应用和定理图式。

（一）定理发现

这是指学生通过数学活动发现数学定理。由于学生的认知水平有限，必须通过教师的启发引导才能完成定理发现的过程。所以，数学定理发现是学生在教师的启发引导下，面对教师提供的一些研究、探讨的素材与问题，通

[①] 此文系王富英、吴立宝合作，原载于《内江师范学院学报》2019 年第 2 期。

过观察、实验、分析、比较、抽象、概括、归纳、类比等步骤和方法获得数学定理的过程。数学定理发现主要有类属发现、形成发现和类比发现三种。

1. 定理的类属发现

数学定理的类属发现是学生原有的认知结构对定理发现的过程产生影响，新的定理又对学生原有认知结构进行改组、重建、扩充的心理过程。也就是说，定理的发现需要原有定理系的支撑。比如，学习平行四边形的性质时，学生需要提前具备直线平行的定义、直线平行的性质和判定等基本定理。同时，新定理的学习还会影响到学生对原有定理的认知，比如学生在平行四边形的基础上学习矩形、菱形、正方形，学生通过对矩形、菱形、正方形以及它们之间关系的学习对平行四边形有了新的认识，丰富了平行四边形的内容。奥苏贝尔有意义学习的类属过程有两种形式：派生类属和相关类属，[3]定理的类属发现也呈现两种形式：派生类属发现和相关类属发现。

定理的派生类属发现是指新学习的定理直接从原有认知结构中具有较高包容性和概括性的定理推衍出来，也就是说新定理是由已有定理直接派生出来的。例如"矩形的对角线互相平分"这一定理是包摄面较广的定理"平行四边形的对角线互相平分"的一个类属。派生类属发现这一过程是利用居于上位的一般化知识经特殊化后而获得的下位知识，即由一般到特殊。由此可知，定理的类属发现学习实际上是一种演绎推理的思维过程。

定理的相关类属发现是指通过对先前习得的观念或者命题进行精加工扩展或修改而获得新定理的过程。这时，新的信息（新定理）为现有的观念添加了一个新的特点或特征而不只是添加了一个新例子。[4]比如学习矩形的判定定理"有一个角是直角的平行四边形是矩形"，由于矩形类属于平行四边形，通过对平行四边形判定定理"对角相等的四边形是平行四边形"进行修改，增添一个新的特征"有一个角是直角"，从而获得矩形的判定定理。

2. 定理的形成发现

数学定理的形成发现，是指学习者通过考察命题的特例，然后通过观察、试验、分析、比较、归纳、猜想、验证、概括等方法获得定理的过程。从数学推理的视角来看，它属于归纳推理；从认知心理学的视角来看，定理的形成发现是辨认、分化、抽象、归纳、猜想、验证、概括等为主的一系列认知加工过程。[5]在具体的形成发现过程中，学生在活动中通过对特殊事物的辨认，分化出"模型"形成表象，并结合过去的经验和已有记忆表象进行抽象、归纳、猜想、验证、概括等加工改造，形成新表象的心理过程。例如，在学习线面垂直的判定定理时，学生通过观察、辨认跳高杆支架与地面垂直、教室墙角线与天花板垂直等，将跳高杆支架的竖杆分化抽象成直线，地面分化抽象成平面，底座的交叉木条分化抽象成平面内相交直线；教室墙角线分化抽象成直线，教室的地面或者顶面分化抽象成平面，地面或者顶面内长方形的长和宽分化成抽象成平面内相交直线，从而形成直线与平面内相交二直线垂直的"模型"，在脑海中形成直线与平面内相交二直线垂直则与该平面垂直的表象，再通过对这些记忆表象进行归纳、猜想、验证、概括等加工改造从而获得直线与平面垂直判定定理的新表象。

定理的形成发现可分为观察实验发现和归纳概括发现。观察实验发现是指通过观察、实验、分析找到观察对象的特有属性，并通过归纳、猜想、概括从而获得定理的过程，比如，学习平行四边形的性质，学生在认识了平行四边形之后，通过观察、度量和猜想，发现平行四边形具有对边相等、对角相等的性质定理。

归纳概括发现可分为完全归纳发现和不完全归纳发现两类。完全归纳发现是指将研究对象的所有情况都一一考察后，通过归纳概括得出一般性结论的心理过程。完全归纳发现定理由于穷尽了考察对象的所有情况，因此得出的结论都是确定无疑的，是一个必真推理，故容易被学习者接受。从数学推理的视角看，完全归纳发现是个别到一般的归纳推理，即从几个单称判断或特称判断（前提）得出一个新的全称判断（结论）的推理。[6]由于完全归纳发现需要考察一类事物的全体，因此，运用完全归纳发现时要用到穷举法和类分法，并且被研究对象的数量或种类不能太多，还要确知全部对象或各种类别对象，为此，研究所有对象或种类的共同属性必须是这类对象所固有的属性。比如，正弦定理的学习，需要验证正弦定理在直角三角形、锐角三角形、钝角三角形三类三角形中是否均成立，从而归纳得出在任意三角形中正弦定理的正确性。

不完全归纳发现，是指在研究事物的规律时，往往不能把要研究的对象按它的所有情形逐一考察，于是只能通过对其中若干情况的考察，归纳猜想得出一般结论的方法。从数学推理的视角看，不完全归纳发现是不完全归纳推理，是根据考察的一类事物的部分对象具有某一属性，而做出该类事物都有这一属性的一般结论的归纳推理。[7]由于不完全归纳发现是从部分推广到全体，结论判断的范围超出了前提判断的范围，因此，结论不一定可靠，故这种推理是一种拟真推理。

不完全归纳发现作为一种方法，其哲学根据是客观事物所具有的个性与共性的关系。从共性和个性的关系看，共性存在于个性之中，通过个性可以认识共性。因此，把个性中属于全体的属性抽出来加以概括得出一般结论，就属于有效发现，所以，不完全归纳发现是有价值的、是拟真的；从普遍性和特殊性的关系看，普遍性寓于特殊性之中，作为归纳基础的特殊性完全能反映出共性的普遍性，所以，不完全归纳发现是可行的。所以，在数学学习和研究中，不完全归纳发现也就成为数学发现和创新的主要工具和方法。正如数学家拉普拉斯所说的："在数学里，发现真理的主要工具是归纳与类比。"[8]数学中的许多定理、公式、猜想是用不完全归纳发现的，如哥德巴赫猜想、欧拉公式等。

3. 定理的类比发现

数学定理的类比发现是指在新学习的定理与原认知结构中的有关定理具有相似和相同之处，通过比较分析找出相同或相似之处后猜测其他方面也有相同或相似之处而获得定理的过程。

类比发现是从个体到个体或者一般到一般的推理，而归纳发现是从特殊到一般的过程。与归纳发现相比，类比发现需要更丰富的知识和想象力，包含更多的直觉成分。类比发现的关键是找到合适的类比对象，并确定它们之间的相同或相似的属性。而且两个类比事物之间相似属性越多，运用类比发现的结论就越可靠。类比发现的基础是事物之间的相似性或某种一致性。只要两个对象有某个方面的相似性，就可以类比，包括形式上的类比、结构上的类比，内容上的类比、地位上的类比等。[9]因此，类比发现是数学发现的重要工具和方法。数学中许多定理都是用类比发现得到的。比如，立体几何的许多定理可类比平面几何中的定理得出；还有在数与式之间、一维与多维之间、低次与高次之间、相等与不等之间、有限和无限之间通过类比获得了许多类似的定理和运算法则。

从数学推理的视角来看，类比发现属于类比推理；从认知心理学的视角来看，类比发现是寻找、辨认、分化、比较、猜想、验证、概括为主的一系列认知加工过程。例如，在探究发现三直四面体的面积平方和定理"设三棱锥的三个侧面 ABC、ACD、ADR 两两相互垂直，则 $S^2_{\triangle ABC} + S^2_{\triangle ACD} + S^2_{\triangle ABD} = S^2_{\triangle BCD}$"时，首先寻找、辨认能与它进行类比的对象——直角三角形的边长平方和的勾股定理"若 $\triangle ABC$ 的两边 AB，AC 互相垂直，则 $AB^2 + AC^2 = BC^2$"；然后分化出它们之间的相似属性，即直角三角形的两直角边互相垂直的关系与三直四面体的三个侧面两两互相垂直关系相似；再通过比较它们之间的相似属性，猜想它们的结论也应该相似，即三直四面体的三个侧面面积的平方和应该等于底面积的平方：$S^2_{\triangle ABC} + S^2_{\triangle ACD} + S^2_{\triangle ABD} = S^2_{\triangle BCD}$；最后通过一个具体三直四面体进行验证结论成立，从而在经过这一系列的寻找、辨认、分化、比较、猜想、验证、概括为主的认知加工过程后获得了三直四面体面积平方和定理。

由此可知，定理的类比发现一般要经历以下几个环节：① 根据某种相似性寻找合适的类比对象。这离不开联想，一般由被研究对象的某个特征联想起具有类似特征的另一个对象。② 辨认分化出两个类比对象的相似属性。③ 比较相似属性，推测、猜想相似结论。④ 验证结论是否正确，再用语言、符号进行抽象概括获得定理。

定理发现是定理学习的第一步。经过大量的活动实践，定理才能内化为学生内部的知识结构。要对数学定理进行深入的理解和使定理表象进入长时记忆还须经过定理确定、定理挖掘、定理应用和定理图式几个阶段。

（二）定理确定

学生通过数学发现活动获得的"定理"是否一定成立，还需要经过证明后才能确定，定理证明的过程也就是定理确定的过程。定理证明的方法有两种：一是合理的"类属性证明"；二是严格的演绎证明。类属性证明中的"类属"，是指处于一般性水平下的某一"类"或某一"属"的对象，也即下位概念。类属性证明就是利用了一些典型性的例子来解释、说明一般性的结论，[10] 它不是真正意义上的数学证明，而是一种验证或解释，本质上是一种归纳验证的思想方法。张奠宙先生指出：数学教学要讲推理，更要讲道理。[11] 类属性证明的真正意义在于"讲道理"，而不在于"讲推理"，一般运用于公理以及暂不要求演绎证明的定理的确认。

演绎证明是根据一些已经确定了真实性的命题来判断和推证当前命题真实性的思维过程。其主要形式就是经典三段论。运用演绎证明进行数学定理确认的心理过程是将发现的"定理"与原有认知结构中的定理进行一系列的联结过程。联结的方式有两种：一种是从定理的条件出发激活长时记忆中的相关知识去一步步地推理、判断，直至与结论发生联结，即证明中常用的综合法；另一种是从结论出发寻找认知结构中与结论相关的已有的知识，逐步追根溯源直至与条件发生联结，即证明中常用的分析法。当这两种方式不易进行时，就采用间接的联结方式，即从与它等效的逆否命题入手进行，即否定命题的结论作为已知再与已有的定理进行一系列的联结进行推理判断，得出与原有已知某个定理（公理）矛盾或者临时的假设矛盾或者自相矛盾，这些矛盾若不是推理有误，就不得不归结为否定结论是错误的，从而说明结论成立，这就是证明中常用的反证法。

从数学理解的视角来看，数学定理确定的过程，也是学生对数学定理理解的过程。数学定理证明的过程是寻求依据说明定理为什么成立。因此，这时学生对数学定理的理解就超越了数学定理发现时的"是什么"和"知其然"的工具性理解，而是完成了"为什么"和"知其所以然"的关系性理解。[12]

（三）定理挖掘

在定理证明后，学习者完成了"知其然"和"知其所以然"的过程，从而完成了派里（S. Pirie）和基兰（T. Kieren）提出的数学理解模型八个理解水平的"初步了解""产生表象"和"形成表象"几个层次的理解水平，但还未进入"关注性质"的理解水平。而且由于新学习的定理在学习者头脑里存留的时间较短，学生对其认识的熟悉度和深入度均还不够，还不能完成对新定理的完整理解和把握。而要真正完成对新学习定理完整的理解和把握过程，就必须要进入"关注性质"的理解水平。该水平的理解表现为能够利用并组织定理的若干表象的几个方面，挖掘和构造出特殊的相关性质。[13]而对定理进行"关注性质"的理解，则需要对新定理的结构、特征和隐含的性质进行深入的挖掘和研究，这是一个由表及里、由此及彼的认知过程。因此，定理证明后，不能急急忙忙地利用定理进行解题训练，而应停留下来对新学习的定理做进一步的认真审视和剖析，即定理挖掘。从现象学的视角来看，定理的挖掘，就是在新定理处进行"逗留"。因为定理的内涵具有丰富性，但这些丰富性是抽象的、隐性的，它们并不会自动地显现出来，只有专心地"逗留"在其面前，以安宁的心态对待它，定理内在的丰富性才可能显现出来，由此也才能丰富对定理的理解和深入认识。因此，"逗留"，不是停下来休息，而是对定理做进一步的挖掘与分析，对定理的形成过程进行回味、对定理表述语句的特点进行审读、揭示定理丰富的内容、把握与相关定理的区别和联系，通过正反例析和各种不同角度的审视以达到全面理解和把握定理。

定理的挖掘主要有三个方面：一是剖析定理的结构与特点；二是发掘定理隐藏的结论与等价形式；三是揭示其中蕴含的数学思想方法和规律。定理挖掘是对定理本质特征的进一步认识，是反思性学习和探究性学习，是通过编码的方式将短时记忆转变为长时记忆，并内化成学生内部定理结构的心理过程，更是以审视、辨认、追问、反思（回顾）等为主的一系列认知加工过程。

1. 剖析定理的结构与特点

任何定理都是由条件和结论构成的，而且它们往往都具有自己独特的结构和特征。剖析定理就是明确定理的结构和特点，这有助于对新学习的定理的理解和把握。在剖析定理结构与特点的过程中,学生根据数学定理的内部表征和组织形式提取定理中的信息,建立自己的联想,从而更好地对定理的表述进行压缩和简化。学生将数学定理加工的途径主要是与其他定理建立联系、抽象内容具体化、将学习的内容按照目录层级排好顺序以及整体认识定理等。因此,剖析定理主要有以下内容:定理由哪些条件和结构构成的,定理的条件对结构起到了什么作用,少一个行不行,定理文字语言表述中哪些是关键词,其含义是什么,定理的表述有何特征,定理的应用范围是什么,与相似定理有哪些区别等。比如,学习直线与平面垂直的判定定理,学生首先要从已有认知中提取直线与直线垂直的定理,将脑海中直线与直线的关系、直线与平面的关系进行梳理,通过联想、辨析、编码将该定理转化为学生脑海中的程序。注意判定直线与平面垂直定理中的使用条件,其中必须分别垂直于"相交直线"这一条件不可缺失。同时学生要将定理与已知定理进行区分,比如区分直线与平面垂直的性质定理。

2. 发掘定理隐藏的结论和等价形式

除了定理本身明确表达出的结论外,许多定理往往还隐藏一些重要结论。这些结论大多是定理本身的变形、定理推论、定理的逆否命题、等价形式等。这些隐藏的结论和等价形式均不在定理显性表述之中,需要进行挖掘和提炼。而且这些结论和等价形式在运用定理解决问题时往往会产生巨大的作用。例如,正弦定理的等价形式" $a:b:c=\sin A:\sin B:\sin C$ "即隐藏的重要结论" $a=2R\sin A, b=2R\sin B, c=R\sin C$ "及其变形,在利用正弦定理解题时比定理本身更有效。

当定理被学生熟悉后,学生在脑海中形成的是陈述性表征的定理程序,不需要外部刺激和具体操作,学生便可以在头脑中实现这个程序,还可以将程序进行逆转以及与其他程序结合形成新的结论。比如,直线与平面垂直的判定定理的推论,如果一条直线垂直于一个平面,那么与这条直线平行的直线也垂直于这个平面,就是将线面垂直判定定理与平行直线以及直线与直线垂直的定义结合形成的新结论,从而进一步丰富了定理内容,加深了学习者对定理的理解和认识。

3. 揭示数学思想方法和规律

一个数学定理的产生,本身就包含着一定的数学思想和方法。教师通过引导与强调,帮助学生揭示和领悟其中的数学思想方法,学生将其编码并长期储存在记忆中，以便下次学习时调用。教学中，教师可用提问的方式引导学生去挖掘，如，定理证明中含有何种数学思想方法，定理证明的方法是否具有一般性，是否可用于解决其他问题或其他类似的问题，证明这类问题的一般规律是什么等。比如判定直线与平面垂直的定理体现了直线与直线垂直的转化思想，因此研究平面与平面的位置关系可以转而研究直线与平面的关系，从而深入了理解点、直线、平面的联系。

（四）定理应用

数学定理应用是指利用已获得的数学定理解决实际问题，或者利用已知定理推导其他定理的思维过程。当学生经过定理发现、定理确定及定理挖掘后，获得的是描述一个数学事实的陈述性知识。这时的定理在学习者头脑中还是以命题、表象、线性排序三种形式作为基本表征单位的静态成分，[14]理解的层次还处于"工具性理解"和"关系性理解"，学习者还没有认识到定理的价值和作用，即对定理的"价值性理解"。[15]而定理的价值性理解只有在定理应用中才能获得，况且学习知识是为了应用。因此，定理应用是定理学习的必然。

从学习心理学的视角来看，定理应用是将静态的陈述性知识转化为动态的程序性知识的过程。程序性知识是进行某项操作的活动程序，是以"产生式"的动态形式来表征定理的，它由陈述性知识经过内化而得。通过一定量的练习后可以习得程序知识甚至达到程序自动化的技能。[16]因此，定理应用可以使学习者形成运用定理解决问题的技能，进一步认识到定理的价值和作用，达到对定理的更深刻理解——价值性理解，进而将定理由外在的客观知识变为学习者内在的个人知识。在定理应用中，当定理变为程序性知识在复杂的情境中进行操作时，定理就变成学生的心理对象，也就是说学生此时能够将定理作为一个整体运用到题目中，并能通过定理运用这个过程丰富、完善个体的认知结构。[17]在定理应用过程中（图4-7），个体需要进行模式识别、策略选择、激活扩散等一系列的信息加工，同时还要受到元认知的调控，定理应用的过程往往伴随着"顿悟"的过程。比如：

如图4-8所示，直四棱柱 $A'B'C'D'-ABCD$（侧棱与底面垂直的棱柱称为直棱柱）中，底面四边形 $ABCD$ 满足什么条件时，$A'C \perp B'D'$？

解 在直四棱柱 $ABCD-A'B'C'D'$ 中，$A'A \perp$ 底面 $ABCD$，

$\therefore A'A \perp BD$，若 $AC \perp BD$，则 $BD \perp$ 平面 $A'AC$，

又 $\because A'C \subset$ 平面 $A'AC$，

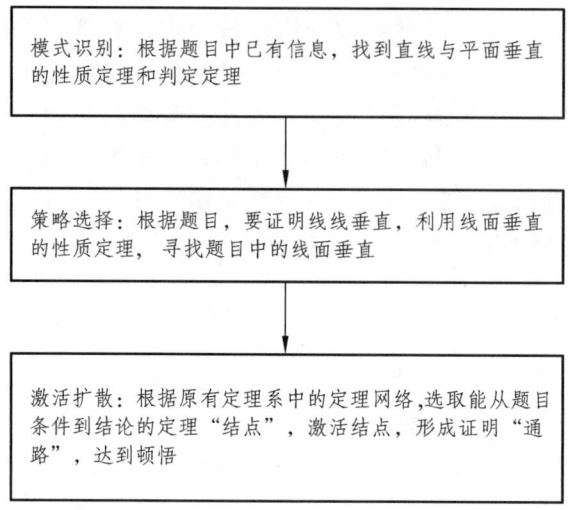

图 4-7 定理应用的信息加工过程

∴ $BD \perp A'C$。

又 ∵ $B'B // D'D$，且 $B'B = D'D$，

∴ 四边形 $B'BDD'$ 为平行四边形，

∴ $B'D' // BD$，∴ $A'C \perp B'D'$，

故底面 $ABCD$ 满足 $AC \perp BD$ 时 $A'C \perp B'D'$。

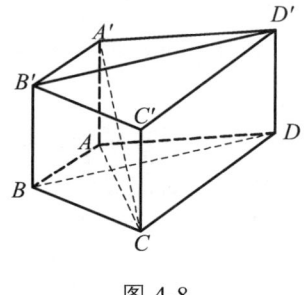

图 4-8

在定理应用设计中，要注意安排好各类习题，既要有巩固知识的基本训练题和综合训练题，还要有一些解决生活中实际问题的题目。另外，还应适当地补充一些逆用、变用定理的例题或习题，以培养学生活用、逆用定理的能力。

如果把定理学习的心理过程比喻成一首美妙的曲子，数学定理的应用则是整首曲子的高潮部分。通过定理运用，完整回顾定理内容、巩固定理记忆、纠正错误认知，进一步加深对定理发现过程的认识。

（五）定理图式

现代认知心理学的研究表明："人之所以能识别某种事物或事件，是由于通过学习和长期的经验积累，人脑中储存了该事物或事件的图式。"[17]所以，学生头脑中的知识需要加以组织整理，构建图式储存才能有效利用。长时记忆中的知识是以结构图式形式存在的，正如布鲁纳指出的："获得的知识如果没有完满的结构把它们联系在一起，那是一种多半会被遗忘的知识。"[18]因此，学习者在认识了定理后，为了便于记忆、检索、应用和理解，则需要构建定理图式。

"图式"是心理学中的一个重要概念，按皮亚杰（Piaget）的解释，图式是指相对稳定的认知结构组织。J. R. 安德森给出了不同的解释："图式是根据客体的一组属性组合表征的一类客体的结构，是对事物或事件的一般特征的概括。"所以，"图式不是命题的简单扩展，是对同类事物的命题的或知觉的共性的编码方式"[19]。由图式的含义可知，定理图式是在学习者经历了定理发现、定理确定、定理挖掘和定理运用后，将与定理有关的概念、事例、经验和结论按照它们之间的共性加以组织整理所形成的一种个体头脑中的认知结构，是定理有关的内容和组织的编码方式，是由定理的发现、定理的特例、定理的证明、定理的表征、定理的结构和运用定理解题的经验等多种成分构成的定理结构系统。数学学习心理学表明，在影响学生定理学习的诸多因素中，定理图式的丰富完善与否是决定定理学习成效的一个关键和直接因素。所以，数学定理教学与学习的实质就是教师引导学生能动地建立定理图式，加深对数学定理的理解和把握，提高数学素养和运用定理分析解决问题的能力，从而促进学生的发展。

值得注意的是，数学定理学习中定理图式的建立，只有在学生有意识、有目的的反思过程中才能逐渐完成。比如，学习了直线与平面垂直的性质和判定定理，在教师的引导下，学生要有意识地进行反思总结，将与该定理有关的一些隐藏结论、思想方法等组成一个"完满的结构"。线面垂直定理将直线与平面进行联系，可以通过线面垂直证明线线垂直，可以通过判断直线之间的位置关系从而判断直线与平面的位置关系，将立体几何中直线、平面的相互关系进行组织，逐渐形成直线与平面垂直的判定定理这一图式。

三、数学定理学习五阶段的联系

数学定理学习心理过程的五个阶段是相互联系、相互促进的。它不是认知能力的单向提高，而是循环上升的过程。如图 4-9 所示，在学生已有图式的基础上，随着新知识的引入和新技能的获得，经过定理发现、定理确定、定理挖掘和定理应用四个阶段后，学生个人知识和技能都有增长，学生的认知能力逐渐升高，学生的图式面积 S 逐渐变大。在每一阶段的上升过程中，将原有图式进一步完善扩充，当学生"定理挖掘"阶段遇到困难，则立即返回"定理确定"阶段（图 4-9 中 b 过程），将之前未构建完全的图式进一步完善。

比如，线面垂直的判定定理，学习过程中，首先通过跳高杆与地面垂直等表象发现定理;其次通过折纸实验证明定理,挖掘定理,寻找线面垂直的判定定理的推论,将定理的本质和运用条件阐明;再次应用定理,将线面垂直与线线垂直的关系理清;最后形成该定理的图式,将该定理纳入已有认知结构。这个过程不一定是单调上升的,还存在返回的过程(图4-9中b过程),比如在定理应用时,学生不能从题目中进行定理模式识别,就必须返回到定理确定和定理挖掘阶段,完善之前的认识。学生会根据后一阶段的学习,重新进行前一阶段的学习,在反复过程中,完成数学定理学习的心理过程。

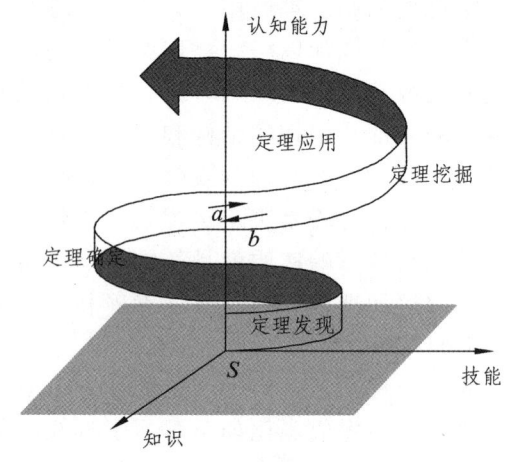

图 4-9

数学定理学习的五个过程,从心理学、教育学的角度描述了学生在学习定理时所经历的从"渐悟"到"顿悟"最后到"大彻大悟"的过程,将学生在学习定理过程中可能出现的问题进行了梳理和总结,便于学生根据自身特点判断自己处于定理学习过程中的哪个阶段,从而对症下药,有针对性地训练,达到更好的学习效果;便于教师在教学过程中根据学生学习数学定理时的心理特点、心理过程,制定切实有效的教学方案,有据可依因材施教,达到更好的教学效果。

参考文献

[1] [14] [16] 喻平. 数学教学心理学[M]. 北京:北京师范大学出版社,2010: 258,61,62.

[2] 鲍建生,周超. 数学学习的心理基础与过程[M]. 上海:上海教育出版社, 2009:96-98.

[3] [4] M. P. 德里斯科尔. 学习心理学——面向教学的取向[M]. 王小明,

等，译. 上海华东师范大学出版社，2008：100-101，81-85.
[5] 郑庆全，单墫. 数学命题的特征及其教学意义[J]. 数学通报，2009，48（3）：5-8.
[6][7][9] 钱佩玲. 中学数学思想方法[M]. 北京：北京师范大学出版社，2001：96，97，104.
[8] [美] G. 波利亚. 数学与猜想：数学中的归纳与类比[M]. 李心灿，王日爽，李志尧，译. 北京：科学出版社，2001：36.
[10][13] 李士锜. PME：数学教育心理学[M]. 上海：华东师范大学出版社，2001：138，82.
[11] 张奠宙. 数学教育经纬[M]. 南京：江苏教育出版社，2003：641.
[12] 马复. 试论数学理解的两种类型——从R. 斯根普的工作谈起[J]. 数学教育学报，2001，10（3）：50-53.
[15] 王富英，王新民. 让知识在对话交流中生成——DJP教学中知识生成的过程与理解分析[J]. 中国数学教育，2013（11）：3-6.
[17][19] 邵瑞珍. 教育心理学[M]. 上海：上海教育出版社，1997：131，70.
[18] [美]乔治·波利亚. 数学的发现：对解题的理解、研究和讲授[M]. 刘景麟，曹之江，邹清莲，译. 北京：科学出版社，2006：283.

数学定理发现学习的类型分析[①]

德国教育家第斯多惠说："一个好的教师应该教人去发现真理。"美籍匈牙利数学家波利亚在《数学的发现》中指出："学习任何东西的最好的途径是自己去发现。"[1]可以看出，发现学习是个人获得真知的主要途径。[2]在数学定理的学习过程中，发现学习是一种重要的数学学习方式，发现的过程是一个知觉的过程。布鲁纳认为，知觉的过程是一种类型化的过程。这种类型化是以一个人从观察到的线索到认出物体的种类做出推理上的飞跃为基础的。认知过程的基本操作是对外部事物的类型化和概括化。[3]

在数学定理发现学习的过程中，正确区分数学定理发现学习的类型不仅是研究数学定理发现学习的需要，而且也是研究数学定理发现学习本身的认知过程。因此，定理发现学习的类型分析对于提高定理发现学习的质量和效率十分重要。

一、数学定理发现学习的概念、类型及结构

（一）数学定理发现学习的概念

发现学习又叫探究学习、研究性学习，是指通过学习者自己独立思考去发现知识的学习过程。在这个过程中，学习者自己提出问题并寻求问题的答案。最早明确提出探究学习的是美国教育家杜威。杜威是从思维与经验的角度对探究的特征和思维过程进行了研究，提出了著名的经验与思维的 5 个步骤。这实际上就是探究学习最早的操作程序，到现在还被人们广泛沿用。虽然杜威最早提出探究学习，但明确提出并研究发现学习且被大规模应用到教育实践中的则是美国教育家布鲁纳。在 20 世纪 50 年代末 60 年代初的美国课程改革中，布鲁纳提出的结构主义课程和发现学习成为主要的理论支撑，发现学习也就成为布鲁纳认知发现学习理论的主要内容。布鲁纳认为，发现学习能够激发内在动机、促进发现策略的习得与发展、促进对知识更加牢固的掌握。[4]

[①] 此文系王富英、吴立宝、黄祥勇合作，原载于《数学通报》2018 年第 10 期，被人大复印资料《高中数学教与学》2019 年第 2 期全文转载。

由于数学定理是中学数学的主干知识，是进行数学推理和论证的重要依据。因此，在数学定理的学习过程中，根据发现学习的特点和功能，教师有目的地引导学生去探究、发现数学定理，不但能使学生深刻理解数学定理，更有效地提高学生探索发现的能力，而且也是有效形成学生"数学抽象""数学推理"与"直观想象"等数学学科核心素养的重要途径。

国内很多学者在数学学习中把发现学习作为一种重要的探究学习方式进行了很多研究，但对数学定理学习中的发现学习还没有一个确切的定义。我们根据发现学习的特征和数学定理学习的特征，对数学定理发现学习的概念给出以下界定：数学定理发现学习是指学生在教师的启发引导下，对教师提供的一些研究、探讨的素材与问题，通过阅读、思考、观察、实验、分析、比较、抽象、概括、归纳、类比等步骤和方法获得数学定理的学习过程。

这里的数学定理发现学习，是指学校里学生在教师的指导下的发现学习，而不是一般的发现学习。这里的发现并不限于发现人类已发现的数学定理，而是指学生在教师的指导下通过独立地阅读书籍或文献资料，经过独立思考而获得对于学习者来说是新知识的过程。正如布鲁纳指出的："我认为，发现不限于那种寻求人类尚未知晓之事物的行为。正确地说，发现包括用自己的头脑亲自获得知识的一切形式。"[5]

（二）数学定理发现学习的类型及结构

数学定理学习属于数学命题学习的范畴。奥苏贝尔根据命题之间的关系把命题学习分为上位学习、下位学习和并列学习三种类型。根据奥苏贝尔关于命题学习的分类，我们把数学定理发现学习分为类属发现学习、形成发现学习和类比发现学习三种类型，其中类属发现又可分为派生类属发现和相关类属发现；形成发现又可分为观察实验发现和归纳概括发现，而归纳概括发现又可分为完全归纳发现和不完全归纳发现两种类型。

数学教育除了让学生掌握系统的数学知识外，最主要的目的是提高学生的数学学科核心素养和数学文化修养，形成和发展学生的数学思维品质，最终实现学会学习的目标。由发现学习的特征和功能可知，数学定理发现学习重在发现过程，重在引导学生积极主动，使得学生明确数学定理的来龙去脉，知之从哪里来到哪里去。这个主动发现过程伴随着数学的抽象、推理和直观想象，这有利于"数学抽象""逻辑推理"和"直观想象"数学学科核心素养的形成和发展。因此，我们把数学的这三个核心素养作为定理发现学习的主要学习目标。

基于此，数学定理发现学习的理论基础是奥苏贝尔关于命题学习的分类理论，瞄准的目标是数学的三个学科核心素养。因此，命题学习分类、发现学习类型和三个学科核心素养一起构成了数学定理发现学习的结构系统，如图 4-10 所示。

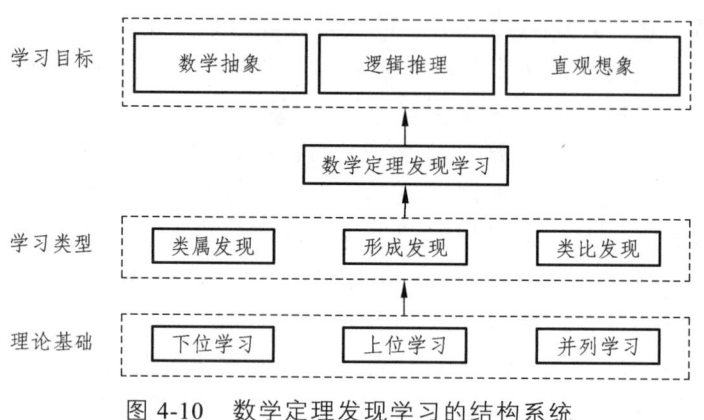

图 4-10 数学定理发现学习的结构系统

二、数学定理发现学习的类型分析

（一）定理的类属发现

定理的类属发现是指新学习的定理与学习者认知结构中原有的定理之间具有类属关系，根据这种类属关系而获得新定理的过程。定理的类属发现具有两种形式：派生类属发现和相关类属发现。定理的派生类属发现是指新学习的定理直接从原有认知结构中具有较高包容性和概括性的定理中推演出来，或者隐含在其中，也就是说新定理是由已有定理直接派生出来的。数学中定理的推论都属于派生类属发现。例如"矩形的对角线互相平分"这一定理是包摄面较广的定理"平行四边形的对角线互相平分"的一个类属。派生类属发现是利用居于上位的一般化知识特殊化后而获得的下位知识，即由一般到特殊。所以，定理的类属发现学习实际上是一种演绎推理的方法。因此，也可把定理的派生类属发现称为演绎发现。

定理的相关类属发现是指新学习的定理属于原有较高概括性定理，将原有定理进行扩展、精确化、限制或修饰而获得新定理的过程。例如，菱形的判定定理"对角线互相垂直平分的四边形是菱形"就是对原有较高概括性的平行四边形的判定定理"对角线互相平分的四边形是平行四边形"中对角线加了"互相垂直"的限制而获得，这时该定理的发现就属于相关类属发现。

（二）定理的形成发现

数学定理的形成发现是指学习者通过考察命题的特例，基于特例，然后运用观察、实验、分析、比较、归纳、概括等方法而获得数学定理的过程。定理形成发现的学习方式是发现学习，学习的心理过程是以辨认、分化、猜想、验证、抽象、归纳、概括等为主的一系列认知加工过程。数学定理的形成发现主要有观察试验发现和归纳概括发现两种。

1. 观察实验发现定理

观察是一种有计划、有目的的特殊形态的知觉，是按照客观事物本身存在的自然状态，在自然条件下去研究和确定事物的特征和联系。[6]从现象学的角度说，观察就是"回到事实本身"，是从不同的角度去认识事实，从而揭示事物的本质特征。实践表明，决定观察质量的前提条件是要明确观察的目的和任务，并在观察的过程中联系已有知识进行分析、判断与猜想。例如，在学习球的体积公式时，教师首先要让学生明确观察的目的和任务：探究获取球的体积公式，接着先让学生观察等底、等高的圆柱体、半球和圆锥。学生通过观察可发现"圆柱的体积>半球的体积>圆锥的体积"，而由已知圆柱体的体积公式和圆锥的体积公式，可以发现（猜想）半球的体积公式，从而得出球的体积公式。又如，在学习"平面与平面平行的判定定理"时，让学生观察长方体模型 AC'。平面 $ABCD$ 内两条相交对角线 AC,BD 分别与平面 $A'B'C'D'$ 内两条相交对角线 $A'C'$，$B'D'$平行，根据直线与平面平行的判定定理可知，相交直线 AC,BD 与平面 $A'B'C'D'$平行，此时，平面 $ABCD$ 与平面 $A'B'C'D'$平行。再设想更一般的情况：若一个平面内的相交二直线平行于另一个平面，而"相交直线确定一个平面"，从而联系前面的模型通过猜想可发现"定理：若平面内有两条相交直线平行于另一平面，则这两个平面平行"。

实验是针对所研究对象的需要，根据研究对象（现象）的自然状态和发展，人为地创设条件，人为地将它们分成若干部分，并同其他事物（现象）联系起来，以深入了解所研究对象（现象）的自然状态和发展情况。[6]数学家欧拉说，数学这门科学需要观察，也需要实验。实验是科学研究的基本方法之一，数学也不例外。数学实验教学就是让学生通过自己动手操作，进行探究、发现、思考、分析、归纳等思维活动，最后获得对知识的形成与理解或解决问题的一种教学过程。

观察实验发现是指对所研究的对象在实验的基础上去观察研究对象的各种情况，并同其他事物联系起来确定事物的特征和联系。实践表明，观察实验发现与教师的设计和安排密切相关。因此，在利用观察实验发现定理时，教师要为学生提供或者指导学生准备足够的实验材料，并明确观察实验研究的目的和任务。如，在学习探究"直线与平面垂直的判定定理"时，教师可以进行以下实验设计。请学生准备如图 4-11 所示的三角形纸片，并做如下操作：过△ABC 的顶点 A 沿 AD 翻折后竖起放置在桌面上（BD，DC 与桌面接触）。观察折痕 AD 与桌面的关系，并提出思考问题：如何翻折才能使折痕与桌面所在平面 α 垂直？通过多次实验容易发现，当且仅当折痕 AD⊥BC 时，折痕所在的直线与桌面所在的平面 α 才垂直（图 4-12、图 4-13）。在此基础上可发现"直线与平面垂直的判定定理：若一直线垂直于平面内相交二直线，则该直线与平面垂直"。

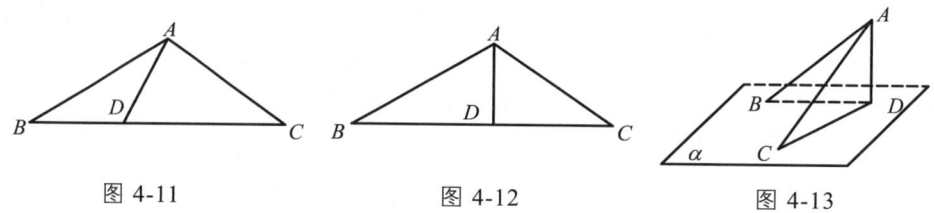

图 4-11　　　　　图 4-12　　　　　图 4-13

2. 归纳概括发现定理

归纳是从一类事物的部分对象具有某一属性，而做出该类事物都具有这一属性的一般结论的推理方法。[7]归纳发现是从特殊到一般的思维方法。归纳发现可分为完全归纳发现和不完全归纳发现两种。

完全归纳发现是将事物分成几种独立的类型，然后考察每种类型都具有某一共同的属性，从而归纳概括获得一般性结论的定理。例如，正弦定理的获得是先将三角形分成直角三角形、锐角三角形和钝角三角形三种独立的类型。再分别考察这三类"各边和它所对角的正弦的比相等"这一共同属性后通过归纳概括获得"定理：在一个三角形中，各边和它所对角的正弦之比相等"。由于这里是在穷尽考察了三角形的所有类型后通过归纳概括而获得的定理，因此这里的发现就是完全归纳发现。

不完全归纳发现，是指在研究事物的规律时，往往不能把要研究的对象按它的一切情形考察完毕，于是不得不通过对其中一部分或者若干个别情况的考察，再通过归纳猜想得出一般结论的方法。不完全归纳发现是数学发现与创新的一种重要方法，数学中的许多定理、公式、猜想都是用不完全归纳发现的，如著名的费马大定理、欧拉公式、哥德巴赫猜想等。因此，数学家拉普拉斯指出"在数学里发现真理的主要工具也是归纳与类比"。[8]同时，归纳发现不仅是数学研究的重要方法，也是学生数学探究学习的重要方法。

值得指出的是，完全归纳发现定理由于穷尽了考察对象的所有情况，因此得出的结论一般是确定无疑的，容易被学习者接受；而用不完全归纳获得的结论不一定正确，还需要进行逻辑证明予以确定。

（三）定理的类比发现

类比是在两个或两类事物间进行对比，找出若干相同或者相似点后，猜测在其他方面也可能存在相同或相似之处而做出某种判断的推理方法。[9]定理的类比发现是指在新学习的定理与学习者原认知结构中的有关定理具有相似和相同之处，通过比较分析找出相同或相似之处后猜测其他方面也有相似或相同之处而获得定理的过程。类比发现与归纳发现、演绎发现均具有不同的特点，归纳发现是从特殊到一般，演绎发现是从一般到特殊，而类比发现则是从特殊到特殊或者一般到一般的推理。与归纳发现相比，类比发现需要更丰富的知识和想象力，包含更多的直觉成分，有利于"直观想象"素养的培养。[10]类比发现的关键是寻找合适的类比对象，并确定它们之间的相同或相似的属性。在数学里，类比发现也是一种发现定理的主要工具，而且数学中的许多定理都是用类比发现获得的。例如，立体几何的许多定理可类比平面几何的定理得出；在数与式之间、一维与多维之间、低次与高次之间、相等与不等之间、有限与无限之间通过类比获得了许多相互类似的定理和运算法则。

值得注意的是，在教师教学和学生学习中，类比既是发现定理和创新的重要方法，也是学习数学知识的有效方法，还是培养学生的探索创新能力与数学推理能力、数学抽象能力等数学学科核心素养的重要方法。[11]

参考文献

[1] [美]乔治·波利亚. 数学的发现：对解题的理解、研究和讲授[M]. 刘景麟，曹之江，邹清莲，译. 北京：科学出版社，2006：283.

[2] 吴立宝，康岫岩. 学习方式的五个转变[J]. 教学与管理，2015（12）：1-3.

[3][5] 张奇. 学习理论[M]. 武汉：湖北教育出版社，1999：160，167-168.

[4] 任长松. 探究式学习——学生知识的自主建构[M]. 北京：教育科学出版社，2005：57.

[6][7][9] 钱珮玲. 中学数学思想方法[M]. 北京：北京师范大学出版社，2001：46，52，53.

[8] [美]G. 波利亚. 数学与猜想数学中的归纳与类比[M]. 李心灿,王日爽,李志尧,译. 北京:科学出版社,2001:36.

[10] 吴立宝,王光明. 数学特征视角下的核心素养分析[J]. 现代基础教育研究,2017,28(3):11-16.

[11] 吴立宝,沈婕,王富英. 数学教科书隐性三维结构分析[J]. 教育理论与实践,2017,37(35):33-36.

数学定理归纳发现学习的心理过程及教学设计[①]
——以平面向量基本定理为例

一、问题的提出

《普通高中数学课程标准》(2017年版)指出:"高中数学课程以学生发展为本,落实立德树人的根本任务,培养科学精神和创新意识。'数学教学'应体现数学学科的特征和学生的认知规律,发展学生的数学学科核心素养。"在数学定理的教学中,如何有效地"培养学生的科学精神和创新意识""发展学生的数学学科的核心素养"?波利亚在《数学的发现》中指出:"学习任何东西的最好的途径是自己去发现。"[1]德国教育家第斯多惠说:"一个好的教师应该教人去发现真理。"布鲁纳也指出:"我们教师的目的在于:我们应当尽可能使学生牢固掌握学科内容。我们还应当尽可能使学生成为自主而自动的思想家。这样的学生当他们在正式的学校教育结束之后,将会独立地向前迈进。"[2]布鲁纳进一步指出,发现学习能够[3]:① 激发内在动机;② 促进发现策略的习得与发展;③ 促进对知识更加牢固的掌握。因此,布鲁纳认为,发现学习是个人获得真知的主要途径。所谓发现学习,是指学习的主要内容(概念、规则)未直接呈现,只呈现有关线索和例证。学习者必须经历一个发现的过程,自己得出结论或找到解决问题的方法与答案。[4]在发现学习的过程中,学习者要经历观察、实验、分析、比较、抽象、概括、类比、猜想等探究的过程,从而可养成严谨的思维习惯,提高"直观想象""数学抽象"和"逻辑推理"等数学核心素养和能力。所以,在数学定理的学习过程中,发现学习是获得数学定理的重要途径和方法,也是"培养学生的科学精神和创新意识""发展学生的数学学科核心素养"的有效途径。拉普拉斯指出:"在数学里发现真理的主要工具是归纳与类比。"[5]因此,在发现学习中,归纳发现学习和类比发现学习是两种主要的发现学习,其中归纳发现学习又是发现学习中运用最多的一种重要的学习方法。归纳是从一类事物的部分对象具有某一属性,而做出该类事物都具有这一属性的一般结论的推理方法,[6]是从特殊例子推出一

[①] 本文系王富英、陈婷婷、王奋际合作,原载于《中小学教材教学》2019年第1期。

般规律，或者从提出事实到证明一般命题的过程。[7]由此可知，归纳发现是从个别到一般的思维方法。数学定理归纳发现学习是指学习者通过考察命题的个别特例，然后通过观察、实验、分析、比较、归纳、概括等方法而获得定理的思维过程。在数学定理归纳发现学习的教学设计过程中，要有效实施归纳发现学习，则必须体现数学学科的特征和遵循学生的认知规律，即要知晓数学定理归纳发现学习的心理过程，并根据其学习的心理过程进行教与学的设计。

二、数学定理归纳发现学习的心理过程分析

数学定理归纳发现学习的心理过程可分为感知、想象、抽象、概括几个阶段。

（一）感知

感知是人脑对直接作用于感觉器官的客观事物的各部分和属性的整体反应。在数学学习过程中，感知是以个别事例作为思考的对象，通过直观观察与经验性操作，以形成只符合这一具体事例的属性或关系。数学定理发现学习中的感知则是通过对具体数学事例的直观观察和经验性操作为定理的发现积累丰富的感性认识和经验。在感知阶段，往往不是只观察一个具体的事例，而是为了发现具体事例背后的一般属性，要重复观看几个具体事例。因为从现象学的视角，单独一个事例的"个别地看"得到的是定理所揭示的概念之间关系的一次"侧显"，还不能真正表现出定理所反映的真实关系，因此要经历多次"个别地看"及"重复地看"，从而使定理所涉及的数学事例的本质特征在各种各样的"侧显"中不断涌现、不断重复出现，定理所揭示的不变属性的真实关系更加明显。例如，"偶函数的图像关于 y 轴对称"这一定理的发现过程，就可以要求学习者先画出函数 $y=x^2$ 和函数 $y=x^2+2$ 的图像，再观察它们的图像有何共同特征，从而使学生通过"个别地看" $y=x^2$ 的图像和"重复地看" $y=x^2+2$ 的图像后，直观地"感知"到"它们的图像都关于 y 轴对称"这一不变的属性的真实关系，因此，感知是归纳发现的起始阶段，具有探路的性质。

（二）想象

想象是对过去经验和已有记忆表象加工改造，构成新意象和观念的心理

过程[8]，是对感知内容的压缩和内化。[9]想象的过程是认识论中的"由此及彼"的过程，也是现象学中的"想象地看"的过程。在"想象地看"中，学习者以"共同性印象"代替经验操作的具体事例成为思维活动对象，通过联系与构想相类似的事例来印证"局部性假设"，思维方式是由特称判断得出类似特称判断的推理。[10]

在定理发现学习的过程中，想象的前提是感知具体事例中不变关系的形成，即具体事例本质的把握，而本质的把握又是一定量的事实的积累。例如前面的例子中，通过感知两个具体事例"函数 $y=x^2$ 的图像"和"函数 $y=x^2+2$ 的图像"关于 y 轴对称的具体事例的积累后，通过加工改造、压缩和内化形成了"x 的偶次幂函数的图像都关于 y 轴对称"这一不变关系。在此基础上，就可引起学习者的联想或想象，由对具体事例的直观感知转化为内在的"心灵构想"，即由"外观"转入"内观"，从而内心构想出"凡是自变量 x 的偶次幂的图像都关于 y 轴对称"这一新的意象和观念。于是，想象出具有相似属性和关系的具体事例"函数 $y=x^4+1$ 的图像也关于 y 轴对称"。因此，"想象"就是现象学中的"想象地看"，它是在"重复地看"的基础上进行联想和创造类似事例的过程，是归纳发现过程中的第一次质的飞跃，它标志着归纳过程从外部的经验操作转变为内部的心灵构想。这时，通过想象"看出"函数"$y=x^4+1$ 的图像也关于 y 轴对称"这一结论与前面观察具体函数 $y=x^2$ 的图像和函数 $y=x^2+2$ 的图像时得出的"图像关于 y 轴对称"已有本质的不同。前两个函数的图像关于 y 轴对称是通过画出图像这一操作过程直观地看出来的，具有经验的成分，而后者的结论是从外部的操作经验通过归纳想象转变为大脑内部的"心灵构想"，舍去了具体经验事例中的操作过程和可变的成分，直接凸显了三个不同函数变化中保持一致不变的关系属性："x 的偶次幂的函数图像都关于 y 轴对称"。

（三）抽象

抽象，作为认知过程，指抽象观念或概念从若干实例中分离出来的过程；作为结果，指这种过程的产物。[11]由此可知，"抽象"一词有两种意义的理解：一是作为认知活动过程，抽象就是从具体事例中区分出个别的非本质属性和共有的本质属性，然后舍去个别的非本质属性而抽取出共同的本质属性的过程与方法，是"由表及里""去伪存真"的过程；二是作为结果，抽象是形容远离具体事例和经验的抽象物。由于这种远离具体事例的抽象物不是现实的存在而是抽象的存在，往往不易理解，因此抽象也指一种远离具体事例不易理解的对象的一种程度。但本文中若不特别指出，均把抽象作为第一种意义的理解，即把抽象作为一种认识事物和发现真理的过程与方法。

史宁中教授指出："数学最为本质的知识是来源于感性经验的，是通过直观和抽象得到的。"[12]在定理的发现过程中，想象的事物还是一类具体类型的事例。如上例中想象的"函数$y=x^4+1$的图像也关于y轴对称"处于具体的函数，还未进入抽象阶段。这时，再观察三个函数发现它们的共同属性——都是偶函数，于是从具体的三个函数中抽象出来一般的偶函数$f(x)$。从现象学的视角看，这时的"抽象"就是"抽象地看"。"抽象地看"是把所有经验事例与想象事例当作一个整体加以考察，舍去不可重叠的可变部分，保留那些可重叠的不变部分即事物的本质属性（如本例中的"偶函数"），以形成"全局性的假设"（一般的偶函数）的认知过程。"抽象地看"已不再是"想象地看"中的具体函数$y=x^4+1$了，而是更加抽象化的一般的偶函数$f(x)$，因此，从"想象"到"抽象"是归纳发现过程中的第二次质的飞跃，它为定理发现的最后"概括"奠定了坚实的基础。

（四）概括

在经历了感知、想象和抽象后，事物的本质属性已完全把握，这时就需要对探究的事物的本质属性进行整体性的表述和呈现了，从而使认知进入"概括"阶段。概括是指把事物的共同特点归结在一起用符号语言进行简明扼要的表征过程。在数学中，这里的符号语言可以是文字符号语言，也可以是数学符号语言。例如，在定理"偶函数的图像关于y轴对称"的发现过程中，通过前面感知、想象、抽象几个阶段的认知过程，从而把几个具体函数的共同特征抽象为一般偶函数的特征后，就可进入概括阶段，用简洁的语言或者数学符号简明扼要地表征定理：偶函数的图像关于y轴对称。从布鲁纳发现学习的认知过程来看，这时学习者已由"操作表征"经"图像表征"进入"符号表征"阶段。至此，定理的归纳发现过程结束，就可转入定理学习的下一个阶段——定理的证明与运用（限于本文的主题，这里不做讨论，关于定理的整个学习过程笔者将另文详细论述）。从现象学的视角看，概括的过程就是"一般地看"的过程。这时的思维已脱离了具体事例，因此这时的思维操作具有形式化的功能特点。概括的过程是对三个阶段总结提炼与符号表征的过程。

综上分析，定理的归纳发现学习是由感知、想象、抽象、概括几个认知过程组成的，且其中每一个过程都有独立的思维模式，并且每一个阶段的思维结果都是下一个思维阶段的操作对象。

三、数学定理归纳发现学习的设计案例——平面向量基本定理

向量是近代数学最重要、最基本的数学概念之一，也是高中数学中的一个重要概念，它把代数、几何与三角函数有机地联系起来，成为研究和解决数学问题的手段、方法和策略。

向量基本定理是平面向量中的一个奠基性定理，在平面向量的学习和应用中有着十分重要的作用。下面我们根据定理学习的心理过程进行平面向量基本定理归纳发现学习的教学设计（梗概）。

第一步：感知

活动1：给定平面内的两个不共线向量 $\vec{e_1}$ 和 $\vec{e_2}$（图4-14），请你在图中做出向量 $\vec{m}=3\vec{e_1}+2\vec{e_2}$，$\vec{n}=\vec{e_1}-2\vec{e_2}$，并思考以下问题：

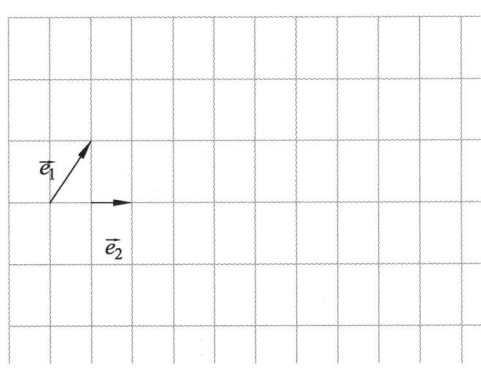

图 4-14

（1）向量 $\vec{m}$ 与向量 $\vec{e_1}$，$\vec{e_2}$ 是什么关系？

（2）向量 $\vec{n}$ 与向量 $\vec{e_1}$，$\vec{e_2}$ 是什么关系？

活动2：对于平面内的向量 $\vec{a}$ 和向量 $\vec{b}$（图4-15），能否用图4-14中给定的同一平面内两个不共线的向量 $\vec{e_1}$ 和 $\vec{e_2}$ 线性表示出来？即是否存在实数 λ_1 和 λ_2，使 $\vec{a}=\lambda_1\vec{e_1}+\lambda_2\vec{e_2}$？

思考：图4-14、图4-15中的向量 $\vec{e_1}$ 和 $\vec{e_2}$ 是不共线的向量，若取消它们不共线的条件，上面的结论还成立吗？如果 $\vec{e_1}$ 和 $\vec{e_2}$ 中有一个向量为 $\vec{0}$，情况又会怎么样？

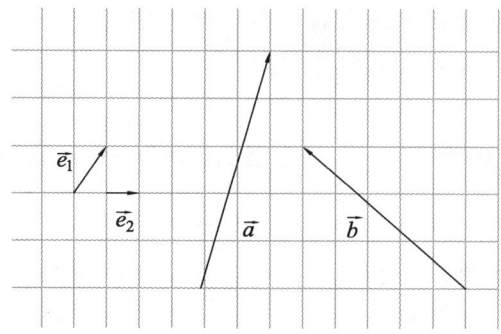

图 4-15

设计分析：通过活动 1 画出向量 $\vec{m}$ 和 $\vec{n}$，再设计两个思考问题从反向思考向量 $\vec{m}$ 和 $\vec{n}$ 与向量 $\vec{e_1}$ 和 $\vec{e_2}$ 是什么关系，目的是让学生感知平面内的两个向量 $\vec{m}$ 和 $\vec{n}$ 可以由两个不共线向量 $\vec{e_1}$ 和 $\vec{e_2}$ 表示出来。然后让学生探索向量 $\vec{a}$ 和 $\vec{b}$ 是否也能用向量 $\vec{e_1}$ 和 $\vec{e_2}$ 表示出来，最后通过思考问题，使学生认识到 $\vec{e_1}$ 和 $\vec{e_2}$ 不共线条件的价值和作用。通过对这几个具体事例的直观感知，为平面向量基本定理的发现积累丰富的感性认识和经验，为第二步"想象"埋下伏笔。

第二步：想象

活动 3：对于平面内任一向量 $\vec{a}$，能否用图 4-14 中给定的平面内两个不共线的向量 $\vec{e_1}$ 和 $\vec{e_2}$ 表示出来？即是否存在实数 λ_1 和 λ_2，使 $\vec{a} = \lambda_1 \vec{e_1} + \lambda_2 \vec{e_2}$？这个表示是唯一确定的吗？（教学过程中，学生讲解后教师可以利用计算机软件再动态演示）

设计分析：通过活动 3 提出的问题，让学生在活动 1 感知平面内的两个向量 $\vec{m}$ 和 $\vec{n}$ 可以由两个不共线向量 $\vec{e_1}$ 和 $\vec{e_2}$ 线性表出的基础上，以问题的形式引导学生想象同一平面内任一向量是否可由两个不共线向量 $\vec{e_1}$ 和 $\vec{e_2}$ 线性表出。由于这时平面内两个不共线的向量 $\vec{e_1}$ 和 $\vec{e_2}$ 是具体的，不具有一般性。但在教学时教师通过计算机软件的动态演示，让学生充分感知到平面内任意向量都可以用已知的两个不共线向量 $\vec{e_1}$ 和 $\vec{e_2}$ 表示出来，为下一步"抽象"出"平面内任一向量都可用任意两个不共线的向量线性表示"这一本质特征做了铺垫。

第三步：抽象

活动 4：如果向量 $\vec{e_1}$ 和 $\vec{e_2}$ 是任意的两个不共线的向量，那么平面内的任一向量 $\vec{a}$ 还能用 $\vec{e_1}$ 和 $\vec{e_2}$ 表示吗？即能否存在实数 λ_1 和 λ_2，使 $\vec{a} = \lambda_1 \vec{e_1} + \lambda_2 \vec{e_2}$？

设计分析：对于前面的问题，我们均针对具体给定的不共线向量 $\vec{e_1}$ 和 $\vec{e_2}$，定理学习到这个环节时，我们需要脱离实际的向量，抽象出它们所具有的本质特征，所以我们设计了这个活动，让学生能学会从具体的每一个向量中，将平面向量基本定理的特征从这些实例中抽象出来。抽象的过程一般要经历两个阶段：第一个阶段的抽象是基于现实的（即前面的具体的向量实例），第二个阶段的抽象是基于逻辑的，[13]让学生充分体会到抽象是"由表及里""去伪存真"的思维过程，是揭示现实事物本质的过程。同时，这个活动的设计可以进一步验证学生前面的想象结果，再一次感知"任一向量都可以由两个不共线的给定向量线性表出"这一本质特征，从而实现归纳发现过程中的第二次质的飞跃，为定理发现的最后一步"概括"奠定了坚实的基础。

第四步：概括

活动 5： 由前面的探究我们可以发现，平面内任一向量都可以由这个平面内两个不共线的向量 $\vec{e_1}$ 和 $\vec{e_2}$ 表示出来，当 $\vec{e_1}$ 和 $\vec{e_2}$ 确定后，任一向量都可以由这两个向量量化，即平面内的任一向量都能用 $\vec{e_1}$ 和 $\vec{e_2}$ 线性表出。你能用数学语言精准地叙述这一结论吗？请把你的叙述写在下面：

结论： 略。

（教学时，学生独立完成概括后可互相交流，教师适当展示点评，或是引导学生对比教材加以完善。）

思考： 我们把两个不共线的向量 $\vec{e_1}$ 和 $\vec{e_2}$ 叫作表示这一平面内所有向量的一组基底。同一平面内表示这一平面内所有向量的基底是否唯一？

设计分析： 当学生经历了前面的感知、想象和抽象的过程后，已经基本形成平面向量的基本定理，这时我们需要运用简洁的数学语言来归纳概括结论，故设计了这个环节，目的是让学生学会如何用简明扼要的数学语言来精准表示平面向量基本定理，以培养学生的归纳概括能力和数学表达能力。同时，问题的设计具有开放性，刚开始学生归纳概括出的结论可能会不"完美"，也许是学生的表达并不规范，抑或是学生的归纳并不准确，但是多次经历概括学习这个过程之后，学生对定理内容的总结提炼和符号表征能力会不断加强和提高，有利于培养学生的数学表达能力和发展学生"数学抽象"这一核心素养。

参考文献

[1] [美]乔治·波利亚. 数学的发现：对解题的理解、研究和讲授[M]. 刘景麟，曹之江，邹清莲，译. 北京：科学出版社，2006：283.

[2] 张奇. 学习理论[M]. 武汉：湖北教育出版社，1999：169.

[3] 任长松. 探究式学习——学生知识的自主建构[M]. 北京：教育科学出版社，2005：57.

[4][8][11] 顾明远. 教育大词典[M]. 5版. 上海：上海教育出版社，1990：239，68，65.

[5][7] [美]G. 波利亚. 数学与猜想数学中的归纳与类比[M]. 李心灿，王日爽，李志尧，译. 北京：科学出版社，2001：36，9.

[6] 钱珮玲. 中学数学思想方法[M]. 北京：北京师范大学出版社，2001：53.

[9] 李兴贵，王富英. 数学概念学习的基本过程[J]. 数学通报，2014，53（2）：5-8.

[10] 李兴贵，王新民. 数学归纳推理的基本内涵及认知过程分析[J]. 数学教育学报，2016，25（1）：89-93.

[12][13] 史宁中. 数学基本思想18讲[M]. 北京：北京师范大学出版社，2016：14.

中学数学习题课教学的研究

学习知识的主要目的是运用知识解决问题，运用知识解决问题能力的高低也就体现了知识学习掌握的程度。"数学教学中的问题也叫作题""解题就是解决问题"[1]，数学教学中解决数学问题的能力就是解题能力。因此，数学解题能力的训练就成为中数学教学的首要任务。正如美国著名的数学教育家波利亚强调的："中学数学教学首要任务是加强解题训练"，"掌握数学就意味着解题。"[2]20世纪70年代美国数学指导委员会提出："学习数学的主要目的在于解题。"1980年4月美国数学教师协会在《关于行动的议程》中指出："必须把问题解决作为中学数学的核心。"[1]学生在解题的过程中，不仅真正理解和掌握了数学知识的意义，学会运用数学知识解决问题的方法，而且还提高了学生的逻辑推理、数学运算、数学建模、数据分析等数学核心素养和数学能力。因此，解题教学是中学数学教学的核心，而承担提高学生数学解题能力任务的主要课型就是习题课。

习题课对教师来说称"解题教学课"，对学生来说称"解题学习课"。习题课是教师根据学生学习内容的教学要求（教材和课程标准确定的）和学生学习的需要，在课堂上所进行的以范例的讲解和变式训练为主的一种课型。它包括教材的例题教学、教师根据学生的学习情况和教学需要自己选编例题和习题所进行的专门以解题训练为主的习题教学。所以，习题课是中学数学教学中的一种重要课型，它在数学教学中具有十分重要的地位和作用。

长期以来，教学研究中对习题课的研究主要集中在一招一式的解题方法和一题多解、一题多变以及习题的选配等研究上，而忽略对习题课这种课型本身的研究，造成的后果是中学数学教学中的习题课教学缺乏必要的理论指导，致使人们对习题课的目的任务和价值作用认识不清，习题课教学的目的不明确，随意性大，从而使一些习题课教学的质量不高，影响了数学教学质量的提高。为此，本文对习题课的目的任务、价值作用与教与学的规律做一些探讨。

一、习题课的目的任务和功能

（一）习题课的目的任务

数学习题课的主要目的任务是通过典型例题的示范、启发和变式习题的练习，巩固和深化所学知识，训练学生的数学思维方法和解题方法，使学生形成一定的解题技能、技巧和解题能力，培养学生的探究、发现、推理证明等数学能力，提高学生的数学核心素养和促进学生良好个性品质的形成。

（二）习题课的功能

习题课本身在发展学生智力、培养学生能力方面具有重要的功能和不可替代的作用。具体说，习题课的功能主要体现在以下几个方面。

1. 示范和指导的功能

当数学概念、公式、定理、法则等数学新知识获得后，如何运用它们解决问题，就需要通过一些例习题的讲解给学生以示范和启发，指导学生去如何思考、如何探究、如何表述、如何反思总结，并使学生在这些例题的示范、启发下，在进行变式练习的过程中，感悟与体会数学的思想方法、积累数学活动经验，最后达到真正掌握数学知识和方法，提高数学解题能力。这就是习题课的示范与启发作用。习题课的示范与指导主要有三种：一是解题方法的示范指导；二是解题表述方法与书写格式的示范指导；三是解题策略的示范指导。

2. 补充与延伸的功能

教材在讲述了一些数学的概念、公式、定理、法则等数学新知识后，往往还以例题和习题的形式补充介绍一些新的数学知识方法，这些例习题介绍的新知识和方法是正文讲述的数学知识的补充和延伸，它们一起构成了数学知识完整的知识结构。如，人教版高中数学第二册（上）8.2节"椭圆的简单几何性质"后，用了五个例题介绍了椭圆草图的画法（例1）、利用椭圆的几何性质求椭圆标准方程的方法（例2）、利用椭圆几何性质解决实际问题（例3）、椭圆的第二定义及其性质（例4）和椭圆的参数方程（例5），它们一起构成了椭圆完整的知识结构。这些通过例习题补充的新知识和方法的完成就是通过习题课（例题教学）完成的。这正是习题课的补充与延伸的作用。

3. 巩固与深化的功能

通过习题教学及变式练习，学生可以进一步巩固数学的基础知识，形成基本技能，深化对数学概念和命题的理解与掌握，数学思想、方法与规律的认识、理解与掌握。通过习题教学，达到提高学生运用知识、分析问题和解决问题能力的目的。

4. 反馈与补偿的功能

通过习题教学和练习，教师可以随时得到有关学生数学学习理解情况的反馈信息，借以调整教学内容、方法和进程；教师对学生学习中存在的典型错误和知识缺漏，可以及时矫正和弥补。

5. 训练思维与提升能力的功能

"数学是思维的体操。"数学在训练学生思维能力方面有着独特的作用。在习题课教学中，通过引导学生进行一些解题后的探索、研究、引申、推广，进行一题多解、一题多变等探究活动，既可使学生掌握知识之间的内在联系和规律，做到解一题、带一串、通一类，提高解题的效率和解题能力，又可培养学生的数学思维能力、探索发现能力与研究能力，从而促进学生的发展。

二、习题课的类型

根据习题课的功能与作用，习题课可分为以下三种类型：示范指导型习题课、补救矫正型习题课和深化提高型习题课。

示范指导型习题课主要是在新知识和方法的学习后所进行的习题课，它的主要作用在于对数学新知识和方法的示范和指导，启发和指导学生理解与掌握新知识与方法的理解与运用。

补救矫正型习题课主要是针对学生学习过程中存在的典型错误和知识缺漏、为矫正学生的错误和弥补学生的知识缺漏而进行的习题课。

当一个单元、章节或在进行高考中考数学复习时，需要进一步深化和提高学生数学能力，这时的习题课就是深化提高型习题课。

三种不同类型的习题课有着各自不同的功能，它们在数学教学和学生的数学学习中各自发挥着不同的作用。教学中我们要充分发挥和利用好三种习题课的作用，提高数学教学的质量。

三、例习题选配的原则

例习题是习题课的教与学的主要依据和材料,例习题选配的好坏直接影响着习题课教学质量的高低,因此例习题选配是习题课教学的关键。为了提高例习题选配的质量,在进行例习题选配时应遵循以下原则。

1. 目的性与针对性原则

目的性和针对性是指根据不同的教学目的进行针对性的选题。在教学中,不同的阶段有不同的教学目的:有的是为了理解和巩固新知,有的是为了介绍方法,有的是为了弥补缺漏,有的是为了揭示规律,而有的则是为了灵活运用知识提高数学解题技能和数学能力。因此,对于不同目的的习题课习题的选配也就自然不同。如,理解新知识则要选用模仿性习题;揭示新知识的本质要选择规律性习题;解决教材中的重点、难点要选择针对性习题;提高学生思维灵活性和发散思维则要选择具有多种解法的习题;培养学生综合运用知识分析问题和解决问题能力要选择综合性习题[4],等等。

因此,在教学中,对于学生练习的例习题则要根据不同的需要进行选择。教师应在学生"最近发展区"内进行例习题的选择,过分简单的例习题会影响学生思维的质量,学生的思维活动未得到充分的展开,达不到应有的激励作用;难度过大的例习题易挫伤学生的学习积极性,使学生难以获得成功的喜悦,长此以往,将使学生丧失自信心。所以,例习题的选择要把握好"度"。

2. 循序渐进与优化组合原则

循序渐进与优化组合原则是指对于选择好的例习题进行编排组合时要由浅入深,循序渐进,使学生能拾级而上,逐步提高。梯度和难度不能太大,要有利于学生的学习。还要将选配的例习题优化组合构成一个训练单位,以发挥例习题的整体训练功能。题目安排可从易到难,形成梯度,虽然起点低,但最后要求较高,符合学生的认知规律,使得后进生不至于"陪坐",学优生也能"吃得饱",使全体都能得到不同程度的提高。

3. 典型性与精要性原则

习题课中例题的选择、习题的配备必须精心设计。题目必须有一定的基础性、启发性、典型性和综合性,特别是例题的选取要做到典型性,要做到少、精、活、度。[5]"少"指一节课所选例题不宜太多,一般以2~3个为宜;"精"指题目要精炼,要具有典型性和代表性;"活"指题目的解法要灵活,不要太单一，要具有启发性和开发研究的价值，即要有较强的探究性和发展的余地，能由此而引出新的问题和进一步的思考；"度"指难度，例题选取不宜太难，一般以中档题为佳。要选择一些能"牵一发而动全身"的题目供师生共同进行探究，帮助学生从中找出规律与方法，达到解一题、通一类、带一串。如，可精选一些一题多解、一题多变和可以引申推广的题目让学生进行训练、研究，以开阔学生思路，使学生通过例题的学习探究有新的收获、新的体会和新的提高。遵循这一原则，要求活用资料，不要照搬资料，并针对学生的实际和《数学课程标准》考试说明的要求，精心挑选题目。

4. 研究性与发展性原则

这一原则主要是指选取的例习题要有研究价值和发展学生核心素养的价值。因此，选择的例习题要精，内涵要丰富，同时要尽量设计选自实际生活中素材编制例习题。如，从学生社会生活实际并感兴趣的问题选编例习题，让学生在解答问题的过程中，进行自主探究、合作交流，在解决问题的过程用体验数学在实际中的应用，积累数学活动经验，提高提出问题、分析问题、解决实际问题和反思问题的能力，从而发展学生的数学抽象、逻辑推理、数据分析和数学建模等数学核心素养。

习题课的例习题选配与编制除了遵循以上原则，还要注意对课本习题的利用和挖掘。课本习题均是经过专家多次筛选后的题目的精品，教师在题目选编中，要优先考虑课本中例题与习题，适当拓深、演变，使其源于教材，又不拘泥于教材。不应"丢了西瓜去捡芝麻"，忽视课本习题去搞大量的课外习题。在实践中我们要精心设计和挖掘课本习题，编制一题多解、一题多变、一题多用、多题一法的习题，提高学生灵活运用知识的能力。

四、习题课的学案设计

习题课对学生来说叫作解题学习课，因此习题课的学案对学生就是解题学习学案。

1. 解题学习学案的含义与习题类型

数学解题学习学案的含义是指以学生的学为出发点，引导与帮助学生通过有效的解题活动学会如何解题的学习方案。数学解题学案应具有完整性、探究性、生成性、反思性等特点。[6]

学案中的习题类型主要有识别性习题、程序性习题、变式性习题、应用性习题、拓展性习题和情景性习题。[6]

2. 解题学习学案的基本结构

由解题学习学案的含义和波利亚解题的四个基本阶段,[2]我们给出解题学习学案的基本结构。

【学习目标】根据解题的内容制定具体的学习目标,目标的设计不要只有知识技能目标,还要有过程与方法目标、情感态度与价值观目标。

【学习重点】理解和掌握的主要知识和方法。

【学习过程】

学习准备:复习解题中要用到的知识和方法,为解题学习提供必要的知识、方法与情感的准备。

典例分析:通过2~3个典型的例题,引导学生去探索、研究、反思、变式,学习如何运用所学知识进行解题。

•思路启迪:对于较难的例习题应给予必要的提示,但不要直接给出解题思路,而是用提问的形式去引导学生理解题目、拟订方案,寻找解题思路。具体提问要结合题目的内容和难易程度,特别是要结合波利亚"怎样解题表"中所提出的问题进行设计。

•你的解答:在通过"思路启迪"引导学生得出解题思路后,留出一定空位,让学生写出自己完整的解答过程。

•解题反思:以问题形式引导学生进行解后反思、总结。

•变式练习:针对例题进行变式练习,目的是进一步巩固典型例题所提供的数学思想方法和解题规律。

学习反思:对整节解题学习课进行系统的回顾总结,完善解题认知结构。

【学习评价】

自我测评一:用于知识测试,题目侧重于基础知识和基本技能。

自我测评二:用于能力测试,题目具有一定的综合性和开放性。

【学习链接】可以给出例题与变式练习的简要答案,或需要引导学生阅读的学习资料。

"学习过程"中的"典例分析",主要内容包括思路启迪、执行方案、解后反思、变式训练,这是解题学习的核心内容和主体部分,是区别于其他学案的显著特征。解题学习学案的主要目的是引导和帮助学生学会解题。根据波利亚的解题思想,学会解题的第一步就是要学会理解题意。因此,学案设计时,给出例题后,一般不要马上将解答和盘托出,而应进行"思路启迪",引导学生去仔细审题,分析题中哪些是已知条件、哪些是未知量、已知与未知之间有何关系等。具体设计时,"思路启迪"不要直接给出答案和解法,而要用提问题的形式进行点拨、启发,以引导学生自己去思考、探究解题的思路与寻找解题的突破点。在得到解题的思路后,要求学生把自己的解答过程写出来,以充分展示学生的思维过程和思维结果。在写出解题过程后,要引导学生进行"解题反思",这是解题学习学案中的一个亮点,要精心设计。通过总结解题的规律、提炼其中的数学思想方法,对例题进行深入的思考、探究、引申、变式和拓展等反思学习活动,达到解一题、通一类、带一片,以题及类,举一反三的学习目的。

五、课堂教学的基本结构

习题课教学基本教学结构一般为:复习回顾(学习准备)—典型例析—变式练习—反思小结—课后练习。

上课时,首先,师生共同复习回忆与本节习题课相关的数学知识,做好解答习题的知识准备。其次,展示教师课前准备的典型例题,引导学生共同分析、研讨。通过典型例题的示范,明确解题步骤,总结解题规律,并让学生做相关的变式练习题。学生练习做完后再组织师生进行讲评,纠正存在的错误、讲评方法的优劣。再次,师生共同对全课进行反思小结,提炼解题规律,总结解题经验。最后,针对习题的重点和存在的问题布置适当的家庭作业进行巩固练习,使学生在合理性、准确性和熟练性上有所提高。

六、习题课教学的注意事项

1. 题目的设计要有一定的梯度和层次性

根据例习题选配的循序渐进与优化组合的原则,例习题组织、搭配的设计要有一定的梯度和层次性。整节课的例习题要围绕教学目标进行,并以典型例题及其变式练习进行,从而形成一个相对完整的解题知识结构体系。

2. 教学方式的预设要多样化

习题课教学知识密度大、题型多,学生容易疲劳,如果教学组织形式单一,会使学生感到枯燥、乏味,从而容易丧失学习的积极性,为了克服这一现象,在习题课教学中一定要体现出教师的"教"与学生的"学"的双边、双向活动,将讲、评、练、思四者有机地结合起来,采取"疑点启发、重点讲评、难点讨论"或 DJP 教学方式,创造条件让学生多动口、多动手、多动脑，激发学生全方位"参与"问题的解决，有效地减轻学生的"疲劳"，提高课堂教学的效率和质量。

3. 要注意发挥学生的主体能动性

教师必须尊重学生的主体地位和学生的主动精神，把学生的学习过程看作是主体满足内在需求的主动探索过程。学生的学习是一个动态的过程，学生的整个学习过程应该由自主探究、合作交流、反思总结组成。在习题课教学中，一定要改变教师"一言堂""满堂灌"的习惯，要创设更多的机会让学生动脑、动口、动手，提出问题应给学生留下充分的思维空间，让它们在主动探索和对话讨论中达到问题的解决。

4. 要强化审题意识，提高审题能力

审题是解题的首要环节。深入细致的审题是顺利解题的必要前提，审题质量的高低也会直接关系到解题质量的高低。因此，审题对成功解题至关重要。但长期以来，许多教师和学生都忽略审题，这对提高学生的解题能力十分不利。因此，在习题课的教学中要能引导学生重视审题，并指导学生如何审题。

5. 要注重解题回顾与总结，完善解题认知结构

提高学生的数学解题能力是数学习题课的重要目的。解题能力的提高，在于不断地完善解题认知结构。"数学的解题认知结构是由解题知识结构、思维结构和解题元认知结构组成。"[8]解题知识结构包括组织良好的数学知识结构和解题知识块。解题知识块包括问题类型、基本数学模式、基本问题、一般的方法和特殊的技巧等。解题的思维结构包括一般思维方法、数学思想方法与数学解题策略等。"解题的元认知，由主体的元认知结构和元认知监控组成"。[8]在数学解题中，解题认知结构越完善，即数学知识组织越良好，解题知识块越多，解题的策略方法越多，解题的元认知能力越强，解题的能力就越强。要完善解题认知结构，就要注意揭示知识的内在联系和规律。而数学解题认知结构形成的最有效策略就是解题后进行解题回顾与总结提炼。因此，在习题课的教学中要引导学生对典型习题进行反思回顾与总结提炼，引导学生对典型例习题进行深入的挖掘、研究、引申、推广，对解题方法和解题策略进行回顾与总结，使学生在反思回顾的过程中，亲自体验、感悟、总结、提炼与积累数学解题经验，完善解题认知结构，从而提升学生的数学解题能力。

参考文献

[1] 罗增儒. 数学解题学引论[M]. 西安；陕西师范大学出版社，1997，6: 4-5.
[2] 罗增儒. 数学解题学引论[M]. 西安：陕西师范大学出版社，1997：2.
[3] 肖柏荣. 高中数学典型课示例[M]. 北京：人民教育出版社，2001：7.
[4] 年仁德，刘国英. 数学教师对习题的选择与使用[J]. 数学通报，2001（12）: 27-29.
[5] 王富英. 数学总复习的目的任务、功能、特点和教学原则的探究[J]. 数学通报，2003（2）: 16.
[6] 王新民，王富英，谭竹. 数学学案及其设计[M]. 北京：科学出版社，2011.
[7] 波利亚. 怎样评题 数学思维的新方法[M]. 涂泓，冯承天，译. 上海：上海科技教育出版社，2007.
[8] 涂容豹. 数学解题学习中的元认知[J]. 数学教育学报，2002，11（4）.
[9] 王富英，王新民，谭竹. DJP 教学：促进学生主动学习的教学模式[J]. 中国数学教育，2009（7~9）: 8-10.

数学复习课的目的任务、功能、特点和教学原则[①]

数学复习是高初中数学教学的一个重要环节。它是在学生学完了初中或高中数学的某一个单元或全部内容之后,进行的一次系统的、全面的回顾与整理,以将各部分知识进行有机整合,构建数学知识的结构体系,形成整体性的数学"认知框架",进一步完善学生的数学认知结构,提高学生综合运用知识分析问题和解决问题的能力。由于数学复习具有较高的综合性、灵活性和不确定性,从而增加了数学复习课的难度,把握得不好,将会严重影响复习的质量和效率。要提高数学复习的质量和效率,就必须掌握和遵循数学复习课的基本规律和特点。为此,本文对数学复习课的目的、任务、功能、特点和教学原则作一初步的探究。

一、数学复习课的目的任务

数学复习课的主要目的和任务是:弥补缺漏、系统梳理、夯实"双基"、提高能力、促进学生发展,具体为以下几个方面:

第一,帮助学生梳理知识,形成网络,使知识系统化、结构化,以加深对知识的理解及知识之间内在联系的把握,并在梳理的同时查漏补缺,弥补平时学习的薄弱环节。

第二,通过全面、系统的复习,查漏补缺,综合应用,帮助学生进一步巩固和熟练掌握基本知识、基本技能以及基本的数学思想和方法,达到《数学课程标准》(以下简称《标准》)规定的目标要求。

第三,帮助学生揭示解题规律,总结解题方法,进一步提高学生综合运用数学知识分析问题、解决问题的能力。并在对数学知识的综合应用中,进一步提高观察能力、记忆能力、抽象概括能力、逻辑推理能力、化归转化能力、空间想象能力、数学化的能力、运算求解能力和探索创新能力。

[①] 此文原载于《数学通报》2003年第2期。

二、数学复习课的功能

1. 复习与补救的功能

由于遗忘规律的作用，学生对数学知识、技能会出现遗忘、生疏，而通过复习，帮助学生恢复记忆，熟练技能，查补知识缺漏，弥补平时学习的不足。

2. 深化提高的功能

通过复习，学生可以从整体上把握数学知识内在联系和规律，深化对知识的理解和认识。通过对知识的综合应用，提高分析问题和解决问题的能力。深化提高的功能具体体现在以下几个方面：① 通过对知识网络的建构，深化对知识内在联系的认识，提高整体把握数学知识结构的能力；② 深化对基本概念的理解，基本的公式、定理、法则的掌握，提高知识的综合应用能力；③ 深化对数学规律的认识，提高学生的探究创新能力、归纳总结解题规律和方法的能力，培养学生良好的思维品质。

3. 落实高层次目标的功能

分析、综合、评价属于智能水平的发展目标，是数学认知领域内的高层次教学目标。这种高层次的目标以低层次目标为基础，是强化思维训练，从量的积累到质的飞跃的结果。它涉及学生数学知识的掌握和经验的积累。通过对数学知识的复习与组织，对各知识点逻辑关系的把握以及比较、鉴别、取舍、融汇各知识点并将其综合运用的复杂进程。提高学生分析、综合、评价等高层次智能发展目标，这在新授课时是没有条件落实的，而只有在复习时才能真正落实。

4. 促进智能发展的功能

复习中要求学生在教师的指导下构建单元知识网络图表，寻找本单元的知识线索，构建本单元的知识结构，并从教师的示例中受到启发，按一定思路去解决综合性强的典型问题，评价不同解题方法的优劣。在这一系列活动中，学生的记忆力、观察力、想象力、概括力、思维能力都会得到不同程度的发展和锻炼，因而有效提高和促进了学生的智能发展。

三、数学复习课的特点

1. 综合性强

数学复习是在学生学完了中学的某一部分或全部数学内容后进行的,其目的就是培养学生综合运用各部分知识灵活地解决各种数学问题,提高学生综合应用数学知识分析问题和解决问题的能力。因此,不论例题还是练习题,其综合的程度都比新授课时要高。

2. 容量大

数学复习课,由于时间短,故每节课的知识容量和思维容量都较新授课要大得多,从而高密度、大容量、快节奏便成为复习课的一个重要特点。

3. 灵活性大

数学复习是综合应用中学数学知识分析问题和解决问题,因此,对同一问题的解决,其所用知识和方法都不局限于某一方面。所以,解法的灵活性较新授课和单元学习都大。由于这一特点,数学复习便成为培养学生灵活应用知识、提高思维品质和探索创新能力的最佳时机。

4. 针对性强

数学复习具有较强的针对性,是直接针对学生参加中考或高考而进行的。因此,复习的内容、目的都具有明确的针对性。

5. 教学内容不确定

由于数学复习是在学生学完了中学的某一单元或全部数学之后进行的,因此每课时复习的内容、容量及难度,《标准》和教材都没有明确规定,完全是根据授课教师对《标准》、教材以及近几年中考和高考改革的动向的理解和把握而定的,这是复习课与新授课最显著的区别。正是由于这种教学的不确定性,增加了数学复习的难度。

四、数学复习的教学原则

1. 系统性原则

系统论告诉我们,系统地组织起来的材料所提供的信息,远大于部分材料提供的信息之和。乌申斯基指出："智力就是形成系统的知识。"因为，系统化、结构化、网络化的知识便于记忆、理解、检索和应用。创造心理学的研究也表明：新的发明创造主要取决于整体性的"认知框架"的转换。而整体性"认知框架"的形成则在于对对象整体性的把握。因此，对象整体性的把握是形成创新思维能力的必要条件。就数学学科而言，只有将各个单元和分散的知识纳入数学知识的整体结构之中，形成整体性的"认知框架"，才能显示出其应有的活力。而学生在各个单元知识的学习时，只是对各单元知识有了初步的领悟，对各知识点的内在联系的认识还是肤浅的，达不到应有的深度，难以形成整体性的"认知框架"，难以形成综合驾驭整体知识的能力。而对数学知识的整体驾驭和把握，只有在复习时才能很好地完成。因此，数学复习时就不应是把平时学习过的数学知识简单地重复一遍，而是要在对知识整体和各个单元知识部分之间的关系做仔细的分析、研究后，按数学的逻辑结构及知识之间的内在联系，把平时所学的各个单元的、局部的、分散的、零碎的知识及解题的数学思想、方法和规律进行纵横联系，"以线串珠"，使之系统化、结构化、网络化，从而将各部分知识进行有机整合，构建数学知识的结构体系，以形成整体性的"认知框架"，进一步完善学生的数学认知结构。数学知识结构体系构建的方法是将单元与单元、单元与整体之间的联系与作用以表格式、纲要式、图表式和口诀等形式直观形象地构建知识整体的层次结构，便于学生从整体上把握所学知识，完善认知结构，形成综合驾驭整体知识的能力。

2. 基础性原则

扎实的基础知识、基本技能的掌握、熟练的基本数学思想和方法的运用，是灵活运用知识分析问题和解决问题的前提和保障。因此，复习时一定要狠抓基础知识的复习、基本技能的训练和基本方法的熟练运用。特别是总复习时的第一轮复习，一定要遵循这一原则，夯实基础，才能提高数学复习的整体效益。

遵循这一原则，首先，要明确基础复习的指导思想。对基础知识复习的指导思想为"全面、系统、扎实、灵活"；对基本技能复习的指导思想为"熟练掌握，灵活运用"；对基本的数学思想与方法复习的指导思想为"做中提炼，指导解题"。其次，要抓好以下几点：① 回归课本和《标准》，明确目标和要求，过好"三关"（概念关、公式定理法则关、例习题关），落实考测点；② 反馈校正，纠错评优，消除疑难点；③ 立足全面，确保重点，补好盲弱点；④ 完善结构，加强综合，揭示交汇点；⑤ 改进教法，注重能力，抓好着力点。

3. 综合性原则

综合，就是各个部分的有机结合。只有综合的知识才能具有强大的活力，才能发挥其应有的作用。知识综合的程度反映一个人综合应用知识能力的高低。而综合应用知识的能力又是创新性人才应具有的必备素质，是创新能力的重要组成部分。近年来，随着高考和中考试题综合程度的增强，课程改革增加了综合实践课和课题学习，都是为了培养学生的综合运用知识的能力。综合运用数学知识能力培养的最佳时机是在学完中学数学的全部内容之后。所以，数学复习的一个重要任务就是要培养学生综合运用知识的能力。因此，复习时，就不能再按一节、一章的内容，分条款进行，而应在复习时将各部分知识纳入数学知识的整体结构之中，综合运用各部分知识灵活地解决各种数学问题，提高学生综合应用数学知识的能力和水平。

4. 针对性原则

复习时，指导思想的确定，复习计划的制订，复习方法的选择，例题、练习题的选取和编制等都要有较强的针对性。因为，复习时内容一般较多，时间又有限，要在有限的时间内提高复习效益，就必须要有针对性，不能带有任何的盲目性与随意性。遵循这一原则，必须认真研究《标准》、教材、考试说明、近几年的中考与高考试题的特点和学生的实际，才能真正做到复习的针对性，提高复习的有效性。数学复习时要做到以下几种针对性：① 针对《标准》和考试说明的要求；② 针对学生学习中的薄弱环节；③ 针对重、难点；④ 针对高（中）考的热点。复习时不能面面俱到，而要在全面复习的基础上，根据《标准》和考试说明的要求及近几年高（中）考考试改革的方向，针对重点内容进行有重点的复习，这样才能提高复习的有效性。

5. 精选性原则

复习课中例题的选择、习题的配备必须精心设计。题目必须有一定的基础性、启发性、代表性和综合性，特别是例题的选取要做到少、精、活、度。"少"指一节课所选例题不宜太多，一般以 2~3 个为宜；"精"指题目要精炼，要具有典型性和代表性；"活"指题目的解法要灵活，不要太单一，要具有启发性和开发研究的价值，即要有较强的探究性和发展的余地，能由此而引出新的问题和进一步的思考；"度"指难度，例题选取不宜太难，一般以中档题为佳。要选择一些能"牵一发而动全身"的题目供师生共同进行探究，帮助学生从中找出规律与方法，达到解一题、通一类、带一串。如，可精选一些一题多解、一题多变和可以引申推广的题目让学生进行训练、研究，以开阔学生思路，使学生通过复习有新的收获、新的体会和新的提高。遵循这一原则，要求活用资料，不要照搬资料，并针对学生的实际和《标准》和考试说明的要求，精心挑选题目。

6. 主体性原则

学生是学习的主体。学生数学学习的过程是学生利用自己已有的知识、经验对所学知识自主建构意义的过程。而最有效的数学学习活动是在教师的指导下，通过学生自己观察、实验、分析、归纳、抽象、概括、猜测、验证、推理与交流等自主探究式的学习活动。通过自主探究学习获得的知识，理解最深刻，掌握最牢固，最具有价值。因此，在复习课中，教师只是学生学习活动的组织者、引导者、指导者与合作者。教师不能独霸课堂，一讲到底，要启发、引导学生，给学生留足充分的时间，让学生进行自主探究，合作交流。只有这样，才能真正提高复习的效率。

7. 指导性原则

笛卡尔指出："最有价值的知识是方法的知识。"数学复习的策略与方法的正确运用，对提高复习效率的有着举足轻重的保障与促进作用。因此，在复习中，要注意对这类策略性知识的复习和指导，提高学生的监控调节能力和自主学习能力，从而提高复习效率。

指导性原则主要是指要加强对学生复习策略与方法的指导。具体的复习指导主要为以下几点：① 指导学生制订复习计划，明确复习目的，确定复习重点，落实复习措施，选好复习方法；② 指导学生处理好课本与复习资料、课内与课外、做题与总结提炼解题规律的关系；③ 对学困生要加强个别指导；④ 指导学生进行知识内在联系的总结、知识网络结构的建立和解题规律的提炼等。

以上几个教学原则彼此之间相互渗透、相互促进、密不可分，构成一个完整的整体结构。虽然它不是什么金科玉律，但可帮助教师在复习时有章可循，少走弯路。教师在复习时要根据自己和学生的实际出发，精心策划，恰当实施，以求最佳的复习效果。

高考数学复习效率的调查与分析[①]

一、问题的提出

在数学高考复习中,如何提高复习效率是我们一直关心和探讨的一个中心问题。但我在对高三数学复习教学的听课和与学生的交流中发现,高考复习中存在着复习效率与师生付出的劳动不成正比的情况,特别是一些中等生和学困生普遍反映"知识复习了,题也做了,遇到数学难题时仍然不会做,复习的收获不大",只有一部分优等生感到复习效果还可以,这使我们意识到当前高考数学复习中还普遍存在复习效率不高的问题。到底是什么原因造成了这种情况?这种现象是否具有一般性?是不是我们制订的复习计划和选择的复习方法不符合学生的实际?学生在复习中所采用的复习方式是否有效?复习中优等生和学困生复习效果差异的原因何在?我们认为这些问题有必要弄清楚,才有利于我们采取有针对性的措施和方法,切实提高复习的效率。于是,我们以质的研究理论为指导,从学生数学复习的方法、教师复习教学的方法和复习效果等几个方面设计问卷进行了一次范围较广泛的学生问卷调查研究。

二、调查的对象与方法

调查的对象为成都市龙泉驿区重点中学一个普通班和三个普通高中,共四所学校七个教学班的高三学生。

调查的方法采用问卷的方式并结合教师座谈和学生座谈。问卷设计时把学生分为"成绩优秀""成绩较好""成绩一般"和"成绩很差"四部分。"成绩优秀"为优等生,"成绩较好"和"成绩一般"为中等生,"成绩很差"为学困生。问卷的内容分为复习的计划性、学生复习的方法、教师复习教学的方法、复习资料的使用、教科书的使用、作业的处理、复习效果和学生对复习的要求等几部分。

[①] 此文系王富英、柏利霞合作,原载于《数学教育学报》2008 年第 18 卷第 4 期,被人大复印资料《中学数学教与学》2009 年第 1 期全文转载。

三、调查结果分析

本次调查共发放问卷 444 份，收回 444 份。通过对调查问卷的统计分析，我们发现目前数学高考复习中存在以下问题。

1. 学生复习缺乏计划性，具有盲目性

第 2、3 题主要是了解学生数学复习中制订计划与执行计划的情况。从调查中我们发现，优等生一般都有复习计划。29%的优等生能根据自己的情况制订书面计划，14%的优等生不但有长期计划还有短期计划，同时，57%的优等生都能够自觉地执行复习计划。对于中等生和学困生有 30%~38%没有计划，33%~61%只是心中有计划。其中能根据自己的情况制订计划的只有 6%~7%，而且不能执行计划的高达 59%。做任何工作都要有计划性，有计划和按计划进行工作能充分保证工作的有条不紊，高效有序，而工作没有计划，便会造成工作的盲目性，从而使工作效率不高。学困生复习缺乏计划致使复习具有盲目性是复习效率不高的重要原因之一。值得注意的是，19%的优等生，23%~33%的学困生不知道怎么制订复习计划，即使制订了计划，14%的优等生，30%~34%的学困生需要得到老师和家长的督促才能执行计划。这就要求教师要加强对学生如何制订计划的指导和执行计划的督促。

2. 学生数学复习的方法不当，教师缺乏具体指导

第 4、5、13 题主要反映各类学生数学复习方法及复习效果的情况。调查得知，71%的优等生采用的是"课前看教科书并整理知识、听课、做题、考试、总结"的复习方法。57%的优等生是既注重对基础知识的复习，又注意解题及解题后的反思、总结。由此可见，优等生能自觉主动地进行复习，复习方法得当、正确。因此，大部分感到收获很大（达 57%）。而 46%~49%的中等生和学困生采用的复习方法是"听课、做题、考试、偶尔看看书"。特别是学困生，53%复习时缺乏主动性，完全按照老师的要求进行，而且很少与同学一起讨论交流，他们把主要精力都放在解题，而且不注意解题方法和规律的总结提炼，不注意对基础知识的理解和掌握，因此，他们大部分都感到复习收获不多，57%的学困生认为只有一点收获，11%的学困生感到没有收获。由此可见，中等生和学困生复习效果差的原因在于他们复习缺乏主动性，复习方法不当。产生的原因，从调查反映出的情况主要是教师在复习教学中缺乏对学生复习方法的指导和帮助。调查发现，学生均渴望教师多给他们复习方法的指导。不同层次的学生需要老师给予复习方法指导的要求也不同：29%

的优等生、45%~60%的中等生和学困生都希望得到老师的指导与帮助。这说明，复习教学中要加强对学生复习方法的指导，这样才能有效提高复习效率。

3. 对课本的使用重视不够，缺乏具体的指导与要求

第11题是反映复习中对教材的使用情况。调查结果为：有31%的学生反映老师虽要求看书但未指导如何看；有59%的学生只看结论，未仔细研读。我们在与学生的座谈中了解到，虽然许多教师在每个单元复习前都要求学生看教科书复习，但未做具体要求和检查，也未做如何看书的指导。因此，对于中等生和学困生即使教师要求看教材并进行归类整理，但自己不知道怎样看书、怎样整理。还有相当一部分学生根本就不看教科书，认为书上的知识资料上都系统总结了，没有必要看书，而且教师也不重视教科书的使用。我们认为，不重视教科书的使用，学生对课本复习的方法不当，教师缺乏对学生看书的具体指导与要求是复习中造成基础知识不扎实的重要原因之一。

4. 课堂上教师讲解时间太多，留给学生练习、思考的时间不够

第7、8、9题反映的是教师课堂复习教学中的情况。调查得知，老师在教学中较注重精选例习题、注重一题多解和解题规律的总结提炼。这些都是数学教学中较好的现象。但是，有49%的学生复习后解题能力不强，看到题不知怎样解答，原因何在？从第7题可以发现，课堂上教师一人讲解的时间在一半以上的达76%，这样留给学生思考、练习和总结的时间很少。教师先让学生思考、讨论，再组织交流、评讲和总结的只有14%。这说明在复习教学中，教师大多关注的是自己的分析讲解和总结，给学生练习、思考和总结的时间不够，学生的主动性调动不够，我们认为这也是造成复习效率不高的重要原因之一。

5. 对学生作业的批改和要求较低，反馈不及时

第10、12题分别反映的是课后教师批改作业的情况和对复习资料的使用情况。调查得知，没有交作业的很少（4%），每天交作业的也很少（7%），偶尔交作业没有批改的也很少（7%），绝大多数是偶尔交作业进行了批改。这说明复习教学中对学生作业的批改和要求较低。我们发现，这是目前高考复习中较普遍存在一种情况，而且有许多教师不批改作业，让学生自己对资料后的答案。这致使复习教学中不能及时反馈发现学生存在的问题。我们认为，对学生作业的批改和要求较低，反馈不及时也是影响复习效果的原因之一。

6. 照搬复习资料，练习和例题缺乏针对性

对复习资料的使用，调查反映出"按复习资料进行，但做了部分调整"的有 38%，根据学生的实际作了删减和增加的有 49%。这说明大多数老师在复习中较能活用资料。但在座谈和听课中也发现，还是有相当一部分高三老师是完全照搬资料进行复习，而这些老师所教班级的复习效果又都不是很好。通过调查分析我们得出：复习中照搬资料，练习和例题缺乏针对性是造成复习效率不高的又一重要原因。

7. 过于依赖于老师的讲解，缺乏独立思考、交流讨论的习惯和能力

对于"课堂上多给些自主活动的时间，让我们先思考、交流再讲"，优等生明显高于中等生和学困生（29% : 22%），但都未超过 30%。对于"我们自己能学会、能探索到的最好不要再讲，主要讲我们不易弄懂的、重点的知识和方法"，优等生和成绩较好的学生有 42% 和 43%，学困生只有 24%。这些统计说明无论优等生还是中等生和学困生，在课堂上较多的都还是依赖于老师的讲解，说明学生缺乏独立思考、交流讨论的习惯和能力。

8. 满足了少数优等生，丢掉了大多数中等生和学困生

对于"在我们遇到困难时老师应多启发、点拨，组织我们交流讨论，不要一下子把结论讲出来"，优等生占 14%，中等生和学困生占 38%。我们在与学生的座谈交流中，优等生也反映现在课堂练习的时间足够了，教学节奏适合，还希望教师课堂上多进行一些难度较大的题目的训练。这与目前课堂上教师讲解的内容较多，速度较快，题目较难的复习现状一致。这说明优等生需要课堂上少浪费时间，知识容量要大，而中等生和学困生则希望多给他们一些时间理解、消化、练习。这反映了目前数学复习教学缺乏分层要求和分类指导，基本上只满足了部分优等生，而丢掉了大多数中等生和学困生。

9. 对高考研究不够，集体备课不落实

在调查、听课和座谈中我们发现，一些教师对高考复习研究不够，主要表现在没有深入地研究考试说明、近几年的高考试题和自己学生的实际情况。有些教师对一些数学知识本身没有真正吃透，知识内在联系与规律的掌握与挖掘不够，从而导致对高考复习的标高把握和定位不准，方向不明，随意性大，效率不高。同时，集体备课的开展不落实。一些学校虽然成立了集体备课组，但具体的集体备课、研究的措施缺乏。复习中各行其是、各搞一套的现象仍存在，未能充分发挥集体的智慧和力量，整体复习效果不高。

四、几点建议

根据以上调查分析的结果，我们认为，要提高数学高考复习的效率，应注意以下几个方面。

1. 研究高考，吃透教材，恰当确定"标高"

数学高考复习的目的任务是：弥补缺漏，系统梳理，夯实"双基"，提高能力，促进学生的发展。[1]而要真正达到高考复习的目的任务，首先必须研究高考，吃透教材，恰当确定复习的"标高"。我们这里提出的研究高考，并不是只要求教师要研究，而且要求学生也要研究。只有师生都明确和吃透了高考的内容、要求和高考改革的方向，教师才能制订有针对性的复习教学的措施和方法，正确把握复习的尺度和标准；学生复习时才能目标明确，并根据高考的要求和自己的实际，制订切实有效的复习计划与措施。具体的研究，是以教师的研究为主，学生在教师的指导下进行的。

研究高考主要是指研究考试说明、近几年的高考试题和研究教材以及它们之间的相互联系。研究考试说明，重点是考试要求和考试内容。考试要求又分为对数学学科考试性质的要求、具体考试内容的要求以及如何考察的要求几部分，同时还要注意考试要求中本年度与前一年有哪些发生了变化，哪些未变，变化的意图何在，预示着什么等。对每一条要求要明确具体的内容和要求的程度，要对其含义有深刻的理解。在研究考试要求时还要研究前一年的考试要求的相关内容，并研究当年的考试中是如何体现这些要求的，这样可为研究本年度的考试要求提供参考。考试内容的研究重点放在对考试内容的考试要求上，看考试说明中对具体内容的考试要求的层次，并研究在高考试题中是如何体现的。对高考试题的研究主要将近几年特别是近三年全国和各省的高考试题集中起来，分为选择题、填空题和解答题三种类型进行研究。研究的主要内容为：考了哪些知识，以哪种题型和方式考的，考到了什么程度，哪些知识考试的频率高，哪些较低，哪些知识综合的程度高，它与哪些知识进行了综合，以什么方式综合的，这些题型和考察方式体现了考试说明的哪种要求，这些题型和内容与教材有何联系，等等。

对教材的研究的主要内容为：对主干知识的研究、典型例习题的研究、教材中知识之间内在联系、隐藏的数学规律、数学思想与方法的研究和高考试题与教材联系的研究等。通过引导学生对教材的研究，可使学生吃透教材，做到过好三关：概念关、公式定理法则关和例、习题关，切实做到夯实"双基"，为进一步提高学生灵活运用知识的能力打下坚实的基础。

2. 研究学法，正确指导，提高复习效率

在复习的过程中，教师要研究学生的复习方法，给学生正确的复习指导。对学生的指导主要为以下几点[1]：① 指导学生制订复习计划，明确复习目的，确定复习重点，制定复习方法，督查措施落实；② 指导学生处理好课本与复习资料、课内与课外、做题与反思总结的关系；③ 对学困生要加强个别辅导与指导；④ 指导学生进行知识内在联系的总结，知识网络结构的建立和解题规律的提炼；⑤ 指导学生经常反思自己的复习方法是否恰当，并根据复习情况不断调整自己的复习方法和策略等。

3. 研究教学，改进教法，提高教学效率

要提高高考复习的效率，就要研究复习教学的规律。复习教学的研究重点是高考复习课的研究。复习课的研究主要是基础知识复习课的研究、专题复习课的研究、解题学习课的研究和试卷评讲课的研究。改进教法的重点是如何激发调动学生的主动性和积极性，让每个学生都动起来自觉主动地去阅读教材，归纳整理，交流讨论，反思总结。只有在具体明确了复习课的目的任务、功能、特点以及复习课的教学规律（教学原则）后，才能遵循数学复习教学的规律，改进复习教学的方法，提高复习效率。

参考文献

[1] 王富英. 数学总复习的目的任务、功能、特点及教学原则的探究[J]. 数学通报，2003（2）.

让学生在探究、合作与交流中进行数学复习①
——一节二元一次方程组复习课的实录与点评

"自主探究、合作交流"是新一轮课程改革提倡的数学学习方式，也是数学探究式学习的重要特征。在数学复习课怎样运用这一学习方式，其效果如何？我带着这个问题并结合课题研究，于 2003 年 12 月 29 日在成都市龙泉驿区同安中学八年级上期期末进行了一次复习课的教学研究活动，取得了很好的教学效果。本文整理了该节课的实录并加以点评，作为新课程改革实验研究的一个素材，供大家共同研究。②

师：同学们，今天这节课，我们一起来复习研究二元一次方程组及其解法这一章的内容。昨天我请大家把二元一次方程组这部分知识进行归类、整理。现在请一位同学把你们对这部分知识归类整理的情况给大家展示一下。哪位同学先来展示一下你的成果？

（评：这里教师是要求学生展示他们的研究成果，而不是要求学生回答教师提出的问题，是把学生作为一个研究者来看待。这既反映了教师的教学观和学生观，也把学生真正作为学习的主体来对待，充分发挥了学生的主体作用。）

生1：我是按教材的编写顺序整理的（展示台展示）。（略）

师：不错！哪位同学还有不同的整理方法？

生2：我是从二元一次方程的整体结构进行整理的，我分为四部分：

---

① 本文为成都市"十五"首批教育科研课题"中学数学自主探究式学习的研究与实验"的研究成果，原载于《时代数学学习》2006 年第 1~2 期。此文是我指导设计一堂复习教学中的习题课。该文发表后被北京师范大学初中数学教师培训资料作为典型课例选入，后又被选编入周成平教授主编的《中国著名教师的经典课堂（初中数学卷）》（凤凰出版集团，江苏教育出版社，2009）一书，同时该课例还被多家教学网站转载。

② 所用教材为北师大新世纪版《义务教育课程标准实验教科书数学八年级上册》，授课教师：何远忠。

（1）二元一次方程（组）的有关概念 $\begin{cases}(1)\text{二元一次方程}\\(2)\text{二元一次方程组}\\(3)\text{二元一次方程的解}\\(4)\text{二元一次方程组的解}\\(5)\text{解二元一次方程组}\end{cases}$

（2）二元一次方程组的解法 $\begin{cases}\text{加减消元法}\\\text{代入消元法（例：略）}\\\text{图像法}\end{cases}$

（3）二元一次方程组与一次函数之间的关系：一个二元一次方程的图像是一条直线。因此，二元一次方程组解的情况就可由平面上方程组对应的两条直线的位置关系确定。两条直线平行时方程组无解；两条直线相交时方程组有一个解；两条直线重合时，方程组有无穷多组解。反过来也成立。

（4）二元一次方程组的应用：① 求待定字母的值（例：略）；② 解应用问题（例：略）等。

师：两位同学从不同的角度对本章知识进行了归类整理，都很不错。但比较而言，你们更喜欢哪位同学的？

众生：生2。

师：第一位同学是按教材的顺序进行整理，这对于初学整理的同学也是一种常用的方法，但是第二位同学的整理把握住了该章知识的整体结构，她对每一种情况还举例给予了说明，理解得更加深刻。两位同学的都不错！大家以后再进行整理总结时要向她们学习。这里，我也对这一章的知识进行了归纳整理，现在大家可以看一看（用多媒体展示，结果与同学的比较，还不如第二位同学的好）。同学们可以看出，老师整理的还不如你们整理的好，同学们比老师还聪明。其实只要大家勤于思考，多动脑、动手，一定会有重要的发现和收获的。

（评：先由学生自己对该部分知识进行归纳总结，在课堂上展示后再通过师生的共同评价修正，从而帮助学生建立整体性的认知框架，完善认知结构。学生的主动性和积极性得到了充分的发挥，比只由教师讲解学得主动、理解深刻。

心理的安全和自由是学生创造性思维的必要条件。教师以一个参与者的身份积极参与交流与评价，并勇于承认自己的不足，使学生感到教师对他们敞开了心怀，可亲可敬，从而使学生获得了一种心理的安全和自由，为学生大胆地探索、积极交流，创造了宽松的心理环境和民主、平等、和谐的课堂环境。）

师：现在我们来看下面的一个例子。

【例1】解方程组 $\begin{cases} \dfrac{x+y}{2}+\dfrac{x-y}{3}=7 \\ \dfrac{x+y}{2}-\dfrac{x-y}{3}=3 \end{cases}$。

大家先自己求解，要求尽量用多种解法，得出解答后先在学习小组内交流，比较哪种解法好，然后各组推出最好的解法在全班交流。

（评：利用小组学习的形式，给每个学生提供更多合作交流的机会，使面向全体得到了真正的落实。）

（学生解题，小组内交流、讨论，教师巡视、指导）

师：我看大家都已得出该题的解答，有些组还得出了老师都还未想到的好解法，现在请各组展示你们的优秀成果。在展示时要求要与别人的解法不相同。

生3（一组）：我们是先用去分母把方程组化简整理后用加减消元法求得解答的。

生4（三组）：我们把化简整理后用的是代入消元法求得解答的。

生5（四组）：我们用的是换元法。令 $x+y=m$，$x-y=n$，然后求解。

生6（二组）：我们没有直接换元，而是把 $\dfrac{x+y}{2}$ 和 $\dfrac{x-y}{3}$ 看成一个整体，通过心算就可得到 $\dfrac{x+y}{2}=5$，$\dfrac{x-y}{3}=2$。由此得 $\begin{cases} x+y=10 \\ x-y=6 \end{cases}$，再通过心算即得方程组的解为 $\begin{cases} x=8 \\ y=2 \end{cases}$。（全班自发地鼓掌）

师：太棒了！还有没有其他解法？

（学生都积极进入思考）

生7（三组）：把原方程组化简后用图像法解。

生8（四组）：换元后用图像法解。

（评：生8的发言显然受到了生7的启发。学生之间的相互交流、讨论，进行思维的相互碰撞，可进一步激发思维的灵感、创造的火花，不断产生"好念头"。因此，开展交流讨论是培养学生创新思维能力的一条有效策略。）

师：同学的发言很好，把老师想要讲的都说了。现在大家对四个组得出的四种不同解法进行一个评价，看哪个组的解法最好。

（评：把评价纳入学生的学习过程之中，用评价来激发学生的学习兴趣，从而使评价成为促进学生主动学习的一部分。同时通过对几种不同解法优劣的比较和鉴别，可培养学生思维的批判性和养成解题后反思的良好习惯。）

生 9（五组）：我认为，一组和三组的解法很好，因为，这是解二元一次方程组的常用方法。我们组也都是用的这两种解法。

生 10（六组）：我认为，四组的解法更好。虽然一组和三组的解法是常用的解法，但计算较繁。四组的解法通过换元，使形式更简单了，便于计算，且不易出错。

生 11（一组）：虽然换元后形式要简单一些，但要解两次方程组，增加了解方程组的次数，并不一定就简单。

生 6：我认为，我们组的解法最简单、最好。我们在解该题时，根据该题的特点，利用了换元的想法但没有换元，而是把 $\dfrac{x+y}{2}$ 和 $\dfrac{x-y}{3}$ 看成一个整体进行求解，整个解的过程基本上没有动笔就得出了答案，并且不易出错。

生 5：我也认为二组的解法比我们组的好。

生 12：我赞同生 6 的意见。我还想说一点。本题除了最好的解法以外，我认为，本题用图像法解是最不好的解法。因为，当你画好图像时，我已经解出答案了。用图像法解不但费时而且由于画的图像如果不准确得出的解还只是一个近似解而不是准确值。

（评：教师原先的设计只是想通过比较评出最优秀的解法，而学生不但评出了最优解法，而且对每种解法的优劣还进行了相互比较评价，完全超出了教师的设想。实际上学生的评价才是全面、公正和最有价值的。往往在许多时候，学生的智慧要超过老师。）

师：同学们分析得很好。通过比较、分析，大家是否都认为第二组的解法最好？

众生：第二组的解法最好！

师：我赞同大家的意见。其实，各组的解法有各自的特点，他们分别是从不同的角度思考进行的。第二组同学的解法是在认真审题、仔细观察题目特征的基础上，运用了两种数学思想方法从而快速、准确地得出了问题的解答。这两种数学思想方法是"换元的思想"和"整体的思想"。第二组同学的解答给我们一个很好的启示：在解题时，一定要认真审题，仔细观察题目的特征，灵活选用解题的方法，并恰当地运用数学思想方法来指导解题，从而提高我们的解题效率。若长期这样进行下去，可形成良好的数学思维策略，迅速提高解题能力。

（评：数学思想方法是数学的精髓和灵魂，是数学知识在更高层次上的抽象和概括。利用数学思想方法来指导数学学习和解题，往往能提高学生的数学学习效率,达到事半功倍的效果。但数学思想方法不是游离于数学知识之外的,而是渗透在数学知识的发生、发展和运用的过程之中的。这就要求教师要有目的地及时总结提炼,将数学思想方法的学习有机地融入学生的数学学习过程之中。这里,教师把自己置于一个参与者的身份,参与学生的讨论,并将学生讨论中出现的数学思想方法及时地进行总结提炼,使学生认识到数学思想方法在数学学习中的重要价值和作用,从而将数学思想方法的学习有机地渗透其中,使整个讨论和学生的认识上升到一个新的高度。)

师:刚才我们在给出了方程组的情况下获得方程组的解为 $\begin{cases} x=8 \\ y=2 \end{cases}$。现在我们反过来思考一个问题:已知解为 $\begin{cases} x=8 \\ y=2 \end{cases}$ 的方程组除例1还有哪些?你们能否自己编一道用到例1的方程组来解的数学问题?看谁编的问题新颖、独特,形式多样。

(评:教师是学生学习、探究活动的组织者和引导者。此处教师从培养学生探索创新能力和促进学生发展的角度出发,又从反面提出问题,引导学生积极地投入探索、研究之中。)

(学生进行积极的思考、探究,教师在学生之间巡回指导,时而作为顾问回答学生提出的问题;时而给予学生必要的指导;时而参与学生的讨论、交流。)

生12:何老师,我认为解为 $\begin{cases} x=8 \\ y=2 \end{cases}$ 的方程组除例1还有:

(1) $\begin{cases} x+y=10 \\ x-y=6 \end{cases}$ (2) $\begin{cases} 2x+y=18 \\ x-3y=2 \end{cases}$

师:是否只有这两个方程组?

生12:不是,还有很多个。

生13:已知 $|x-4y|+\sqrt{x+y-10}=0$,则 $x=$ "____"; $y=$ "____"。

师:她是利用非负数的性质以填空题的形式编制的习题,很好!(把题写在黑板上)还有其他形式的吗?

生14:有!我编了一道求值题:

已知:$-3a^xb^y$ 与 $7a^{4y}b^{x-6}$ 是同类项,求代数式 $2x^2-3y+1$ 的值。

师:好!这位同学是把同类项的概念与解方程组融为一体编制的,很有新意。(把题写在黑板上)

生15:我编制了一道选择题:下列方程组中,解为 $\begin{cases} x=8 \\ y=2 \end{cases}$ 的方程组是( )。

（A）$\begin{cases} x+y=10 \\ x-2y=4 \end{cases}$；（B）$\begin{cases} x+y=1 \\ x-y=2 \end{cases}$；

（C）$\begin{cases} x+2y=11 \\ 3x-2y=18 \end{cases}$；（D）$\begin{cases} x-2y=5 \\ 3x-2y=8 \end{cases}$。

师：很好！与众不同。（把题写在黑板上）

生 16：我还有一道题：

是否存在整数 m，n，同时使关于 x，y 的方程组

$\begin{cases} \dfrac{x+m}{2}+\dfrac{y+n}{2}=8 \\ (5x-7y)^m=36 \end{cases}$ 和 $\begin{cases} mx-2y=4 \\ 2x+ny=26 \end{cases}$

的解都为 $\begin{cases} x=8 \\ y=2 \end{cases}$。如果有，请求出 m，n 的值，如果没有，请说明理由。

师：他出的是一道探索性问题，很有创意。（掌声）这种题型是近几年中考试题中经常遇到的一种题型，它对考察同学们的探究能力十分有利，因此，大家要注意这种题型的解法和作用。（把题写在黑板上）

以上大家都是着眼于解为 $\begin{cases} x=8 \\ y=2 \end{cases}$ 而编制的习题，有没有利用例 1 的方程组来解决编制的习题呢？可以上黑板板书和讲解。

生 6：有！我编了一道文字题。（上黑板板书习题）

有一个两位数，它十位上的数字与个位上的数字和的一半加上十位上的数字与个位上的数字差的 $\dfrac{1}{3}$ 等于 7；它十位上的数字与个位上的数字和的一半减去十位上的数字与个位上的数字差的 $\dfrac{1}{3}$ 等于 3；求这个两位数。

如果分别设十位上的数字为 x，个位上的数字为 y，得到的方程组就是例 1 的方程组。所以，这个两位数是 82。

生 17：我编了一道应用题（上黑板板书习题）：

一个笼子里有一些鸡和鸭。已知鸡的总数和鸭的总数的和的 $\dfrac{1}{2}$ 与鸡的总数和鸭的总数的差的 $\dfrac{1}{3}$ 相差 3 只；鸡的总数和鸭的总数的和的 $\dfrac{1}{2}$ 与鸡的总数和鸭的总数的差的 $\dfrac{1}{3}$ 一共刚好 7 只，问：这个笼子里的鸡和鸭各有多少只？

生 18：我编的题不是利用例 1 的方程组来解，但仍然是用二元一次方程组来解的。（上黑板板书习题）

有一个运输队承包了一家公司运送货物的业务。第一次运送 18 吨时派了

一辆大卡车和 5 辆小卡车，第二次运送 30 吨时派了一辆大卡车和 11 辆小卡车，并且两次所派的车都刚好装满。问：两种车型的载重量各是多少？

师：这位同学没有局限于我们提出的问题，而是做了进一步的拓展。思路开阔，并且所编的问题，语言表述清楚，思维严谨，很不错！（掌声）

"老师，我还有！我还有！"

……

这时下课铃响了，教师及时地做了总结。许多学生为自己的成果没有得到展示而遗憾不已。

师：同学们今天思路开阔，思维活跃，充分发挥和展示了你们的聪明才智。你们提出的许多问题，老师课前都没有想到，很了不起！我今后还要向同学们学习。

（评：几句简短的激励性评价语言，把老师置于与学生同等的位置，拉近了师生之间的距离，增进了师生情感。同时，又使学生增强了成就动机，获得了成功的满足，激发了学生学习和探究数学的兴趣与积极性。）

师：由于时间关系，有许多同学的成果还没有得到展示，因此，今天的作业就是每个同学自己编五道形式不同而要用到二元一次方程组来解的习题，编好后写出它的解答过程，看谁编的好。同时总结这一章的主要题型和解题规律，自己在学习这一章时的心得体会或者自己的新发现。

（评：时时反思总结，是提高学生数学学习效率、增强自律学习的有效策略。而且数学的学习并不仅仅是做几道数学题，而是要通过数学的学习提高学生的各种能力，促进学生的发展。这里教师的作业布置，不是随便点几道习题让学生做，而是通过让学生编题、解答和总结，既注重了知识与技能的训练，又注重了的学生发散思维能力、创造思维能力和反思总结能力的培养。良好的数学学习习惯和方法的养成以及数学情感、态度和价值观的形成是在学生学习的过程中逐渐完成的。）

这节课使我和听课的老师以及上课老师的都感受很深。课后，我与何老师交谈，他说："这节课完全超出我的想象。我原先设计为主要通过教师的讲解和各种题型的练习来复习巩固这一章的知识与技能。上次我听了你的建议后，提出了今天的设计方案。说实话，我当时心中都没有底。特别是各种不同题型的编制，我认为学生不可能编的那么全面、深入。而课堂上学生的表现简直让我惊讶。想不到学生的思维那么活跃，能力那么强。他们所编的习题类型不但覆盖了我设计的类型，而且有些还超出了我的思考。学生真是太聪明了！"

随后我又组织学生进行了座谈。学生的反映更是热烈。他们说："以前的复习课,全由老师讲,我们很多同学听一会儿就分散精力,有一些学生根本就没有听。课后作业许多同学没有认真地独立完成,还有一些还是抄别人的,一章复习完后许多知识没有真正弄清楚,还是迷迷糊糊的。""今天的课,课前老师让我们自己先对这一章进行整理,而且说课堂上要展示,大家都认真地进行了复习整理。除了自己看书上的内容外,我们还翻阅了一些参考资料,与同学进行了讨论。这样老师还没有上课,我们对这一章的知识及相互之间的关系就基本上复习和了解了。课堂上再通过展示大家的整理和教师的讲解,使我们既看到了到自己的不足,又学习到了别人的方法,进一步加深了对这一章知识的理解与掌握,印象十分深刻,特别是让我们自己编题,大家积极性都很高,都在认真地进行。""当听(看)到别人编的很有新意时,也启发了自己的思路,产生了一些新的想法。""以前老师布置的各种不同类型的习题,我们只是为了完成作业,从没有认真去想一想它们之间有何联系和规律。今天通过我们自己编制并展示了各种不同的类型,使我们看到了这些不同类型习题的解题规律和相互之间的联系,我们觉得这些题简单多了。""老师今后的课都应该这样上。让我们先自己去做一做,做后再交流,通过交流,可以互相启发,这样我们收获要大得多。"

在复习课中如何体现新课程的教学理念,如何改变学生的学习方式,提高复习课的效率,是在新课程改革中需要认真研究的课题。在这节课的教学设计时,我们在明确复习课的目的任务的前提下,以培养学生能力、促进学生发展为指导思想,遵循复习课教学原则中的系统性原则和主体性原则,[1]以学生的"学"为出发点,将"自主探究、合作交流"的学习方式贯穿于课的始终,并将评价与教师的教和学生的学有机地融为一体。实践证明,复习课中,只要教师转变观念,设计合理,组织得当,恰当地运用评价的激励与促进作用以及"自主探究、合作交流"的学习方式,便可充分激发和调动起学生学习的积极性和主动性,获得理想的复习效果。

参考文献

[1] 王富英. 数学总复习的目的任务、功能、特点和教学原则的探究[J]. 数学通报,2003(2).

数学教学中试卷评讲课的探究[①]

试卷评价课是数学教学中的重要课型。它一般是在新课结束复习教学后对学生知识学习掌握情况进行试卷测试后进行的，因此，评讲课是复习课的继续和深化，也是复习教学的重要环节。评讲课的目的是：帮助学生纠正错误，弥补缺漏；加深理解，强化巩固；拓宽思路，揭示规律；总结经验，树立信心；提高能力，促进发展。

评讲课效率的高低，直接关系到复习质量和学生数学能力的提高，在某种程度上说，评讲课效率的高低是进一步提高数学复习质量与效益的关键。可是，目前中学数学教学中的试卷评讲课却经常出现下列现象：许多教师在测试阅卷后，不做认真地分析、研究和备课就拿着试卷答案急急忙忙上评讲课。其方法大都是花上几节课，全由教师把试题从头到尾、不厌其烦地讲一遍或者对对答案，只选取几个教师认为重要的试题讲讲，平铺直叙，缺乏重点和针对性。遇到"多次纠正过的错误，下次遇到学生仍然出现"（我们称为"错误重复现象"，这是一线教师感到最头痛的问题）时，就焦虑急躁，把全部原因归于学生"笨"，甚至一些教师把一节评讲课变为一节"训斥课"。这种评讲课，教师独霸讲台，学生只是被动地听，没有充分参与到评讲的过程中去，结果是教师辛苦，学生疲惫，教学效率低下，更谈不上激发学生的积极性了，久而久之，教师认为评讲课不好上，也不知如何上才好。笔者认为，这种评讲课效率低下的根本原因是没有真正了解和掌握评讲课本身的特点和规律所致。为此，本文笔者对评讲课的特点、教学原则及教学模式做一些初步的研究，用以与同行交流探讨。

一、评讲课的特点

评讲课有以下特点。

[①] 此文原载于《中国数学教育》2009 年第 5 期，被人大复印资料《中学数学教与学》2009 年第 8 期全文转载。

（一）容量大

一套试卷一般由 22～31 个小题组成，涵盖的知识为一个单元、一个章节、一个学科（代数或几何）或中学阶段的全部数学知识。因此，一套试卷的知识容量很大。试卷中隐藏着大量的信息：学生在测试中出错的原因和形式的多样性、试题解法的多样性，一些典型的试题还隐藏着可供挖掘的许多有用的结论，即具有许多可供进一步研究和开发的价值和可供利用的信息等。所以，一套试卷所提供的信息容量和思维容量大。此外，一套试卷往往还要综合考查学生的各种能力及数学思想方法，因此，能力要素的容量和数学思想方法的容量亦大。而评讲课要在短时间内（一般为一至两节课）对学生在考试中所出现的各种错误的原因、好的解法和知识、技能的掌握、数学思想方法的运用和数学能力等各种情况进行评析，其知识容量、思维容量、信息容量较其他课型都大。

（二）评价性

评价是评讲课的核心。[1]评讲课中的评价是通过对试卷反映出来的各种信息的分析、数据的处理，对学生学习的结果进行定量分析与定性评估，以确定学生对某个单元或某个阶段的学习与确定目标实现的程度做出价值判断的过程。评讲课评价的主要作用为：① 通过对学生试卷中反馈的信息，剖析评价后反馈给学生，使学生澄清错误认识，分清错误类型，明确自己对知识掌握的程度，从而得以反思、调节自己的复习方法，改进复习的措施，提高复习效率与成绩。② 通过展示学生的优秀解法，比较优劣，暴露思维过程，展示思维成果，使学生认识自我，树立信心，进一步激发学生学习的积极性。③ 通过评价了解学生复习的情况，好（差）到什么程度，已达到什么水平，存在何种问题等，便于教师改进教法，制定相应的措施，提高复习教学的质量与效益。如果没有教师对学生的评价，学生对自己知识掌握的程度和存在的问题就会心中无数，会严重影响后继学习或复习的效果。因此，评价性是评讲课的一个重要特征。为了在评讲课中充分发挥评价的功能和作用，在评讲课前，教师要认真分析试卷，深入研究学生对知识、技能、能力和数学思想方法掌握的程度，剖析错误的原因，收集学生的优秀解法，以便进行恰当、准确的评价，发挥评价的激励与促进的功能。

（三）补救性

评讲课中要对学生试卷中反馈出来的薄弱环节、典型错误，进行认真的剖析，及时予以矫正与补救，使之达到澄清认识、消除疑难、巩固强化、完成数学认知结构的目的。

（四）综合性

一般的数学测试题，主要考查学生对基础知识深入理解的程度、基本技能熟练掌握的程度、基本的数学思想方法灵活运用的程度以及数学能力水平的程度等。近几年中考和高考命题改革的方向是由知识立意向能力立意转变，而能力的具体体现就是看是否能够综合运用知识分析和解决问题，反映在命题上，就是在知识的交汇点出题。这就提高了试题的综合程度，特别是中高档试题，知识涉及面广，思维跨度大，综合程度高。这也就决定了试卷评讲课，不论是知识、技能还是数学能力和数学思想方法都具有较高的综合性。

二、评讲课的教学原则

评讲课的特点是评讲课的内在规律，要提高评讲课的效率，除了要掌握其内在规律，还必须要掌握其操作规律，即评讲课的教学原则。评讲课一般应遵循如下教学原则。

（一）及时性原则

当一套试卷测试完后，学生在心理上处于高度的兴奋状态，对每道题的解法都记忆犹新，但又不能充分肯定自己的解法是否正确、合理和最优，于是都急于想知道自己的答卷情况和考试成绩。这种状态的最佳保持期为1~2天，此后，随着时间的推移，学生对考试和一些试题的关心程度会随着时间的延长而淡漠。因此，当一套试题测试结束后，应尽快批阅并及时地进行评讲，否则，评讲的效果将大大降低，达不到评讲的预期效果。

（二）重点性原则

评奖课切忌上成一节习题解答课、训斥课。也不要不分轻重，依次讲解，而要根据学生考试中出现的情况，有针对性地重点评析、讲解。评讲课的重点主要在以下几个方面。

1. **典型错误的剖析**

评讲课的重要目的之一是帮助学生彻底纠正错误，弥补缺漏。要达到此目的，就必须要对一些典型错误进行认真的剖析，通过对典型错误的剖析，引发学生对头脑中的错误产生内在的"观念冲突"，进行"自我否定"，从而打破原有错误的认知，建立新的、正确的"认知平衡"。一线老师们经常感到头痛的"错误重复现象"的原因之一就是教师评讲课时对这类错误剖析不够，没有使学生对错误产生内在的"观念冲突"，进行"自我否定"，建立新的"认知平衡"。

为了对错误的剖析更加深入，教师必须要分清试卷中学生的错误类型。学生试卷中的错误主要为如下五类[2]：① 知识性错误，主要表现为概念理解错误，公式、定理和法则记忆不准等。② 逻辑性错误，主要表现为思维混乱，推理不严，表述不清等。③ 习惯性错误。由平时不良的解题习惯而造成的"会而不对，对而不全"叫作习惯性错误。主要表现为只注意具体的计算数据，不注意推理说明；不注意解题书写规范，不写解（证），不写答；跳步过大，不写主要步骤等。④ 策略性错误，主要表现为不仔细审题，解了半天，才发现看错了题的条件或漏掉了条件；拿到试卷，不整体看看试卷中那些题熟悉，那些容易，而是不分难易，依次解答；遇到难一点的题，花时过多，导致后面能做的题没有时间做等。⑤ 心理性错误，主要表现为缺乏坚强的意志和信心，遇到计算较复杂的问题，就心烦意乱，没有毅力坚持完成；见到综合性较强的试题和应用性试题，就产生畏惧心理，完全放弃，使本来可以得到的分数丢失；焦虑过度，考场上过于紧张，使本来能做的题由于心理紧张而不能完成等。

2. **典型试题的开发**

一套试卷往往都有一些具有开发研究价值的典型试题。有些典型试题有深厚的背景和一定的代表性，而且往往隐藏着一般的规律和方法，若开发得好，可充分发挥其应有的价值和功能，提高学生的数学能力，促进学生的发展。开发的方法为：分析解题过程，提炼解题规律和数学思想方法；研究题目特征和作用，变换题目的条件、结论、形式和内容，引申、推广到一般等。例如，对试题：设 $0<x<\frac{1}{3}$，求 $y=x^2（1-3x）$ 的最大值。评讲时，在分析了其解题过程后，可引导将此问题推广到一般情况[3]，得

命题 1 若 $0<x<\sqrt[m]{\frac{1}{n}}$，则函数 $y=ax^{km}(1-nx^m)^p$（k，l，m，n，$p\in \mathbf{N}$，$a\in \mathbf{R}^+$）

当且仅当 $x=\sqrt[m]{\dfrac{kl}{n(p+k)}}$ 时，有最大值 $a\left(\dfrac{k}{pn}\right)^{k+p}\cdot\left(\dfrac{l}{k+p}\right)^{k+p}$。

再做进一步分析：命题 1 函数中的两个因式中，括号内 x 的指数小于或等于括号外 x 的指数，若括号内 x 的指数大于括号外 x 的指数，则有下面的命题。

命题 2 若 $0<x<\sqrt[km]{\dfrac{l}{n}}$，则函数 $y=ax^m(1-nx^{mk})^p$（$k,l,m,n,p\in\mathbf{N}$，$a\in\mathbf{R}^+$）当且仅当 $x=\sqrt[km]{\dfrac{kl}{n(pk+1)}}$ 时，函数 $y=ax^m(1-nx^{mk})^p$ 有最大值 $a\left(\dfrac{pkl}{pk+1}\right)^p\sqrt[k]{\dfrac{l}{n(pk+1)}}$。

对命题 1、2 的解题的规律和方法进行总结提炼得"升幂法"和"分解配系法"。这两种方法具有一般性，它们是解积式函数常用的方法。

最后，对试题的形式与内容再进行变式，可得如下具有共同解法的一类习题：

（1）已知 $x\in\left(0,\dfrac{\pi}{2}\right)$，求 $y=\sin x\cos^4 x$ 的最大值。

（2）已知 $x\in\left(0,\sqrt[4]{\dfrac{3}{5}}\right)$，求 $y=x(3-5x^4)^3$ 的最大值。

（3）已知函数 $y=x\sqrt{1-x^2}$ 的最大值是 M，最小值是 N，则 M，N 分别是（　）。

A. $M=\sqrt{2}$，$N=-\sqrt{2}$　　　　B. $M=2$，$N=-2$

C. $M=\dfrac{1}{2}$，$N=-\dfrac{1}{2}$　　　　D. $M=\dfrac{\sqrt{2}}{2}$，$N=-\dfrac{\sqrt{2}}{2}$

（4）如果圆柱轴截面的周长 l 为定值，求圆柱体积的最大值。

（5）已知 $0<x<\sqrt[3]{\dfrac{2}{3}}$，求 $y=-5x^6(2-3x^3)^4$ 的最小值。

（6）已知 $a\ne 0, 0<x<\sqrt[m]{\dfrac{l}{n}}, l,m,n,k,p\in\mathbf{N}$，求函数 $y=ax^m\sqrt[k]{(1-nx^m)^p}$ 的最值。

（7）已知圆锥的侧面积是 $\sqrt{3}\pi$，求其体积的最大值。

（8）已知 $a>0, k,l,m,n,p\in\mathbf{N}$，问：函数 $y=ax^k\sqrt[k]{(1-nx^{km})^p}$ 是否有最大值？若有，请求出 x 的取值范围和最大值；若没有，请说明理由。

（9）设 $0<x<\pi$，当 x 为何值时，函数 $y=(1+\cos x)\sin\dfrac{x}{2}$ 有最大值？并求出最大值。

在试卷评讲中，多引导学生对一些典型试题进行解题后的探索、研究、引申、推广，既可使学生掌握知识之间的内在联系和规律，做到解一题、带一串、通一类，发挥试题的价值与功能，提高解题的能力，又可培养学生的探索发现能力和研究能力，促进学生的发展。

3. 解题认知结构的完善

提高学生的数学解题能力是数学复习的重要目的，也是试卷评讲课的重要目的。而解题能力的提高，在于不断地完善解题认知结构。"数学的解题认知结构是由解题知识结构、思维结构和解题元认知结构组成。"[4]解题知识结构包括组织良好的数学知识结构和解题知识块。解题知识块包括"问题类型、基本数学模式、基本问题、一般的方法和特殊的技巧等"。[4]解题的思维结构包括一般思维方法、数学思想方法与数学解题策略等。"解题的元认知，由主体的元认知结构和元认知监控组成。"[5]在数学解题中，解题认知结构越完善，即数学知识组织越良好，解题知识块越多，解题的策略方法越多，解题的元认知能力越强，解题的能力就越强。要完善解题认知结构，就要注意揭示知识的内在联系和规律。因此，在试卷评讲中，可把试题归类评讲；对典型试题进行深入地挖掘、研究、引申、推广；让学生参与评讲过程之中，亲自体验、感悟、总结、提炼与积累。

（三）补救性原则

通过评讲，帮助学生进一步深化对知识的理解、对技能的巩固熟练，对薄弱和缺陷部分纠正错误、弥补缺漏、巩固强化，对解题学习总结经验、拓宽思路、揭示规律。

"错误重复现象"的原因之二，是对错误纠正后没有及时地补救强化。实施补救性原则是解决这一现象的有效策略之一。具体方法为：在对学生试卷中存在的典型错误和薄弱环节，引导学生进行了认真的剖析和"自我否定"之后，再提供一套针对性的变式练习题组进行巩固强化，以加固新的"认知平衡"和新建立的"认知框架"，从而彻底纠正错误，消除"错误重复现象"。

（四）激励性原则

试卷评讲的一个重要目的是要使学生认识自我，总结经验，树立信心，促进发展。这就需要教师在试卷评讲时针对学生的进步多给激励性的评价。

心理学研究表明，每个人都有自我实现的需要，特别是青少年学生希望自己的成就哪怕是一点点微小的成就，都能得到别人特别是师长的赞扬与鼓励，以体现自身的价值。因此，测试后的试卷评讲课应帮助学生正确地认识自我，激励学生进一步学习数学的信心与学习热情，激发起学生对数学的兴趣与数学学习的积极性。通过评讲，帮助学生建立自信心，树立坚定的信念与坚韧不拔的意志，促进学生朝着期望的目标前进。在运用这一原则时，要充分展示学生的优秀解法；积极评价学生在课堂产生的"好念头"，使学生获得成功的满足；要以发展、变化的眼光去评价学生的成绩；要对学生考试失败的原因进行正确的归因；要与学生共同分析存在的问题及其原因，并根据分析的情况共同制定改进的措施和方法。

（五）主体性原则

对错误的认识和纠正，不能单纯依靠教师的讲解，而必须是学生经历一个内在的"自我否定"的过程。这种"自我否定"只有在主体经历"认知参与"的过程中才能有效完成；对知识技能的真正理解和掌握、数学思想方法的掌握与运用，也必须靠学生主动参与，自己去经历、体验、感悟与积累。这些都决定了学生在评讲课中的主体地位。因此，在评讲课中，教师不能独霸课堂，一讲到底，要启发、引导学生，充分调动学生的积极性与主动性，给学生留足充分的时间，让学生充分参与到试卷的评讲之中。通过学生自己对错误的剖析、交流、讨论，引发内在的"观念冲突"，经历"自我否定"的过程，达到对错误的认识与纠正；通过观察、实验、比较、分析、猜想、归纳、概括、推理与交流等自主探究活动，挖掘典型试题的潜在价值和规律，揭示知识的内在联系，形成整体性的数学"认知框架"，只有这样，才能真正提高复习的效率。

评讲课的教学原则是根据数学复习的教学原则[6]，并结合评讲课自身的特点而提出的。它们相互协调，互相补充，构成一个完整的整体结构。虽然它不是什么金科玉律，但可帮助教师在评讲课中，有章可循，少走弯路。教师在进行试卷评讲时要根据试卷反馈的信息和学生的实际，灵活运用，恰当实施，才能得到最佳的实际效果。

三、评讲课的教学模式

在掌握了评讲课的内在规律和操作规律后，还必须将这些规律运用到具体的课堂教与学的比较稳定的过程结构之中，才能发挥其应有的作用，这就要求构建试卷评讲课教与学的模式。下面提供试卷评讲课的"三环五步"教学模式。

1. 课前准备环节

教师：① 统计数据，分析试卷，分清类型，查找原因；② 公布解答；③ 制定措施，改进教法；④ 确定重点，编写教案。

学生：纠正错误，查找原因，探究多解，寻找规律，制定措施，改进学法。

2. 课堂实施环节

教师：基本情况评述—展示典型错误—出示典型试题—引导总结提炼—提供补救练习

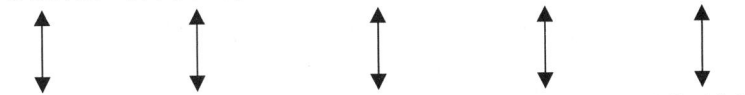

学生：了解基本情况—剖析典型错误—挖掘试题功能—反思总结提炼—补救强化练习

3. 课后补救环节

对学生的典型错误和薄弱环节做了认真的剖析之后，教师还要再设计一组相应的课后变式练习予以巩固强化，才能彻底地纠正和消除学生的一些根深蒂固的错误观念和认识。

参考文献

[1] 王富英，马岷兴. 试论试卷讲评课中的"评"[J]. 中学数学教学，2008（4）.

[2] 罗增儒. 怎样解答高考题[M]. 西安：陕西师范大学出版社，1995.

[3] 王富英. 一道最值习题的推广及应用[J]. 数学通讯，2001（15）.

[4] 涂容豹. 数学解题的有意义学习[J]. 数学教育学报，2001，10（4）：15-20.

[5] 涂容豹. 数学解题学习中的元认知[J]. 数学教育学报，2002，11（4）.

[6] 王富英. 数学总复习的目的任务、功能、特点和教学原则的探究[J]. 数学通报，2003（2）.

试论试卷讲评课的"评"[①]

试卷评讲课是数学教学中的一种重要课型,它主要由"评"和"讲"两部分构成。其中,"评"是讲评课的核心。"评"的程度如何,"评"得恰当与否,将直接关系到数学教学的质量和效益。目前的试卷评讲课上常常只是教师一味地"讲",缺乏"评"。偶尔的一些"评",大多也是一些训斥与责备。这样,不但不能实现评讲课的目的,而且还可能使学生丧失学习数学的信心,从而妨碍教学质量的提高和抑制学生的发展。在此,本文专门对评讲课的"评"做一些探索和研究。

一、评讲课为什么要"评"

试卷评讲课中的"评",就是"评价",它是对客体满足主体需要程度的价值判断。试卷评讲课为什么要"评",主要由以下几点决定:

1. 评讲课的特性

数学测验(或称考试)是对学生数学学习阶段结果是否达到预期教学目标的一种评价方法。在测验之后,需要把评价的结果反馈给学生,这就需要有测验后的试卷评讲课。在评讲课中,教师要通过分析和处理试卷反映出来的各种信息和数据,对学生某个单元或某个阶段的学习与目标实现的程度做出价值判断与衡量。这种价值的判断与衡量的过程就是评价。因此,"评"是评讲课本身固有的一个重要特性。

2. 教与学的需要

教师和学生在进行了一个单元或阶段的教学与学习之后,都需要了解教与学的状况和程度。特别是当一套试卷测试完后,学生在心理上处于高度的兴奋状态,对每道题的解法都记忆犹新,但又不能充分肯定自己的解法是否正确、合理和最优,于是急于想知道自己的答卷情况和考试成绩。从认知心理学的观点来看,只有当学习者知道学习效果如何时才能产生进一步学习的

[①] 此文系王富英、马岷兴合作,原载于《中学数学教学》2008 年第 4 期。

渴望。所以对学生的测试情况进行及时的"评",可以满足学生的学习欲望和需要。这种需求的满足可激发学习动机,增强学习的内驱力。同时,通过对学生试卷的"评",也使师生明确自己的教学情况,制定改进的措施,调节教与学的策略与方法,从而提高教与学的成效。

3. 学生发展的需要

新一轮数学课程改革的出发点和归宿是促进学生全面、持续、和谐的发展,而发展是一个动态的过程。在学生的发展过程中,影响学生发展的各种因素需要由一个不断激励、调节和促进的工具与之并行和适时地调控才能有效实现。试卷评讲课中恰当的"评"可满足学生发展的需要。

二、讲评课中"评"什么

试卷评讲课中"评"的内容主要为:

1. "评"总体

"评"总体,通过分析和处理试卷反映出的信息,对全班学生某个单元或某个阶段的学习与目标实现的程度做出整体的价值判断与评估。"评"总体还包括对课堂上学生这一阶段的表现情况进行总结性的"评"。

2. "评"个体

"评"个体,通过分析和处理试卷反映出的信息,对学生个体某个单元或某个阶段的学习与目标实现的程度做出个别的价值判断与评估。"评"个体还包括对课堂上个体较为典型的行为表征进行点评式的"评"。通过对个体学习状况满足学习目标与教育目标的程度、存在的问题及其原因的分析、评估,以帮助学生了解自己学习目标的达成度,对自己的学习情况心中有数,有针对性地制定改进的措施。因此,在对学生个体进行评价时,要以"质性评价为主,评价的重点放在纵向评价,放在对个体过去与现在的比较和学生的发展变化与素质的增值,而不是简单的分等排队"[1]上,等等。

3. "评"考查方式

"评"考查方式是指对试卷考查了哪些内容,以什么方式考查,用哪些题型考查,各种题型的功能与作用,考查的目的以及考查到哪种程度等进行分析、评估。通过对试卷考查方式的评价,以帮助学生了解对所学知识与能力的要求，以及考查的重点与发展变化的方向，以便学生改进并调节自己的学习方式和学习的目标。

4. "评"典型问题

"评"典型问题主要是对试卷中的典型错误和典型解法的分析、评价。

对典型错误的"评"，重点放在对错因的深入剖析上。为了能对典型错误进行深入的剖析，就必须分清错误的类型。学生试卷中的错误主要为如下几类：① 知识性错误。主要表现为概念理解错误，公式、定理和法则记忆不准等。② 逻辑性错误。主要表现为思维混乱，推理不严，表述不清等。③ 策略性错误。主要表现为不仔细审题，解了半天，才发现看错了题的条件或漏掉了条件；拿到试卷，不整体看看试卷中那些题熟悉，那些容易，而是不分难易，依次解答；遇到难一点的题，花时过多，导致后面能做的题没有时间做；等等。④ 心理性错误。主要表现为缺乏坚强的意志和信心，遇到计算较复杂的问题，就心烦意乱，没有毅力坚持完成；见到综合性较强的试题和应用性试题，就产生畏惧心理，完全放弃，使本来可以得到的分数丢失；焦虑过度，考场上过于紧张，使本来能做的题由于心理紧张而不能完成等。在分清了错误类型后，就可以有针对性地剖析。通过对错因的深入剖析，引发对学生头脑中的错误产生内在的"观念冲突"，进行"自我否定"，从而打破原有错误的"认知平衡"，建立新的、正确的"认知平衡"。

对典型解法的"评"重点放在对典型解法的展示和比较上。通过对典型解法的展示，可让学生得到成功的满足，激发学生的成就动机。通过对典型解法的比较，提高学生的聚合思维能力和思维的批判性，提高对数学思想方法的理解与体验，对数学解题规律的理解与掌握，从而进一步提高学习、研究数学的积极性和探究热情。

三、如何"评"

在确定了"评"的内容后，最重要的就是如何进行"评"。"评"的方式方法将直接关系到评讲课的效率和成败。评讲课的"评"要注意评价主体的多元化和方式的多样化。因此，评讲课的"评"可按评价的主体和方式进行分类。按评价的主体分，评讲课的"评"可分为教师导评、学生互评和学生自评；按评价的方式分，评讲课的"评"可分为讲评式、讨论式和反思式等。

1. 教师"导评"

教师导评指主要由教师组织引导进行的评价。教师导评前，要对各种数据，如平均分、优生率、及格率、方差、最高分、最低分、各分数段人数的分布等，进行计算、统计、分析、处理；对试卷的考察方式方法进行分析；对《标准》、考试说明和高考、中考对所考查内容的要求进行分析、比较；对考卷中学生的典型错误、优秀解法进行登记并进行认真的分析、研究。这样才能在进行"评"时心中有数，才能保证"评"得准确、"评"得恰当，提高"评"的效率。教师导评时，要引导学生对典型错误剖析透，对典型的解法要展示够。通过深入地剖析和充分地展示，帮助学生澄清认识，纠正错误，激发兴趣，树立信心。

评讲课"评"的方式主要是讲评式和讨论式。采用讲评式时，"评"的内容主要是评总体、评个体和评考查方式。采用讨论式时，主要是评典型问题。教师应组织引导学生开展积极的讨论式的"评"，并以一个参与者的身份参与其中。教师的"评" 既应注重"评总体"，又应注重"评个体"。通过讨论式的"评"，不但要评出题目的优秀解法，而且还要评出隐藏于解题过程之中的缄默性知识和策略性知识，评出师生的智慧和信心，评出教与学的积极性；通过讨论式的"评"，使学生对数学知识有更加深刻的理解，对数学本身有更加深刻的认识。

2. 学生互评

学生互评是指课堂上和课下学生之间对自己和对方的解法、策略等进行的相互间的讨论、比较、评价。通过学生之间的相互讨论、辨析、比较、分析，可使学生相互学习，取长补短，相互启发，澄清错误认识，加深对问题的理解。学生互评还可有效地促进数学交流的开展。有些问题为了说服对方或阐明自己的观点，需要翻阅课本，查阅资料，共同讨论、研究，从而创造了一个平等、自由、相互接纳的和谐氛围。在这个过程中，每个学生都能积极投入，充分参与，都能体验到学习的成功感、自豪感，产生旺盛的求知欲和强烈的好奇心，获得积极的情感体验，促进学生对数学学习的积极态度和数学价值的正确认识，促进学生情感的健康发展。

3. 学生自评

学生自评是指学生对自己试卷中的典型错误和优秀解法的分析、反思、总结、提炼，查找错因，积累经验，总结教训，制定改进措施的自我反省活动。学生自评是学生自我反思、自我监控、自我调节的过程。考试后的学生自评，是学生深入反思，进行自我教育的最佳时期。通过自评，反思自己的思维过程和结果，能使学生真正感悟数学，认识自我，促进学生的发展。为了有利于学生的自评，试卷评阅后，教师要对试卷的详细解答及评分标准、每题考查的知识和能力及时公布，同时还要对本次考试情况的总体分析和各种数据的统计以及各个题的考察目的等以表格、栏目或分析文章等形式予以公布。如可用下列表格公布[2]：

项目	90~100分	80~90分	……	50分以下	最高分(M)	最低分(I)	$\overline{X}$	前5名	进步大的5名
人数									
百分比/%									

学生自评分为书面和口头两种形式。

书面形式的自评是指考试结束后，学生通过对试卷和教师提供的各种数据进行比较分析后，用书面总结的形式将自己的错误原因、经验教训和今后的改进措施等内容表达出来，作为进一步学习的宝贵资料。学生今后经常翻阅可以看到自己学习进步的历程，告诫自己不要再犯同类错误，从而激励自己不断进取，促进自己不断向前发展。

口头形式的自评主要是指在课堂上讲出自己的思维过程和反思的结果，供大家一起来帮助分析错误的原因，寻找解决的办法，并可警示大家不要再犯同样的错误。

学生的自评是促进学生自我认识、自我完善、自我教育的有效方法。这种做法消除了学生对考试的恐惧心理，能以平和的心态面对自己，分析和查找自己的长处与不足，从而锻炼了学生良好的心理素质，提高了学生的元认知能力。长期进行学生自评，可使学生学会学习、学会思考。同时，通过自评，可加深学生对数学知识的巩固理解，学习经验的不断丰富，解题知识块的不断积累，解题认知结构的不断完善，从而不断提高学生的语言表达能力、分析问题和解决问题的能力，收集与处理信息的能力以及合作与交流的能力，从而提高学生的学习成绩。所以，学生自评是学生主动学习的一部分，是促进学生成长和发展的有效策略。

试卷评讲课中"评"的指导思想和出发点是致力于促进学生个性的弘扬、人格的完善，促进学生的全面发展。因此，在"评"的过程中要注重发挥评价的激励、促进与教育的功能；在评价方法上，要注重将定量与定性相结合、过程与结果相结合；在评价结果的对待上，要以发展的眼光看待考试成绩，不能只看结果，要注重与学生过去的成绩比较，淡化学生与学生之间的比较。在评价结果的处理与利用上，要充分利用试卷所反映出来的各种信息，帮助学生认真分析，正确归因，制定进一步改进的措施和方法，使学生从试卷的分析中获益；在评价的方式上，要充分发挥学生的主体作用。既要有教师的评，更要有学生之间的评，特别要注重学生的自评。这样，才能充分发挥评讲课的效益，提高评讲课的质量，以"评"促教，以"评"促学，以"评"促发展。

参考文献

[1] 王富英. 新课程理念下中学数学学习过程评价的探究[J]. 数学教育学报，2003，12（4）.

[2] 马岷兴，龚灏. 教育统计与测量[M]. 成都：天地出版社，1996.

"错误重复现象"产生的原因及消除对策[①]

在教师的日常教学中,经常会遇到这样的现象:一些学生学习过程中的典型错误,虽经过教师的多次纠正,但在以后的做题中仍会重复出现。我们称这种现象为"错误重复现象"。[1]错误重复现象是一线教师最感头痛的问题,也是影响课堂教学效率的重要因素之一。许多教师百思不得其解:这样的错误自己多次纠正过,而且当时纠正错误原因时学生也明白了,为什么学生仍会多次重犯?每当遇到这种现象时,许多教师就焦虑急躁,大为恼火。甚至有的教师把原因全归于学生"笨",从而把对学生的错误评讲课变为对学生的训斥课。久而久之,既影响了教师的教学热情,也使学生对数学学习的自信心逐渐丢失,进而严重地影响了数学教学效率与教学质量的提高。"错误重复现象"产生的原因何在,如何有效消除"错误重复现象",便成为数学老师们感到困惑而需要认真研究和解决的问题,也是高效率课堂教学行为研究的重要内容。为此,本文就错误重复现象产生的原因和消除对策进行初步的讨论。

一、错误重复现象产生的原因分析

通过我们的研究发现,产生错误重复现象的原因主要有以下几个方面:

1. 原有思维定势的影响

定势(Set)是由先前活动所形成的,并影响后继活动趋势的一种心理准备状态。[2]思维定势是指已有的思维活动经验在反复使用中所形成的比较稳定的、定型化了的思维路线、方式、程序和模式(在感性认识阶段也称作"刻板印象")。解决某一问题的思维定势一旦形成,就会在见到类似情景时自觉地运用原有思维方式进行思考与解决问题。思维定势有积极的和消极的。积极定势可以促进问题的快速解决,消极定势则会阻碍人们对新问题的解决。在学生学习中消极的思维定势则会对新的学习产生干扰。例如,乘法分配律学生在小学数学里学习后,在初中数学的有理数的运算,实数运算和整式乘法运算中又多次运用中形成了比较稳定的、定型化了的思维方式,凡见到类

[①] 此文系王富英、王光明、魏荣芳合作,原载于《数学通报》2011年第7期。

似于 $a(b+c)$ 结构的式子，就自觉不自觉的运用乘法分配律进行运算。因此，到高中学习三角函数遇到 $\sin(\alpha+\beta)$ 的运算时，就会经常直接利用乘法分配律写成 $\sin(\alpha+\beta)=\sin\alpha+\sin\beta$；学习对数时遇到对数运算 $\log(a+b)$ 时也会不自觉的直接写成 $\log(a+b)=\log a+\log b$。而当老师一点拨便会马上知道自己的错误，但老师校正多次后仍会有学生出现这样的错误。出现这类错误的根源就是受乘法分配律消极定势的影响所致。

2. 数学"美"作怪

数学公式的对称美，简洁美，数学知识内在的和谐美，数学问题解决方法的奇异美，让人们在学习数学的同时感受数学的"美观""美好""美妙"和"完美"[3]。正是数学的"美"给数学增添了无穷的魅力，让人们学习数学的同时欣赏和感悟数学的博大精深，自觉地接收数学文化的熏陶和洗礼，提高数学文化修养。但是数学的美有时也会使人产生错误，而且还是错误重复现象产生的一个重要根源。北京大学数学系姜伯驹院士访问美国时在一个大学上课，一个大学生居然认为"$\frac{1}{2}+\frac{1}{3}=\frac{2}{5}$"。一个偶然的机会姜伯驹院士遇到该学生的中学数学老师，问："你的学生为什么会认为 $\frac{1}{2}+\frac{1}{3}=\frac{2}{5}$ 呢？"那位老师却回答说："他们喜欢这样。"[2]"喜欢"竟成为错误的理由和根源。其实这位学生是由数学中的"和谐美"得出了此结论：如果把分子分母分别加起来就能得到答案，那将是何等的和谐啊！这种追求和谐之美，是人类的天性。张奠宙先生在我国一次全国性研讨会的公开课中也发现了同样的现象。这再次印证了数学"和谐美"是人的天性。一开始总认为"分子与分母分别相加"的规则是天然的、合理的。

数学中的"美观"认识，在算术和代数科目的学习中多有反映。学生经常见到一些和谐的数学公式：$a(b+c)=ab+ac$；$\frac{b}{a}\cdot\frac{d}{c}=\frac{bd}{ac}$；$(ab)^n=a^n b^n$ 很自然就会联想到应该有 $(a+b)^2=a^2+b^2$，$\frac{1}{2}+\frac{1}{3}=\frac{2}{5}$。"爱美之心，人皆有之。"我们不该指责这些学生，而应该从表面的和谐引向真正的美好。[2]

3. 类似知识的干扰

类似知识主要是指一些表现形式、处理方法或者相互关系十分相似，容易使人在记忆、选择时出错。在数学中有许多公式、定理和法则，外在表现形式、先后顺序和内在联系上都十分类似，很容易使学生把这些类似知识混淆,从而导致"错误重复现性"的发生。如,两向量共线的运算公式"$x_1y_2-x_2y_1=0$"和两向量垂直的运算公式"$x_1x_2+y_1y_2=0$"外在形式十分类似,学生在学习向量的坐标运算时,经常把两者混淆,虽经教师多次纠正却不能正确选用公式进行相关运算,多次出现错误。

4. 不良学习习惯的影响

学生学习的不良习惯也是造成错误重复现象的原因之一。造成错误重复现象的不良学习习惯主要有:不认真审题的习惯;做完题后不检查的习惯;解答表述不规范,只写计算结果不写过程的习惯;计算粗心大意不细致的习惯等。而这些不良习惯就是造成经常使教师和学生感到头痛的错误重复现象——"会而不对,对而不全"的根源。在教学和学习过程中,经常遇到这种情况:对一些习题或考试试题自己完全会解答,但做完或考试结束后总会丢失一些分,老师感到惋惜,自己也深感遗憾。教师在评讲试题错误时虽指出了错误原因,但由于不良习惯的影响,下次遇到同类问题时仍然出现相同的错误。例如,对于习题"若关于 x 的方程 $kx^2-(2x-1)x+k=0$ 有实数根,求 k 的取值范围。"很多学生在解答此题时想当然地认为该方程是一元二次方程,直接用判别式来确定 k 的取值范围,从而解答不完整。而他们所犯的错误是忽略了题目只告知是关于 x 的方程而并未指明是一元二次方程或方程有两个实根的条件,所以解答时要分二次项系数是否为零进行讨论。造成解答不完整的主要原因是未认真审题。如果认真审题就会发现所给习题不一定是一元二次方程,也就不会犯以上错误。但由于没有养成认真审题的良好习惯,虽然教师评讲后当时也知道,但下次遇到同一问题仍然会看到题时马上凭直观感知就认为是一元二次方程(若是在考试场上为了抓紧时间更会这样),从而又重复出现犯过的错误。又如有一道试题:"关于 x 的一元二次方程 $kx^2+2x-1=0$"有两个不相等的实根,求 k 的取值范围。"解答时学生基本上都会解答,但有很大部分学生却得不到满分,主要原因是漏掉了二次项系数不等于 0 这个条件。造成错误的原因是平时做题不认真思考,粗心大意的不良习惯。

5. 学生主体性的发挥和对错误原因的剖析不够

许多教师在对学生的典型错误进行纠正时,没有充分激发调动学生积极主动地参与,没有引导学生对自己的错误进行认真分析,完全由教师一个人在讲解,学生只是听众。而且,在对学生的错误分析时也只是简单的指出它是错误的,但对到底是属于什么性质的错误,为什么会产生这类型的错误没有进行深入的剖析,有的甚至轻描淡写地讲述一下错误就过去了,学生的对错误的原因认识不深。也就是说，教师对学生的典型错误剖析不够，没有使学生对自己的错误产生内在的"观念冲突"，进行"自我否定"，建立新的"认知平衡"以彻底消除错误。因此，下次遇到时仍然会发生同样的错误。魏荣芳在对学生错误矫正的教学中曾有一件对令她至今难忘的教学事件。那事发生在连续两次的高考模拟考试训练中。第一次模拟考试，一部分学生的试卷中出现了不能正确运用正、余弦定理进行三角形中的边角互化，针对学生的错误她在试卷评讲时反复强调过如何运用定理进行边角转化，但第二次模拟测试中有几位学生的错误让她目瞪口呆："怎么会这样？这不是我上一次才详细评讲时矫正过的吗？"这两次的三角题是同一类题目，第二次学生仍然出现了第一次的错误。翻看他们的试卷，发现第一次的答卷上学生既用了正弦定理又用了余弦定理进行尝试，结果都以失败告终，而第二次试卷上有些直接就是白卷，问其理由是："我不知道什么时候该用正弦定理，什么时候该用余弦定理，与其在这试来试去，不如把时间留给其他题目。"现在回想起来魏老师发现，发生这种错误的一个重要原因是当时纠错讲解时没有激发调动学生主动参与，只是自己一人在讲解错误的原因和反复强调解决此类问题的方法，未能引导学生通过自我分析、反思，彻底弄清楚出现这类问题的原因，未能真正能理解解决这类问题方法，未能抓住利用正余弦定理解决问题的关键和规律，学生脑子里对这类问题仍然是混淆不清。

6. 对知识的意义理解不深刻，"双基"不扎实

许多学生出现"错误重复现象"的又一个重要原因就是对知识的意义理解不透彻，知识的结构特征、使用的条件与范围未能真正理解与分辨清楚；对运用知识解决问题的规律没有真正理解和掌握，解题时就会多次出现用错公式和定理，即对基础知识、基本技能的理解和掌握不扎实。例如，前面谈到两向量共线的运算公式 $x_1y_2-x_2y_1=0$ 和两向量垂直的运算公式 $x_1x_2+y_1y_2=0$ 容易发生混淆，产生这种错误重复现象的另一个重要原因就是学生未能真理理解共线和垂直坐标形式条件的异同，未能真正理解其意义，并未通过一定的训练形成利用它们解决问题的技能，而只是靠死记硬背，这样久了就容易混淆以致重复出现错误。

7. 补救强化训练不够

有的教师对学生的错误在进行分析时也很深入，而且还让学生展开讨论，进行"集体会诊"式剖析。学生当时也真正明白了错误的原因，但过后由于没有针对该错误编制一组习题进行强化训练，致使对错误的消除不彻底，导

致下次遇到时再次重复出现。对一些典型错误和不良习惯，由于思维定势和多种因素的作用，已在头脑中构筑了坚固的堡垒，单靠一次简单的纠错就想彻底解除是不可能的。由于"被强化的行为是受接着发生的刺激的控制，而法则、定律和原理是受前面刺激的控制"[4]。所以，对一些典型错误在剖析错因后必须接着跟进一组同类型的变式练习进行训练，使得到的矫正行为得到强化而固化。否则，即使多次矫正了的错误由于没有受"接着发生的刺激的控制"的训练，仍会出现"错误重复现象"。例如，对两向量共线的运算公式 $x_1y_2-x_2y_1=0$ 和两向量垂直的运算公式 $x_1x_2+y_1y_2=0$，由于外形类似容易发生混淆而产生错误重复现象的另一个原因就是在组织引导学生对其异同进行认真的剖析后未对其采用针对性地变式训练对矫正后的行为进行连续刺激予以固化。所以，第二次遇到时仍然发生混淆出现错误。在第二次评讲时我们引导学生对错误进行剖析后又设计了一组同类问题的变式练习，通过练习最后彻底弄清了这类问题，在后面的测试中再次遇到这类问题时基本上都能得满分。

二、"错误重复现象"消除的对策

1. 深入剖析错误原因，分清错误类型

教学中，教师引导学生对一些典型错误要进行认真深入的剖析，使学生真正理解产生错误的原因，从而引发对学生头脑中的错误产生内在的"观念冲突"，进行彻底的"自我否定"，从而打破原有错误的"认知平衡"，建立新的、正确的"认知平衡"。

为了更加深入地剖析错误，教师必须要分清学生学习中的错误类型。学生学习中的错误主要为如下几类[5]：① 认知性错误，是指知识的认识理解不透或理解错误而产生的错误。主要表现为概念理解错误，公式、定理和法则记忆不准，类似知识之间的区别与联系分辨不清等。② 逻辑性错误，是指逻辑思维混乱产生的错误。主要表现为思维混乱，推理不严，表述不清等。③ 习惯性错误，是指不良学习习惯形成的错误。主要表现为不仔细审题的不良习惯，解了半天，才发现看错了题的条件或漏掉了条件。④ 策略性错误，是指解题策略或考试策略不当产生的错误。主要表现为不注意解题策略，拿到试卷，不整体看看试卷中那些题熟悉，那些容易，而是不分难易，依次解答；不会根据题目特征灵活选择解题方法，分配解题时间，小题大做，浪费时间；遇到难一点的题，花时过多，导致后面能做的题没有时间做等。⑤ 心理性错误，是指心理素质差产生的错误。主要表现为缺乏坚强的意志和信心，遇到

计算较复杂的问题，就心烦意乱，没有毅力坚持完成；见到综合性较强的试题和应用性试题，就产生畏惧心理，一味放弃；有的一上考场就十分紧张。由于心理过于紧张就会产生心理焦虑，造成思维混乱，使本来能不犯的错误再次发生。这种心烦意乱、畏惧心理、紧张等心理状态造成的错误叫作心理性错误。只有在分清了学生的错误类型后，才能采取针对性的补救校正的方法，收到较好的效果。

2. 充分发挥学生主体作用，引导学生自我建构

对错误的认识和纠正，不能单纯依靠教师的讲解，而必须是学生经历一个内在的"自我否定"的过程。这种"自我否定"只有在主体经历"认知参与"的过程中才能有效完成。对知识技能的真正理解和掌握、数学思想方法的掌握与运用，也必须靠学生主动参与，自己去经历、体验、感悟与积累。因此，在学生错误剖析的教学中，教师不能独霸课堂，一讲到底。要启发、引导学生，充分调动学生的积极性与主动性，给学生留足充分的时间空间，让学生充分参与到对自己错误分析中去。通过学生自己对错误的剖析、交流、讨论，引发内在的"观念冲突"，经历"自我否定"的过程，达到对错误的认识与纠正。例如，"学生不能正确运用正、余弦定理进行三角形中的边角互化"这一"错误重复现象"发生后，在教学中要充分激发调动学生的主动参与热情，与他们一起分析错误原因，让他们反复读题审题，分清题目的条件与结论，再根据题目特点思考如何选用定理（正弦定理还是余弦定理）将边角互化，引导学生用两种方法分别做尝试，发现都能达到目的。再通过对这两种方法的比较分析，他们自己发现选用正弦定理来解答此题既简便又省时，而选用余弦定理解答此题既费时又容易产生运算上的错误。这时他们会产生一种顿悟的感觉，进而掌握利用正余弦定理解题的规律。

3. 及时进行补救强化练习

根据前面的分析，我们知道产生"错误重复现象"的一个重要原因是对错误纠正后没有进行及时的补救强化，或者补救强化的力度不够。补救强化的目的是彻底消除思维定势和不良学习习惯的影响。由于思维定势和不良学习习惯一旦形成便会在头脑中形成顽固的思想堡垒，不会因为一两次的讲解校正而消除，要彻底消除必须经过多次的强化训练对这种顽固的思想堡垒进行强力的冲击才能消除其根基而完成。所以，及时地实施针对性的补救性强化训练是解决这一现象的有效策略。具体方法为：对学生试卷中存在的典型错误和薄弱部分，引导学生进行了认真的剖析和"自我否定"之后，再提供

一套针对性的变式练习题组进行巩固强化,并且在在此后的一段时间内都要定时的进行变式练习,进行巩固强化以加固新的"认知平衡"和新建立的"认知框架",最后达到彻底纠正错误,消除"错误重复现象"。

4. 正确认识数学美

在数学教学中,我们要鼓励学生运用数学美去认识和理解数学,但是我们更要告知学生正确认识数学美。美好的东西不一定都是好东西。正如罂粟花很美,但它有毒,光靠美观不能学好数学。并且还要指出,在数学中这种美观而不美好的例子很多。例如 $(a^2+b^2) \neq (a+b)^2$;$a^m \cdot a^n = a^{mn}$;$\sqrt{a+b} = \sqrt{a}+\sqrt{b}$ 等,看起来都很和谐、美观,但都是错误的,即不美好!

5. 训练学生养成良好的学习习惯

为了消除学生不良学习习惯对错误重复现象的影响,在教学中要着力训练并促使学生养成好的学习习惯:认真审题、仔细检查、计算细心、书写规范等。训练的方法可采取:

(1)专题训练。平时教学中可就某种学习习惯进行专门的训练。如认真审题习惯的训练,在平时的课堂教学中教师给出题目后先不要求解答,让学生先仔细读题并提出要求:题目的已知数据是什么?未知量是什么?条件是什么?结论是什么?条件是否足以确定未知量?隐藏的条件有哪些?你能把它们都写出来吗?你能画张图并引入适当的符号把它们表示在图上吗?以前见过它吗?或者见过同类型的问题等等。经过这样多次训练就会使学生养成认真审题构建自己的"问题空间"的良好习惯。

对某类典型错误认真审题习惯的训练也可以采用同类问题的变式习题组进行集中训练和分散训练相结合的方式进行强化训练。如,笔者在前面谈到的对于习题"若关于 x 的方程 $kx^2-(2x-1)x+k=0$ 有实数根,求 k 的取值范围",为避免重复出现不对二次项系数进行分类讨论这一"错误重复现象",就可以采用一组同类问题的变式习题集中训练和分散训练结合的方式进行。先集中训练后,相隔一段时间又在作业或试卷中出现类似的习题或试题进行训练,这样就可以达对这类问题不认真审题习惯的消除。

(2)提出"提示语"随时提醒学生注意。如要求学生在自己做题经常能看到的地方(如文具盒、书桌右上角)贴上"注意认真审题!""条件是否漏掉了!""计算仔细些!""别忘了检查!"等提示语随时提醒自己注意。在不论大小考试前教师都要对学生加以提醒。

(3)开展比赛活动。良好学习习惯的养成也可以通过开展一些学生学习习惯的比赛活动。这种活动与班主任合作，展开一些班上良好学习行为比赛评比活动，促进学生良好学习习惯的养成。如对有些进步大的学生给予表扬、鼓励，让其介绍经验等。

（4）跟踪调查及时矫正。对不良学习行为习惯的学生，教师要针对不同情况分别制订训练计划，跟踪调查，及时了解及时矫正，并建立学习小组监督机制，小组学生相互监督。

数学学习过程中，出现这样那样的错误难以避免，但是，要提高数学学习效率[6]-[7]，就必须减少"错误重复现象"的发生，将重复出错压低到最低限度。当然，我们的研究是初步的，还有许多问题需要进一步研究。如，数学学习困难生与数学学习优秀生重复出错的表现以及原因是什么？不同学习阶段，哪些数学学习内容容易出现重复出错现象等问题均还需要深入研究。

参考文献

[1] 王富英. 数学复习中试卷评讲课的探究[J]. 中国数学教育，2009，（5）：22-24.
[2] 卢家楣，魏安庆，李其微. 心理学——基础理论及其教育应用[M]. 上海：上海教育出版社，2004：105.
[3] 张奠宙，等. 数学学科德育——新视角·新案例[M]. 北京：高等教育出版社，2007.
[4] [美]莫里斯·L. 比格. 学习的基本理论与教学实践[M]. 张敷荣，张粹然，王道宗，译. 北京：文化教育出版社，1983：157.
[5] 罗增儒. 怎样解答高考题[M]. 西安：陕西师范大学出版社，1995：6.
[6] 王光明，刁颖. 高效数学学习的心理特征研究[J]. 数学教育学报，2009（5）：55-60.
[7] 王光明. 高效数学行为的特征[J]. 数学教育学报，2011，20（1）：35-38.

编后记

本部分未被收入的文章目录如下：

[1]《让您耳目一新的数学评讲课——人教版高中二年级〈立体几何〉单元练习讲评课实录与评析》（与牟林合作），载于《教育科学论坛》2009 年第 6 期。

[2]《从一道开卷测评试题的反思谈开卷测评试题的作用》，载于《数学课程实践与探索》2008 年第 7 期。

[3]《新课程理念下数学学习评价中开卷测评试题探究》，载于《数学课程实践与探索》2008 年第 3 期。

[4]《平方差公式（1）教学案》，载于《数学课程实践与探索》2009 年第 3 期。

[5]《利用学案进行初高中数学衔接的教学，载于《2017 年版高中新课标解读与教学指导》2018 年 10 月。

[6]《满怀信心进考场，巧用策略的高分》，载于《成都龙泉开发报》2008 年 5 月 20 日。

[7]《试论如何钻究新课程观念下的数学教材》，载于《数学实践与探索》2011 年第 2 期。

[8]《教育的维度：宏观体味与微观寻味》（与王光明、杨之合作），载于《课程教材教学研究》2011 年第 11 期。

[9]《知识的维度：博观约取与见微知著》（与王光明、杨之合作），载于《课程教材教学研究》2011 年第 12 期。

[10]《学生讲数学：一种重要的数学学习方式》，载于《首届华人数学教育会议论文集》2014 年 5 月（中国·北京）。

教育科研与教研
JIAOYU KEYAN YU JIAOYAN

教育科研是运用教育科学研究方法揭示教育现象背后的规律。教育科研成果对学校和教师的教学有直接的指导作用，它对提高学校办学质量和水平，提升学校品位，提高教师的学术水平，促进教师专业化发展具有不可替代的作用和价值，因此目前我国的中小学都十分重视教育科研。教研是运用教育教学理论研究解决教育教学中存在的问题，是提高教学质量和教师教育教学能力的有效途径和方法。但在具体的教育科研和教研活动中，存在一些把教育科研和教研混淆、教育科研成果的转化运用不当、教育教学研究成果提炼不够等问题，从而导致教育科研和教研的质量和效益不高。针对这些问题，我在教育科研和教研中进行了一些反思和研究。本篇收入了我在教育科研和教研活动中的一些文章，对如何提高教育科研和教研的质量和效益会有一定的帮助。为了便于读者阅读，该篇分为"教育科研"和"有效教研"两部分。

一 教育科研

简论教育科研与教研的关系[①]

近年来,随着教育改革的深入发展,在中小学出现一种"科研兴校""科研育人"的教育科学研究(以下简称"教育科研")热潮。特别是一些重点学校或准备申报重点学校的学校,把教育科研作为提升学校档次、创办一流学校和促进教师发展的重要途径。"人人有课题,个个都参与"是这些学校的流行口号,这是一种十分可喜的现象。

但是,一些学校没有真正扎扎实实开展教育科研与教研,只做表面文章,把教育科研课题作为点缀品来证明自己在改革,实际上仍然固守着传统做法,并无任何实质性改变[1],或者把教育科研搞成从理论到理论的空头研究,未能与教学实践相结合,甚至把教育科研与教研对立起来,出现了"两张皮"现象。这既影响了教研质量的提高,又妨碍了教育科研的普及与落实。

"简单化"与"两张皮"现象折射出当前一些学校未弄清楚教育科研与常规教研的辩证关系,因而不能正确对待和恰当处理两者之间的关系。为此,本文就中小学教育科研与教研的含义、相互之间的关系及如何处理他们的关系做一些初步的探讨。

一、教育科研与教研的含义

1. 教育科研的内涵

教育科研是教育科学研究的简称,它是以教育理论为武器、教育现象为对象、科学方法为手段,并遵循一定的研究程序,有目的、有计划地获取新的教育科学规律性知识为目标的创造性实践活动。[2]在进行教育科研的过程

[①] 此文系王富英、王学沛合作,原载于《教育科学论坛》2006年第2期。被收入华东师范大学情报研究所、上海教师进修院校图书资料协作会主编的《基于教师成长的校本研究》,百家出版社2006年版。

中，研究者将系统地采用科学的态度与方法研究教育现象，总结教育经验、揭示教育规律性知识。因此，它是一种较高层次的研究活动，其成果直接为教育实践和教育未来服务。根据德国教育家布雷经卡的思想，教育科研可分为三类[3]：一是狭义的教育科研，其任务主要是描述和解释教育事实，揭示教育规律，回答"教育是什么"的问题；二是教育哲学研究，其任务是提供教育价值取向和规范取向，回答"教育应该是什么"的问题；三是实践教育研究，其任务是在科学研究和教育哲学研究的基础上为教育实践的具体实施提供理论指导，回答"教育应该怎么做（含应当做什么）"的问题。本文的教育科研主要指第一、三类的教育研究。

2. 教研的内涵

教研有狭义和广义之分。狭义的教研是指对教学工作的研究。它是在一定的教育科学理论的指导下，对学科教学中具体的教学现象和出现的实践问题进行微观的分析、研究，以制定出具体的解决问题的方案并付诸实施，这种教研其实就是学科教学研究。广义的教研则是指对包括教学活动在内的所有教育实践活动的研究。在此种意义下，教研即教育科研。目前我国中小学开展的教研活动都是分学科进行的，所以，平时所说的中小学教研一般都是指狭义的教研。本文讨论的教研主要指狭义的教研。由于教研所研究的内容直接来自教学实践中的问题、困惑，研究的成果直接为教学实践服务，因此，它是具有较大的群众性、普及性和应用性的教育研究活动，是研究教育中的"短""平""快"项目。

从研究的主体角度来看，教研可分为专职教研员的教研和教师的教研两大类。本文的教研主要指教师的教研。从研究水平上，教研主要包括三类[3]：一是教师如何将个人的既有理论与经验灵活地运用于新的情境的研究；二是教师如何将他人的先进经验和研究成果运用于自己的教育实践的研究；三是教师如何超越自己已有的理论进行新的实践探索研究。

教师教研的内容主要包括对教学目标的研究；教学内容的开发、挖掘和组织的研究；教学过程实施（包括教学的方式方法）的研究和评价的研究。这里的评价包括教师对学生的评价、学生的自我评价和教师的自我评价，并且主要是过程性评价，而不是终结性评价。而在我国目前中小学的教研中，教研内容单一，范围狭小，大多注重的是对教学内容的开发、挖掘和组织的研究，其次就是教育过程实施和教学目标的研究，而很少涉及评价的研究，认为评价是教育行政部门的事，不属于学校教研的范围。这是对教研本身的认识不足和对评价的功能和作用认识不清所致。

二、教研与教育科研的关系

关于教研与教育科研,我们有必要弄清两者之间的联系与区别。

(一)联系

由于教研与教育科研都是为了探索教育规律的创造性活动,最终目的都是为了运用,以提高教学质量,促进学生发展,因此它们之间必然具有密切的联系。它们之间的联系主要有以下几点:[3]教研成果是教育科研的重要素材;教研过程是科研成果得以推广运用和检验的根本途径;科研成果是教研的理论指导;科研过程是提升教研成果的必由之路。

(二)区别

教育科研与教研虽然有着密切的联系,但它们之间仍然有一定的区别。

1. 研究的范围不同

教育科研研究的范围较教研更广泛。一切教育现象、教育过程及有关的自然现象、社会现象和心理现象都是教育科研研究的对象。教育科研关注的是不受背景限制的概括,是创造性的认识活动。而教研是研究教学内容、过程、方法及教学工作的组织管理等微观领域方面的问题,它关注的是取决于具体背景的特定事例,处理的是实践中的具体事实。因此,从范围来看,教育科研包括教研,教研是教育科研的组成部分。

2. 研究的要求不同

教育科研要求有严格的科学性、客观性和最大限度的可靠性。而教研没有这样的严格要求。它由于受主客观条件的限制,常以个别的、局部的现象和经验为基础。所依据的材料有时有一定的偶然性与片面性。在研究中多借助个人的理解和感觉,往往带有一定的主观色彩,难以揭示教育现象的本质和内在规律。

3. 研究的过程不同

教育科研是有目的、有计划、连续的、系统的研究活动。它从选题、制订计划与实验到成果鉴定、结题等,有一个完整连续的过程。因此,研究的过程较长，一般需要 2~5 年甚至更长时间。而教研不要求具有这样严格的连续过程。虽然一些专题教研也是有目的、有计划、有系统地进行的，而这种专题研究一般都是以"四微"（微型课题、微型调查、微型课例[4]与微型试验）的形式进行，且时间较短，一般以一个月、一个学期或一学年为段，有的甚至更短。大量群众性的教研则是分散的、个别的和无长期计划的。

4. 研究的性质不同

教育科研的成果具有规律性与创造性，即科研是从个别的、偶然的、表面的现象中获得的反映事物本质和规律的创新性知识。这种知识是反映事物的共性，具有普遍意义，能够在一定范围内应用的知识。教育科研不能走别人走过的路，重复别人已经做过的研究，它是一种创造性的活动。而教研成果具有地区和单位的特征及教师个人的特征，不一定要有普遍意义和创造性。如一个学校每年的高考数学复习方法的研究是根据该学校的实际情况而进行的教学研究，其结果和方法与其他学校就不一定完全相同。同时，一般的教研主要是对某些教育理论的具体应用，不要求一定具有创造性与开拓性。简单地说，教育科研主要是发现规律（理论），教学研究主要是应用规律（理论），即一个属于理论的范畴，一个属于实践的范畴。

5. 研究成果的表述不同

教育科研的研究成果一般用研究报告的形式表述或出版专著介绍。研究报告主要为科研成果的鉴定和结题服务，出版专著是成果的系统表述，便于传递、推广和应用。而教研是在研究达成共识后直接进行应用。如果是带有共性和普遍性的问题，可以论文的形式发表，但不需要形成研究报告。

6. 成果的应用范围不同

教育科研的研究成果是对一般教育现象规律的揭示。因此，教育科研侧重于教育经验的总结与提炼、教育规律的发现与揭示、理论的研究和整理。因此，它的研究成果可在大范围内进行推广应用。由于教研是对教学过程中的局部的、微观部分的研究，因此，教研的研究成果的应用范围只限于局部的、微观部分，往往只体现在一个学科、一个地区或一个单位的应用。

从以上讨论可知，教研侧重于应用，和广大教师的教学实践活动紧密联系，它是教育科研课题的重要来源，是教育科研的实验基础。同时，教研为教育科研提供了广阔的场所和丰富的材料。但由于教研的局限性，它又需要教育科研的指导与帮助，才能使自己的研究成果具有更广泛的科学性、普遍性，从而获得更大的应用和推广价值。所以，教研和教育科研两者之间有着密切联系，不能把它们截然分开。它们之间应该是互相渗透、相互依赖、相互支持的关系。

三、怎样处理教研与教育科研的关系

在我们明确了教研和教育科研的含义及它们的关系后，下面我们就来谈谈怎样处理好教研与教育科研的关系。处理教研与教育科研的关系，应遵循"以科研指导教研，以教研推动科研"的原则。因此，应该做到以下几点。

1. 正确认识教育科研的意义，增强教育科研意识

由于教育科研是以教育科学理论为武器，以教育现象为对象，有目的、有计划，系统地采用科学的态度与方法研究教育现象，发现教育规律的一种创造性的、高层次的研究活动。因此，教育科研具有以下重要意义：

（1）教育科研是促进教育改革的动力。通过教育科研，可促进教育观念的转变，从而不断深化教育改革。

（2）教育科研是提高教育质量与办学效益的有效途径。通过教育科研，探索教育规律，把经验上升到理论，再为广大教育工作者所掌握，从而提高教育质量与办学效益。

（3）教育科研是培养未来教育改革家和使教师尽快成才的重要途径。

教师搞科研，要创新，首先，必须学习和了解自己所研究领域的全局。一是要弄清哪些是别人已研究出来了的，哪些是尚未研究的，哪些研究还不够全面，需进一步研究，从中发现适合自己研究的切入点，选择适合自己（感兴趣）的课题，才能避免盲目的探索，避免"撞车"[5]，少走弯路，提高研究工作的效率，早出成果。二是促进教师教育理念的转变，知识更新与知识结构改善并趋向合理，促进教师能力结构的发展，充实教师创新的文化底蕴，提高教师素质。三是拓宽视野，寻求支撑自身研究的高起点，在吸取当代最新成果的基础上去创新，在巨人搭建的天梯上去攀登，所得的成果必然更高。其次，正确研究方法的指导，有助于提高教育工作者的科学素养，增长才干，提高科学的鉴识能力。笛卡尔指出"最有价值的知识是方法的知识"，爱因斯坦说过"方法比知识更重要"。再次，教育科研有助于科学地总结自己和优秀教师的教学经验，使之上升为理论，以丰富、充实、提高自己的教学艺术和教育教学理论水平。最后，教师在亲自参与教育科研的整个过程中会遇到多种多样始料未及的问题。正是在创造性解决这些问题的过程中，教师的教育

研究能力得到提高，从而使自己逐步转化为专家型、学者型的教师，并从中培养造就出教育改革家。

所以，一个教师只有通过学习当代教育科研领域最新成果，并积极投身于教研和教育科研活动，把自己的教学活动当作科学研究活动来进行，才能认识教育发展的主流和趋势，站在教育改革的前沿，把握教育改革的方向，从而有效地驾驭课程标准和教材；才能由单凭经验向依靠理论过渡，变"教书匠"式的"经验型"教师为"专家型""学者型"教师，在"照亮别人"的同时也"照亮自己"；才能认识、学习和应用教育规律，提高教育效率与质量。一个教师只有树立科研创新意识，掌握科学研究的理论和方法，积极投身于教研和教育科研活动，把教育科研的创新理论与自己的教学实践相结合，才能使自己成为21世纪所需要的具有创新素质和创新能力的创新型教师，从而为国家培养新一代创造性人才。正如著名科学家钱伟长所说："只有那些在科研和学术工作中奋勇前进，在第一线冲锋陷阵的教师，才能通过自己亲临其境的创造经验，把知识讲活，培养有创造力和有发展观点的学生。"不难想象，一个毫无研究经历的教师无法对学生进行创造发现的训练。

2. 教育科研带动教研与时俱进

教育科研所取得成果的应用可以给教育领域带来重大的变革，这种变革可能使传统的教育观念、教育方式等发生重大的变化，教师要适应这种变化，就必须要针对变革中出现的各种问题开展形式多样的教育研究活动，从而使教育科研带动教研与时俱进地向前发展。例如，我国目前正进行的新课程改革，是一场教育领域的范式革命。这场范式革命是十多年来我国教育科研成果的体现和应用。

这场革命将促使教育发生如下几个重大转变：

（1）教育理念从只注重选拔的"精英教育"转变为促进学生全面、持续发展的"大众教育"。

（2）教育目标将只注重"知识与技能"的一维目标转变为同时注重"知识与技能""过程与方法"和"情感态度价值观"全面育人的三维目标。

（3）学生的学习方式由"简单的记忆模仿"的"承传式"学习方式转变为"动手实践、自主探究、合作交流"的"探究式"学习方式。

（4）教师的教学方式由"单向灌输"的"授受式"转变为"多向互动"的"对话式"教学方式。新课程改革的不断推进，要求教师必须适应这几种转变。这样，在实施新课程的教学实践中教师都不得不主动参与新课程的开发建设，主动参与教育新范式的探索，创建和完善工作，从而使中小学的教研不论内容、形式还是深度和广度等都要与时俱进地发生重大的变化。

3. 教研置于教育科研课题之下，以科研指导教研

在开展教育科研的同时，利用教育科研的理论和方法指导教研活动的开展，可以使教研活动的开展有计划、有目的、有理论、有方法、有成效。例如，我们在进行成都市"十五"教育科研课题"中学数学自主探究式学习的研究与实验"和"导学讲评式教学的研究"的研究中，全区和各实验学校的教研活动都是置于这一教育科研课题之下，有计划、有目的地进行研究，从而取得了很好的效果。

4. 教研活动专题化，以教研推动科研

在进行教育科研的过程中，一般都要将教育科研内容进行分解，将整个课题分解为若干子课题，然后按计划分步进行。这时，教研活动就可以根据科研课题的具体内容，分成若干专题进行研究。如，我们在进行"中学数学自主探究式学习的研究与实验"的子课题"中学数学自主探究式学习模式的研究"的研究过程中，就将初、高中的教研活动紧紧围绕着"教学模式"分成如下几个专题分学期进行研究：① 概念学习课的教学模式；② 公式、定理法则学习课的教学模式；③ 解题学习课的教学模式；④ 数学复习课的教学模式；⑤ 试卷评讲课的教学模式。我们紧密结合课堂教学，在实验的基础上，以课题提供的理论依据为指导，就每种课型的特点、功能、模式、实施的策略和方法等进行系统的讨论、研究，从而使整个课题的研究落到实处，推动了课题研究的进程，使课题研究取得了卓有成效的研究成果。[6][7]又如，我们在进行四川省人文社会科学重点基地课题"导学讲评式教学的研究的过程"的研究中，就把课题分解为导学讲评式教学含义与教学模式的研究、学案及其设计的研究、学案的基本理论的研究、导学讲评式教学中学生讲解的研究、导学讲评式中学习评价的研究、导学讲评式教学与高效学习关系的研究等，从而使课题研究取得了很好的实效。

总之，把教研与教育科研有机地结合，将学科教研融入教育科研之中，才能提高教研的质量，才能使教研真正落到实处，取得实实在在的成效，从而提高教育科研的可靠性、有效性、群众性和普及性。通过教育科研的开展，提高教师的整体素质，真正培养和造就一批未来的教育改革家和学者型、专家型教师，从而提高学校教育质量和推动教育事业的发展。

参考文献

[1] 吴晓玲. 试论我国二十多年来课程与教学改革的关系[J]. 课程·教材·教法，2002（8）.

[2] 吴义昌. 科研、教研与中小学教师[J]. 教育情报参考，2004（10）.

[3] 裴娣娜. 教育研究方法导论[M]. 合肥：安徽教育出版社，1995，1999.

[4] 张国杰. 数学教育研究需要不断开拓新思路[J]. 数学教育学报，1997（2）.

[5] 王长沛，韩守卫. 中国数学教育的范式革命[J]. 数学教育学报，1999（2）.

[6] 王富英，王新民. "三线五环节"课堂教与学活动模式[J]. 中学数学杂志，2005（8）.

[7] 王富英，马晓容. 试论微型课例分析[J]. 中小学数学（小学版），2004（7-8）.

[8] 杨启亮. 论教法在苏式教育实践中的张力[J]. 课程·教材·教法，2001（6）.

教育科研成果推广应用中的形态与运行机制[①]

教育科研成果是对教育教学规律的揭示,它一般具有解释、预测教育现象的功能和价值;指导教育实践,提高教育质量的功能和价值。前者是它的理论价值,后者是它的实践价值。教育科研成果只有运用于教育教学实践中并转化为教育生产力(简称为教育力)时才能充分体现其价值。这种教育科研成果转化为教育力的过程就是教育科研成果的推广应用。当前,我国不少教育科研机构或学校都有注重成果的获得而轻视成果的推广应用的现象,其实,教育科研成果的推广应用本身也是一种教育科学研究。而要有效推广应用教育科研成果,则必须研究教育科研成果应用过程中的形态和推广应用的运行机制。

一、教育科研成果应用过程中的形态

教育科研成果的形态是指科研成果具有的形式或状态。一般来说,它具有三种形态:学术形态、技术形态和教学形态。

(一)学术形态

教育科研成果的学术形态是指研究者在发表研究成果的论文或者撰写的著作或者作成果报告时表述的成果形态。它主要包括三部分内容:一是研究问题的陈述。包括课题的提出、解决的主要问题、文献综述、研究的目的意义、研究的方法与步骤等内容。二是成果的主要内容。包括成果所涉及的核心概念的内涵;成果所体现的教育教学思想、观点;成果的理论基础、构成要素、结构特征、价值和作用;取得的实践成效与影响等内容。三是成果的适用范围和进一步研究的问题等。科研成果学术形态的价值主要体现为便于学术交流和文化保存,具有高度的确定性、严谨的逻辑性和完整的系统性等特点。但其体现出来的实践价值较为有限。

[①] 此文系王富英、叶超、吴立宝合作,原载于《教育科学论坛》2018年第10期。

（二）技术形态

学术形态的科研成果只有转化为便于教育者操作的技术形态时才能有效发挥其价值和作用。这些技术形态包括体现成果思想观点的教育教学活动的目标、内容、方式、方法、途径、策略、步骤、原则等操作性指示，它直接回答了"怎么做"的问题。即不但说明具体的操作步骤与方法的操作要领，还指出使用时的注意事项和要求。它具有高度的确定性、很强的操作性和明显的实效性等特征，因此，它能直接提高教育者从事教育教学活动的能力和教育教学效果，是显性的教育力。

（三）实践形态

当科研成果成为教育者的思想和教育行为时所表现的形态叫作科研成果的实践形态或者教学形态。它是教育科研成果推广应用的追求和目的。科研成果的实践形态具有现实性、可见性和实效性等特征。实践形态的科研成果可使教育科研成果潜在的教育力外显化和明朗化，使科研成果的功能得以充分发挥，价值得以充分体现，从而提高教育者的教育教学质量。

（四）几种形态之间的关系

教育科研成果推广应用中几种形态之间具有必然的内在关系：科研成果的学术形态是技术形态的基础，是隐性教育力；技术形态是学术形态的操作化体现，是显性教育力，实践形态是技术形态在教学实践中的具体体现，是现实教育力。学术形态和技术形态在没有被用于教学实践之前处于静态，而实践形态则是在动态的实践之中的。它们之间的关系如图 5-1 所示。

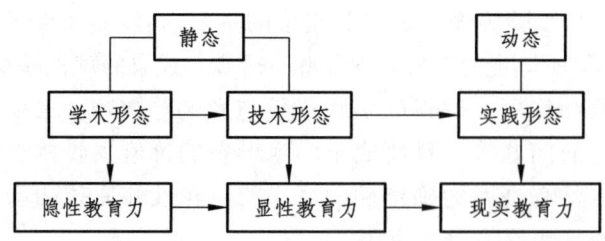

图 5-1　教育科研成果在推广应用中的几种形态及其关系示意图

二、教育科研成果推广应用的运行机制

(一) 科研成果推广应用运行机制的概念

教育科研成果推广应用的运行机制是指教育科研成果在应用过程中影响其推广应用的各个因素的结构、功能及其相互关系，以及这些因素产生的影响、发挥作用的过程以及运行方式。

教育科研成果推广应用的过程是成果被理解、内化的过程；是成果的学术形态向实践形态不断转化的过程；是成果通过被教育者接受、理解、掌握并产生教育效能的过程；是成果的功能不断发挥、价值不断体现、教师和学生的行为不断发生变化的过程；也是对原有研究成果不断完善和深化的过程。因此，"内化—转化—变化—深化"便构成了教育科研成果在推广应用过程中的构成要素和运行方式，加上它们之间的结构、功能及相互关系，便成为教育科研成果推广应用的运行机制（图 5-2）。

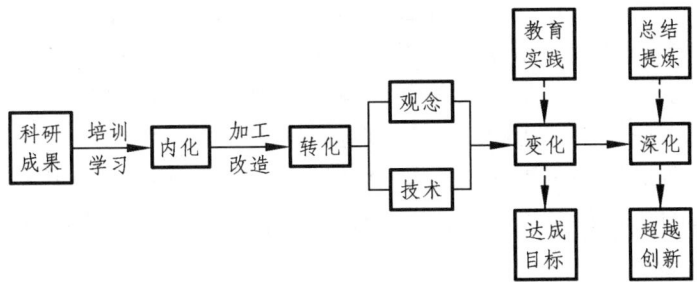

图 5-2　教育科研成果推广应用的运行机制示意图

(二) 科研成果推广应用运行机制的内涵分析

1. 内化

内化（Internalization）的概念最早由法国社会学家杜克海姆（E. Durkheim）提出，指社会意识向个体意识的转变。内化一般是指外部客观事象转化为内部主体精神结构的过程。[1]所谓内化，就是要理解其内涵、特征，把握其精神实质并将其融入自己的知识经验之中，变为自己的个人知识和精神财富。内化的过程就是教育科研成果所体现的教育思想观点被教育者完全接受的过程，也是教育科研成果融入教育者的教育思想观念之中的过程。

教育科研成果的内化一般要经历认识、接受、消融的基本过程。

（1）认识。这是指在接触新的教育科研成果时，了解其要解决的问题是什么，采用的研究方法是什么，有哪些基本概念，所表述的基本内容和思想

观点是什么等。即中小学教师首先要知道成果表述的内容是什么，这是内化的前提。认识一般是通过听专家讲座、现场参观介绍、阅读成果报告或成果著作完成的。

（2）接受。这是指在教师认识了教育科研成果的基本理论后，从心理上完全认同其价值和思想观点。被认识了的东西不一定会被完全接受。人们接受一种新的理论和新的思想观点，不是通过一两次的专家讲座就能完成的。这是因为人们接受和学习新的理论和思想都有一个逐渐生长的过程，是利用已有的思想观点和经验不断地同化和顺应的过程。要让广大教师都接受新的教育科研成果，最好的方法是"孵化典型，示范引路"，即让一些接受新事物快、具有探索创新能力的骨干教师先行一步，以他们应用科研成果取得的实效做示范，就能很快被更多教师所接受。我们在成都市太平中学推广应用 DJP 教学[2]科研成果的过程中，采用这种"典型引路"的方式，取得了很好的效果。

（3）消融。这是指教育者在接受新的教育科研成果后消化、理解其思想观点和精神实质，将新的教育思想和原理融入自己的教育思想体系中并变为自己的精神财富，形成个性化的理解。要有效完成对科研成果的消化融入，主要的方法有以下两种：一是认真阅读、领会体现和表述成果的论文和著作，并在实践运用中去体会和感悟；二是通过实践后在与同伴和专家的对话交流中逐渐领悟科研成果的精神实质。学校领导要帮助教师形成运用教育科研成果交流、研讨的学习共同体，营造一个学习运用教育科研成果的环境和氛围。

2. 转化

转化是指把学术形态的科研成果转化为指导教师教育教学的思想观念和在教学实践中具体操作的技术形态，以解决在教育教学实践中具体"怎么做"的问题。有效转化的前提是对教育科研成果的内化，转化的过程是对教育科研成果加工和改造的过程。因此，在成果推广应用中，成果推广者在深入理解了教育科研成果的内涵、特征和精神实质后，应联系所在学校，甚至所在班级的实情，考虑所教学生的特点，结合自身的优势，对研究成果加以改造，创造性地制定一些便于教师操作的教学模式、策略、措施与原则。例如，我们在成都市太平中学推广应用 DJP 教学中，在深入理解了 DJP 教学的基本原理和精神实质后，对于 DJP 教学中的导学，就没有要求编写统一的学案，而是根据 DJP 教学中导学的基本内涵，有效地引导学生自主学习，采用便于操作的"提纲导"、"活动导"、"示范导"和现场"点拨导"等方法引导学生学习探究。"学案导学"只是方法之一，可以避开编写学案的难题，使推广活动有效地开展起来。

3. 变化

美国学者皮尔斯指出：任何一个观念的最本质的意义即在于它能引起人的有效行动。[3]因此，有效的行为变化是检验观念是否真正形成的标准。教育科研成果推广应用的目的就是要使科研成果的新观念和新方法引起教师的教育教学行为的有效变化，并通过这样的变化，达到推广教育科研成果提高教育教学质量的目的。例如，我们在成都市太平中学推广应用 DJP 教学一年后，学校参与推广运用的教师和学生的课堂教与学行为均发生了显著的变化：学生由被动变为主动，由听讲变为主讲，由学会变为会学；教师由传授变为引导，课堂上由教师的"独家讲坛"变为师生的"百家讲坛"。学校的教育教学质量和学生的综合素质得到了整体提高，DJP 教学这一科研成果的价值也得到了充分的体现。

4. 深化

教育科研成果的推广应用既是对科研成果的科学性和教研科研成果质量的固有属性——服务性和规律性[4]——的进一步检验，也是对科研成果的进一步完善和深化。任何教育科研成果都是在一定的条件下获得的，教育科研成果不是"放之四海皆准"的普遍真理。教师在推广应用教育科研成果的实践中，面对不同的环境和不同的条件，可能会发现原有成果的不足和不够完善的地方，因而需要对原有成果进行修正和完善。它既是对原有成果的深化，也是对原有成果的超越。因此，教育科研成果推广应用的过程也是探索创新的过程和进一步研究深化的过程。例如，我们在 DJP 教学成果推广应用的实践中，发现原有成果在"互联网+"背景下的研究缺乏，于是以"'互联网+'下 DJP 教学的研究"为题继续开展研究，并就学生讲解性理解的价值和作用从对话哲学、诠释学[5]和教育学的角度进行了深入的分析，把 DJP 教学上升到分享教育的高度进行研究。[6]

实践表明，在教育科研成果的推广应用中，弄清了成果在应用过程中的不同形态，并根据其运行机制采用有效的策略方法，就能将科研成果有效地推广应用到教育教学实践中，使成果的功能和价值得到充分的体现，从而有效促进教育教学质量的提高。

参考文献

[1] 易小明. 道德内化概念及其问题[J]. 伦理学研究，2011（5）：42-46，68.
[2] 王富英，朱远平. 导学讲评式教学的理论与实践——王富英团队 DJP 教

学研究[M]. 北京：北京师范大学出版社，2019.

[3] 李三福. 教育科研成果推广的价值取向[J]. 湖南师范大学教育科学学报，2010，9（2）：42-45.

[4] 王天一，夏之莲，朱美玉. 外国教育史（下册）[M]. 北京：北京师范大学出版社，1993：195.

[5] 王富英. 导学讲评式教学中"理解"的诠释学蕴意[J]. 教育科学论坛，2018（6）.

[6] 王富英，黄祥勇，张玉华. 分享教育的含义与特征[J]. 教育科学论坛，2016（5）：5-7.

试论微型课例分析[①]

教学一线的教师在进行教育科研和进行教学研究时，由于平时教学任务紧，没有多少时间学习理论知识，常常感到力不从心，不知如何下手。本文介绍一种适合广大一线教师进行教育科研的方法——微型课例分析。

一、微型课例的含义

1. 课例

课例，是体现教育理论与教学技能的教案或课堂实录。它是具有典型意义的教学过程，在形式上可以是学生学习的生动故事，又可以是教师教学的有趣设计，还可以是教学实践上遇到的困惑的纪录（包括突发事件）。[1]

2. 微型课例

微型课例，是指课堂教与学活动中某一局部或片段的真实记录，它是教与学中某一精彩的"短镜头"。内容上它可以是学生学习中的一个生动故事；可以是教师教学中的一段有趣的设计；可以是某个例、习题学习中学生精彩的解题过程；也可以是对某个问题精彩的讨论与研究过程；还可以是教学实践上遇到困惑（包括突发事件）的记录，等等。任何一节课，不论其成功与否，都有使人难忘与感叹的片段，这种难忘与感叹的片段记录下来就是微型课例。由微型课例的含义可知，难忘与感叹的片段必须经过纪录后才能形成微型课例，没有经过纪录的"难忘与感叹的片段"只能叫微型教育现象。而微型教育现象随着时间的推移将会被遗忘，微型课例则可以较长时间地保存，成为素材与资料，以供研究之用。

二、微型课例的特征

微型课例具有以下几个特征：

---

① 此文系王富英、马晓容合作，原载于《中小学数学》2004年第7/8期。

1. 真实性

首先课例纪录的必须是一个真实的情节（实录），才能保证它的有效性。

2. 典型性

课例记录的是要有典型的、使人难忘的感触与惊喜。典型性主要体现在以下几个方面：能体现"教者"与"学者"典型的个性特点；能体现某种先进的教育理念；能体现学科教学的内在规律；能体现教学设计的基本思想；能代表某一类问题，实现以点带面，等等。其中有成功的范例，也有"尚未成功"的典型情景。

3. 启发性

这是指课例本身生动有趣，能提出问题、能引发思考、能产生观念上的不平衡。

4. 研究性

这是指课例本身具有的现实意义、借鉴作用和理论探讨的价值，可以获得的经验或反面的教训，可以提炼出（或印证）某些理论或观点。

5. 完整性

课例纪录的必须是一个完整的情节，能反映出学科教与学活动中的一个基本过程。

6. 微型性

课例纪录的不是一堂课或一个学习过程的全部，只是它局部的、微小的片段。

7. 承传性

微型课例是经过纪录后的教育现象，它能保存与传递。因此，它是一种宝贵的教育科研资源和教学财富。

三、微型课例分析

1. 微型课例分析的概念及意义

微型课例分析是指运用一定的教育理论，对微型课例涉及的微型教育现象进行剖析、比较、抽象、概括和提炼出有价值的经验、观点与规律的创造性的研究活动。微型课例分析重点在分析，重点在分析其中所体现的理论要素，重点在揭示其中所包含的带规律的经验、观点与方法及其对教育学的启示。

微型课例分析有利于理论与实践相结合，有利于提高被研究者的理论水平与研究能力，所以，它是教师培训的一种有效教学方式。通过微型课例分析，可积累教学经验，转变教学观念，改进教学方法，提高教学质量，所以，微型课例分析又是提高教学质量的一种有效策略。由于微型课例分析短小精干，针对性强，接近实践，且形式自由，不拘一格，更符合教师研究的特点，而且每进行一次微型课例分析，就是一次对教学的反思与提炼，就是一次教学研讨会，就是一次联系实际的学术研讨会。所以，它是教师进行教育科研与教研的一种有效的研究策略与研究方法。同时，在对微型课例进行分析时，又促使分析者去查阅资料、学习理论，并用这些理论去对微型教育现象进行剖析、比较、抽象、概括.而这种学习是由需要而产生的，因此，它是有目的的、主动积极的学习，学习的效率也就特别高。因此，它又是提高教师理论水平与研究能力的一种有效的途径与方法。

2. 微型课例分析与课例分析的区别与联系

课例分析既可以是教与学整个过程的分析，也可以是教与学中的一个片段的分析，因此课例分析包括微型课例分析。但由于微型课例分析注重的是课堂教与学中的局部与片段的情节分析，它较课例分析形式简洁，主体明确，针对性强，形式自由，不拘一格，更具有"短、平、快"的特点。

3. 微型课例分析的类型

微型课例分析可分为微型教学课例分析、微型解题学习课例分析、微性学习情境课例分析等。

4. 微型课例分析的方法

微型课例分析一般有两种方法：一种是先展示微型课例，再集中分析；另一种是边叙述课例，边分析（点评），最后总结。

在进行微型课例分析时，不论用那种方法，一般都是从两个方面进行：一是外在表象分析，二是内在理性分析。外在表象分析主要分析涉及事件的人物、情节，前因后果，师生的互动情况及表现形式等，达到弄清事实及基本因果关系，形成初步的感悟与判断；内在理性分析主要体现为三个方面：一是表象的价值取向，即起支配的意识；二是产生表象的缘由；三是表象所体现的内在规律和启示等。内在理性分析是微型课例分析的核心和重点，是产生有价值的观念与规律的关键。这就要求分析者要开展恰当的理论学习，掌握武器，拓宽眼界，用理论的解剖刀"解剖麻雀"，尽可能全面地剖析课例，获得更多的有价值的结论。

任何一节课，不论其成功与否，总有一些成功的精彩片段或者一些失败的、令人遗憾的难忘情节。因此，微型教育现象普遍存在于教与学的过程之中，只要我们细心观察，勤于思考，勤于动手，便可发现和得到许多有价值的微型课例。通过对微型课例进行认真的分析、研究，并将多次的微型课例分析连成一体，便可以得到一些有价值的经验与规律，用以指导教学，提高教学质量。同时，通过微型课例分析，还可发现一些有价值的研究课题和问题，再通过"微型试验"或"微型调查研究"展开进一步的研究，可以得到一些有价值的研究成果，提高教师的专业化水平。因此，将这"三微"（微型课例分析、微型试验和微型调查研究）有机结合，是教师在平时的教学研究中开展教育科研和促进教师专业化发展的有效策略与方法。

参考文献

[1] 罗增儒. 中学数学课例分析[M]. 西安：陕西人民教育出版社，2001.

教育教学研究要充分利用好学生资源[①]

教育教学研究的主要目的是揭示教育教学规律、解释教育教学现象，预测与指导教学实践，为提高教育教学质量服务。在教育研究中揭示的教育教学规律是否有准确则是否是通过教师在实施教育教学后由学生的真实感受及其心理和行为的变化体现出来的。因为，任何一种教育教学行为，学生是直接感受者，其成效如何，学生最有发言权。因此，他们的真实感受和切身体验最能体现和揭示教育教学规律。但我们在进行教育研究的过程中，一般都是研究者从自己的角度对教育现象进行观察分析获得研究结论，而忽略充分发挥和利用学生的资源进行研究。本文通过自己在进行导学讲评式教学（简称为"DJP教学"）[1]-[2]研究中，对学生讲解研究中亲身经历的一个案例来说明学生资源在研究中的作用。

导学讲评式教学是指在教师的引导下，学习者根据学案自主学习、对话性讲解、学习性评价，以达到深度理解、学会学习的教学活动方式。[3]它是指学生在老师的引导和帮助下，在自主学习、探究学习内容，初步建构知识意义的基础上，通过与同伴的交流、讲解和师生的评析过程，获得对知识意义的深入理解、学科思想方法的体验与感悟、学科活动经验的丰富和积累，从而引导学生自我增进一般科学素养，提高学科文化修养，形成和发展学科品质，最终达到学会学习、学会合作、学会交流、学会探究、学会评价的教与学活动。"导学""讲解"和"评价"是"导学讲评式教学"的核心要素和主要环节，故取"导""讲""评"汉语拼音的第一个大写字母 D、J、P，简称"导学讲评式教学"为"DJP教学"。[1]

DJP教学把学习的自主权还给了学生，把课堂话语权还给了学生，使学生由被动的听讲变为主讲，教师由传授变为了组织、引导。DJP教学中的讲解是由师生共同完成的，学生以"学生老师"的身份在展示个人或小组学习经历或思维过程中，启发引导全班同学对话交流、沟通协商，教师则以"教师学生"的身份参与到学习活动中。因此，学生讲解是DJP教学的特色和亮点，也是DJP教学的中心环节。

学生讲解是指课堂上针对共同的学习任务，学习者在认真准备的基础上，以言语的方式向他人表达自己的理解与发现，教师与同伴通过倾听、提问、

[①] 此文原载于《教育科学论坛》2017年第8期。

质疑、评价等方式与之对话交流建构知识意义的学习方式。[4]在学生的学习中，学生讲解有其独特的价值和作用。[4]但在具体的教学中怎样使学生讲解更加有效呢？

2017年2月20日星期一，作为学校特聘的驻校课改指导专家，我到成都市天府新区太平中学进行DJP教学的调研和指导，与老师进行了专题研讨。会后，《太平中学王富英工作室》成员魏建军老师要求我就"DJP教学中如何有效进行学生讲解"做一个讲座以对学生进行培训。

这是一个艺体班，在实施两年DJP教学后，全班学习成绩提高很多。全班平均成绩从第一次考试的200多分上升到第二次考试的370多分。学生对实施DJP教学都已经有切身的体会和感受，我到班上去后并没有直接讲解"如何有效进行学生讲解"，而是与学生一起讨论交流，引导学生根据自己的切身体会和感受谈DJP教学中如何讲解更加有效。下面是我与学生就"如何提高学生讲解的内容和方法"的交流讨论实录：

师：同学们，你们已经实施了一段时间的DJP教学了，你们根据自己的切身体会和感受，谈谈学生讲解怎样才更加有效？

生1：我认为，应该讲他是如何思考和分析的，这样，我们可以从中学习他人思考和分析的方法。

师：哦，就是"讲解决问题的思路与方法。"还有其他讲解的内容吗？

生2：还要提出自己不懂的和困惑的问题，希望得到其他同学或老师的帮助和解答。

师：很好！除了讲解自己的理解外，还要自己提出问题寻求他人的帮助。

生3：我认为，学生讲解时还应讲出自己的经验和容易犯的错误，以供他人借鉴，这样对他人也有帮助。

师：哦，就是讲自己的体验与感受或者经验与教训。还有吗？

生4：讲自己与别人不一样的解法。

师：哦，就是讲自己的创新和发现。

生5：还有注意讲解时要生动、有趣，使别人更容易听懂和理解。

师：哦，就是要注意讲解的艺术。这样才能提高讲解的质量。

众生：对！

师：同学们谈得很好，现在我总结一下刚才大家的讨论。在DJP教学中学生讲解的内容和方法：

（1）要讲解决问题的思路与方法；

（2）要讲自己的创新与发现；

（3）要讲自己的体验与感悟（经验与教训）；

（4）要注意讲解的艺术，提高讲解的质量；

（5）要提出自己没有解决的问题寻求他人的帮助；

（6）要提出有探究价值的问题供他人思考和探究。

这些 DJP 教学中学生讲解的内容和方法，是我作为研究者在研究的过程中，通过观察、分析课堂教学中学生讲解的大量录像和课堂教学实录才得出，而在这次与学生短短二十多分钟的交流中，几乎全部都由学生得出，这使我感触很深，也给我们进行教育教学研究提供很多启发和思考：教育教学研究不是闭门造车，学生就是研究者，学生以他们自己的实践经验和切身感受揭示出教育教学背后的规律。因此，我们在研究中要充分利用好学生资源，多深入学生中与学生交流，从他们的切身体会和感受中往往可以获得很多有价值的研究成果。

参考文献

[1] 王富英，王新民，谭竹. DJP 教学：促进学生主动学习的教学模式[J]. 中国数学教育，2009（7/8）.

[2] 王富英，王新民，朱远平. 导学讲评式教学的研究[J]. 教育科学论坛，2014（8）.

[3] 王富英，王新民. 让知识在对话交流中生成——DJP 教学中知识生成的过程与理解分析[J]. 中国数学教育，2013（11）.

[4] 王富英，赵文君，王海阔. 数学教学中学生讲解的内涵与价值[J]. 数学通报，2016（10）.

中小学教学研究成果及其提炼[①]

目前，很多中小学为了提高教学质量，提升学校的办学品位，都十分重视教育科学研究，并结合自己学校的特点开展了形式多样、丰富多彩的教学研究。在研究的过程中很多学校取得了显著的成效，但很多研究在总结研究成果时大多只停留在经验层面，理论性不足，从而使一些卓有成效的研究不能体现出其应有的学术价值和推广价值。我们认为，出现这种情况的原因有两个：一是对教学研究成果的内涵、特点和类型含义不清楚；二是缺乏有效的提炼成果的方法。因此，明确教学研究成果的内涵、特点和类型以及有效提取教学研究成果的方法便成为制约学校教学研究中需要研究和解决的问题。笔者根据自己多年从事教育教学研究和教育科研指导与提炼的经验，对这一问题进行了一些探究，希望能为课题研究者提供一些帮助。

一、教学研究成果的内涵、特点和类型

1. 教学研究成果的内涵

《教学成果奖励条例》（国务院令第151号，以下简称《条例》）第二条对教学研究成果做了明确界定："本条例所称教学成果，是指反映教育教学规律，具有独创性、新颖性、实用性，对提高教学水平和教育质量，实现培养目标产生明显效果的教育教学方案。"

查阅各省（市）在教学研究成果奖励文件中的定义，内涵也与该条例基本一致，只是在成果的范围上略有区别。如北京市、浙江和广东等省在《条例》的基础上，把中小学教学研究成果的属性由"教育教学方案"增加为"教育教学方案、教学改革、研究成果"三项。四川省在"教育教学方案"后面增加了"教育教学改革成果"一项。云南省在《条例》的基础上对"教育教学方案"的范围做了具体说明：一是在转变教育思想和教育观念，调整专业结构，改革人才培养模式、课程体系和教学内容，改进教学方法和教育技术，全面推进素质教育，促进学生德智体美劳全面发展，提高教育质量等方面的

[①] 本文系李明隆、王富英合作，原文以《教学成果的内涵梳理与提炼》载于《教育科学论坛》2019年第3期。这里收录时有所修改。

成果；二是在组织教学工作、推动教学及教学管理改革，加强教学基本建设，开展质量保证和监控工作，建立自我约束和发展的机制，实现教学管理现代化等方面的成果。

由此可知，教学科研成果有狭义和广义之分。广义的教学研究成果，是指学校在教育、教学和教学管理等方面取得成效的方案和研究成果。狭义的教学研究成果，是指反映教育教学规律，具有独创性、新颖性、实用性并取得明显成效的"教育教学方案"或"教学改革"的"研究成果"。本文所说的教学研究成果是指狭义的教学科研成果。从教学研究成果的概念可知，其内涵有以下三点：① 反映教育教学规律；② 具有独创性、新颖性、实用性；③ 对提高教学水平和教育质量，实现培养目标产生明显效果。

2. 教学研究成果的特点

教学研究成果一般具有方向性、先进性、创新性、实用性、科学性、实效性和可重复性等特点。

（1）方向性。这是指符合教育教学发展的趋势，能解决教育教学改革中的关键性问题和难点问题。

（2）先进性。这是指具有先进的教育理念，能引领教育发展方向；也体现在比同类成果更系统、更深刻、更成熟，解决问题更具有准确性（精准）上；甚至在同类领域具有填补空白的价值。

（3）创新性。这是指在理论与实践上取得突破，有独到的见解和操作办法。

（4）实用性。这是指其策略、方法、模式、课程等实施简捷实用，可在不同地区和学校推广应用。

（5）科学性。这是指包含科学的探索过程和科学的原理。一是以科学理论为指导，依托科学理论在实践中形成；二是通过实践发现教育教学某些特定的规律性，形成的技术中承载了新的教育教学原理。

（6）实效性。这是指方法能够对现实问题的解决起到明显的作用。主要体现：提高单位时间的教育教学效率和效益，增强效果；减少教育教学中的无效劳动和多余事务，简化流程；弥补教育教学的理论、管理、资源的匮乏，提升教育内涵品质等等。

（7）可重复性。这是指经过较长时间的实践检验，可复制，可重复。

3. 教学研究成果的类型

为了研究的方便，我们将中小学教学研究成果进行分类。根据不同的标准，教学研究成果可分为不同的类型。

（1）根据成果的内涵特性，它可分为文本性成果、制度性成果、成长性（或实践性）成果和技术性成果四大类。[1]

文本性成果主要指论文、著作、课程资源、研究报告、教学案例、教学反思、教育叙事等方面的成果。制度性成果主要指学校教育管理、教学管理、学科组管理、班级管理、科研管理以及研究共同体等方面相关制度的建立和机制形成的成果。成长性（或实践性）成果主要指学校发展、教师专业成长、学生综合素质提升等方面的成果。技术性成果主要指教育教学软件、电子资源库、音像产品以及专利技术等。

（2）根据成果的呈现形式，它可分为知识类和产品类。知识类包括报告（基于研究的研究报告、实验报告、调查报告）、论文（基于说理的论述、评述、综述、译述、案例、教案）、著作（专著、编著、译著）、方案（基于实施的改革方案、政策法规、咨询报告、发展规划、实施建议）等。产品类包括视听媒体、多媒体课件、教学素材和资源、网络课程、教学系统、管理软件、空间环境、学习平台等。

（3）根据成果的存在形态，它可分为学术形态、技术形态和实践形态。[2]学术形态是研究者在发表的论文、著作、报告时表述的成果形态，它回答成果"是什么""为什么"和"可以解决何种问题"。技术形态是指在科研成果理论的指导下研制出来的一系列便于教育者操作的技术样式，包括体现成果思想观点的教育教学活动的目标、内容、方式、方法、途径、策略、步骤、原则等操作性指示，它直接回答了"怎么做"的问题。实践形态也称教学形态，是成果的技术形态通过教育者的思想和教育行为所表现的形态，它是技术形态成果中的方式、方法、策略、步骤、目标、原则等操作技术通过教育者在教育教学实践中的教育教学行为表现出来。

二、教学研究成果提炼的基本方法

教学研究成果的"提炼"就是用科学的态度和方法对有明显成效的教育教学现象和行为进行去粗取精、去伪存真、由表及里、由此及彼、归纳概括而揭示出其背后隐藏的教育教学规律并用简洁的语言命名表达的过程，是将研究中的资源精准化、经验结构化、操作清晰化的过程。教学研究成果具体提炼为以下几种操作方法。

1. 特征分析法

特征分析法是指对取得成功的教育教学行为，进行去粗取精、去伪存真、由表及里、由此及彼、归纳概括的加工改造后，抓住其本质特征进行提炼命名。例如，我们在《导学讲评式教学的研究》[3]中，通过对这种教学法课堂上学生的学习行为和知识意义的建构过程进行分析，发现在这种教学中，学生的知识的意义就是在学生与文本对话、与教师对话、与同伴对话和自我对话的活动过程中各种视域的融合过程中逐渐生成的。这种学习的本质特征就是多元对话，这种学习方式已经超越了传统的"授受式学习"。于是，我们根据这一学习现象的本质特征总结提炼出了"多元对话性学习"这一创新性概念。后来，我们又以"区域推进多元学习构建高效课堂的研究"为题成功申报2011年全国教育规划课题以开展进一步研究。我们在认真分析一系列课堂教学录像的基础上，总结提炼出这种学习方式的本质特征，最后写成了《多元学习之内涵及特征》[4]一文并发表在核心期刊《教学与管理》上。

2. 要素提炼法

要素提炼法是指在总结提炼时抓住研究中取得成功的教育教学的核心要素进行总结提炼而得出教学研究成果的方法。例如，我们在进行导学讲评式教学的前期研究阶段，只是从学生的"学"为出发点，把学生的自主权还给学生，把课堂的话语权还给学生进行课堂教学改革的实验研究，至于这种教学到底叫什么名字，开始我们并不明确。在实施的过程中，学生刚开始对把课堂话语权还给他们很感兴趣，但一段时间后，由于准备不足，讲解的质量不高，兴趣逐渐降低，面对这种情况我们及时提出要加强讲解前的指导和帮助，为课堂上的对话讲解做好充分准备，从而解决了讲解质量不高、兴趣降低的情况。但是一段时间后，又出现了高原现象，学生讲解的质量和对知识意义的理解深度不够，针对这种情况，我们又指出要加强讲解后师生对讲解者讲解内容的评价分析，从而提高了讲解的质量和对知识意义的深入理解。从此，这种教学方式便巩固下来，在成都市龙泉驿区一些学校实施后取得了显著的成效。但对这种取得显著成效的教学方法取个什么名字呢？这时我们对这种教学法实施的过程进行仔细分析，发现"引导自学""对话讲解"和"质疑评价"是其主要教学环节，其中的核心要素是"导学""讲解"和"评价"。经过对这一教学法核心要素的分析提炼，"导学讲评式教学"（简称为"DJP教学"）的成果名称自然而然就形成了。这时我们正式以"导学讲评式教学的研究"为课题成功申报成都市教育科研规划课题，后又以"导学讲评式教学与教师的专业发展"成功申报四川省人文科学重点基地课堂进行研究，取得了一些系列的研究成果。2014年该项成果获得四川省教学成果一等奖、首届国家级教学成果二等奖,多次在国内外学术会议交流,在学术界产生了一定的影响。

3. 类比联想法

开普勒说:"我珍惜类比胜于任何别的东西,它是我最可依赖的老师,它能揭示自然界的秘密。"[5]类比是在两个或两类事物间进行比较,找出若干相同或者相似点后,猜测在其他方面也可能存在相同或相似之处而做出某种判断的推理方法。[6]

教学研究成果总结提炼的类比联想法,是指在教学研究成果的提炼过程中,研究者将自己进行的研究和与之类似的已经取得成功的研究成果进行比较,找出若干相同或相似点后,通过猜测联想在其他方面也可能存在的相同或相似之处而进行总结提炼的方法。例如,我们在中小学有效教研的研究中,为了使教师的教研更加有效,我们让教师先对要研究的问题进行独立思考后再进行集中研讨。每次教研活动前一周,我们都要先把研究的内容、要求、研究方法指导和参考文献等以通知的形式在教研群里提前告知参加教研活动的教师,让他们先进行独立思考、自主研究,再集中交流讨论,最后主持者再组织参研教师进行评价分析,从而有效提高了教研活动的质量和效率。这种教研的方法与传统的简单的"听听课,评评课"或者"由一个专家进行专题讲座"的教研方式有着本质点不同。但怎样提炼出这种成功的教研活动中所用的方法呢?这时我们对比导学讲评式教学中的研究,创造性地提出了"导研讲评式教研法"。类比导学讲评式教学中引导学生学习的"学案"提出了"研案"的概念,并类比分析学案的性质和特点,我们揭示出了研案的内涵、特质和内容,最后写成研究论文《研案的基本含义、内容及特质》[7]发表于《教育科学论坛》。

4. 分类织网法

分类织网法就是把研究中成功的经验进行分类整理,并阐述清楚各类之间的关系,从而建立起研究成果的整体网络结构。例如,全规办的2011年度课题"区域推进多元学习构建高效课堂的研究",涉及一个区域的所有学科,产生的经验大多集中在多元学习和高效课堂的分别理解与感悟上,各种教学经验性认识达100余条。研究最后的成果是"基于多元学习的高效课堂教学",也就是把整理出来的经验进行分类,以核心概念的关系为取舍标准,最后按照培养目标、课堂操作、教学评价三个方面分类就构成了整体的框架结构。该课题荣获成都市教学成果一等奖、四川省教学成果三等奖。

5. 挂靠生长法

挂靠生长法是指把自己的研究解决问题的经验与某个已经成功的研究理论相联系，找到已有研究成果与自己经验的相似点，用自己的经验感悟和具体方法来验证该成果，丰富、发展、修正、完善，乃至推翻、批判其中的某些论点、方法等。这就使自己的经验成果既有好的表达结构，又容易呈现新的内涵。例如，罗崇敏博士提出了"三生教育论"，阐发了生命教育、生存教育、生活教育的价值思辨、多学科视角和实践方法。有教师在总结自己的作文教学经验时，就很好地结合了罗博士的观点，形成了自己作文教学的"三生"作文育人价值、"三生"作文的写作培养视角和"三生"作文实践培养方法等。这就是自己的经验具有了比较严谨的逻辑，具有了理性的色彩，又突显了自己"三生"作文不同于罗博士观点的独特性。但要注意的是，在提炼和结构自己经验的时候，一定要深入了解所挂靠研究成果的全貌，找准自己研究与其相关的内涵价值，以其理论有机融入自己的研究之中，并比较出自己研究的特色和突破点。

参考文献

[1] 郑家裕. 中小学教育科研成果提炼与表述的问题及对策分析[J]. 教书育人，2015（20）.

[2] 王富英，叶超，吴立宝. 教育科研成果在推广应用中的形态与运行机制[J]. 教育科学论坛，2018（10）.

[3] 王富英，王新民，朱远平. 导学讲评式教学的研究[J]. 教育科学论坛，2018（10）.

[4] 王富英，吴立宝，朱远平，等. 多元学习之内涵及特征[J]. 教学与管理，2017（5）：4-6.

[5] [美]G. 波利亚. 数学与猜想——数学中的归纳于类比[M]. 北京：科学出版社，2001：11.

[6] 钱珮玲. 中学数学思想方法[M]. 北京：北京师范大学出版社，2001：53.

[7] 王富英. 研案的基本含义、内容及特质[J]. 教育科学论坛，2014（1）.

二　有效教研

中小学有效教研要素结构分析[①]

教研，是教学研究（Teaching Research）的简称。[1]它是教研人员在一定的教育科学理论的指导下，对学科教学中具体的教学现象和出现的实践问题进行微观的分析、研究，以制定出具体的解决问题的方案并付诸实施。[2]教研是否有效直接影响到中小学教学质量的提高和教师的专业化发展，而要提高教研的有效性就必须从理论与实践上明确有效教研的要素结构，本文就此问题进行探讨。

一、有效教研概念的界定

有效教研是一个相对概念，它是相对于目前中小学教研中存在的低效甚至无效教研而言的。目前，学术界对有效教研还没有统一的定义。借用工程学中"效率"的概念，有效教研是指教研人员在特定的环境和条件下，基于预定的教研目标，在规定的时间内以较少的投入达成最优效益的教学研究活动。这里对有效教研的界定是一种定性描述，缺乏操作性，其着眼点在解决问题的效率。我们知道，教研的目的除了有效解决问题外，更重要的是要通过教研活动有效促进教师的专业化发展。因此，教研的有效性就不能只囿于工程学意义下的定性描述，更要着眼于促进教师的有效发展，而且要具有可操作性。

从教研活动过程来看，教研自始至终都是围绕如何研究解决教育教学中的问题而进行的。因此，问题是教研活动的核心。在研究过程中，教研人员主要通过选择研究问题和设定问题价值、参与研究活动以对参研教师产生影

---

① 本文系全国教育科学"十一五"规划 2007 年度教育部重点课题"构筑有效教研工作机制的理论与实践研究"（课题批准号为 DHA070164）的研究成果。本文系王富英、朱远平合作，原载于《中国教育学刊》2012 年第 12 期。

响。所以，教研人员和研究问题是教研活动的基本构成要素。在研究问题明确后，采用何种研究方式进行教研便是随之需要解决的问题，因为研究方式不同解决问题的效果也就不同。研究方式好教研效果就好，对教师的发展就更有效，否则就低效甚至无效。所以，教研方式是有效教研重要的影响要素。

综上，笔者认为，有效教研是指教研人员以有效问题为研究对象，通过有效方式促进参研教师有效发展的教育教学研究活动。

二、有效教研要素结构

由上述讨论可知，有效教研是由两个基本要素和一个影响要素构成的。两个基本要素是指教研人员和研究问题，影响要素是指研究方法。而这些要素中研究问题和研究方法又尤为重要。即要提高教研的有效性，则必须使研究的问题有效和采用的方式有效，这样才能促进教师的有效发展。

（一）有效问题

问题，是指那些对于解答者来说还没有直接的解决办法，从而对解答者构成认知上的挑战的一种局面（[日本]三轮辰良）。[3]我们这里所说的问题是指中小学教师在教学中遇到的、带有共同性和普遍性的需要研究解决的问题，它既是教研活动的研究对象又是教研活动的核心。

我们认为，教研中的问题具有三种形态：原生形态、学术形态和研究形态。

1. 原生形态

问题的原生形态是指没有经过研究者加工、改造和明晰的问题，是教学中自然而然地产生和存在着的问题。教师在教学中直观地感觉到了问题，但到底是什么问题，是什么原因造成的，一时还不知道，我们说这时的问题是处于原生形态的问题。例如，笔者到学校听课后，在与老师们的交谈中发现这样一种现象：教师多次纠正学生习题错误后学生下次仍然出错，于是教师每次评讲都责怪学生不认真听讲，但学生反映说每次都认真听讲，而且当时也懂了，但再次遇到后不知不觉又犯错了，因而对老师的批评与责怪也感到委屈。于是有些教师便隐隐约约地感到可能还是自己教学中存在着什么问题，但又不知到底是什么问题。这里的问题是教学中自然产生的，并隐藏在教学中的，对于教师和研究者来说都还是模糊不清的，这时的问题就是属于原生形态的问题。原生形态的问题具有内蕴性、模糊性和不确定性，对于教研而言，还无法进行研究，因而也就不是有效的问题。

2. 学术形态

问题的学术形态是指教研人员把原生形态的问题，经过分析、比较，逐渐清晰化，并以研究课题的形式提出来供学术研究用。因此，它必须明确、清晰和简洁，以便于人们理解和开展研究。学术形态的问题具有外显性、明确性和简洁性等特点。

问题由原生形态转化到学术形态为问题的研究解决迈出了重要的一步。但这一步的迈出要由研究者对原生形态的问题经历分析与综合、抽象与概括的思维过程才能清晰化。例如，上面提到教师感觉到自己教学中存在有问题但不够清晰，笔者根据它多次重复出现的现象进行认真分析，明确提出要研究的问题为"错误重复现象产生的原因和消除对策的研究"，该研究成果发表在《数学通报》2011年第7期。

学术形态的问题使研究者明确了研究的对象，对于研究活动而言较为有效。

3. 研究形态

问题的研究形态是指通过主研人员（教研员或教研组长、中心发言人等，下同）的加工改造，把问题具体化，从而能使参研者明确解决问题的途径和方法，能使参研者有效地进行思考和研究解决的问题形态。问题的"学术形态"虽然已经使待研究的问题明朗化了，但具体如何进行研究，研究的具体内容和方法是什么，有哪些要求和建议还不清楚，这对于在基层教研机构开展教研活动而言是必须弄清的，因此，就需要主研人员对学术形态的问题进行深入分析、研究，给参加教研活动的老师提出明确具体的研究内容、要求、解决问题的方法、途径和参考文献等。因此，研究形态的问题具有预设性、研究性、情境性、操作性等特点。

由于研究的问题是来自教师教学生活中遇到的需要解决的问题，因而是与教师的教学活动相联系的问题，所以，他们对问题的解决具有强烈的需要。加之，问题被转化为研究形态后使他们更加明确了研究的具体内容、要求和研究途径，更便于进行研究。因此，在教研活动中，问题不再被参研者看作是"身外之物"和"另一个世界"的与己无关的东西，而是把它视为一种可探寻、可分析、可切磋的东西，是实践和创造的对象。由于每位参研者均设定有一个具有个人生命意义的价值取向，问题的研究解决承载着参研教师主动发展的希望，因而在研究解决问题的过程中参研者能展示出自己独特的生命状态和生命活力，这时的研究问题便被赋予了参研者的生命价值。这种能够高度地焕发参研教师生命活力的问题形态就是问题的研究形态。

问题的研究形态使研究的问题成为鲜活的状态，与教师的生命、生活息息相关，从而使它呈现出生命态，而这种具有内在生命态的研究问题，最能激活、唤起参研者内在需要、兴趣、信心，提升他们主动探求的欲望及能力，因此是一种更为有效的问题形态。

（二）有效方式

教研活动方式包括"组织者的行为方式"与"参研者的活动方式"两个方面。一般而言，这两个方面是辩证统一的，但"组织者的行为方式"的有效性最终体现在"参研者的活动方式"的有效性上。因此，"参研者的活动方式"是有效教研的根本。根据两者相互作用的方式，教研活动方式有三种基本形式：先讲后研、先研后讲、互动对话。

1. 先讲后研

先讲后研是指以组织者（教研员或教研组长）的"讲"为主的教研活动方式，整个教研活动是先由组织者对要研究的问题进行讲解，再由参研教师进行思考的活动方式。它强调以组织者为中心，追求"讲"的有效性，教研活动形式是"组织者牵着参研教师走"。

先讲后研是一种传统的讲授式教研方法，是组织者根据自己的知识经验按事先设计好的讲稿，主要通过口头语言向参研教师分析教材、点评课例、讲述问题解决的方法，而参研教师通过静听、思考加以吸收的教研活动方式。它具有如下三个特点：一是预设性。教研内容是预先设定的，教研目标或任务是预先设定的，活动的环节是预先设定的。二是控制性。组织者的讲解对于参研教师而言，具有"权威性""合法性"，组织者是权威指令的发出者。在教研过程中，组织者总是讲授，参研教师总是听讲，组织者讲完了，教研活动也就结束了，教研任务也就完成了，从而把教研活动过程当成一个完成教研任务的过程，教研也就变成了"一个人的教研"。三是被动性。教研活动以组织者的讲解为主，参研教师一直处于被动接受的状况，教研组织者与参研者之间缺乏互动交流。这种形式的教研往往以教研任务的完成为主，对于教研是否真正解决了教学中存在的问题不大重视。

2. 先研后讲

先研后讲是以参研者为主的教研活动方式，强调以参研教师为中心。操作程序是组织者把教学中存在的问题抛给教师，让参研者自己先去研讨，然后在开展教研讨论时参研教师各抒己见，最后组织者再根据教师研讨中的问题进行总结发言。与先讲后研相比，先研后讲更加关注教师的研讨，但对组织者参与研究的深度和力度要求不够。在实际教研中，先研后讲的教研活动变为参研者意见发表完后组织者再泛泛地谈点意见，教研活动就结束了，从而使教研活动的深度不够，解决问题的方法和措施仍不明确。这时的教研活动就会出现"组织者跟着教师走"的现象。

3. 互动对话

互动对话即对话式教研。它是指在教研活动过程中，组织者和参研者围绕教学中存在的问题，独立思考，相互交流，各抒己见，共同研究，最后达成共识。对话式教研是具有时代特征的教研理念，它把参研者和组织者看作是教研的两个主体，二者构成的是一种多向的、平等的、和谐的"你—我"对话关系，追求的是参研者生命活动的有效性。对话式教研活动形式表现为"组织者和参研教师一起走"。

对话式教研强调研究活动过程中参与者的相互对话，通过对话进行视域融合，实现问题解决意义的生成、生命意义的建构和研究成果分享的教研活动过程。"合作研究，对话交流"是对话式教研的一个中心环节，在教研活动的过程中，在参研者独立思考的基础上，再在教研活动时面对其他参研者发表自己的意见和见解，并提出还未能解决的疑难问题，以求同伴的帮助和专家的点拨、指导；专家（组织者和主研人员）则与参研者围绕这一待解决的问题共同研讨，一起寻求问题解决的方案，最后通过相互交流和研讨使问题获得解决。在传统的教研中，一般都是组织者一人在讲解，而对话式教研则强调参研教师大家参与，组织者作为参与者进行点拨、指导，从而变"一人教研"为"大众教研"，变"一言堂"为"群言堂"。

"对话式教研"具有以下特点：

第一，视域融合性。"视域"是指个体从已有背景出发看问题的一个区域。[4]在教研过程中，对同一问题有三种不同的视域：专家视域、同伴视域和研究者视域。从视域展示形式来看，研究者通过讲解自己对问题的解决方案和思路等为主，同伴通过对研究者提出的方案进行质疑、评价为主，专家以点拨、修正和评价为主，在教研的过程中三种视域相互交融碰撞，激活思路，生成解决问题的方案，形成问题解决的意义。对话式教研通过对话交流使各种视域进行大碰撞、大融合。这种对话式教研把个人的思维变成交流的内容而赋予一种生命活动的意义，思维成为一种交流、沟通、共享的活动过程，使参研者在说理中学习道理，在思辨中发展思维。[4]

第二，思维完整性。任何一种问题解决的思维都要有一个相对完整的过程，表现在语言上就是要描述清楚"问题的内容"与"解决方案"之间的逻辑关系。"一人式教研"参加活动的教师只是听众，没有解决问题的思维过程，从而失去了问题解决思维中最有价值的东西——思维的整体性与连续性。在互动对话式教研中，研究者要思考、要选择、要寻找失败的原因、要克服各种困难，比较完整地经历思维的整个过程，因此表达出来的东西，无论对错，所展现的均是研究者思维中较为完整的逻辑链条。

第三，生命发展性。"互动"与"对话"是互动对话式教研活动中的基本活动方式。通过对话，参研者可以感受自己的生存状态，改善教学生活方式，从而提高教师生命的质量。互动对话式教研赋予了研究者思维上的自主权与表达交流的话语权，改变了"讲授式教研"中那种只是一味地被动接受的状态。他们可以按照自己的思路去寻求问题解决的方案，选择自己喜爱的方式进行表达交流，因而在这种有所作为的研究活动中提高了自主和自信。互动对话式教研能够以多种方式触及参研教师的情感和意志领域，触及教师的精神需要，使教师把教研作为一项事业来完成，激发出一种具有生命价值的责任感——对问题的建构负责、对自己的工作负责、对同伴的友情负责，使教师学会尊重自然、尊重他人、尊重自己，在责任担当中感受到生命的存在和生命的价值。

三、有效发展

教师的发展是在解决教学所遇问题的过程中通过不断地学习、探究、反思来实现的。不断地研究解决教学中的问题是教师生活的基本方式，也是教师发展的基本形式。因此，教师的发展不是一种结果，而是一个过程。在教学（或学习）过程之中，发展是时时刻刻都在发生着的。正如叶澜教授所指出的："'发展'作为一种开放的生成性的动态过程，不是外铄的，也不是内发的，人的发展只有在人的各种关系与活动的交互作用中才能实现。"[5]

教师的发展又有自然发展和主动发展的两种。自然发展是被动发展，它指随着时间的延续，生活经验的积累而自然的发展。这种发展速度慢，效率低。主动发展是教师在发展过程中，根据自己的需要不断追求、学习、思考，从而使自己的需要不断地得到满足。这种发展是主动的、充满活力的、健康的和有效的。教师的有效发展追求的是这种主动式发展，而不是自然发展。

有效发展具有以下三个方面的含义：

第一，有效发展是实现"高阶目标"的过程。当代美国著名的高效学习研究专家琳达·达林·哈蒙德（L. Darling-Hammond）教授将学习目标划分为低阶目标与高阶目标，其中低阶目标是指"低技能层次"的，主要是以掌握知识技能为主，而高阶目标是指"学会批判性地思考，获取信息，解决问题，反思和改进自己的工作，并且创造新的想法、产品和解决方案"[6]。

第二，有效发展是满足教师基本需要的过程。亚伯拉罕·马斯洛（A. H. Maslow）指出：人的发展是个体需求不断产生和满足的过程。发展是人的基本需要。如果人的发展不能实现，即需求得不到满足，则人就会产生心理疾病。他还证明，历史上许多有贡献的人物，都是充分发展了的人。马斯洛把这个发展过程称为"自我的实现"。因此，教师的发展既是教师自身主动发展的基本需要，也是教师生存和健康生活的基本需要。互动对话式教研使得教师在展示自我、主动发展的过程中，能够对自身的发展做出主动的思考、批判、策划，使他们由此而变得更加自主和自信。

第三，有效发展是教师生命化发展的过程。教师的发展应该是教师自身的发展，真正的研究者应该是教师自己。生命化的发展是指教师的生命感和责任心的增进，生命感是指生命存在的意义感和价值感、自我生命的确认感、生命活动的愉悦感和自我价值的实现感；责任心是指能主动为自己的行为担当责任，使教师"知道人生有许多有意义的事情需要去做、值得去做、也有责任去做并勇敢地担当自己的责任切实地去做"[7]。

根据上述分析，我们可以得出有效教研要素结构如图5-3所示。

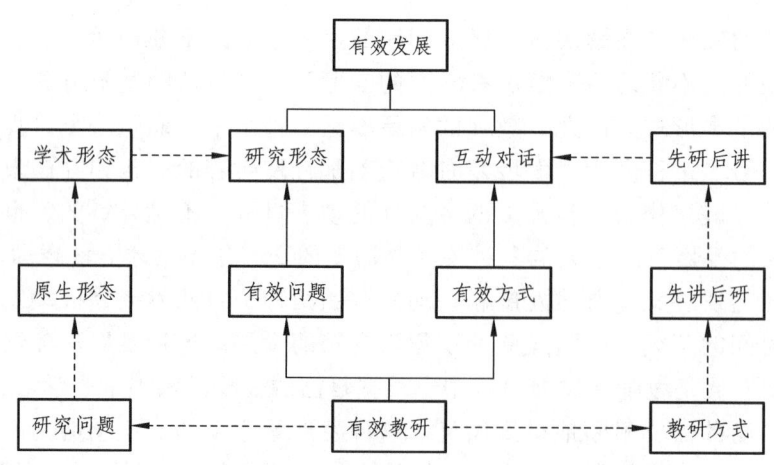

图5-3 有效教研的要素结构

参考文献

[1] 赵欣才. 有效教研——基础教育教研工作导论[M]. 上海：上海教育出版社，2008：3.
[2] 王富英，王学沛. 简论教育科研与教研的关系[J]. 教育科学论坛，2006（2）：32-35.
[3] 刘学质. 问题解决在美国和日本[J]. 数学教学，1993（2）：17.
[4] 王新民，王富英. 高效教学中的知识、方法与评价[J]. 内江师范学院报，2011（6）：76-83.
[5] 靳玉乐. 理解教学[M]. 成都：四川教育出版社，2006：17.
[6] 冯锐，缪茜惠. 探究性高效学习的意义、方法和实施途径——对话美国斯坦福大学 Linda Darling-Hammond 教授[J]. 全球教育展望，2009，38（10）：3-7.
[7] 何善亮. 责任担当：有效教学的实现前提[J]. 教育理论与实践，2009，29（2）：45-48.

研案的基本含义、内容及特质[①]

一、问题的提出

教研，是指在一定的教育理论的指导下，对教育教学中具体的教学现象和出现的实践问题进行微观的分析、研究，以制定出具体的解决问题的方案的教学研究活动。[1]它是提升教师教学水平、提高教学质量和促进教师发展的有效途径和方式。然而，传统的"讲授式教研"活动的开展一般都是由教研的主持者邀请几个主讲教师就某个专题进行讲解，主讲者讲完了，教研活动也就结束了。教研活动的准备也只是主讲者在准备，参加者无须准备，只是到时被通知参加旁听就行了，从而使参加者置身于教研之外，被动接受主讲者的观点。教研过程没有研讨、没有交流、没有思维碰撞，从而使教研活动变成了"一个人的教研"。[2]而且有些讲解的内容只是主讲者感兴趣的话题，不是参加者所急需研究解决的问题，从而使参加者缺乏参加教研的兴趣和积极性，从而导致很多教师们也就常常以"我忘了今天是活动的时间"为借口而不参加教研活动。久而久之，一些教研的组织者便感到很难组织开展教研活动，甚至很多学校出现了谁都不愿当教研组长的现状，于是教研组长就采取轮流坐庄制。这时由于不是具有一定学术权威的教师担任组织者，教研活动就变成走形式应付领导检查的现状。有的学校甚至出现了这种现象："教研活动时，没有人说教研的事，都是坐在那里等领导的检查，一等到领导检查过了，立马就如"鸟兽散"，有时甚至等不到领导来就性急地走了，只留下一个教研组长在那里等待；许多教师在那里利用这段时间干着一些与教研无关的事，如批改作业、织毛衣、做练习、说些其他教师的趣闻逸事等"。[2]出现这种现象除了因研究问题不明确，研究准备不充分外，一个重要原因就是缺乏一个引导和帮助教师人人参与，个个有效进行研究活动的工具和手段。因此，如何寻求一个引导和帮助教师有效进行教研的工具和手段，使教师在教研活动中学会研究，提高能力便是一个需要研究的课题。我们在进行"区域

[①] 本文系中国教育学会"十一五"教育科研规划重点课题"区域推进校本研修促进教师专业发展的研究"（项目编号：0728224A）的研究成果，原载于《教育科学论坛》2014年第1期。

推进校本研修促进教师专业发展的研究"过程中创建了一种引导和帮助教师有效进行教研的工具和手段——研案。研案的出现，改变了教师的教研观和教研活动方式，提高了教师参与教研的兴趣和积极性，取得了很好的教研效果。但研案是一个新生事物，需要对其内涵、特质等进行研究，本文将从研案的基本含义、内容及特质三个方面对研案进行论述。

二、研案的基本含义

研案肩负着引导教师学会研究、培养教师创新的使命，同时还要充分地体现对教师的指导和帮助作用。因此，我们将研案定义为：研案，是以教师教学中急需解决的问题为中心，以教师如何有效研究解决问题为出发点，把研究的内容、目标、方法以及指导等要素有机地融入研究过程之中而编写的一种引导和帮助教师进行问题解决、主动发展的方案。

研案的上述定义包含着以下具体含义：

第一，研案是以教师教学中需要解决的问题的解决为出发点和归宿，其着眼点在于教师"研什么"和"如何研"，所追求的是让教师学会研究、解决问题、主动发展，体现了"以教师发展为本"的教研理念。

第二，研案既是对研究内容的安排与研究过程的规划，又是研究结果的预设与研究成果的结合；既是帮助教师学会如何研究，提高研究能力的工具，又是各种研究资源的整合。因此，研案具有教师研修课程的属性。

第三，研案中既有教师研究的内容，也有专家（组织者）对教师研究的要求和指导，特别是它将对教师的指导以"有形的文字"渗透到了教师的研究之中，因此，研案是教师的"研"与专家的"导"相互融合的产物，是引导和帮助教师研究的有效工具和手段。

第四，研案将教师研究的问题进行了加工改造，变成了一个使教师易于进入、易于探究、易于遐想的问题解决过程之中，从而使研究的问题由学术形态变为研究形态。[3]

第五，研案只提供了研究内容、研究方法、研究要求和参考文献，没有具体限制教师的研究思维，因而是为教师创新能力的培养以及主动健康的发展提供了一个有效的通道。

三、研案的基本内容

一份完整的研案一般应有以下内容：研究问题、研究目标、研究内容、研究要求、参考文献和研后反思。

1. 研究问题

研究问题一般是教师教育教学中存在且需要解决的问题，它是教研活动研究的对象，是教研的主题。这类问题一般有两类：一类是不需要很多时间和精力就可以解决的问题。如，"如何确定教学的重点？"这个问题是教学中许多教师没有真正弄清的问题，但这个问题的解决不需要花费很多的时间和精力。教研时可以请一些有经验的名、优、特教师进行经验介绍，然后对这些教师的经验进行归纳概括就可以得出解决的办法。我们把这类问题称为短问题或简单问题。另一类问题就是在短时间内不能解决，必须花费一定的精力、人力和经历一定的过程才能解决。如，"如何有效实施新课程提倡的学习方式？"的研究，解决这个问题就需要进行"学习课程标准、制定实验方案、进行实验探究、归纳概括总结"等过程才能解决。这类问题的解决过程就相当于做了一个小的科研课题研究。因此，我们把这类问题叫作长问题或复杂问题。

2. 教研目标

教研目标是指研究者教研活动过程与结果的任务指向。这里的"任务"包含"问题解决"的任务和"教师发展"的任务。"指向"含有"方向"和"归宿"的意思。一个教研目标就是一个研究向量，它既有确定的研究起点和方向，又有明确的研究层次方面的要求。

由此可见，教研目标是下达给研究者的任务书，是指引研究者的导航仪，是规范研究者的研究行为、自我检测与评价研究效果的依据和标准。

3. 研究内容

研究内容是将研究问题分解后的一系列子问题。这些子问题研究解决了，整个研究问题也就解决了。这样分解后的研究内容使要研究解决的问题更加明确、具体，具有操作性。例如，"试卷评讲课的评"的研究，可以分解为以下三个问题"试卷评讲课为什么要评？""试卷评讲课评什么？""试卷评讲课如何评？"这三个问题解决了，整个研究问题也就解决了。

4. 研究要求

研究要求指对研究者提出的具体实施要求，如研究进行的时间、表达方式（书面表达和口头表达，书面表达即将研究结果写成书面文字）与活动要求（如要求活动有记录和反思，对于主讲发言稿要求打印多少份或者交电子稿等）等。

5. 参考文献

为了提高效率，节约时间，组织者可以为研究提供解决该问题的参考文献。在研究中可以写出参考文献的题目，查阅的杂志或者网站给研究者。

6. 研后反思

研后反思指研究者经历研究活动后在集中进行交流解决研究问题后，对自己研究中的心得、体会和感悟进行自我反思，发现问题、总结经验，改进和调节自己的研究工作，提高自己的研究能力。

四、研案的基本特质

1. 主体性

研案是以参研者的视角编制的研究工具，研案中每一部分无一不体现着教师在研究中的主体地位。研究目标是教师研究任务的指向和判断研究成效的基准；研究过程是教师自组织的过程；而研后反思又是一个自我反思、自我认识的过程。研案所追求的目的是：把研究的自主权还给教师，把教研的话语权还给教师，把时间还给教师；"方法让教师探索总结，过程让教师亲身经历，结论让教师自己得出，困难让教师设法攻克，规律让教师自己发现，精彩让教师充分展示。"研案为教师的自主研究提供一种高效的"认知地图"。虽然，研案并没有否定专家"导"的作用，但专家的"导"只是作为教师的"研"的一种手段体现在研案中的，也就是说，在研案中，导是手段，研是目的，导是为研服务的。

2. 整合性

研案作为一种研修的课程，整合了各个层面的、各种类型的研究资源，主要体现在三个方面：

第一，是研究内容与各种参考文献的整合。在研案中，组织者根据教师发展和研究本身的需要，根据研究内容提供相关的参考文献，引导教师去学习理论、查阅文献，既扩展了教师的专业视野，了解了该问题相关的研究成果，又消除了教师不知到哪里去寻找资料，盲目翻阅各种学习资源，耽搁时间的弊端，因而为教师的研究提供了方便。

第二，是专家的"导"与教师的"研"的整合。在讲授式教研中，主讲者的讲稿一般是不事先让参研教师看的，以免"泄露天机"，教师在听讲时总是在"等待"与"揣测"，事先难以见到教研过程的全貌，心中没底。研案将所设计的整个研究过程全部呈现给教师，使他们对整个研究内容有所安排、有所选择、有所侧重，使他们从"揣测"专家的意图中解脱了出来。由此，研案消除了横亘在专家与参研教师之间的藩篱。研案中既有专家的"导"，又有参研者要研的内容和要求，从而将专家的"导"与教师的"研"整合在一起。

第三，是集体智慧整合的产物。一个高质量的研究要事先由组织者组织部分中心组成员（专家组）进行研究、讨论，研究讨论哪些内容、哪些方面要进行研究，在达成统一意见后再写成研案，所以它凝聚了教研组有经验教师的教研经验和教研智慧，也凝聚了研究者与相关专家的思想与观点。

3. 开放性

在讲授式教研中，研究的问题具有显著的规定性、单向性与封闭性。教研目标是确定的，教研内容与教研要求均预先设定好的。实际上，教研是一个复杂的非线性系统，不确定性是它的一个最为本质的特征。研案以其广泛的开放性比较充分地体现教研的这一特征的，具体表现在两个方面：一是内容上的开放性。首先，研案中的研究内容是根据研究问题分解设计的，可以满足教师不同需求。其次，研案中所要研究的内容常常是以"内容+文献+方法"的形式给出的，问题解决的过程是在实际的研究活动中完成的。在研案引导下的研究过程中，随时有新信息或不同的解决问题的方案加入与交换，因此，它具有保持教研系统动态稳定性的能力。二是研究方式上的开放性。基于研案的研究虽然也提供了一些研究方法，但并没有限制必须用这种方法，教师可以根据自己的研究习惯与风格，选择适合自己的研究方法，只要使问题能有效得到解决即可。

4. 引导性

引导性本来就是研案的题中之意。相比较而言，在讲授式教研中，对问题的解决是专家自己研究完成后讲给教师听的，教师只是接受研究的结果，不需自己去研究。而研案则是引导教师自己去研究。而在研案的设计中，伴随着研究目标、内容、要求和参考文献的呈现，可以使教师明确研究目标和研究对象，到哪里去查阅参考文献，研究结果有何要求等，从而使整个研究活动有序进行。

教研是一个文化活动系统，具有稳定性和不易改变性，要从根本上改进教研，就必须改进它的文化脚本。研案是带着"让教师学会研究"的使命出生的，其愿望是让教师多研、会研、乐研，是一个更为先进、更具有发展意义的教研文化脚本。因此，研案就是"学方法"的工具。在教研中，如果坚持使用研案必将引起持续的、逐步改进的根本性的教研变革。

参考文献

[1] 王富英，王学沛. 简论教育科研与教研的关系[J]. 教育科学论坛，2006（2）:

[2] 彭子. 无奈啊，一个人的教研[N]. 中国教育报，2006-02-14.

[3] 王富英，朱远平. 中小学教研要素与有效教研分析[J]. 中国教育学刊，2012（11）: 81-84.

教研员在校本研修中的角色与作用[①]

在研培一体化的体制下,教研员承担着教学研究、管理、指导和教师培训的多重任务。这时教研员的工作思路和工作模式基本上是室本位和学科本位,而不是学校本位,教研员在教研活动和培训活动中是主角,而教师则充当配角。近年来,随着校本研修在全国各地的展开,教研的重心下移到学校,教师培训的场所放到了学校,教研员的角色和作用将发生更本质的变化。教研员只有尽快调整自己的角色适应这种变化,才能充分发挥自己在校本研修中的作用。教研员在新的形势下应该充当什么样的角色?发挥什么样的作用?本文对此做一些初步的探讨。

一、教研员在校本研修中的角色

校本研修是将校本研究作为校本培训的一种途径和方式,通过"研"完成"修"的目标。[1]它是以教师为研究主体、以学校为研究基地,以教师在教育教学实践中遇到的真实问题为研究对象而进行的研究。其目的是通过对学校教育教学发现的问题的研讨,把学校和教师从某种思维模式和形式的桎梏中解放出来,以促进学校的特色发展,促进教师的专业成长。在这种研修模式中,教研员的职能由原来的"管理、培训、指导"转变为"研究、指导、服务"。这时教研员的角色也相应地发生了变化,主要为以下几种角色:

1. 研究者

研究者的角色主要由以下方面确定:一是由于教研员是国家课程意志忠实的执行者。这就要求教研员首先要研究和吃透国家课程意识和课程理念,才能在执行的过程中,全面、准确地向中小学教师诠释学科课程中的目标、内容和具体实施意见,创造性贯彻执行国家课程标准中的教育理念和课程意志。二是在校本研修中教研员主要承担着专业引领的任务。专业引领是强化理论对实践的指导,是理论与实践的沟通。教研员在校本研修中要以研究者的角色参与到学校教师的具体研究活动中去发挥引领作用。这就要求教研员

---

① 此文系王富英、严正辉合作,原载于《教育科学论坛》2007年第6期。

必须是一个研究者，并且是走在教师前面的研究者。

教研员，特别是区县一级的教研员的研究不同于专门的研究院所和高等学校的研究。研究院所和高等学校的研究主要是理论创新的研究，而教研员的研究则主要是实践研究。研究的内容是根据工作的要求、需要和在校本研修过程中遇到的实践问题而确定。研究的成果将直接用于指导教学实践和为一线教师服务。教研员研究的具体内容主要有：① 如何将国家课程理念转变为教师的教学行为；② 如何构建体现新课程理念的课堂教学模式，以改变教师的教学行为；③ 如何重新组织和创造性地使用教材；④ 如何结合当地实际开发课程资源；⑤ 如何转变学生的学习方式；⑥ 本学科教学中各种课型的规律、特点和教学原则；⑦ 在校本研修中如何发挥专业引领的作用；⑧ 如何提高教研活动的质量和效益；⑨ 如何发挥评价的功能，使评价更好地促进学生的发展、教师的发展、学校发展和国家课程理念的有效实施。

2. 参与者

参与者的角色主要是由教研重心的下移而决定的。校本研修中教研的内容是各个学校和教师在自己的教育教学中遇到的实际问题，教研活动的场所也主要在学校里。因此，随着校本研修的全面展开，教研员不再是教研活动的主角，而只能是一个参与者的角色。教研员不仅要上通理论，更要下达课堂。要深入教学一线与教师共同探索钻研教材，分析、研究课堂教学。通过自己亲身的实践、体验，才会拥有更直接和直观的感受和感悟、更丰富的案例和素材，才能有针对性地展开深入的研究，从而使指导和服务更有针对性和实效性，才能更有效地发挥专业引领作用。

教研员的参与主要是以下几种：① 参与学校和教师的集体备课；② 走进教室与教师一起上课；③ 与教师一起分析教材，交流讨论教学所得；④ 参与学校教研组的教学分析会；⑤ 参与学校的教学研讨会；⑥ 参与学校的课题开题与课题结题会等。

教研员在参与学校校本研究的活动中，不能以"专家""领导者"的身份凌驾于教师之上，也不能只是一个旁观者，而应从一个研究者的角色与教师共同参与、共同探索、共同体验、互相合作、互动发展。同时要对参与过程中获得的素材及时记录、整理，并作必要的提炼和加工，为日后的专门研究积累资料和素材。

3. 合作者

合作者的角色是由校本研修的本质特征和目的决定的。校本研修的本质特征为教师是研修的主体。校本研修的最终目的就是通过研究促进教师进修、学习，促进教师专业化发展。而且也只有通过教师自己亲身经历研究过程，才能提升自己的专业水平，促进自己的专业发展。因为，在校本研修中，教师是为解决自己教学中遇到的实际问题而展开的行动研究。教师要研究，首先必须学习和了解自己所研究领域的全局：一是要弄清哪些是别人已研究出来的；哪些是尚未研究的；哪些研究还不够全面尚需进一步研究，从中发现适合自己研究的切入点，选择适合自己（感兴趣）的课题，才能避免盲目的探索，避免"撞车"，少走弯路，提高研究工作的效率，早出成果；二是促进教师教育理念的转变，知识更新与知识结构不断改善并趋向合理，能力结构的不断发展，不断充实教师创新的文化底蕴，提高素质，尽快成长；三是拓宽视野，寻求支撑自身研究的高起点，在吸取同一问题最新成果的基础上去创新。其次正确研究方法的寻找和运用，有助于提高教育工作者的科学素养，增长才干，提高科学的鉴识能力。再次通过教育科学研究，有助于科学地总结自己和优秀教师的教学经验，使之上升为理论，以丰富、充实、提高自己的教学艺术和教育教学理论水平。最后教师在亲自参与研究的整个过程中会遇到多种多样始料未及的问题，教师必须得自己去创造性地解决。正是在创造性解决这些问题的过程中，提高自己的教育研究能力，从而使自己逐步转化为专家型、学者型的教师，并促使自己向专业化发展。[2]因此，在教师的整个研究过程中，教研员不能越位和包办代替，只能以一个合作者的身份参与其中，这样才能真正发挥校本研修的作用与功能，达到校本研修的目的。合作的方式可以采取共同研讨解决一个问题；共同组织研究同一个课题；共同撰写论文和研究报告等。

4. 组织者

组织者的角色是由教研员的工作职责和校本研修的核心要素决定的。

教研员的工作职责要求他们能组织有效的教研活动，在区域能起到学科教学的引领作用，因此，教研员是一个组织者。"同伴互助"是校本研修的核心要素。教师在自我反思的基础上需要进行同伴互助，这种同伴互助除在本校内进行外，对不能解决的问题还需要在更大的范围内寻求同伴的互助。这时就需要教研员在更大范围内组织互助交流活动，因此，教研员还是一个组织者。

在新课改的背景下，教研员组织区域内的教研活动不能仅仅停留在传统的听课、评课模式上，应不断思考、探索更有效的教研培训模式。区域教研活动不应只是执教教师按教研员的意图给大家上公开课，教研员点评一下执教教师上得如何。教研活动应重在"研",而不是"教"大家照搬公开课,让教师完全按教研员说的去做。区域内的教研活动应该是教研员和广大一线教师互动的平台、是校际校本研修经验交流、成果分享的平台。因此,作为组织者,除了要根据课改精神,精心组织一些能妥善处理好本学科在新课改过程中的热点、难点问题的公开研究课外,还应根据大多数教师在教学中出现的需要解决的问题组织好各种专项研究交流活动。如,我们在听课和与老师的交流中发现数学试卷评讲课效率不高,老师们普遍感到评讲课可不好上。一些学校在校内的教研活动中也未能探索出一条好的途径和方法,为此,我们在全区的教研活动中,以"如何上好试卷评课"为题进行了一次专题研讨活动。方法是提前 20 天通知参加活动的教师进行准备。正式教研活动时先由一位老师上一节评讲课,再由授课教师说出自己的设计思路和对评讲课的认识,教研员再引导参加活动的教师就所听的课畅所欲言展开研讨,让各种想法相互碰撞冒出思维的火花。通过研讨,使教师对评讲课的特点和规律有了清晰的认识,对如何上评讲课也就有章可循了,从而改进自己的教学行为,提高评讲课的教学质量。

教研员要扮演好组织者的角色,就必须经常深入课堂教学、参与学校的教研活动,广泛地收集各个学校研修活动的一些行之有效的研究方法,了解各个学校和老师的一些成功经验,才能有效地组织搭建校际校本研修经验交流、成果分享的平台,提高同伴互助的效果和质量。

二、教研员在校本研修中的作用

教研员除了在校本研修中充当以上的角色外,还具有以下作用。

1. "中介"和"桥梁"的作用

教研员的"中介"和"桥梁"的作用是由教研员的职责和所处的位置决定的。它主要表现在两个方面:一是上级教研部门和学术机构与一线老师的"中介"与"桥梁"。教研员特别是区县级教研员承担着具体组织、指导实施国家课程的重任,还肩负有研究和解决教学中实际问题的任务。因此,教研员要将上级学术机构(如省市教科所)对国家课程的解读和要求及时传达到基层一线教师并组织具体实施,同时还要针对教师课程实施和教学中遇到的实际问题,运用所掌握的教育理论和方法去创造性分析、研究和解决。所以,教研员是上级学术机构和一线教师的"中介"和"桥梁",是国家课程理念和一线教师教学实践的"中介"和"桥梁";二是理论与实践的"中介"和"桥梁"。先进的教育理论只有与教学实践相结合，才能有效发挥理论的价值，教学实践也只有以先进的教育理论为指导才能提高教学质量和效率。但一线教师由于教学任务重，并迫于社会的压力不得不花大量的时间和精力去备课、上课和辅导学生，从而没有时间和机会去学习和接触先进的教育理论。虽然在继续教育学习阶段教培机构邀请了一些高校和研究院所的专家通过讲学介绍一些先进的教育理论，但由于这些专家大多远离中小学课堂教学，所讲理论往往是就理论讲理论，不能利用先进的教育理论来解读和解决教学中的实际问题。因此，许多老师反映专家所讲的理论正确，但在实际教学中用不上。而区县级教研员由于自己工作的需要，不得不学习和掌握先进的教育理论，而且由于他们经常深入学校和课堂，与基层学校和一线教师的距离最近，最了解课堂教学实际和教师的实际需要。在校本研修的过程中，他们往往要根据自己所掌握的先进的教育理论分析和解决一线教师教学中的实际问题，因此，教研员是先进的理论与教学实践的"中介"和"桥梁"。

教研员要发挥好"中介"和"桥梁"的作用，就必须要上及"天"，下着"地"。这里的"天"有两层含义：一是上级学术机构和专家，二是教育理论。"上及天"就是要积极联系上级学术机构有关专家，根据教师的需要联系专家的指导，并且自身要不断地学习和掌握先进的教育理论。这里的"地"也有两层含义：一是一线的课堂教学，二是一线教师。"下着地"就是教研员教学研究的重心要下移到学校，研究的对象和内容应是一线教师教学中急需解决的实际问题。这就要求教研员要经常深入课堂，经常与一线教师和学生座谈、交流、讨论，以了解一线教师的需要和教学中的实际问题，并与一线教师一起分析、讨论、研究和解决教学中遇到的一些实际问题。

2. "纽带"与"协调"的作用

教研员的"纽带"与"协调"作用主要表现在：教研员要站在理论与实践的结合点上，整合理论与实践两个方面，架起把基础教育新课程理念、理论转化为教师教学行为的桥梁；协调好各方面的关系，为教师建立起一个交流、分享、成长的平台。[4]另外，教研员还应主动根据不同类型学校的师资队伍情况，以及各校的实际校情，牵线搭桥，帮助组建跨学校的校际研修活动，实现资源共享。

3. "指导"与"引领"的作用

校本研修离不开专业力量的引领。"专业引领"是理论对实践的引领、指导，是理论与实践的结合，是专家与实践者的对话。相对于教师集体来说，教研员就是课程专家。他们懂课改理论，知晓课改政策，是教师集体中的业务尖子，在学科改革中起着领头雁和排头兵的作用，是学科的"掌门人"；他们十分熟悉校本情况，能做到理论与实践的结合、课改与教学的统一。因此，教研员是校本研修过程中学校和一线教师当然的专业引领人员。在校本研修中，教研员要积极主动地发挥引领作用，做好教师研修的引领人。

教研员的引领首先是在参与中引领。教研员作为与教师平等的一员，参与到学校教学研究中去，与教师平等对话、交流，与教师共同分享、体验、感悟、总结。其次是在合作中引领。如果说在参与中引领是面对广大教师的引领，那么在合作中引领就是面对部分教师的深层次引领。教研员有针对性地选出重点培养的教师进行合作，同他们一起寻找教学中的问题，共同制订解决问题的方案，共同采取行动，共同反思总结，共同撰写研究报告，才能真正达到教研员与教师共同成长的目的。

教研员引领的内容主要是：① 对新课程理念的理解和把握；② 教学方式的转变；③ 教学技能的掌握与运用（如，如何钻研教材，如何进行教学设计，如何启发学生，如何组织学生，如何与学生进行交流，如何进行课堂调控等）；④ 学科教育的现状与发展趋势的了解；⑤ 先进教育理论的介绍；⑥ 论文写作的指导；⑦ 教育科研的指导（如，如何确定研究方向，如何选题，如何撰写方案，如何运用研究方法，如何写研究报告等）等。

专业引领的主要方式有[3]：授课引领、评课引领、论文引领、课题引领、命题引领。引领的具体方法有：辅导讲座；专题式的谈话；观看教学录像、听示范课、指导备课、说课、课例分析、角色扮演、微格教学、随堂听课、临床指导（临床视导）等。

总之，在校本研修中，教研员由原来教学研究活动的主角变为了配角（教师研究的参与者、合作者与指导者）；由教师专业进修的培训者变为了教师专业发展的引领者和帮助者；由教师教学的管理者变为了学校和教师教学的服务者。这种新的研修形势对教研员提出了新的挑战，对教研员的要求更高了，压力也更大了。这种新的挑战和变化，就要求教研员必须要不断地学习和研究。通过学习研究不断更新自己的观念，自觉完善自己的知识结构，补充必要的新课程知识和技能，打下宽厚的课程理论根基，提升自己的教育科研能力与学术水平。只有这样才能在校本研修中扮演好自己的角色，充分发挥好专业引领的作用。

参考文献

[1] 华东师范大学情报研究所，上海教师进修院校图书资料协作会. 基于教

师成长的校本研究[M]．上海：百家出版社，2006：4．

[2] 王富英，王学沛．简论教育科研与教研的关系[J]．教育科学论坛，2006（2）：34．

[3] 付英珍．浅谈教研员在校本教研中的引领作用[J]．辽宁教育行政学院学报，2009（9）：153-154．

[4] 邹尚智．校本教研指导[M]．北京：首都师范大学出版社，2004：78．

附录：其他主要论著目录

一、初等数学研究论文

1.《复合函数的单调性》,《中学教研（数学）》，1996（12）。
2.《等比数列的等差划分》,《数学通讯》，2000（1）。
3.《等差数列的一个性质》,《中学数学教学参考》，2001（3）。
4.《等差数列的一个充要条件》,《中学数学》，2002（4）。
5.《和为定值的两个自然数之积的性质》,《中学数学教学参考》，2002（10）。
6.《正多边形自包络的一个充要条件》,《中学数学教学参考》，2004（1~2）。
7.《取整函数<x>及其性质》,《中学数学月刊》，2004（6）。
8.《一个附加条件的代数不等式的拓展》,《中学数学月刊》，2004（10）。
9.《k-n 价单折边平面闭折线内角和定理》,《中学数学教学参考（中旬）》，2011（4）。
10.《一道 IMO 预选题的推广及其应用》,《中学数学教学参考》，1997（7~8）。
11.《一道 IMO 试题的再推广》,《中国数学教育》，2009（11）。
12.《一道最值习题的推广及应用》,《数学通讯》（教师版），2001（15）。
13.《序轴法——复合函数单调区间的一种简捷求法》,《中学数学》，2002（9）。
14.《关于函数定义域与值域符号表示的商讨》（与王新民合作）,《中国数学教育》，2011（12）。

二、出版著作

1. 王富英、王新民、张玉华等著：《数学导学讲评式教学论》，科学出版社 2019 年版。
2. 王富英、朱远平著：《导学讲评式教学的理论与实践——王富英团队 DJP 教学研究》，北京师范大学出版社 2018 年版。
3. 王富英著：《行走在实践与理论之间——特级教师王富英教育教学研究》，西南交通大学出版社 2019 年版。
4. 王新民、王富英、谭竹著：《数学学案及其设计》，科学出版社 2011

年版。

5. 陈明华、王富英著：《新课程：怎样进行中学数学学习评价与测试》，四川大学出版社 2005 年版。

三、主编、参编教材书籍

（一）主编《导学讲评式教学研究成果丛书》

1. 高中数学学案《数学 1（必修）》，科学出版社 2011 年版。
2. 高中数学学案《数学 2（必修）》，科学出版社 2012 年版。
3. 高中数学学案《数学 3（必修）》，科学出版社 2011 年版。
4. 高中数学学案《数学 4（必修）》，科学出版社 2012 年版。
5.《初高中数学衔接教学导学教材》，科学出版社 2011 年版。
6.《初中数学学案七年级（上）》，黄山出版社 2012 年版。
7.《初中数学学案八年级（上）》，黄山出版社 2012 年版。
8.《初中数学学案七年级（下）》，黄山出版社 2013 年版。
9.《初中数学学案八年级（下）》，黄山出版社 2013 年版。

（二）参编新课程改革高初中数学教师培训教材和著作

1.《高中数学新课程的理论与实践》，高等教育出版社 2008 年版。
2.《数学教学实施指南（初中）》，华中师范大学出版社 2003 年版。
3.《新课程怎样教（北师大版）》，华中师范大学出版社 2003 年版。
4.《新课程怎样教（华东师大版）》，华中师范大学出版社 2003 年版。
5.《农村教师绿色通道培训教材〈初中数学新课程学与教〉》，北京大学出版社 2004 年版。
6.《新版课程标准解析与教学指导（高中数学）》，北京师范大学出版社 2018 年版。
7.《数学双基教学的理论与实践》，广西教育出版社 2008 年版。

（三）主编、参编初高中数学教学用书籍

1.《中国高考数学知识点讲评与测试》，贵州教育出版社 1998 年版。
2.《新世纪高考数学复习教程》，宁夏人民出版社 2000 年版。
3.《初中数学同步导学》，电子科技大学出版社 2011 年版。
4.《高考数学分项解题能力新导精练》，陕西人民教育出版社 2000 年版。
5.《新课程实践与探索丛书〈数学〉七年级》，四川教育出版社 2002 年版。